파란 눈의 중국인 선교사
# 허드슨 테일러

Copyright ⓒ 1999 by Catherine Mackenzie
Originally published in English under the title

## An Adventure Begins : Hudson Taylor

published by Christian Focus Publishing, Inc.,
Geanies House, Fearn, Tain, Ross-shire, IV20 1TW, Scotland, U.K.
All rights reserved.

Korean Edition
ⓒ 2009 by Precept Ministries Korea
8-1, Cheongnyongmaeul-gil, Seocho-gu, Seoul, Korea

파란 눈의 중국인 선교사

# 허드슨 테일러

캐서린 맥켄지 지음 | 최영인 옮김

묵상하는사람들
프리셉트

하나님만을 의지한 기도의 사람
허드슨 테일러 선교사

## 차례

서양 귀신이 나타났다! 8
제 아들을 하나님의 손에 맡깁니다 18
제가 중국에 가겠어요! 40
허드슨이 하나님을 모독했다고? 50
첫사랑과의 이별 64
하나님을 섬기기 위해 떠나는 거야 70
시험을 통과하다 84

하나님, 바람을 보내주세요! 112
허드슨의 편지 126
마리아를 만나다 146
새로운 시작을 향해 164
허드슨 가족이 위험해요! 178
왜 이제서야 온 것입니까? 190

생각 넓히기 200
허드슨 테일러의 격언, 연표 204

## 서양 귀신이 나타났다!

"제 이름은 허드슨 테일러입니다. 나는 여러분께 살아 계시고 유일하신 진짜 하나님에 대해서 말씀드리고 싶습니다."

찌는 듯한 중국의 더위는 그야말로 숨이 막힐 지경이었다. 중국에 사는 대부분의 외국인들은 그늘을 찾거나 찬물에 풍덩 뛰어들기에 바빴다. 그러나 다 그런 것은 아니다. '미친 개와 영국인은 대낮에 돌아다닌다'는 말도 있지 않은가?

"으악, 서양 귀신이다!"

어디선가 외마디 비명이 들려왔다. 대궐 같은 큰 집에 사는 사람이나 곧 쓰러질 것 같은 집에 사는 가난한 사람이나 너나할 것 없이 몰려들었다. 먼지로 뒤덮인 동네 아이들도 좋은 구경거리를 놓칠새라 서둘러 달려왔다. 그곳에는 빛바랜 듯한 노란 머리에 파란 눈을 한 낯선 외국인이 길을 걷고 있었다.

"서양 귀신이다!"

누군가가 또다시 외쳤다. 어린 아이들은 두려워하며 어머니의 치마 뒤로 몸을 숨겼다.

"저 괴상한 빛깔의 머리카락을 좀 봐."

"눈은 또 어떻고, 구슬처럼 밝은 색깔이잖아?"

동네 아낙들은 이 낯선 외국인에 대해 이야기하느라 신이 났다.

"어머, 등 뒤쪽에도 단추가 달려 있어요. 왜 저렇게 불편한 옷을 꿰어 입은 거죠?"

중국인들은 단순한 모양에 품이 넉넉한 옷을 입었다. 그들의 눈에 사나이의 옷은 거추장스러워 보였다.

"그러게 말야. 그리고 지푸라기 같은 머리카락은 왜 풀어 헤치고 있담?"

당시 중국 남자들은 뒷머리를 땋아 늘어뜨리고 가운데 부분을 제외한 나머지 부분의 머리는 다 밀어버리는 '변발'을 고수했다.

　용기 있는 젊은 남자 몇명은 이 금발의 외국인의 뒤를 졸졸 따라다녔다. 그들은 이 낯선 외국인이 부끄러움과 어색함을 느낄 때까지 킥킥댔다. 비로소 그는 자신을 둘러싼 많은 사람들을 발견했다. 그는 주변을 한 번 둘러보고 자신이 입은 옷을 다시 살펴보았다. 그의 손에는 커다란 책 한 권이 들려져 있었다.

　"저 사람은 아마 마을회관을 향해 가는 길일 거야. 어쩌면 매우 중요한 소식을 가지고 있을지도 모르지."

　백발의 노파가 나지막히 말했다.

　어느새 이 외국인의 뒤에는 아이들과 여자들까지 몰려 들었다.

"너무 불편해 보여…."

그는 체중에 비해 작은 발로 느릿느릿 따라오는 중국 여자들이 너무나 안쓰러웠다. 중국 여자들은 어렸을 때부터 발을 붕대로 꽉 조여 자라지 않고 일정한 크기를 유지하도록 관리했다. 그들은 작은 발이 아름답고 우아하다고 생각했다. 실제로 남자들도 커다란 발을 싫어했기 때문에 발이 큰 여자는 남편을 얻기도 힘들었다. 대다수의 중국 여자들은 발이 너무 작아서 가까운 거리를 이동하는 것도 힘들었다. 사실상 여자들은 자신의 삶을 스스로 결정하는 것이 힘들었다. 많은 일로 혹사 당하고 비참하게 살아도 도망조차 칠 수 없었다.

"우스운 꼴의 서양 귀신이 이 쪽으로 오고 있대!"

소문은 삽시간에 퍼져 더 많은 사람들이 몰려 들었다. 이 낯선 이방인은 자신의 옷과 생김새 때문에 소란이 일어난 것을 보며 어색한 기침을 했다. 모두가 하는 일을 멈추고 그를 쳐다보고 있었다. 정말이지 진땀이 날 지경이었다. 그는 뒷주머니에서 하얀 손수건을 꺼내 땀을 닦았다.

"하하, 서양 귀신이 자기 얼굴보다도 더 큰 깃발로 얼굴을 닦았어!"

심호흡을 가다듬고, 그는 차분히 기도하기 시작했다.

"오, 하나님! 이 사람들이 저를 비웃느라 시간을 낭비하지 않고 주님의 말씀에 집중할 수 있도록 도와주십시오!"

기도를 마친 후, 그는 모인 사람들을 천천히 둘러 보았다.

"여러분, 잠시 제 말을 들어주십시오."

그의 입에서는 유창한 중국어가 흘러나왔다. 모인 사람들은 모두 깜짝 놀랐다.

"제 이름은 허드슨 테일러입니다. 나는 여러분께 살아 계시고 유일하신 진짜 하나님에 대해서 말씀드리고 싶습니다. 그분은 하늘과 땅을 만들고, 여기 모인 우리들도 만드셨습니다. 저는 머나먼 길을 여행하여 이곳에 왔습니다. 그 이유는 여러분에게 하나님의 사랑을 전하기 위해서입니다. 하나님은 여러분을 사랑하시고, 여러분이 하나님을 사랑하기를 원하십니다. 이제 제가 여러분에게 진리의 말씀을 전해 드리겠습니다."

사람들이 다시 웅성거리기 시작했다. 진리를 알려주겠다고? 뒤쪽에 서 있던 중국인 상인은 이 상황에 호기심이 생겼다. 그는 시장에서 내다 팔기 위해 가져온 솜뭉치 위에 앉아 귀를 기울였다.

'이 사람은 중동의 미개한 지역 너머에 살 것이다. 어리석고 예절도 모르는 이 야만인이 무슨 말을 하려는 걸까?'

사람들의 웅성거림에 굴하지 않고 이 '야만인'은 천천히 목소리를 높였다.

"하늘과 땅 그리고 지금 우리 곁에 흐르는 저 거대한 양자강을 만드신 하나님께서는 지금도 살아 계셔서 온 세상과 인간들을 다스리십니다. 그분은 죄 지은 사람에게 벌을 주십니다. 이것은 하나님이 그 어떤 죄든 용납할 수 없는 완전하신 하나님이시기 때문입니다. 그러나 그분은 우리의 죄를 용서하시기 원하십니다. 하나님은 우리가 그분께 돌아가 함께 살기를 원하십니다. 그래서 하나님은 우리를 위해 당신의 아들 예수 그리스도를 이 땅에 보내셨습니다. 예수님은 하나님의 아들로 아무런 죄도 짓지 않으셨습니다. 그분은 우리와 같이 어린아이의 모습으로 이 땅에 오셨고, 완전한 삶을 사셨습니다. 예수님은 병을 고치시고, 절름발이를 걷게 하시며, 죽은 사람을 살리셨습니다. 그분이 이렇듯 완전한 삶을 사신 이유는 모두 우리 때문입니다. 예수님은 불완전한 우리를 대신해 돌아가셨습니다. 우리의 악은 하나님의 진노를 받아야 마땅하고, 그 죄 때문에 우리는 죽어 마땅합니다. 그러나 예수 그리스도께서는 돌아가실 아무런 죄나 이유가 없으셨습니다. 오직 우리를 살리시고, 우리에게 새로운 생명을 주시기 위해 그분은 죽음을 겪으셨습니다. 그의 죽음으로 우리는 살게 되었습니다. 그러나 여러분, 죽음도 그를 이길 수 없었습니다. 그분은 마침내 죽음에서 부활하셨습니다!"

"……."

놀람과 의심의 기운이 여기저기서 나타났다. 솜뭉치에 앉아 있던 상인은 턱을 괴고 생각에 잠겼다가 이내 벌떡 일어섰다.

'이것은 진리다!'

그는 생생하게 느낄 수 있었다. 그는 불교를 포함해서 수많은 종교를 믿어 보았다. 그 어떤 종교도 이 외국인이 전하는 복음처럼 그의 마음에 와 닿지 않았다. 그런데 예수 그리스도는 다르다. 그는 진짜다!

"만약 여러분이 그리스도를 믿고 의지한다면 여러분은 그분과 영원히 살 것입니다. 그러나 만약 여러분이 그리스도를 믿지 않는다면 여러분이 죽었을 때 영원한 형벌에 처하게 될 것입니다."

소란스러움 속에서도 아랑곳하지 않고 허드슨 테일러는

큰소리로 외쳤다.

"아!"

군중들은 저마다 외마디 탄성을 내지르며 이 대단한 웅변가에게 감탄했다. 그러나 어떤 이들은 그를 비웃었다.

"멍청한 외국인이 말도 안 되는 이야기를 늘어놓고 있구만!"

상인은 면화를 집어 들고 아무 말도 하지 않은 채 조용히 그곳을 빠져 나왔다. 그러나 그는 혼자가 아니었다.

"오! 당신은 정녕 누구십니까?"

상인은 난생 처음으로 자신을 위해 십자가에 매달려 죽은 '그분'과 이야기를 나누었다.

허드슨 테일러는 상인의 뒷모습을 바라보며 한숨을 쉬었다. 그런데 갑자기 상인이 뒤돌아서서 허드슨 테일러를 바라보았다.

'도대체 저 사람은 누구지? 그는 왜 살던 곳도 버리고 이곳까지 온 것일까?'

#  제 아들을 하나님의 손에 맡깁니다

"넌 위대하신 하나님을 위해서 맡겨진 거야.
난 그분이 너와 함께 대단한 일을 하실 것을 알고 있어."

중국을 향한 허드슨 테일러의 여정은 그가 태어난 해인 1832년 이전부터 시작되었다. 그러나 그가 직접 중국으로 가게 된 것은 1853년 9월이었다. 그날 밤 요크셔 지방의 한 약제사는 휘몰아치는 바람 탓에 굴뚝 덮개가 밤새 덜그덕거렸다. 이곳은 테일러 일가가 살고 있는 곳이었다. 청년 허드슨은 두터운 누비이불을 덮고 코까지 골며 깊이 잠들었다. 테일러 부인은 아들의 방 문틈에 입을 대고 가만히 말했다.

"잘자라, 우리 아들."

아들이 깰새라 부인은 조용히 문을 닫았다.

'우리 허드슨이 어느새 멋진 청년으로 자랐구나! 이제 복음을 전하기 위해 지구 반대편으로 가야 하니 말이야. 그런데도 나는 왜 여전히 아기 취급을 하는걸까?'

발목에 한 줄기 바람이 스쳤다. 테일러 부인은 몸을 부르르 떨었다. 그녀는 걸음을 돌이켜 아들의 금발 곱슬머리를 쓰다듬고 싶은 충동을 억지로 참았다. 이제 곧 사랑하는 아들과 이별해야 한다!

몇 주 후면 아들은 중국으로 가는 배를 탈 것이다. 남편은 중국이 문명이 발달한 곳이라고 힘주어 말했다. 그러나 테일러 부인은 아직 어린 아들이 그곳에서 살아가야 한다는 생각을 할 때마다 목이 메었다.

휘익—

한 줄기 바람이 불어와 촛불을 꺼뜨렸다. 부인은 다시 촛불을 켜고 두터운 담요를 온 몸에 둘렀다. 그리고 일기장을 꺼내들고 천천히 글을 써내려가기 시작했다.

"취침 시간에는 책을 읽어선 안 돼!"

그녀는 자녀들에게 엄격한 어머니였다. 그러나 지금 그녀는 한밤중에 촛불 아래에서 일기를 쓰고 있다.

'이 일기장은 하나님이 그동안 우리 가족을 얼마나 세밀히 보살펴 주셨는지 깨닫게 하지!'

은은한 달빛이 그녀의 창가에 머물렀다.

'제임스가 처음으로 나를 집까지 데려다 주었던 밤의 달빛 그대로구나!'

그녀는 세월이 흘러 머리가 희끗해진 남편, 제임스 테일러를 쳐다보았다. 남편이 숨을 쉴 때마다 그의 긴 구렛나루가 오르락 내리락했다. 부인은 그런 남편을 바라보며 살짝 미소를 지었다.

열여섯 살의 꽃다운 나이에 그녀는 제임스 테일러에게 완전히 빠져 있었다. 그녀의 아버지는 감리교 목사였고, 그녀는 감미로운 목소리로 아름다운 찬송을 곧잘 부르곤 했다. 그녀가 노래를 시작하면 모두 그녀의 목소리에 귀를 기울였다. 제임스도 마찬가지였다.

"사람들이 당신을 나이팅게일이라고 부른다죠? 왜 그런지 이제야 알겠어요!"

제임스의 얼굴은 어느새 홍당무가 되었다. 그때 그의 나이는 열일곱 살이었다.

'저렇게 수줍어하다니!'

그녀는 그가 더는 아무 말도 않고 돌아설까 봐 걱정이 되었다. 그러나 그는 겨우 용기를 내어 기어들어가는 목소리로 말했다.

"제가 당신을 집까지 모셔다 드려도 되겠습니까?"

그는 기침을 하며 굵은 목소리로 덧붙였다.

"허락해주신다면 영광이겠습니다."

심장이 쿵쾅거리고 머리가 멍해졌지만 그녀는 애써 품위 있게 고개를 끄덕였다.

제임스는 매우 성실한 사람이었다. 이후 두 사람은 교제한 지 칠 년 후인 1831년 4월에 결혼식을 올렸다. 그녀는 믿음 안에서 제임스와 하나가 된 것에 늘 감사했다.

'만약에 그리스도를 사랑하지 않는 사람과 결혼했다면 어땠을까?'

생각만 해도 오싹하다. 그녀는 일기장에 다음과 같이 써내려 갔다.

주님, 당신이 없는 결혼은 불행합니다. 저에게 최고로 좋은 것을

*주셔서 감사합니다. 당신은 최고의 사랑입니다. 당신의 사랑은 그 무엇보다 깊고 강합니다.*

---

결혼하고 처음 몇 달의 신비한 경험은 지금도 그녀의 머릿속에 생생하다. 그때 그들은 날마다 함께 주님의 말씀을 나누었다. 그리고 매일 아침 하나님께서 그들 부부에게 주시는 말씀을 찾았다. 주님은 절대 그들을 실망시키는 법이 없었다. 하나님의 말씀은 언제나 마음과 삶 속에 가까이 다가왔다. 그날 아침도 그러했다.

"여보, 출애굽기의 이 부분과 내가 방금 펼쳐놓은 이 본문을 함께 읽어봐요."

제임스는 성경 두 권을 펴놓고 큰소리로 아내를 불렀다.

"첫 번째 생명을 나에게 바쳐라. 모든 첫째 생명들은 나의 것이다."

테일러 부인은 남편의 손가락을 따라가며 그 구절들을 읽었다. 당시 그녀는 첫 임신으로 몸이 피곤한 상태였다.
"몸이 조금 불편해요. 그런데 제임스, '첫 번째 생명을 주님께 바쳐야 한다'는 말씀이 무슨 뜻이에요? 우리에겐 아직 아이가 없잖아요."

제임스는 아내의 얼굴을 쳐다보았다.

"아니. 있어!"

그의 목소리는 부드럽지만 단호했다.

"곧 태어날 아기가 있잖아. 이 아이가 하나님께 드려지고, 하나님의 인도하심 속에 산다면 그보다 큰 축복이 있을까?"

그때 테일러 부인은 배 안에서 작은 움직임을 느꼈다. 아직 보지도 못한 아이의 작은 발이 옆구리를 건드렸다.

"제임스, 그럴 수 없어요. 난 우리 아이를 곁에서 떼어놓고 싶지 않아요."

"나도 알아. 하지만 잘 생각해 봐. 하나님께 아이를 맡겨 드리는 것만큼 더 큰 사랑을 표현할 방법이 있을까? 그리고 우리는 하나님보다 더 그 아이를 사랑할 수도 없어."

"흐음…"

부인은 잠시 창가를 서성거리다가 부엌 의자에 앉았다. 그리고 다시 그 구절들을 읽었다.

'하나님, 이 아이를 당신께 드린다는 것이 무슨 의미입니까? 왜 특별히 첫 생명을 원하십니까? 제가 이 특별한 방법으로 아이를 드릴 때 하나님께 영광을 돌릴 수 있음을 믿습니다. 주님, 이 아이가 당신을 위해 살고, 충성된 섬김으로

당신께 영광 돌릴 수 있기를 기도합니다. 주님, 제 인생의 목적은 당신을 영원히 기쁘시게 해드리는 것입니다.'

그녀는 마음의 결정을 내려야만 했다.

'주님, 저는 이 아이를 당신께 드릴 준비가 되었습니다. 당신은 첫 생명을 원하셨지만, 저는 앞으로 태어날 모든 아이들을 당신께 드립니다. 우리 가정의 모든 삶을 주님께 맡깁니다.'

기도를 마치는 순간 아기가 다시 발길질을 시작했다.

'아가야, 너는 오늘 주님께 맡겨졌단다. 이제 너는 아주 안전해. 넌 위대하신 하나님을 위해 그분의 손에 맡겨졌단다. 엄마는 그분이 너와 함께 대단한 일을 하실 것을 알고 있어.'

그녀는 자리에서 일어나 말했다.

"제임스, 우리 지금 기도할 수 있을까요?"

이제 곧 아빠가 될 제임스는 빙그레 웃으며 사랑스런 아내를 꼭 끌어 안았다.

1832년 5월 21일, 두 부부의 기쁨 속에 태어난 허드슨 테일러는 이제 장성한 청년이 되었다. 그는 이제 더 이상 어린 소년이 아니었다.

허드슨은 두 여동생들과 사이가 좋았는데, 특별히 아멜리아와 더 친했다. 아멜리아는 자라면서 늘 자신과 세상에 대해 새로운 사실을 발견하곤 했다.

가장 나이가 어린 루이자는 독립적인 성격이었다. 그녀는 항상 자신의 의견을 내세웠고, 한 번 말한 의견은 끝까지 굽히지 않았다. 루이자는 집안에서 유일하게 하나님의 존재를 믿지 않았다. 테일러 부인을 비롯한 가족들은 이 사실에 대해 걱정했지만 결코 서두르지 않았다.

테일러 부인은 루이자가 스스로 원하는 때가 올 것이라 믿었다. 그래서 그녀는 오직 하나님만이 이 어리고 자유분방한 아이의 삶을 인도하시리라 믿었다.

테일러 가의 아이들이 모두 완벽하지는 않았다. 루이자와 허드슨은 고집이 셌다. 특별히 허드슨은 지나치게 감성적이었다. 아멜리아는 오빠 문제에 대해 대단히 예민했다.

"벌써 시간이 이렇게 되었나?"

이런저런 생각에 빠져 있던 부인은 시계를 보고 깜짝 놀라 자리에서 벌떡 일어났다. 벌써 아침식사시간이었다.

"허드슨, 이제 일어나야지?"

아이들이 식사를 하는 동안 테일러 부인은 차를 마시며 고요함을 즐겼다. 남편은 약국에 나갔고, 허드슨과 아멜리아는 사이좋게 이야기를 나누고 있었다.

"루이자, 너도 어서 이리 와!"

허드슨이 막내 루이자를 불렀다. 그러나 루이자는 방에서 나올 줄 몰랐다.

'아멜리아와 또 말다툼이라도 했나 보구나!'

테일러 부인은 뜨거운 차를 가만히 내려 놓으며 한숨을 내쉬었다.

'주님, 아멜리아는 언제나 오빠를 독점하고 싶어합니다. 허드슨은 자기 때문에 여동생들이 다툰다는 사실조차도 깨닫지 못하지만요. 아멜리아와 루이자 둘다 말은 안 해도 지금 몹시 힘들 거예요. 두 아이 다 오빠가 곧 떠날 거라는 사실을 알고 있거든요.'

부인은 아름다운 중국제 찻잔을 물리고 다시금 펜을 집어

들었다.

　아멜리아와 허드슨은 침대 위에서 토끼처럼 깡충거리며 뛰어다녔다. 허드슨이 큰소리로 외쳤다.
　"도둑이 자신을 쫓아오는 사람들을 피해 늙은 말에게 채찍질을 했어. 그는 말에게 채찍질을 하고 또 채찍질했어. 울타리를 넘고, 돌담을 넘었어. 그러나 그들 앞에는 넓고 깊은 강이 소용돌이치고 있었어."
　하얀 침대 시트를 물결처럼 흔들어대는 허드슨을 보며 아멜리아와 루이자는 큰소리로 웃었다.
　"그 강은 늙은 말이 헤엄치기에는 너무 깊었어. 어떻게 해야 할까?"
　루이자는 큰 눈을 껌벅거리며 오빠의 다음 말을 기다렸다. 허드슨은 싱긋 한 번 웃고는 말했다.
　"강도는 한 번 더 불쌍한 말을 채찍질했어. 그러자 말이 벌떡 일어섰어. 심술궂은 강도는 말 위에서 떨어졌어. 말은 뒷발로 강도를 뻥하고 차버렸어. 그리곤 긴 꼬리를 휘날리며 검푸른 어둠 속으로 사라졌단다. 늙은 말은 자유를 찾게 된 거야!'

허드슨의 말에 아멜리아와 루이자는 가슴을 쓸어내리며 박수를 쳤다.

이밖에도 허드슨에게는 주님이 주신 많은 재능이 있었다. 허드슨이 많은 사람들 앞에서 플룻을 연주할 때면 사람들은 이내 아름다운 선율에 빠져들곤 했다.

테일러 부인은 잠시 생각에 잠겼다. 시간이 많이 지났는데도 여전히 이 모든 기억을 떠올릴 수 있다는 사실이 놀라웠다. 부인은 늘 이 방에 앉아서 가족에 대한 일로 고민하곤 했다. 그리고 해마다 가족들 한 사람 한 사람에 대해 새로운 것들을 발견했다. 하나님은 우리의 삶을 주관하시고 모든 비밀을 알고 계신다. 하나님의 통찰력 앞에서 아무것도 숨길 수 없다. 하나님께서는 나보다 더 나를 잘 아신다. 작고 좁은 인간의 마음에서 나오는 그 어떤 것보다 하나님의 사랑은 더 크고 광대하다.

테일러 부인은 글을 멈추고 시계를 보았다.
"벌써 12시가 되었어."
허드슨과 아멜리아가 들어섰다. 어느새 루이자도 계단으

로 내려오고 있었다. 테일러 부인은 자리에서 일어났다.

"아멜리아, 점심식사 준비할 건데 부엌에서 엄마 좀 도와주지 않겠니?"

아멜리아는 오빠를 동생에게 빼앗겼다는 생각에 얼굴빛이 어두웠다.

"어머니는 이미 식사준비를 다 마치셨잖아요. 혹시 저에게 하고 싶은 말씀이라도 있으신가요?"

"아멜리아, 너에게는 오빠뿐만 아니라 소중한 여동생도 있단다. 때로는 루이자가 변덕스럽게 굴기도 하지만, 그 아이는 너희들과 함께 어울리고 싶어한단다."

아멜리아의 표정이 더 어두워졌다.

"하지만 어머니, 오늘 아침에 오빠가 불렀을 때 루이자는 나오지 않았어요."

테일러 부인은 단호한 목소리로 대답했다.

"그건 너도 함께 루이자를 부르지 않았기 때문이야."

아멜리아의 눈에 눈물이 고였다. 부인은 딸을 안고 조용히 속삭였다.

"문제가 너에게 있다면 그 해답도 너에게 있단다. 지금 너에게 필요한 건 진심 어린 기도와 약간의 이해심이란다."

아멜리아는 어머니를 껴안았다.

"죄송해요. 어머니. 제가 옳지 않았어요. 루이자에게 화내는 대신에 그 애를 사랑해야 했어요. 우리 셋이 함께하는 시간을 만들어야 했어요."

테일러 부인은 어린 딸의 머리를 가만히 쓰다듬었다.

"네 동생이 아직 하나님 안에서의 평안을 맛보지 못했다는 사실을 기억하렴. 나는 네가 루이자에게 상처주는 일에 시간을 낭비하지 않기를 원한다. 아멜리아, 오빠를 위해 기도하듯이 네 동생을 위해서도 간절히 기도해 주렴. 이건 루이자의 영혼이 죽느냐, 사느냐 하는 아주 중대한 문제란다."

아멜리아는 부엌문에 기대어 서서 가만히 눈을 감았다.

'하나님, 마땅히 사랑해야 할 동생을 사랑하지 못한 것을 회개합니다. 제가 오빠뿐만 아니라 동생과도 가깝게 지낼 수 있도록 도와주세요. 루이자가 하나님을 사랑할 수 있도록 인도해 주세요.'

기도를 마친 후 아멜리아는 허드슨과 루이자가 있는 거실로 나갔다. 그곳에는 허드슨이 키우는 다람쥐들이 커튼에 올라가려고 아등바등하고 있었다.

"아멜리아, 나 좀 도와줘!"

허드슨이 웃으며 말했다.
"녀석들이 이곳을 엉망진창으로 만들어 버리려고 하네!"

남매가 아주 어렸을 때 이런 일도 있었다. 그때 부인은 식탁 의자에서 떨어져 울고 있는 루이자를 달래고 있었다. 허드슨과 아멜리아는 이리저리 뛰어다니며 온갖 장난을 쳤다. 세 아이들을 돌보느라 그녀의 몸은 물에 젖은 솜뭉치처럼 무거웠다. 달콤한 간식으로 겨우 루이자를 진정시킬 수 있었다.

"루이자, 똑바로 먹지 않으면 너 혼자만 방에서 먹게 할 거야."

루이자는 고개를 끄덕였지만 이내 다시 소리를 내며 먹기 시작했다. 정말이지 정신이 하나도 없었다.

허드슨은 별로 기분이 좋아 보이지 않았다. 그 이유를 물어보기도 전에 식탁 아래로 머리를 처박고 딴짓에 열중하는 아멜리아가 눈에 들어왔다.

"아멜리아, 넌 숙녀답지 못한 행동을 하고 있구나. 식탁에서는 똑바로 앉아야지."

허드슨은 한숨을 쉬며, 여동생들의 스프 그릇과 부인을 번갈아 쳐다보았다. 마치 무언가를 참고 기다리는 듯했다. 도대체 그게 뭘까?

'아!'

마침내 그녀는 그 이유를 깨닫게 되었다. 가엾은 허드슨! 아무도 그 아이에게 관심을 가지지 않고 있었다. 모두들 요란하게 스프를 먹느라, 오직 허드슨만이 음식을 먹지 않고 있다는 사실을 깨닫지 못했던 것이다. 테일러 부인 역시 두 자매에게 온통 정신이 팔려 허드슨의 스프 그릇이 비어 있다는 사실을 까맣게 몰랐다.

그러나 이 가족에게는 어른들이 먼저 아이들에게 말을 건네기 전에는 절대로 식탁에서 말을 할 수 없는 규칙이 있었다. 그래서 허드슨은 아무 말도 할 수 없었던 것이었다. 아멜리아는 다른 일에 정신이 팔려 오빠가 음식이 없어 먹지 못한다는 사실을 알아차리지 못했다. 이 꼬마 신사는 지나치게 공손했다. 그래서 그저 앉아서 기다리며 한숨만 쉰 것이다. 마침내 허드슨은 해결책을 떠올렸다. 이건 식사 예절에도 어긋나지 않는 것이다!

"누가 저에게 소금통을 건네주시겠어요?"

마침내 부인은 허드슨의 작은 얼굴을 바라보았다.

"물론이지, 허드슨. 여기 있다. 어머나, 허드슨! 미안하구

나. 네 스프 그릇이 비어 있었구나!"

그녀는 허드슨의 빈 그릇에 스프를 가득 채워주었다. 그제서야 허드슨은 만족스럽게 스프를 먹기 시작했다.

제임스 테일러는 엄격했지만, 자상하고 헌신적인 남편이었다. 제임스는 의사의 역할까지도 감당하는 약사였다. 마을 사람들은 그를 신뢰했다. 그는 다른 사람의 실수에 대해서는 관대했지만, 자녀들에게는 늘 엄격했다. 테일러 부인은 남편의 생각을 존중했다.

허드슨은 건강이 좋지 않았다. 그래서 어린 나이에 학교를 그만두어야 했다. 나중에 건강이 회복되자 허드슨은 의대에 가고 싶어했다. 그러나 제임스는 반대했다. 학비가 비싸다는 게 그 이유였다. 가족들은 이러한 아버지의 결정에 동의하지 않았지만 굳이 나서서 말하지 않았다.

엄격한 제임스도 가끔 약한 모습을 보일 때가 있었다. 가족이 '추억 되살리기' 시간을 가졌을 때였다. 제임스는 부인을 '나의 나이팅게일'이라고 불렀다. 남편이 그녀를 그렇게 부른 것은 참으로 오랜만이었다. 부인은 젊은 시절 즐겨 부르던 노래들을 불렀다. 부인이 일기장에서 스프에 얽힌 이야기를 읽자, 허드슨은 눈물까지 글썽이며 크게 웃었다.

"그날 저는 식탁에 앉아서 어떻게 하면 어머니의 관심을 끌 수 있을지를 필사적으로 고민했어요."

허드슨이 웃을 때마다 두 눈이 별빛처럼 반짝였다.

"아멜리아는 딴짓을 하느라 정신이 팔려 있었고 루이자는 여기저기에 스프를 흘리고 있었죠. 전 정말 엄청나게 배가 고팠어요."

허드슨이 말했다.

"중국에 가서도 어머니가 만들어 주신 스프는 절대 잊을 수 없을 거예요!"

"흠흠"

금방이라도 울듯한 부인의 표정을 본 제임스는 어색하게 헛기침을 했다. 장난기가 발동한 허드슨은 아멜리아의 머리채를 살짝 잡아당겼다.

"네가 변발을 하면 이 오빠가 매일 이렇게 잡아 흔들어 줄 텐데."

아멜리아는 말없이 웃었다. 나중에 아멜리아는 부인에게 이렇게 고백했다.

"그 순간 저는 울음을 참느라 힘들었어요. 오빠가 그 모습을 봤을까요? 정말 오빠가 많이 그리울 거예요."

테일러 부인은 잠시 일기장을 내려놓고 창 밖으로 펼쳐지는 아름다운 해돋이를 감상했다. 같은 시간, 아멜리아도 일어나 창문 밖에 아름답게 펼쳐진 해돋이를 보며 회상에 잠겼다. 아멜리아도 일기 쓰는 것을 좋아했다. 아멜리아는 가죽으로 견고하게 만들어진 자신의 일기장을 들고 자리에 앉았다.

*우리는 재미있는 모험을 많이 했다. 오빠와 함께 가게에서 아버지를 도와드리기로 한 날에도 우리는 다른 마을까지 도망갔다. 그곳에는 아주 오래된 아름다운 교회가 있었다. 무엇보다 가장 신나는 일은 근처에 어른들이 아무도 없다는 사실이었다.*

"오빠, 거기 서!"
아멜리아가 오빠를 쫓아가면서 외쳤다. 허드슨이 말했다.
"아무리 애를 써도 안 될걸. 난 너보다 빠르거든!"
아멜리아는 최대한 속력을 내려고 노력했지만 세 살이나 많은 오빠를 따라 잡기에는 무리였다.

"오빤 삐쩍 말라서 나보다 빠른 거야."

아멜리아는 주저앉아 화를 냈다.

"내가 삐쩍 말랐으면 넌 꿀꿀 돼지다!"

허드슨은 혀를 낼름 내밀었다. 허드슨은 속상해하는 동생의 머리채를 휙 잡아당기고 가까운 나무로 도망쳤다. 달려가면서도 허드슨은 계속 킥킥거렸다. 아멜리아는 정말 화가 났다! 허드슨은 언제나 아멜리아가 화를 낼 만한 별명들을 지어 부르곤 했다.

"아악!"

얼마나 달려갔을까? 아멜리아는 풀이 무성한 언덕에서 미끄러져서 벌러덩 넘어지고 말았다. 허드슨은 우두커니 서서 아멜리아의 모습을 내려다 보고 있었다.

"서 있지만 말고 좀 도와줘, 이 멍청아!"

아멜리아는 오빠에게 힘껏 소리 질렀다.

"계단 끝까지 경주하자!"

벌떡 일어난 아멜리아는 허드슨과 함께 돌로 만든 계단으로 달려갔다.

"오빠, 난 이곳이 정말 맘에 들어."

숲은 평화롭고 조용했다. 산새들이 고운 목소리로 노래하을 봤을까요? 정말 오빠가 많이 그리울 거예요."

테일러 부인은 잠시 일기장을 내려놓고 창 밖으로 펼쳐지는 아름다운 해돋이를 감상했다. 같은 시간, 아멜리아도 일어나 창문 밖에 아름답게 펼쳐진 해돋이를 보며 회상에 잠겼다. 아멜리아도 일기 쓰는 것을 좋아했다. 아멜리아는 가죽으로 견고하게 만들어진 자신의 일기장을 들고 자리에 앉았다.

> 우리는 재미있는 모험을 많이 했다. 오빠와 함께 가게에서 아버지를 도와드리기로 한 날에도 우리는 다른 마을까지 도망갔다. 그곳에는 아주 오래된 아름다운 교회가 있었다. 무엇보다 가장 신나는 일은 근처에 어른들이 아무도 없다는 사실이었다.

"오빠, 거기 서!"
아멜리아가 오빠를 쫓아가면서 외쳤다. 허드슨이 말했다.
"아무리 애를 써도 안 될걸. 난 너보다 빠르거든!"
아멜리아는 최대한 속력을 내려고 노력했지만 세 살이나 많은 오빠를 따라 잡기에는 무리였다.

"오빤 삐쩍 말라서 나보다 빠른 거야."

아멜리아는 주저앉아 화를 냈다.

"내가 삐쩍 말랐으면 넌 꿀꿀 돼지다!"

허드슨은 혀를 낼름 내밀었다. 허드슨은 속상해하는 동생의 머리채를 휙 잡아당기고 가까운 나무로 도망쳤다. 달려가면서도 허드슨은 계속 킥킥거렸다. 아멜리아는 정말 화가 났다! 허드슨은 언제나 아멜리아가 화를 낼 만한 별명들을 지어 부르곤 했다.

"아악!"

얼마나 달려갔을까? 아멜리아는 풀이 무성한 언덕에서 미끄러져서 벌러덩 넘어지고 말았다. 허드슨은 우두커니 서서 아멜리아의 모습을 내려다 보고 있었다.

"서 있지만 말고 좀 도와줘, 이 멍청아!"

아멜리아는 오빠에게 힘껏 소리 질렀다.

"계단 끝까지 경주하자!"

벌떡 일어난 아멜리아는 허드슨과 함께 돌로 만든 계단으로 달려갔다.

"오빠, 난 이곳이 정말 맘에 들어."

숲은 평화롭고 조용했다. 산새들이 고운 목소리로 노래하면 풀꽃들은 고개를 내밀고 이리저리 몸을 흔들었다. 오늘은 방해꾼 루이자도 없고, 옷이 지저분하다고 잔소리하는 엄마도 없다.

"나도 여기가 맘에 들어. 이렇게 돌아다니는 것은 정말 재밌어!"

허드슨이 속삭였다.

"그런데 아멜리아…."

허드슨의 얼굴이 어두워졌다.

"만약 어머니가 우릴 보시면 어떨까? 기절하실지도 몰라. 지금 우린 여기 있으면 안 되니까."

그 순간 아멜리아의 배에서 '꼬르륵' 소리가 났다.

"오빠, 나 배고파."

아멜리아가 배를 쓱쓱 문지르자 허드슨은 장난기 가득한 표정으로, "역시 넌 꿀꿀 돼지야!"라고 소리치고는 도망치기 시작했다.

"아, 왜 저렇게 말썽만 피우는 거야?"

교회 앞마당으로 통하는 대문을 기어 올라가는 허드슨을 보며 아멜리아는 약간 투덜거렸다.

"안 따라 오고 뭐해, 느림보?"

허드슨은 뒤를 돌아보며 동생이 오는지 지켜보았다. 아멜리아는 피곤하고 배가 고파 심술이 났다. 짧고 통통한 다리로 최선을 다해 따라갔지만 오빠는 꽤나 멀리 떨어져 있었다.

당시 허드슨은 온몸이 불덩이처럼 열이 나서 세 달 동안이나 집 안에만 갇혀 있었다. 그는 스스로를 '죄수'라고 불렀다. 허드슨은 하늘을 향해 두 팔을 뻗으며 큰소리로 웃었다.

"나는 이제 자유인이다!"

우르르 쾅쾅-

어느새 주위가 어두워졌다. 요크셔의 바람에 쫓긴 먹구름이 천둥소리를 내고, 은회색 번개는 하늘을 갈랐다. 시커먼 먹장구름이 남매의 뒤로 성큼성큼 다가왔다. 아멜리아는 비를 피할 곳을 찾아 달리기 시작했다. 그러나 허드슨은 아니었다. 허드슨은 꼼짝도 하지 않고 비를 맞으며 서 있었다. 빗물이 얼굴을 지나 목덜미 뒤로 작은 물줄기를 만들며 흘러내렸다. 삽시간에 허드슨은 흠뻑 젖어버렸다.

아멜리아는 오빠의 손을 이끌어 집으로 향했다. 현관에서 테일러 부인이 남매를 기다리고 있었다.

"이리 오너라, 허드슨!"

부인의 목소리에는 높낮이가 없었다.

"죄송해요, 어머니!"

허드슨은 기어들어가는 목소리로 대답했다.

"에이취!"

허드슨은 언제나 감기를 달고 살았다. 부인은 재빨리 아들을 욕조로 데리고 가서 따뜻한 물로 씻겼다.

"다시 감기에 걸리게 된다면 그건 네 탓이야!"

어머니의 목소리는 얼음처럼 차가웠다. 그러나 허드슨은 따뜻한 욕조에 앉아 새로운 장난을 시작했다.

"내 엄지발가락은 커다란 고래예요. 내 무릎은 망토를 입고 변발을 한 중국 사람들이 사는 사막이구요. 난 고래를 타고 이 사막으로 가고 있어요."

허드슨이 말했다.

"어머니, 제 머리를 길러서 변발을 할 수 있도록 허락해 주세요!"

그러나 부인의 대답은 늘 한결같았다.

"변발이라니 무슨 뚱딴지 같은 소리냐? 너는 정말 어리석은 생각만 하는구나!"

# 제가 중국에 가겠어요!

'하나님, 제가 그 일을 하겠어요!'
열두 살이라는 어린 나이에 허드슨은 중국을 품기로 결단했다.

허드슨과 아멜리아는 꾸불꾸불한 시골길을 걷는 것을 너무나 좋아했다. 남매는 그것을 '모험'이라고 불렀다. 가끔씩 허드슨과 아멜리아는 굴렁쇠를 가지고 골목길을 달리곤 했다. 루이자는 데이지 꽃 왕관을 쓰고 두 아이를 부러운 듯 바라보았다.

허드슨은 호기심이 많은 아이였다. 그는 작은 가방을 들고 다니며 길에서 발견한 흥미로운 것들로 채우곤 했다. 어린 허드슨의 방에는 식물과 돌, 그리고 죽은 곤충 같은 수집품들이 가득 차 있었다.

---

허드슨은 어린 시절부터 유난히 호기심이 많은 아이였다. 그 애는 작은 것 하나도 그냥 지나치지 않고 사랑과 열정을 쏟았다. 이제 그 사랑과 열정을 중국에 있는 하나님의 사람들에게 쏟을 테지.

가끔 허드슨은 꿈꾸는 듯한 표정으로 하늘을 올려다보곤 했다. 그럴 때면 나는 이 아이가 어디론가 사라져 버리지나 않을까 생각하며 가슴이 철렁 내려앉았다. 하지만 이제는 그렇지 않다.

오, 하나님! 사랑하는 저의 아들, 허드슨을 온전히 당신의 손에 맡깁니다!

---

테일러 부인이 돌층계에 앉아 일기장의 마지막 단락을 마쳤을 때, 아멜리아는 아래층에 있었다.

"오늘은 어머니를 대신해서 내가 아침식사를 준비해야지."

아멜리아는 난로에 불을 피웠다. 얼마나 시간이 흘렀을까?

"벌써 식사준비를 다 마쳤구나!"

부엌으로 통하는 뒷문이 삐걱 소리를 내며 열리고, 테일러 부인이 부엌으로 들어섰다.

"어머니, 무슨 일 있으셨어요?"

아멜리아는 걱정스런 얼굴로 어머니를 바라보았다.

"나는 하나님과의 시간이 필요했단다. 그리고 돌층계에 앉아서 일기를 썼지."

아멜리아는 어머니의 코트 주머니에 꽂혀있는 일기장을 보며 살짝 미소를 지었다.

"어제 밤에 읽어주신 일기는 재미있었어요. 덕분에 많은 기억들이 떠올랐어요."

"다행이구나, 아멜리아. 그런데 루이자와는 어떠니?"

아멜리아는 아무 말없이 고개만 내저었다. 그녀는 이 문제에 대해 깊이 생각해야만 했다. 루이자를 더욱 사랑하라고 하신 어머니의 말이 떠올라 양심에 찔렸다.

"어머니, 루이자랑 저는 많이 좋아졌어요. 루이자가 아무 말도 없이 제 일기장을 읽는 것은 좀 힘들지만요. 하지만 어머니, 전 루이자를 정말 사랑해요. 그런데 루이자는 그걸 모르는 것 같아요."

테일러 부인은 루이자가 복도에서 놀란 표정을 지으며 서 있는 것을 보고는 미소 지었다. 루이자도 따뜻하게 미소를 지었다.

"아멜리아 언니, 나도 언니를 사랑해. 그리고 다시는 언니의 일기장을 읽지 않기로 약속할게."

루이자는 잠시 가만히 있다가 윙크를 하면서 말했다.

"언니가 허락하지 않는 한은 말이지."

아멜리아는 루이자의 머리카락에 볼을 부비며 말했다.

"네가 원하면 언제나 내 일기를 읽게 해줄게. 대신 나도 네 일기장을 보게 해주지 않을래?"

루이자의 눈이 반짝 빛났다.

"참 좋은 생각이야. 언니, 우리 이따가 서로의 일기장을 교환해서 보자!"

아침 식사 대화의 주제는 중국에 관한 이야기들이었다. 아멜리아는 접시들과 우유병을 들어 식탁보를 치우고 있었다. 그러다 식탁보에 나 있는 얼룩을 보며 말했다.

"오빠, 이 얼룩이 언제 생겼는지 기억해?"

허드슨은 싱긋 웃었다.

"그럼, 알고말고. 루이자, 예전에 너는 내가 언제 처음 중국으로 갈 결심을 했냐고 물어본 적이 있지? 그건 바로 저 얼룩이 생긴 때야."

테일러 부인은 물끄러미 얼룩을 내려다 보았다. 얼룩은 아무리 문질러도 사라지지 않았다. 분명히 일기장 어딘가에 이것에 관한 이야기가 있을 것이다.

'돌아가서 찾아봐야겠구나!'

테일러 가의 식사 시간에 중국 이야기가 빠지는 법은 절대 없었다.

"여보, 중국에 대한 이 기사를 들어보지 않겠소?"

동양 전문가인 제임스가 흥분해서 말했다.

"이 기사가 동양에 대한 나의 관심을 다시 불붙게 해 주었소."

부인이 아는 한 제임스의 관심이 다시 불붙을 필요는 없었다. 중국은 친구나 손님들이 함께하는 저녁 식사 자리에서 꾸준히 이야깃거리가 되어 왔다. 중국은 남편에게 활력소가 되고 상상력과 만족감을 충족시켜 주었다. 그들은 늘 중국을 위해 기도해왔다. 오늘 저녁 때의 이 소동은 그리 놀랄 일이 아니었다. 제임스는 이야기를 계속했다.

"허드슨, 중국 사람들은 서양 사람들보다 훨씬 우수한 교육을 받는단다. 너는 그곳에 사는 모든 사람이 글을 읽을 수 있다는 사실을 아니?"

허드슨의 눈이 반짝 빛났다.

"정말요?"

"그래, 그들은 문화를 소중히 여기고 책 한 장도 쉽게 찢지 않는단다. 자, 여기서 질문 하나! 영국의 백배에 달하는 영토를 가지고 있고 지구상의 십분의 일을 차지하는 나라는 어디일까?"

허드슨이 소리쳤다.

"중국이요!"

제임스는 허드슨의 머리를 쓰다듬었다.

"훌륭하구나. 그렇다면 다음 질문, 만약 모든 중국인이 한 줄로 길게 선다면 지구를 몇 바퀴나 돌 수 있지?"

"일곱 바퀴요."

이번에는 아멜리아가 빨랐다.

"그러나 이 많은 중국 사람들 중 소수만이 구원에 대해 알고 있단다. 이건 정말 불행한 일이 아닐 수 없어. 이 가엾은 사람들을 위해 우리는 배에 성경책을 가득 실어 보내야 해. 우리 가족이 단 한 번도 성경을 읽어보지 못했다고 상상해 보렴. 끔찍한 일이지?

제임스는 서둘러 차를 한 모금 마시고 아내를 바라보았다. 그들은 조용히 앉아 푸딩을 먹고 있던 한 소년에게 이날의 기억이 엄청난 영향을 주었다는 사실을 결코 깨닫지 못했다.

허드슨은 큰 감동을 받았다. 중국에 대한 이야기들은 허드슨에게 전율 그 자체였다.

'하나님, 제가 그 일을 하겠어요!'

그 순간 허드슨은 열두 살이라는 어린 나이에 중국을 품기로 결단했다. 그의 심장은 빠르게 박동하고 그의 눈은 반짝거렸다. 허드슨은 늘 미지의 나라를 항해하는 자신의 모습을 떠올리곤 했다. 하지만 이번엔 달랐다.

제임스는 크게 소리쳤다.

"이것은 우리가 반드시 해야만 하는 일이야! 중국이 말씀으로 가득 채워지게 되는 일 말이야."

그가 주먹으로 식탁을 두드리자 찻잔이 흔들렸다.

"우리는 그들에게 예수님에 대해 전해야만 해! 그러나 그곳은 너무나 위험해."

남편은 깊이 한숨을 내쉬었다.

"그러니 누가 그 먼 곳으로 가려고 하겠어?"

그때였다. 우당탕 접시가 구르고 요란한 소리와 함께 허드

슨이 자기 자리에서 힘차게 일어났다.

"제가 가겠어요!"

아멜리아는 오빠의 모습을 넋놓고 바라보았고 루이자는 킥킥거렸다.

"엄마, 오빠가 차를 엎질렀어요."

오, 맙소사!

"허드슨, 이런 얼룩은 절대 지워지지 않는단다!"

테일러 부인은 얼굴을 붉히며 행주를 가지러 뛰어갔다. 그러나 제임스는 열의 넘치는 아들의 얼굴을 보며 미소를 지었다. 몸이 약한 허드슨이 중국까지 배를 타고 간다는 것은 말도 안 되는 소리였다. 그러나 제임스는 이전에 자신이 하나님께 허드슨을 드렸다는 사실을 기억했다.

'하나님께서 이 아이를 중국으로 보내시려고 하는 걸까?'

하지만 제임스는 허드슨의 눈을 바라보며 말했다.

"허드슨, 그 일은 너를 위해 계획된 일이 아니다. 어머니가 식탁을 치우시는 동안 얌전히 앉아 있어라."

허드슨은 무안한 듯 얼굴이 빨개졌다. 하지만 아이의 얼굴에는 단호한 의지가 깃들어 있었다. 하나님은 분명히 이 아이의 인생에 어떤 방식으로든 역사하실 것이다. 과연 허드슨을 향한 하나님의 계획은 무엇일까?

　낡은 일기장을 덮으며 테일러 부인은 가만히 눈을 감았다.

　'이제 일주일 후면 허드슨은 중국으로 가게 된다! 그 누가 생각이나 했을까? 잔병치레로 늘 누워만 있던 우리 아들이 중국에 가다니! 아, 하나님은 정말 대단하신 분이다! 그 누가 그분의 방식을 이해할 수 있을까?'

#  허드슨이 하나님을 모독했다고?

'예수님은 그저 내가 그분 앞에 무릎 꿇고 그분을
구세주로 받아들여 이 구원의 선물을 받기 원하시는구나!'

아멜리아와 루이자는 난로 앞에 나란히 앉아 낡은 일기장들을 펼쳐 놓았다. 아멜리아는 낡은 노트들을 이리저리 뒤적거렸다. 아멜리아의 낡은 일기장의 가장 자리에는 어린 아이 글씨로 '내 이름은 아멜리아 테일러입니다. 지금 난 예수님을 너무나 사랑해요. 허드슨 오빠도 예수님을 사랑할 수 있도록 도와주세요'라고 적혀 있었다.

루이자는 언니의 어깨 너머로 머리를 내밀었다.

"그거 언니가 적은거야?"

루이자가 묻자, 아멜리아는 가만히 고개를 끄덕였다.

"응. 이 일기장은 이렇게 짧은 문장들로 가득 채워져 있어. '오빠를 위해 기도합니다', '허드슨 오빠가 예수님께로 나아가 용서를 구하도록 인도해 주세요' 이런 식이지. 두 번째 문장은 예전에 허드슨 오빠가 하나님을 모독하는 말을 했을 때 쓴 거야."

루이자는 깜짝 놀랐다.

"오빠가 하나님을 저주했다고? 그럴리가!"

아멜리아가 싱긋 웃었다.

"사실이야. 물론 지금은 달라졌지. 그때 나는 정말 힘들었어. 너는 기억하지 못하겠지만 나는 아주 생생히 기억해."

문이 열리고 테일러 부인이 들어섰다.

"허드슨은 아버지가 처방전 쓰는 것을 도와 드리고 있단다. 그나저나 너희들은 또 옛날 이야기를 하고 있는 거니?"

어머니가 옆에 다가와 앉자 아멜리아는 미소를 보냈다. 아멜리아는 일기장을 들고 큰 소리로 읽기 시작했다.

*오빠는 엄청난 실망감과 분노에 휩싸여 우리와 아무 말도 하지 않*

않다. 아니 사실은 하나님과 아무 말도 하기 싫은 것이다. 이 사실은 나를 너무나 아프게 한다.

하나님, 제가 처음 주님을 믿게 되었을 때 제가 가장 소망한 것은 오빠도 저처럼 되는 것이었습니다. 하나님께서 주신 사랑으로 저는 마음에 평안을 누리게 되었습니다. 아플 때나 막막한 문제로 두려울 때도 하나님 앞으로 나아갈 수 있었습니다. 주님은 나의 빛이 되십니다. 의문이 생길 때 주님께 묻고, 성경을 읽으면 늘 제 모든 질문이 해결됩니다. 가끔은 제가 원하는 대로 응답하시지 않지만, 저는 그것이 저에게 가장 좋은 길임을 압니다. 하나님 안에 있으면 저는 무엇이든 할 수 있습니다.

당시 허드슨은 지역의 한 은행에서 일했다. 이 일은 허드슨에게 전혀 도움이 되지 않았다. 왜냐하면 그 직업이 허드슨을 완전히 바꾸어 놓았기 때문이다. 거기서 일하는 젊은 사람들은 일이 없을 때는 무엇을 하고 놀 것인가를 궁리했다. 그들이 원하는 것은 돈을 많이 벌어서 흥청망청 쓰는 것이었다. 허드슨 역시 그랬다. 그는 마차가 딸린 말이 있는 대저택에서 살고 싶었다. 하지만 그는 번 돈의 거의 대부분을 다 써버렸다. 흥청망청 돈을 쓰고 우스개 소리도 잘 하는 허드슨은 은행에서도 인기가 좋았다. 그들과 함께 있으면 허드슨은 늘 유쾌하고 즐거웠다. 그런데 집에만 돌아오면 너무나 끔찍했다.

하나님, 죄송합니다. 저는 정말 오빠와 같이 있고 싶지 않습니다. 하지만 어떻게 해서든지 그를 주님 앞으로 돌아오게 해야 한다는 사실은 알고 있습니다. 전 너무 지쳤습니다! 주님에 대해 이야기할 때마다 그는 돌아서서 웃기만 합니다. 주님, 당신의 이름이 웃음거리가 된다면 저는 애초에 아무 이야기도 꺼내고 싶지도 않습니다. 감사하게도 오빠는 완전히 악해지지는 않았습니다. 어제 제가 울음을 터뜨렸을 때 오빠는 저에게 사과를 했습니다. 하지만 제가 울음을 그치자 오빠는 또 다시 주님을 저주하고 욕하기 시작했습니다. 저는 견딜 수가 없어서 거실에서 곧장 제 방으로 뛰어들어갔습니다. 그가 정말 용서를 구하고 싶다면 그런 행동은 하지 않을 텐데 말입니다.

허드슨의 행동이 주님을 화나게 하는 것을 압니다. 오빠는 당신의 이름을 길가의 진흙처럼 가볍게 취급합니다. 그가 마음으로부터 깊이 반성하고, 주님께 도움을 구하지 않는 이상 그 어떤 사과도 의미가 없습니다. 주님, 제가 무엇을 할 수 있나요?

아멜리아는 읽기를 멈추었다. 루이자는 적지않은 충격을 받은 듯했다. 그녀는 이러한 부분을 전혀 기억하지 못하고 있었다.

"언니와 오빠가 몇 번쯤 서로 의견이 달라서 오빠가 꽤 화가 났었던 건 기억나. 하지만 이렇게 심각한 줄은 몰랐는 걸. 그때와 비하면 지금은 엄청 변한 거네!"

테일러 부인이 말했다.

"몇 년 후, 허드슨은 은행을 그만두고 아버지의 약국 일을 도우러 왔단다. 그때 허드슨은 눈병이 심해서 더 이상 은행에서 일을 할 수 없었어."

당시 허드슨은 약국일에 취미를 붙이지 못하고 늘 시무룩했다. 훗날 허드슨 테일러는 자신이 '스스로 자립할 수 없는 소년이 되어 버린 것 같았다'고 말했다.

"아마 우리가 그를 충분히 자유롭게 놔두지 못했기 때문일 거야. 너무 안에 갇혀만 있다 보니 허드슨은 독립을 간절히 원했단다. 하지만 아멜리아와 나는 그렇게 할 수 없었단다. 허드슨에게는 하나님을 위한 시간이 전혀 없었어. 가엾게도 허드슨은 구원에 대해 알지 못했어. 하나님은 허드슨에게 그 어떤 계획과 비전도 보여주시지 않으셨단다."

테일러 부인은 한숨을 쉬었다. 아멜리아는 어머니의 손을 잡고 계속 말을 이었다.

"그때는 정말 힘들었지. 그래도 난 결국 오빠가 다시 돌아올 줄 알았어. 아버지는 오빠가 무슨 일을 겪었는지, 왜 그의 성격과 생활 습관이 바뀌었는지 이해하지 못하셨지. 그럴수록 오빠는 아버지께 더 실망하게 되었어. 당시에 두 사람은 만날 때마다 다투곤 했어. 오빠는 아버지가 거만하고 화를 잘 내는 사람이라고 생각했고, 아버지는 오빠가 반항적이고 은혜를 모르는 아들이라고 생각했거든. 두 사람은 그야말로 물과 기름처럼 서로 겉돌았지."

아멜리아는 일기장을 집어들었다.

"그래서 난 뭔가를 해야겠다고 결심했어. 그런데 내가 오빠를 위해 해줄 수 있는 건 오직 기도뿐이었어. 그날 밤 나는 오빠가 하나님께 돌아올 때까지 매일 기도하겠다고 예수님과 약속했어. 또 이 약속을 기억하기 위해서 일기를 쓰게 되었지."

루이자가 고개를 끄덕이자 아멜리아는 다른 일기장을 펼

쳐들고 이야기를 계속했다.

"1849년의 6월은 절대 잊을 수 없을 거야!"

> 놀라운 일이 일어났다! 나는 지금 내 눈 앞에서 일어난 이 일을 믿을 수 없다! 마침내 오빠가 예수님 앞에 자신을 드렸다. 오빠가 주님께 속하게 된 것이다! 하나님께서 내 기도에 응답하셨다. 하나님을 찬송할지어다! 오빠에게 나타난 이 변화에 대해 어머니는 아직 모르고 계시다. 오빠는 나에게 아무 말도 하지 말라고 신신당부했다. 하지만 나는 터질 것만 같은 이 기쁨을 참을 수가 없다!

그날, 아멜리아가 산책을 나가고 난 후 허드슨은 무료함에 하품을 하고 있었다. 그때 허드슨은 바구니에 담긴 전도지 모음들을 읽고 있었다. 물론 평소에는 전혀 관심을 갖지 않았던 내용이지만 당시 그는 정말 지루했기 때문에 조용한 곳에서 전도지라도 읽을 생각이었다.

'시원한 창고에서 고리타분한 문구들을 좀 읽다보면 절로 잠이 오겠지?'

허드슨은 천천히 문구들을 훑으면서 창고 안으로 들어섰

다. 그 중 한 문장이 그의 마음을 강력하게 사로잡았다. 그는 그동안 자신이 잘못된 방향으로 종교를 바라보았다는 것을 깨달았다. 기독교는 항상 착한 일만 해야 하는 그런 따분한 믿음이 아니었다.

허드슨은 아주 오래 전에 기독교인이 되기를 포기했었다. 왜냐하면 그것은 매우 어려운 일이라고 생각했기 때문이었다. 그는 늘 이렇게 생각했다.

'착하게 산다는 것은 너무 어려워. 하나님의 기준은 너무 높아. 난 그냥 포기할래!'

하지만 전도지를 읽으면서 그는 우리가 하나님께 무엇을 해야 하는 것이 아님을 깨닫게 되었다. 예수님께서 나를 위해 이미 벌을 받으셨기 때문에 죄 문제는 이미 해결되었다. 이 일은 완성된 것이기 때문에 그 위에 무엇을 더할 수가 없다. 구원은 우리의 착한 행동이나 따뜻한 마음 때문에 주어지는 것이 아니다. 오직 은혜로 거저 주어지는 것이다. 그러므로 천국에 가기 위해 자신의 몸을 학대하거나 짐승을 잡아 날마다 제사할 필요가 없다.

'예수님은 그저 내가 그분 앞에 무릎 꿇고 그분을 나의 구세주로 받아들여 이 구원의 선물을 받기 원하시는구나!'

허드슨은 자신의 무릎을 쳤다.
훗날 허드슨은 아멜리아에게 다음과 같이 말했다.
"그것은 마치 빛이 번쩍이듯이 내 영혼으로 들어왔어"

루이자는 눈물을 글썽이는 아멜리아를 바라보았다. 아멜리아의 얼굴에 미소가 번졌다.
"그 일에 대해서 나도 일기를 썼단다."
허드슨 부인은 낡은 일기장을 펼쳤다.
"내가 처음 썼던 건 그냥 짧은 글이었어. 네가 말한 일과 같은 시간에 있었던 일이란다."

드디어 '그 일'이 일어났다! 나는 내 기도가 응답되었다는 것을 직감적으로 깨달았다. 오후 내내 나는 여동생의 빈 집 안에서 방문을 걸어 잠그고 허드슨을 위해서 기도했다. 하나님께서 응답하실 때까지 기도하고 또 기도하리라!

오, 하나님! 내 아들을 살피셔서 새 사람이 되게 하소서!

허드슨은 17년이라는 세월을 헛되이 보냈다. 하지만 지금 나는 확신할 수 있다. 비록 80마일이나 떨어져 있지만 내 기도가 응답되었고 어제까지의 허드슨은 이제 존재하지 않음을 안다. 오늘 오후부터 허드슨은 예수 그리스도를 사랑하는 새로운 피조물로 태어났다. 몇 시간 동안 마음을 다해 기도한 후 나는 하나님 안에서 평안을 얻었다!

"다 알고 계셨다고요?"

루이자가 소리쳤다.

"그래, 루이자. 나는 다 알고 있었단다. 하나님께서 80마일이나 떨어진 마을로 오셔서 나에게 네 오빠를 위해서 기도하라고 말씀하셨단다. 그 생생한 느낌은 마치 커다란 울림 같았어. 하지만 네 귀로 들을 수 있는 종류의 목소리는 아니란다. 이것은 우리 마음속에서 들려오는 목소리야."

루이자는 고개를 갸웃거렸다.

"나는 허드슨을 위해 기도해야만 한다는 사실을 알았단다. 이 마음을 어떻게 표현할 수 있을까? 확실한 것은 하나님께서 내가 모든 힘을 다해 기도에만 집중하기를 바라신다는 사실이었어."

부인은 부드러운 미소를 지어 보였다.

"네 오빠는 이것을 '하나님과의 계약'이라고 부르곤 했지. 아무튼 그날 오후 나는 하나님의 사무실로 초대받았단다. 나는 내가 얼마나 오랫동안 허드슨의 구원을 위해서 기도해왔는지 말씀드렸어. 허드슨이 다시 돌아온 사건은 지금의 나조차도 이해하기가 힘들어. 정말이지…."

테일러 부인은 쉽게 말을 잇지 못했다.

"하나님은 정말 대단하셔. 우리는 결코 그분의 사랑을 받을 자격이 없지. 하지만 하나님은 우리와 함께하시기 위해서 친히 우리에게 오셨어. 정말 놀라운 일이야."

테일러 부인은 창문을 바라보았다.

"그 사건이 있고 얼마 후에 허드슨은 은행에 있는 친구들에게 하나님의 사랑을 전하기 시작했어. 믿어지니? 불과 얼마 전까지만 해도 하나님을 모독했던 허드슨이 말이야."

루이자의 눈이 커졌다. 아멜리아는 두 눈 가득 고인 눈물을 눌러 닦았다.

"그 아이의 눈은 다시 총명하게 빛났지. 마침내 우리의 기도가 응답된 거야!"

루이자는 얼떨떨한 표정을 지어 보였다.

"밖에서 사람들에게 전도지를 나누어 줄 때도 어머니의 표정이 지금과 같아요. 전 늘 어머니가 용감하다고 생각했지만, 다른 한편으로는 어머니 때문에 부끄럽기도 했어요."

"호호. 그랬구나!"

테일러 부인은 소리내어 웃었다.

"하지만 루이자, 예수님을 부끄러워할 필요는 전혀 없단다. 예수님께서 너를 위해서 어떤 일을 하셨는지 알기만 한다면 너도 다른 사람들에게 예수님을 전하고 싶어질 테니 말이야."

루이자는 가벼운 한숨을 내쉬었다. 그 모습을 본 아멜리아는 안타까웠다.

'루이자는 아직도 예수님을 사랑하지 않는구나!'

테일러 부인은 이야기를 계속했다.

"아멜리아가 상급학교에 갈 나이가 되었을 때란다. 우린 네 언니를 이모가 살고 있는 지역의 학교로 보냈어. 그 해 겨울에 허드슨은 그의 죄에 대해서 하나님께 솔직히 고백했단다. 그는 하나님께서 자신이 두려워하는 그 지독한 죄에서 지켜주시면 무엇이라도 하겠다고 하나님께 약속했어. 그러고 나서 허드슨은 이전에 내가 그랬던 것처럼 마음속에서 울려 퍼지는 목소리를 듣게 되었단다. 그것은 '중국으로 가라!'는 분명한 음성이었지."

아멜리아가 덧붙였다.

"루이자, 그 시간 이후 오빠는 한 가지 결심을 했어! 오빠는 어린 시절부터 중국에 대해 아주 관심이 많았어. 그리고 중국에 가서 하나님의 말씀을 전하고 싶어했지. 이제 그때가 왔다는 것을 깨달은 거야!"

놀란 눈으로 바라보는 루이자를 바라보며 테일러 부인은 미소를 지었다.

"네 오빠가 중국으로 가라는 부르심을 받은 지 4년이 흘렀구나! 이제 일주일 후면 허드슨이 중국으로 떠나가겠지. 하지만 나는 아직도 실감이 나지 않는구나."

"어머니!"

아멜리아와 루이자는 어머니를 안았다. 테일러 부인이 말했다.

"하지만 나에게는 너희들이 있구나! 감사하게도!"

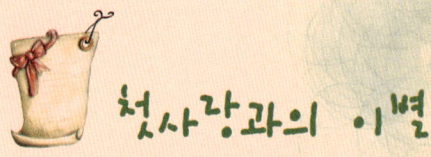

# 첫사랑과의 이별

아멜리아는 두 손을 모았다. "주님, 허드슨 오빠를 끝까지 사랑하고 지켜봐 줄 사람을 보내주세요!"

"음, 여기 오빠가 1850년에 쓴 편지가 있군!"
아멜리아는 낡은 일기장과 편지들을 뒤적거렸다.

불쌍하고 버려진 중국! 어느 누구도 인류의 1/4이 사는 그 거대한 나라에 관심을 가지지 않고 있다. 중국은 이제 잊혀지고 어둠 속에 버려졌다.

아멜리아는 1850년이 되던 해를 회상했다. 허드슨은 중국에 대한 자신의 목표를 비웃는 사람들 때문에 괴로워했다.
'아마도 사람들은 겨우 18살에 대학도 다니지 않는 병약한 한 청년의 모습만 바라보았을 거야. 그들에게 머나먼 중국까지 가려는 오빠의 계획은 우스꽝스런 일이었겠지. 하지만 누가 그들을 탓할 수 있을까?'

> 불쌍한 오빠! 나는 오빠가 너무 안타까워 견딜 수가 없다. 오빠는 항상 자신을 힘든 상황으로 내몬다. 오빠는 어릴 때부터 너무나 약했다. 그래서 사람들은 오빠가 지구 반 바퀴를 돌아 중국으로 가는 일이 무리라고 생각한다.
> 오빠는 자신에게 엄격한 규칙을 적용해 이 문제를 해결하려고 한다! 푹신한 침대 대신에 판자나 담요 위에서 자거나 오랫동안 황무지를 걷는 연습을 하면서 말이다. 건강을 회복하기 위해 오빠는 맑고 차가운 공기를 자주 마셨다. 또 세상에서 가장 어려운 언어를 배우기 위해 노력했다. 오빠의 마음은 중국으로 가득 찼다!

하지만 그의 마음을 채운 또 다른 것도 있었다. 아니 누군가라고 해야 옳을 것이다. 하나의 마음이 두 가지로 채워질 수 있는지는 잘 모르겠지만 적어도 허드슨에게는 그랬다. 그의 마음은 사랑스러운 마리엔느로 가득 찼다. 그녀는 아멜리아의 음악 선생님이기도 했다.

허드슨의 마음을 빼앗은 마리엔느는 상냥하고 아름다우며 재능도 많은 여성이었다. 처음 아멜리아가 그녀를 집에 데려갔을 때부터 허드슨의 머릿속에는 중국과 마리엔느 혹은 마리엔느와 중국이라는 단어로 가득 채워졌다. 그러나 그 순간에도 허드슨은 마리엔느에게 열중하는 이상으로 완전히 중국에 헌신하고 있었다.

"아멜리아, 더 이상 내가 무슨 말을 하겠니? 오빠는 마리엔느 선생님을 아주 많이 사랑한단다. 그녀 없이 홀로 중국에 가게 된다면 정말 외로울 거야. 하지만 나는 이 사실을 그녀에게 말할 수 없어."

그러나 테일러의 집안은 마리엔느에 비해 너무나 가난했다. 허드슨이 중국으로 건너가게 된다면 지금보다 더 가난해질 것이다. 하나님께서 어떻게든 채워주시겠지만 아멜리아의 마음속에는 오빠에 대한 걱정으로 가득했다.

1851년 봄, 허드슨이 헐(Hull)에 있는 한 의사 밑에서 일하고 있을 때, 아멜리아는 마리엔느와 함께 허드슨을 자주 만났다.

아멜리아는 이슬에 젖은 듯 반짝이는 눈빛으로 '아름다운' 마리엔느의 피아노 연주를 쳐다보는 오빠를 보며 킥킥댔다. 때때로 허드슨은 마리엔느의 품위 있는 화술이나 옷차림에 대해 이야기하며 한숨을 쉬곤 했다.

만약 아멜리아가 친구이자 선생님인 마리엔느를 깊이 사랑하지 않았다면 마리엔느라는 단어만 들어도 지겨웠을 것이다.

셋이서 피크 지구로 놀러간 적도 있었다. 셋은 어둑어둑해질 때까지 상쾌한 공기를 마시며 승마를 즐겼다. 그날 이후로 허드슨은 더욱 마리엔느에게 빠져버렸다. 아멜리아는 한숨을 쉬고 계속 일기를 읽어내려 갔다.

---

오빠에게 뭐라고 말해야 할까? 오늘 마리엔느 선생님은 나에게 중국에 가고 싶지 않다고 했다. 이미 오빠도 이 사실을 알고 있지 않을까? 단지 오빠는 현실을 인정하고 싶지 않은 것뿐이다. 하지만 오빠

는 선생님을 진심으로 사랑한다. 그 마음은 쉽게 바뀌지 않을 것이다. 그러나 오빠는 중국으로 가는 것이 가난과 어려움의 연속이라는 것을 또한 알고 있다. 그래서 마리엔느 선생님께 풍족하고 안전한 생활을 포기하라는 말을 꺼낼 수가 없는 것이다.

아멜리아는 편지와 일기장을 상자에 집어넣었다.

'마리엔느 선생님과의 일은 모두 끝났다. 하지만 오빠의 마음도 그럴까?'

허드슨과 마리엔느는 약혼까지 한 상태였다.

'하지만 지금은!'

아멜리아는 머리를 흔들었다. 마리엔느 선생님의 아버지가 보낸 편지가 떠올랐기 때문이었다. 아멜리아는 힘 없는 표정으로 허드슨이 자신에게 건넸던 글을 떠올렸다.

영국에 남아 있기만 한다면 자네와 마리엔느가 결혼하는 것만큼 기쁜 일은 또 없을 것이네. 하지만 나는 내 딸이 이 나라를 떠나는 것은 생각할 수도 없네. 자네도 내 마음을 이해해 줄 것이라 믿네.

아멜리아는 두 손을 모았다.

"주님, 허드슨 오빠를 끝까지 사랑하고 지켜봐 줄 사람을 보내주세요!"

#  하나님은 섬기기 위해 떠나는 거야

"하나님, 만약 주님께서 저를 부르지 않으셨다면 저는 울고 계신 어머니를 두고 떠나지 않았을 것입니다. 하지만 주님의 눈물은 우리 인간의 것보다 더 깊고 숭고합니다."

'오늘 오빠는 "세상 끝까지 가서 복음을 증거하라"는 그리스도의 명령에 순종하기 위해 떠난다.'

아멜리아는 이 생각을 계속 반복했다. 아멜리아의 눈에 눈물이 고였다. 옛날에 아멜리아는 오빠가 변화되기를 소망하며 울면서 기도했다. 그러나 그것은 오래가지 않았다. 하나님은 허드슨을 향한 위대한 계획을 가지고 계셨고, 그분이 적당하다고 생각하시는 '지금 이 순간' 그 계획은 이루어지고 있었다.

벽난로에서 장작이 딱- 딱- 소리를 냈다. 허드슨은 초조한 듯 시계를 들여다보며 마차를 기다리고 있었다.

"오빠, 정말 중국에 갈 거야?"

루이자가 훌쩍이기 시작했다.

"오늘은 슬픈 날이 아니야. 그러니까 날 생각하며 울지 말아줘. 그리고 여기 두 사람을 위한 선물이 있어."

허드슨이 상자에서 한 쌍의 애완용 다람쥐를 꺼내자 루이자는 더 크게 흐느끼기 시작했다. 허드슨의 손에서 꿈틀거리는 다람쥐들을 보며 아멜리아는 억지로 눈물을 삼켰다.

"얘들을 보살펴 줘. 이 녀석들도 아마 날 그리워할 테니."

다람쥐들을 다시 우리에 넣으면서 허드슨이 말했다.

"내가 잘 보살펴 줄게. 걱정마, 오빠."

루이자의 말에 허드슨은 미소를 보였다. 창문 쪽을 내다보니 아버지가 짐이 든 상자들과 배낭을 나르고 있었다.

"조심해요. 여보!"

어머니는 가슴을 졸이며 일이 진행되는 것을 살펴보고 있었다.

삐걱- 삐걱-

그때 어디선가 마차 바퀴 구르는 소리가 들렸다.

"마차가 왔나 보구나!"

허드슨은 바삐 방을 나갔다. 아멜리아와 루이자는 손을 마주잡고 서서 활기차고, 유쾌한 허드슨 오빠의 뒷모습을 물끄러미 바라보았다.

"그게 마지막 물건인가요?"

마부의 물음에 테일러 부인은 말없이 고개를 끄덕였다. 짐은 그리 많지 않았다. 허드슨의 다른 물건들은 이미 목적지에 보내져 있었다. 이 마차는 허드슨을 토튼햄에 있는 큰 마차 정거장까지 데려다 줄 것이다.

테일러 부인은 허드슨의 여정에 동행하기로 했다. 선교사 협회는 허드슨이 떠나기 전에 두 번의 만남의 시간을 갖도록 허락했다. 허드슨은 상하이로 가는 덤프리스 호를 타기 전에 부모님을 리버풀에서 만나기로 했다.

"이제 준비가 다 된 것 같다."

허드슨은 어머니를 도와 마차 안으로 짐을 날랐다.

히힝-

마차에 매인 말들은 연신 말발굽으로 땅을 찼다.

"사랑하는 내 동생들….".

허드슨은 돌아서서 여동생들을 꼭 안아주었다.

"너희들이 많이 그리울 거야!"

이 말을 마지막으로 허드슨은 마차에 올라탔다.

"아저씨, 이제 가요."

마부는 힘차게 채찍을 휘둘렀다.

따그닥- 따그닥-

말들은 힘차게 거리를 달리기 시작했다.

"오빠!"

아멜리아는 열심히 마차 뒤를 따라 달렸다. 그리고 손수건을 흔들며 큰소리로 외쳤다.

"잘 가! 편지 쓰는 거 잊지 마!"

허드슨도 손을 머리 위로 올려 힘차게 흔들었다.

마차를 타는 것이 편하지만은 않았다. 허드슨은 마차에서 몇 통의 편지를 써서 어머니께 드렸다. 허드슨은 아멜리아와 루이자에게 보낼 편지도 썼다. 테일러 부인은 마리엔느 양에게 보내는 편지가 하나도 없다는 것을 발견했다.

'허드슨도 이제 이루어지지 않을 사랑을 끝냈나 보구나!'

허드슨은 마음이 여린 청년이었다. 중국으로 떠나기 전 이 마지막 몇 주 동안 허드슨은 결혼하기를 간절히 원했다. 그러나 그에게는 중국이 더 중요했다.

'편안함을 버리고 집을 떠나 불확실하고 가난한 인생을 택할 여자는 거의 없을 거야. 주님, 허드슨은 아마도 남은 인생 동안 혼자 사는 법을 배워야 하겠지요? 주님…….'

잠시 테일러 부인은 기도를 멈추었다.

'… 우리 허드슨을 지켜 주세요.'

며칠 후 다시 리버풀에서 허드슨을 볼 수 있게 될 것이다.

"어서 타시지요, 부인."

테일러 부인은 마차를 타기 위해 자세를 고쳐 앉았다.

다음날 아침, 테일러 부인은 어느새 빛바랜 자신의 흰머리를 빗으며 생각에 잠겼다.

'그때가 바로 어제 같은데…….'

1832년, 허드슨은 양쪽 집안의 기대 속에서 태어났다. 그들은 허드슨을 통해 하나님께서 큰일을 하시리라는 기대를 갖고 있었다.

그러나 주님, 저는 당신을 수없이 의심했습니다. 그 아이가 태어난

지 얼마 지나지 않아 저는 그 아이가 며칠도 못 버틸 거라 생각했습니다. 허드슨은 너무나 몸이 약한 아이였으니까요. 또 허드슨이 자신의 인생을 하나님께 드리지 않을까 봐 지혜 걱정했습니다. 21년 전 제가 했던 말을 기억합니다. 주님, 허드슨을 하나님의 손에 맡깁니다. 그런데 허드슨이 중국에 가겠다고 했을 때, 그 말이 어찌나 농담처럼 들리던지요.

'주님, 이제 그 아이는 내 것이 아니라 당신의 것입니다!'
부인이 익숙한 성경 구절들을 읽고 있을 때, 제임스의 부드러운 팔이 그녀를 꼭 안아주었다. 부부는 다시 허드슨을 주님께 드리기로 결단하였다.

철썩-

리버풀의 부둣가에는 이미 많은 사람들로 북적거렸다. 허드슨은 런던에서의 모임을 잘 끝내고, 중국을 향해 나아갈 준비도 이미 다 마친 상태였다. 하지만 어머니는 아직 어린 아들을 보낼 준비가 되어 있지 않았다.
"잘 지내거라, 허드슨."
많은 친척들이 허드슨이 떠나는 것을 보려고 나와 있었다.

두 동생은 부모님이 떠난 텅빈 집을 지키고 있을 것이다.

리버풀은 장사꾼들과 여행을 떠나려는 사람들로 북적거렸다. 동양에서 온 진귀한 상품들을 가득 실은 수레들은 가장 좋은 자리를 차지하기 위해 자리싸움을 하고 있었다. 허드슨이 타고 갈 덤프리스 호는 항해 준비에 한창이었다.

"흐음… 이거 큰일이군."

배의 각 부분을 둘러보던 기관사가 말했다.

"승객 여러분들, 아무래도 덤프리스 호의 출항을 일주일 후로 연기해야 할 것 같습니다. 지금 몇 가지 손을 봐두는 편이 좋을 것 같습니다."

"일주일 후라…."

제임스 씨는 길게 한숨을 내쉬었다. 10여분 후 그는 반즐리로 돌아가야만 한다. 약국을 더 비워둘 수 없었다. 아멜리아와 루이자만 집에 두기에도 안심이 안 됐다.

"내가 먼저 집으로 돌아가야겠군."

말을 마치기가 무섭게 제임스 씨는 서둘러 짐을 쌌다.

"하지만 허드슨은 당신이 함께 있어 주길 바랄 거예요."

테일러 부인이 간절히 말했다.

"나도 알아요. 하지만 난 그때까지 기다릴 수가 없다오.

허드슨, 너는 이 아버지의 마음을 이해하겠지?"

그는 어두운 표정으로 아들을 바라보았다.

"이해하고 말고요. 아버지께 하나님의 축복이 함께하시길! 두 동생들에게도 안부 전해주세요."

제임스는 요크셔로 돌아갈 기차표를 끊었다. 다행히 오래 기다리지 않아 기차가 도착했다. 제임스 씨는 아들을 한번 꼬옥 안았다. 돌아서는 그의 눈에서 눈물이 흘렀다.

치익- 치익-

기차가 경적 소리를 내었다. 허드슨은 선로를 따라 달리며 기차 안에 있는 아버지께 손을 흔들었다.

"아버지, 안녕히 가세요! 그리고 저를 위해 기도해주세요."

제임스는 고개를 끄덕였다. 허드슨은 아버지의 눈에 사랑이 담겨져 있음을 깨달았다. 그는 아버지와 함께 기도하며 보냈던 아침을 기억했다. 허드슨과 아멜리아, 그리고 어린 루이자가 아버지의 방에 들르면 아버지는 크고 강한 팔로 아이들을 감싸 안고 기도하곤 했다.

허드슨과 어머니는 며칠 동안 리버풀을 관광하면서 덤프리스 호가 언제쯤 출항 허가를 받을 수 있을지 매일 확인했다. 9월 19일, 마침내 출항 허가가 내려졌다.

허드슨은 어머니와 함께 덤프리스 호에 올랐다.

"흐음…."

테일러 부인은 바다의 짠 공기를 들이마셨다. 바다에서 오는 서늘한 바람이 생선 비린내와 기름 냄새를 단숨에 날려 보냈다.

부인은 선실 안을 둘러보았다. 그녀는 허드슨이 이곳에서 읽고, 쓰고, 잠드는 모습을 머릿속에 그려 보았다. 허드슨은 작은 침대에 누웠다.

"조금 짧긴 하지만 웅크리고 잘 거니까 그렇게 염려하지 않아도 되겠어요."

어머니와 아들은 짐을 풀고, 옷을 작은 붙박이장에 넣었다. 허드슨이 짐정리를 마악 끝냈을 때 갑판에서 떠들썩한 소리가 들려왔다. 두 사람은 갑판에 앉아 상인들과 선원들의 모습을 보며 이야기를 나누었다.

간혹 상인들이 가져온 커다란 물건이 줄에 매달려 그들 머리 위를 휙휙 지나갔다. 사람들은 어깨와 등에 보따리를 매고 통로를 달려갔다. 갑판에서 나는 삐걱거리는 소리가 책임자들의 호통소리와 함께 뒤섞여 큰소리를 냈다.

배에 오르는 사람 중 일반인은 허드슨 혼자였다. 그때 커다란 목소리가 들려왔다.

"자, 이제 출항합니다!"

"이렇게나 빨리 출발한다고? 허드슨, 괜찮겠니?"

"걱정 마세요. 어머니. 기도할 시간은 있어요. 아직 출구를 닫지는 않았을 거예요."

허드슨은 어머니를 안심시켰다.

두 사람은 침대 위에 나란히 앉았다. 침대는 그리 편해보이지는 않았지만 따뜻하고 보송보송했다. 둘은 약속이나 한 듯 찬송가를 불렀다. 마음이 편안해졌다.

몇몇 선원들은 선실을 지나다가 잠시 멈춰서 아름다운 노래에 귀를 기울였다. 그들의 얼굴에 부드러운 미소가 스쳤다. 상처투성이의 험상궂은 선원들도 어린 시절에는 어머니의 무릎에서 찬송가를 함께 불렀을 것이다.

"주 예수님, 제가 사랑하는 모든 사람들을 보살펴 주세요. 주님께서는 그들 없이 제가 얼마나 외로운지 잘 아십니다."

허드슨은 살짝 말을 더듬었다. 어머니는 걱정스러운 눈으로 아들의 긴장한 얼굴을 바라보았다. 부인은 아들의 고통을 느꼈다.

'이제는 더 이상 계획만 하고 기다리지 않아도 된다. 오늘

이 가족들을 떠나 중국으로 가는 날이기 때문이다. 그러나…그러나 언제 돌아올지는 기약할 수 없다!'

허드슨이 멈칫거리며 말을 더듬자 부인은 몸을 굽혀 아들의 뺨에 입을 맞췄다.

"모든 일이 잘 될 거란다. 널 잊지 않고 기도할게. 네가 왜 우리 가족을 떠나야 하는지 기억하마. 만약 이 일이 하나님을 따르기 위한 것이 아니었다면 나는 너를 머나먼 그곳으로 보내지 않을 거야. 하지만 너는 하나님을 섬기기 위해 그곳에 가는 거란다."

부인은 아들의 푸른 눈에 비친 자신의 모습을 보았다.

"주님께서 널 축복하시고 지켜주실 거야."

기도가 끝나고, 이제 부인이 떠날 시간이 되었다. 허드슨은 어머니를 갑판까지 배웅했다. 배는 이제 부두를 떠나려 하고 있었다.

"아멜리아와 루이자에게 제가 아주 많이 사랑한다고 전해주세요! 그리고 아멜리아에게 생일 축하한다고 전해주세요!"

허드슨이 외쳤다. 허드슨의 얼굴이 조금씩 멀어지자 부인은 얼굴 빛이 창백해지며 몸을 떨기 시작했다. 허드슨은 위험을 무릅쓰고 배에서 뛰어내려 어머니를 안아드렸다.

"사랑하는 어머니, 울지 마세요. 우린 다시 만날 거예요. 어머니께서 말씀하신 대로 제가 어머니 곁을 떠나는 이유를 생각해 보세요. 이 일은 부나 명예를 위한 것이 아니예요. 저는 아직도 하나님을 알지 못하는 많은 중국인들에게 예수님의 복음을 전하기 위해 가는 거예요."

배가 선착장에서 멀어지려고 하자 허드슨은 다시 뛰어서 배에 올라탔다. 덤프리스 호는 닻을 올리며 부드러운 머시 강을 서서히 빠져 나갔다. 부인은 부두에 주저앉아 아들의 마지막 모습을 끝까지 지켜보고 있었다.

'이제 아들을 볼 수가 없다.'

가슴이 무너지는 것 같았다.

'오, 마지막으로 한 번만 더 허드슨의 모습을 볼 수 있다면 좋으련만.'

"어머니!"

갑자기 허드슨의 모습이 배 끝 쪽에서 다시 나타났다. 허드슨은 손에 든 물건을 열심히 흔들고 있었다.

"이것을 간직해 주세요!"

허드슨은 작고 검은색의 물건을 부인의 발 밑으로 던졌다. 그것은 허드슨의 성경책이었다. 허드슨은 맨 앞 장에 '지식을 뛰어넘는 하나님의 사랑-허드슨 테일러'라고 휘갈겨 적었다.

배는 부두 출입구를 지나 머시 강의 깊은 곳으로 나아갔다. 머시 강은 어머니와 아들 사이를 갈라놓는 홍해처럼 느껴졌다. 허드슨은 짐더미들 위로 뛰어올랐다. 하지만 어머니는 보이지 않았다.

허드슨은 지금까지의 노력을 되새겼다. 쉽지 않은 결정이었다.

"주 하나님, 개인적인 욕심으로 제 가족을 떠나는 것이 아닙니다. 만약 주님께서 저를 부르지 않으셨다면 저는 울고 계신 어머니를 두고 떠나지 않을 것입니다. 하지만 주님의 눈물은, 주님의 마음은 우리보다 더 크고 놀라운 사랑으로 가득합니다. 당신을 위해 고난을 받을 수 있어 기쁩니다."

같은 시간, 테일러 부인은 바다를 응시하고 있었다. 그녀의 손에는 작고 낡은 성경책이 들려 있었다.

'하나님, 허드슨을 부디…….'

부인은 중심을 잃고 비틀거렸다. 그때까지 그녀와 함께 남아 있던 친척들과 허드슨의 친구들이 그녀를 부축했다.

잠시 후 테일러 부인은 사라져 가는 덤프리스 호를 바라보며 홀로 서 있었다. 허드슨을 중국으로 인도하신 하나님은 그녀의 마지막 눈물을 가만히 보고 계셨다.

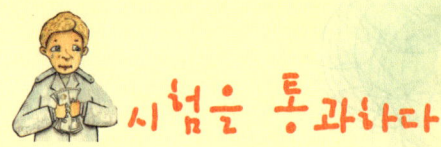
# 시험을 통과하다

"오래 전에 하나님께서는 저를 부르셨답니다. 그분은 저의 머리 색깔과 눈의 색깔도 이미 다 알고 계시죠."

아멜리아와 루이자는 요크셔의 시골길을 터벅터벅 걷고 있었다. 한 달 전 오빠가 떠난 후 지금까지 소식이 없어 두 사람은 몹시 낙담해 있었다.

"오빠는 지구 반대편에 있으니까 소식이 늦어질 수 밖에 없을 거야."

두 자매는 오솔길을 따라 교회 앞마당까지 왔다. 아멜리아는 치마를 살짝 들고 구석에 있는 낡은 묘비 위에 앉았다. 루이자가 큰소리로 웃었다.

"언니가 그러는 거 목사님이 보면 깜짝 놀라실 걸. 아마 한동안 반즐리 사람들 모두가 언니에 대해 이야기하게 될 거야!"

"겨우 작은 묘비 위에 앉은 것뿐이야."

그렇게 말하면서도 아멜리아는 자리에서 털고 일어났다. 어느새 루이자는 어른이 되어가고 있었다. 하지만 아멜리아는 아직도 동생이 하나님의 자녀로 '거듭났는지'에 대해서는 확신할 수 없었다. 루이자는 독립적이고 생각이 자유로운 아이였다.

'루이자가 주님을 만나게 된다면 정말로 좋겠는데……'

언니의 속을 아는지 모르는지 루이자는 얼른 집으로 돌아가 옛날 일기장을 읽자고 했다.

타닥-

루이자가 난로에 장작을 넣었다. 방은 금세 온기와 빛으로 가득 찼다. 루이자는 낡은 일기장이 담긴 상자를 가지고 왔다.

"언니가 또 하나뿐인 언니의 동생을 화를 잘 내는 아이라고 쓴 건 아닌가 몰라?"

루이자는 혀를 쏘옥 내밀며 장난스러운 표정을 지었다.

"다행히도 아니야! 이 일기는 지난번 너와 화해하고 난 후에 쓴 거니까."

아멜리아가 말했다. 루이자는 잠시 생각에 잠겼다.

"오늘은 허드슨 오빠가 달라진 다음 무슨 일이 있었는지 알고 싶어."

아멜리아는 루이자가 허드슨의 변화에 관심을 가진 것이 기뻤다.

"그리고 오빠가 주님을 만났을 때 언니의 마음이 어땠는지 그것이 무엇을 의미하는지도 알고 싶어."

이것은 여동생과 가까워지도록 하나님께서 인도하신 또 한 번의 기회일 것이다. 아멜리아는 일기장 하나를 꺼내기 전에 낡은 일기장들을 간단히 훑어보았다.

"이 일기장을 읽어봐. 이게 그 당시에 쓴 거야."

루이자는 일기장을 받아 들고 천천히 넘겼다.

*사랑하는 아멜리아*

나는 예전에 내 주일학교 선생님이셨던 위트워스씨를 만났어. 그의 긴 구렛나루를 기억하니? 난 그가 영국인 및 외국인 성경협회와 관련이 있다는 사실을 기억해냈어. 그래서 난 선생님을 방문해서 중국어로 된 누가복음 사본을 받을 수 있었어. 선생님께서는 반즐리에 있는 어떤 목사님을 통해 내가 아직 읽어 보지 못한 중국 의학책도 구해주셨어. 중국어로 된 누가복음을 읽어보니 중국어 사전과 문법책이 필요하다는 생각이 들어. 이 책들은 20기니인데 난 돈이 없어. 가끔 의학에 대해 잘 알지도 못하는 내가 중국에서 어떤 도움이 될까 궁금해. 하지만 나는 할 수 있는 한 최선을 다할 거야.

루이자는 책장을 다시 넘겼다.
"불쌍한 오빠는 죽어라 일했지. 아, 여기에 언니가 편지를 받은 뒤 몇 주 후에 쓴 일기가 있어."

허드슨은 엄청난 소식을 전했다. 아침에 반즐리에서 온 편지를 봤을 때 아멜리아는 자신의 눈을 믿을 수가 없었다. 허드슨이 불과 몇 주 동안 500개의 한자를 배운 것이다. 아멜리아는 과거에 오빠와 아버지에게서 중국어 쓰기 방법을 배웠다. 그것은 엄청나게 어려웠다. 중국어는 각각의 문자가 마치 그림처럼 보였다.

아멜리아는 단지 26개의 알파벳만 사용하는 나라에 태어난 사실에 진심으로 감사했다. 허드슨은 자신이 공부하는 내용을 열심히 설명했다. 이것은 그녀를 지치게 만들었다. 아멜리아는 집을 떠나 학교에 있고, 허드슨은 집에서 열심히 중국어를 공부했다. 당시 허드슨은 새벽 5시에 일어나서 공부하기 위해 저녁 일찍 잠들었다.

중국에 가기로 결정한 이상 내가 할 수 있는 한 모두 준비를 다할 거야. 라틴어, 그리스어, 히브리어도 더 배울 거고, 많은 정보도 모을 거야.

루이자의 손은 어느새 마리엔느에 대한 이야기가 쓰여진 부분을 넘기고 있었다.
"나 이 사람을 기억해!"
루이자가 거칠게 말했다.
"자기만 잘난 줄 아는 밥맛없는 여자야."
아멜리아는 자리에서 벌떡 일어났다.
"루이자! 그런 실례의 말이 어디 있니? 마리엔느 선생님은 여전히 나에게 좋은 친구야. 그때 그녀에게는 오빠와 결혼할 수 없는 이유가 있었어."

"여기 언니가 사랑하는 마리엔느와 '특별히 친해진' 후 크리스마스 때 쓴 것이 있네."

아멜리아는 동생을 노려보았다.

*허드슨 오빠는 더 사랑스러운 아가씨와 사랑에 빠질 수 없을 것이다. 마리엔느와 허드슨 오빠, 내가 세상에서 가장 사랑하는 이 두 사람은 서로에게 정말 좋은 짝이다. 오빠는 마리엔느가 의지할 만한 좋은 사람이다. 마리엔느가 곁에 있다면 난 오빠가 평생 동안 중국에 있어도 걱정하지 않을 것이다. 그녀가 같이 간다면 얼마나 좋을까?*

"에헴!"

루이자가 헛기침을 했다.

"아무튼 난 마리엔느가 맘에 들지 않아."

아멜리아가 웃으며 말했다.

"아무튼 계속 읽을 테니 들어봐. 이날은 오빠가 헐로 올 거라는 말을 들었던 날이야."

오늘 아침 오빠의 답장이 도착했다. 오빠는 헐에서 가장 바쁜 의사 중의 한 명인 하디 밑에서 일하게 되었다. 오빠는 헐로 옮겨와서 조수가 될 거고, 여러 중요한 일들을 맡을 것이다. 중국에 가면 많은 의료 실습이 필요할 텐데 너무나 잘 된 일이다. 가장 중요한 점은 헐이 마리엔느가 사는 도시에서 가깝다는 사실이다.

루이자는 언니를 바라보았다.

"의사 선생님 밑에 있을 때 오빠의 생활은 어땠어?"

아멜리아는 한숨을 내쉬었다.

"첫날부터 너무 바빠서 오빠는 자정이 될 때까지 편지를 쓸 시간조차 낼 수가 없었어."

아멜리아

지금은 밤 12시이고 난 마침내 헐의 샬럿가 13번지에 있어. 간단히 나의 새로운 일에 대해서 적을게. 나는 점차 이 일을 좋아하게 될 것 같아. 저녁 시간에는 한 시간 동안이나 쉴 수 있고 점심 때도 충분히 쉴 수가 있어. 외박이 허락되면 시간을 조절해서 바툼으로 가마. 하나님께서 지금까지 나의 기도들을 많이 응답해 주셨어. 아마 중국에 대해서도 곧 이루어주실 거야. 함께 기도해줘.

### 사랑하는 오빠로부터

"마리엔느에 대한 이야기는 없네."

루이자는 고개를 갸웃거렸다.

"마리엔느를 많이 사랑하긴 했지만 오빠에겐 중국이 가장 우선이었어."

루이자는 고개를 끄덕였다.

"오빠는 거기에서 있었던 일을 자주 이야기해줬어. 오빠는 계속 바빴지. 약을 만들고, 환자들을 치료하고, 의대 수업도 들었거든. 감사하게도 하디 박사님은 오빠의 수업을 성의있게 살펴봐주셨고 치료를 앞두고 함께 기도를 드릴 때도 많았지. 허드슨 오빠가 조지 뮬러에 대해 처음으로 들은 것도 헐에 있을 때였어. 조지 뮬러는 오빠에게 많은 감동을 주었단다."

그토록 헐을 사랑하는 허드슨도 중국에서 다년간 경험을 쌓은 롭실드 선교사가 영국에 왔을 때는 런던으로 날아갔다. 그는 아멜리아를 런던으로 불러 박람회를 구경하게 하고 자신은 롭실드 선교사를 만나려고 생각했다.

아멜리아는 오빠와 함께 런던 거리를 걷고 있다는 사실이 실감 나지 않았다. 잠시 후 그들은 전체가 보석과 유리로 덮힌 아름다운 궁전에 도착했다. 그곳에는 인간이 발명한 모든 것들이 전시되어 있었고, 사람들은 구름처럼 몰려왔다.

점심시간에 허드슨은 동생에게 또 다른 선물을 주었다. 은색 식기가 놓여진 탁자에 앉아 허드슨이 "무엇을 먹을까?"하고 물었다.

그때 그들의 맞은편에는 한 남자와 여자가 마주앉아 커다란 타원형 모양의 물건을 식탁 중간에 놓았다. 그것의 주변에는 가시가 튀어나와 있었고, 꼭대기에는 독특한 모양의 싹이 솟아 있었다.

"아멜리아, 저 사람들을 봐!"

아멜리아가 돌아보자 웨이터가 날카로운 칼로 그 커다랗고 낯선 물건의 껍질을 벗기고 있었다. 여자는 연신 싱글거리며 침을 삼켰다.

"아멜리아, 난 저 과일이 먹고 싶어."

허드슨은 '파인애플'이라는 이름의 그 과일을 주문했다. 웨이터가 파인애플의 껍질을 벗기는 동안 그는 다른 사람들이 그 과일을 어떻게 먹는지도 지켜보았다.

"아멜리아, 나는 지금껏 이 파인애플처럼 달콤한 과일을 맛 본 적이 없어."

아멜리아도 고개를 끄덕이며 입속에 퍼진 파인애플의 향을 음미했다.

"언니, 롭실드 씨는 어떤 사람이야?"

아직도 파인애플의 향기에 취해 있는 듯한 아멜리아를 보며 루이자는 웃었다.

"음, 그분은 자신의 빨간 머리색깔처럼 정열적이고 독특한 사람이었어."

루이자가 크게 웃으며 말했다.

"하하. 언니가 일기장에 쓴 그대로야."

큰소리가 나자 테일러 부인이 방으로 들어왔다.

"무슨 얘기를 하고 있었니?"

"오빠와 제가 예전에 런던박람회에서 만난 롭실드 선교사님에 대해 이야기하고 있었어요. 그분은 목소리도 크고 정열적인 분이었어요. 롭실드 선교사님은 오빠가 중국 선교사로는 어울리지 않는다고 생각했어요."

"어쨌든 허드슨이 중국에 갔으니 그분의 말은 틀린 셈이구나!"

테일러 부인은 약간 언짢은 듯 미간을 찌푸렸다.

"롭실드 선교사님은 오빠의 긴 머리와 푸른 눈동자를 보고 말했어요. '중국 사람들은 나를 빨강머리의 야만인이나 악마로 부릅니다. 아마 당신을 볼 때도 마찬가지겠죠. 중국인들은 두려움에 떨며 당신에게서 도망칠 거요.' 그러나 오빠는 이렇게 대답했어요. '오래전에 하나님께서는 저를 부르셨답니다. 그분은 저의 머리 색깔과 눈의 색깔도 이미 다 알고 계시죠.' 그러자 롭실드 선교사님은 고개를 끄덕였어요."

부인은 헐에서 보낸 시간들을 떠올리며 미소 지었다.

"오빠는 하디 박사님을 떠나 킹스턴 스퀘어에 있는 한나 이모의 집에서도 잠시 살았어요. 그곳에서 오빠는 이모에게 많은 도움이 되었죠. 그런데 나중에 오빠가 그곳을 떠날 때 이모는 불같이 화를 냈어요."

루이자는 고개를 갸웃거렸다.

"뭐가 문제였지? 단지 집을 옮긴 것 뿐이잖아."

성경을 열심히 공부하면서 허드슨은 자신의 소득 중에 십분의 일을 하나님께 바쳐야 한다는 사실을 배우게 되었다.

그리고 자신의 월급 중 꽤 많은 금액이 방세로 나간다는 사실도 함께 깨닫게 되었다. 허드슨은 숙식비를 좀더 아끼면 헌금을 더 낼 수 있지 않을까 생각하고 마침내 돈이 적게 드는 보금자리를 찾았다. 그는 편하게 지내는 것보다 하나님께 순종하는 편이 더 중요하다고 생각했다.

허드슨이 정착한 새 보금자리는 상냥한 성격의 기독교인인 핀치 부인의 집이었다. 허드슨은 일주일에 3실링만 내면 되는 새 집이 무척 마음에 들었다. 핀치 부인은 깔끔해서 매일같이 난로와 가구를 윤이 나도록 닦았다. 허드슨은 깨끗하고 안락한 새 방을 갖게 되었다.

"그러나 나는 처음 허드슨이 하숙집을 바꾼다고 했을 때 많이 걱정했단다. 한나 이모도 허드슨이 자신들과 같이 사는 것이 행복하지 않거나, 혹은 하숙비가 너무 비싸다고 생각한 것이 아닌지 염려했단다. 단지 허드슨은 그를 좀 더 강하게 만들 수 있는 삶의 방식을 시작해야만 한다고 믿었을 뿐인데 말이야."

제 교회 친구들도 저와 같은 생각을 하고 있어요. 그들은 하나님께서 가능하면 빨리 저를 중국으로 보내시려고 한다는 것에 공감하고 있어요. 저에게는 지금 두 가지 목표가 있어요. 그것은 거친 환경에서 살아가는 법을 배우는 것과 검소하게 사는 것이에요. 그러니 저에 대해서 걱정하지 않으셔도 돼요. 저는 괜찮을 거예요. 하나님께서 저를 보살펴 주실 테니까요.

"네 오빠의 편지를 읽을 때마다 나는 걱정에 휩싸였단다. 어느날 허드슨은 빵을 버리고 값싸고 훨씬 맛 좋은 특별한 갈색 비스킷을 먹는다고 자랑했어. 청어와 블랙커피로 아침을 때우기도 했지. 나중에 허드슨은 스스로 배추를 절여서 먹기도 했단다. 갈색 비스킷에 청어와 절인 배추라니 생각만 해도 끔찍해!"

테일러 부인은 한숨을 내쉬었다. 아멜리아가 말했다.

"하지만 그렇게 해서 절약한 돈은 헌금으로 드려졌죠. 루이자, 그건 오빠 월급의 2/3에 해당하는 금액이었단다. 하지만 편지에서 오빠는 하나님께 더 드릴수록 마음이 더 행복해진다고 말했어."

 아멜리아, 날마다 말할 수 없는 기쁨이 나를 찾아온단다. 하나님은 살아계시고, 명백하게 존재하시며 내가 하는 모든 일들은 하나님을 향한 기쁜 봉사란다.

허드슨은 중국 생활에 대해 상상하곤 했다. 그곳엔 아무도 없을 것이다. 아무도 허드슨을 도와주지 않고 음식을 제대로 먹는지 돌보아 주지도 않을 것이다. 그의 도움은 오직 하나님이다. 하나님을 더 신뢰해야 했다. 마음이 어려울 때면 허드슨은 이렇게 다짐하곤 했다.

'나는 중국에서 전적으로 하나님께만 의지해야 한다. 그러나 그 이전에 내가 할 일은 혼자 기도하며 하나님을 통하여 사람을 움직이는 법을 배우는 것이다.'

테일러 부인은 그런 다음 어떤 '사건'을 기억해냈다.
"감사하게도 하나님은 과거에 그분이 얼마나 섬세하게 허드슨을 보살피고 계시는지 보여주신 적이 있단다. 아멜리아, 허드슨의 급료에 대해 하디 박사가 저지른 커다란 실수를 기억하지?"
아멜리아는 고개를 끄덕였다.
"어느 날 하디 박사는 허드슨에게 급료를 주는 것을 잊어버렸단다. 허드슨은 도움을 청하지 않았어. 그 애는 항상 그랬어. 하나님께서 채워주실 것을 믿었거든. 이것은 허드슨이 중국 대륙의 거친 환경에서 일하도록 부르심을 받았다는 것을 증명하는 단 하나의 방법이기도 했어. 그때 허드슨은 자신에게 겨우 반 크라운 밖에 없다는 것을 깨달았단다. 너희 오빠는 앉아서 이 일에 대해 고민했어. 그때 밖에서 문 두드리는 소리와 함께 초라한 행색의 건장한 사나이가 뛰어들어왔단다."

"그래서요?"

루이자의 눈이 커졌다.

"그는 자신의 아내가 죽어가고 있으니 와서 기도해 달라고 부탁했어."

허드슨은 의아해하며 말했다.

"당신과 같은 아일랜드 사람들은 죽을 때 신부를 부르지 않나요?"

남자는 울먹이며 고개를 떨구었다.

"선생님, 저는 신부님을 찾아 갔습니다. 하지만 그는 18펜스의 돈을 내지 않으면 오지 않겠다고 매몰차게 거절했습니다."

"저런…."

허드슨은 이 남자의 아픔을 고스란히 느낄 수 있었다. 그래서 급히 외투를 챙겨 입고 남자를 따라나섰다. 그 순간 허드슨의 머릿속에는 자신의 전재산인 반 크라운짜리 동전이 떠올랐다.

'만일 내가 이 반 크라운을 잔돈으로 가지고 있었더라면 이 가난한 사람들에게 1실링이라도 줄 수 있을 텐데!'

남자의 집은 그리 멀지 않은 곳에 있었다. 허드슨은 계속 못내 아쉬워하며 사내를 따라 마당으로 들어갔다.

전에 한 번 온 적이 있는 곳이었다. 물론 하나님의 말씀을 전하기 위해서였다. 그러나 동네 사람들은 허드슨의 전도지를 빼앗고 거칠게 말했다.

"이보쇼, 설교가 양반! 한 번만 더 이곳에 오면 그때가 당신이 말하는 천국을 보는 날이 될 거야!"

남자를 따라 좁은 계단을 올라가 지저분하고 습한 방으로 들어갔다. 그곳에는 퀭한 눈과 움푹 꺼진 볼을 가진 다섯 명의 아이들이 있었다.

"으아앙!"

바닥에는 갓난아기가 목이 터져라 울어대고 있었다. 그 옆에는 뼈만 앙상하게 남은 여인이 바닥에 누워 갓난아기를 돌보고 있었다.

"제 아내입니다. 벌써 몇 달째 저렇게 누워만 있어요."

남자의 목소리는 지쳐 있었다. 허드슨은 하나님께서 자신의 마음에 어떤 말씀을 주고 계시다는 것을 느꼈다.

"포기하지 마세요. 천국에는 친절하시고 당신을 사랑하시는 아버지가 계십니다."

그는 자신의 모습이 가증스러워 견딜 수 없었다.

'하나님을 섬긴다고 하면서도 가난한 이웃에게 반 크라운도 줄 준비가 되지 않은 위선자 같으니라구!'

남자 쪽으로 몸을 돌리고 허드슨이 말했다.

"당신의 아내를 위해 기도해 달라고 부탁하셨지요?"

허드슨은 무릎을 꿇고 기도했다.

"하늘에 계신 우리 아버지!"

동시에 허드슨의 양심이 그에게 소리쳤다.

'어떻게 감히 바지 속에 반 크라운이 있는데도 이웃을 외면하는 네가 하나님을 아버지라고 부를 수 있단 말이냐?'

허드슨은 더 이상 기도를 이어가기가 어려웠다. 남자는 허드슨에게 돌아서서 간청하였다.

"선생님, 우리가 얼마나 위태로운 상황인지 보셨을 겁니다. 부디 우리를 도와주세요. 제발 제 아내를 위해 기도해주십시오."

허드슨의 눈에 다섯 명의 굶주린 아이들과 갓난아기가 들어왔다. 그의 머리에 성경 한 구절이 스쳐갔다.

"네게 구하는 자에게 주며 네게 꾸고자 하는 자에게 거절하지 말라"(마태복음 5:42).

허드슨은 바지 주머니에 손을 넣어서 반 크라운을 꺼냈다.

"당신은 아마도 이 반 크라운을 주는 것이 내게 사소한 일이라고 생각할 수도 있겠지요. 하지만 이것은 내 전 재산입니다. 그러나 우리의 진실한 아버지이신 하나님께서 저에게 이렇게 사용하라고 명령하셨습니다. 당신은 그분을 믿어야 합니다."

남자는 눈물을 흘렸다.

"하나님이 계시니 모든 것이 다 잘 될 거라고 믿어요. 나는 우리의 기도가 응답되었음을 확신합니다."

허드슨은 그의 어깨를 안아주고 밖으로 나왔다. 하나님은 그들을 살피시고 고난을 헤쳐 나가게 하실 것이다. 마당을 지나 불빛이 희미한 거리를 지났다. 얼마나 걸었을까? 남자의 집에서 큰소리가 들려왔다.

"오, 하나님! 감사합니다! 내 아내가 자리에서 일어났어요! 모두들 이리로 와봐요!"

허드슨의 마음은 이제는 텅 비어버린 주머니만큼 가벼워졌다. 허드슨은 이 기쁨을 왕의 진수성찬과도 바꿀 수 없을 거라고 다짐했다.

"사랑하는 하나님!"

허드슨은 침대 곁에 무릎을 꿇었다.

"아버지께서는 가난한 자에게 주는 것은 하나님께 빌려드리는 것이라고 말씀하셨습니다. 선하신 하나님, 내일 점심 먹을 돈도 없는 제게 그 남자의 가정에 베푸셨던 주님의 은혜를 보여 주세요."

다음날 아침, 허드슨이 아침 식사를 하고 있을 때, 누군가가 문을 두드렸다. 우편 배달원이었다. 집주인인 핀치 부인이 거실로 와 허드슨에게 편지를 주었다. 낯선 필체였다.

허드슨은 고개를 갸웃거리며 천천히 봉투를 열었다. 봉투 안에는 가죽 장갑 한 쌍이 들어있었다.

"누구한테서 온 것일까?"

허드슨이 찬찬히 장갑을 들여다 보는데 장갑 안에서 무언가가 떨어졌다. 바닥에 떨어진 그 물체는 이번에는 탁자 아래로 굴러갔다. 허드슨은 무릎을 굽히고 이리저리 아무렇게나 굴러다니는 그 물체를 잡기 위해 손을 뻗었다.

"아니, 이건!"

겨우 그 물체를 손에 넣은 그는 깜짝 놀라서 거의 식탁에 머리를 부딪칠 뻔했다. 그것은 반 파운드짜리 금화였다.

"나는 겨우 반 크라운을 드렸을 뿐인데 하나님은 열두 시간 투자에 몇 배의 이익으로 돌려주시는구나! 하나님께 심는 것은 가장 바람직하고 좋은 투자와도 같아. 헐에 있는 장사꾼들도 이 정도의 이자율로 돈을 빌려주진 않아."

허드슨은 하나님의 왕국에 대해 조지 뮬러가 했던 말을 기억했다.

"그는 '하나님의 왕국이 영원히 파산하지 않는 은행'과도 같다고 말했지. 이제부터 나도 '파산을 모르는 은행'에 나의 재산들을 맡겨야겠어. 저축액이 늘어날수록 삶의 크고 작은 어려움을 잘 대비할 수 있듯이, 우리가 작은 일부터 진실된 마음으로 충성한다면 더 큰 시험이 닥쳐도 충분히 극복할 수 있겠지."

이 일로 허드슨의 믿음은 더욱 커졌다. 하지만 반 파운드의 쓸모는 그리 오래 가지 않았다. 그래서 허드슨은 자신의 필요를 위해 계속 기도를 드렸다. 하지만 며칠 동안 그 어떤 기도도 응답되지 않는 듯 보였다.

"나의 모든 필요를 아시는 하나님, 제발 하디 박사님이 제 월급날이 지났다는 것을 기억하게 해주세요."

그는 다급하게 기도했다. 허드슨은 자신이 전적으로 하나님께만 의지한다는 것을 증명해야 할 때라고 느꼈다. 허드슨은 하나님께서 바로 앞에 계셔서 자신의 행동과 기도를 보실 거라 믿으며 기도에 매달렸다.

이 사실을 알게 된다면 아마 사람들은 그가 어리석다고 비웃었을 것이다.

"당신은 급료를 받을 권리가 있소. 하디 박사에게 가서 급료를 요구하면 되는 간단한 문제가 아니오?"

확실히 그랬다. 허드슨은 자신의 권리를 주장할 수 있고 그렇게 하는 것이 죄가 되지는 않았다. 하지만 허드슨은 철저히 하나님께 의지하는 삶을 원했다. 이 상황은 허드슨에게 있어 절대적으로 통과해야 하는 시험이었다.

'나는 온전히 하나님을 신뢰하고 있는 걸까?'

허드슨은 하디 박사에게 월급을 요구하는 대신 하나님 안에서 안식을 취하면서 그의 양식을 기다렸다.

훗날 그가 떠나야 할 중국은 결코 만만한 곳이 아니다. 선교사 협회와 부모님이나 친척들의 지원을 받을 수도 있겠지만 규칙적인 수입이 아니었다. 허드슨은 하나님께로부터 나오는 근원적인 채움을 경험하고 싶었다.

토요일 아침, 허드슨은 손톱을 물어뜯으면서 간절히 기도했다. 이날이 지나가기 전까지 핀치 부인에게 한 달 치 방세를 내야 했다.

'하디 박사님께 급료를 달라고 말해야 할까?'

마침 집주인인 핀치 부인에게도 돈이 필요했다. 허드슨은 한 번 더 간절히 기도했다. 그때 나지막하지만 분명한 음성이 들려왔다.

"기다려라. 아직 시간이 되지 않았다."

그의 마음은 금세 평안해졌다. 허드슨은 휘파람을 불며 일터로 나갔다.

오후 5시, 허드슨은 진료실에서 하디 박사와 함께 마지막 처방전을 쓰고 있었다. 마지막 처방전을 끝내고 나서 하디 박사는 팔걸이 의자에 앉아 만족스런 한숨을 내쉬었다.

"또 다시 한 주가 지나가는군. 그렇지 않나? 특히 진료실에서는 시간이 쏜살같이 간다네."

허드슨은 고개를 끄덕이며 다른 눈으로는 난로에서 끓고 있는 냄비를 유심히 지켜보고 있었다. 다음 순간 허드슨은 거의 냄비를 떨어뜨릴 뻔했다.

"허드슨, 조금 있으면 자네의 월급날이지?"

허드슨은 침을 꿀꺽 삼켰다.

"사실 월급날이 지난 지가 좀 됐습니다."

허드슨의 말에 놀란 하디 박사는 의자에서 일어났다.

"왜 진작 나에게 말해주지 않았나? 이런 일이 일어나서 미안하네. 내가 좀 더 빨리 생각했으면 좋았을 텐데."

박사의 얼굴이 시뻘겋게 달아올랐다.

"오후에 은행에 돈을 다 보내버렸네. 그렇지 않았다면 즉시 자네에게 돈을 줄 수 있었을 거야. 아무튼 나는 월요일에 은행이 다시 열릴 때까지 자네에게 돈을 줄 수가 없다네."

허드슨의 마음은 몹시 아팠다! 허드슨은 하나님께서 모든 걸 해결해주셔서 핀치 부인에게 방세도 낼 수 있을 거라 생각했는데 모든 것이 어긋났다. 허드슨은 눈물을 삼키며 방을 나왔다.

"하나님, 도와주세요! 제발 도와주세요!"

허드슨은 눈물을 흘리며 짧은 기도를 드렸다. 그러자 마음이 한결 편해지고 차분해졌다. 손의 떨림도 멈췄다. 허드슨은 하나님께서 그가 실패하지 않도록 도와주시리라는 사실을 확신했다.

허드슨이 진료실 불을 끄고 책상 위를 정리할 때 어딘가에서 춤추는 듯한 요란한 발소리가 들려왔다.

"허드슨 테일러!"

하디 박사였다. 무슨 좋은 일이라도 있었는지 그는 연신 싱글벙글이었다.

"자네는 방금 전 무슨 일이 일어났는지 아마 모를 걸세."

하디 박사의 왼손에는 지폐뭉치가 들려져 있었다. 그의 다른 손에는 불룩한 자루가 보였다.

"장부를 가져오게. 오늘 밤 마지막으로 셈해야 할 돈이 생겼거든. 우선 이것부터 받게."

하디 박사는 한 뭉치의 지폐를 그에게 건넸다.

"아니, 이 많은 돈을 어떻게?"

"자네도 우리 병원에서 가장 부자인 환자를 알고 있겠지? 그가 오늘밤 진료비 전액을 현금으로 지불했다네. 지금도 믿어지지 않아. 그는 한 번도 병원비를 현금으로 지불한 적이 없었거든. 이 주변에 사는 대부분의 사업가들이 그렇듯이 그도 언제나 수표만 주었지. 병원비를 낼 때가 아직 많이 남았는데도 그는 오늘밤에 그 돈을 냈다네. 하하하."

박사는 옆구리를 붙잡으며 신나게 웃었다.

"오늘 밤 나는 자네에게 급료를 지불할 수 있어서 참 기쁘다네. 이 일은 하루종일 날 신경 쓰이게 했거든!"

허드슨도 따라 웃었다. 그의 얼굴에는 어느새 기쁨의 눈물이 흘러내렸다. 하디 박사는 허드슨이 얼마나 위태로운 상황에서 벗어났는지 아마 전혀 알 수 없을 것이다.

진료실에서 나와 집으로 돌아오는 내내 허드슨은 구름 위를 걷는 것 같았다.

"하나님을 찬양합니다. 저는 이제 안심하고 중국을 향해 나아갈 수 있습니다! 저는 시험을 통과했습니다. 저는 하나님의 일하심을 믿었고 하나님은 저를 버리지 않으셨습니다."

기쁨의 함성이 허드슨의 마음속에서 터져나왔다. 그의 함성이 주택가 골목에 메아리쳤다.

"조용히 좀 해. 이 녀석아!"

허드슨은 즉시 입을 틀어막고 공손히 사과했다. 그러나 그는 집으로 돌아가는 내내 함성을 질렀다.

## 하나님, 바람을 보내주세요!

"이 세상을 창조하신 하나님만이 바람을 보내주실 수 있습니다!"
허드슨은 무릎을 꿇었다.

 늦은 저녁, 테일러 부인은 중국복음협회(Chinese Evangelisation Society)로부터 온 안내지를 훑어보고 있었다. 이 단체는 허드슨이 속한 선교단체였다. 협회가 중국에 선교사들을 보내겠다는 계획을 발표한 지 얼마 지나지 않아 허드슨은 헐에서 런던으로 가는 표를 예매했다. 그는 중국인들에게 도움이 되기 위해 의학 공부에 더 힘써야겠다고 느꼈다.
 '그때 우리는 허드슨이 우리와 떨어져 런던에 있다는 것만으로도 걱정했지. 지금은 머나먼 중국에서 말씀을 전하고 있

는데 말이야.'

테일러 부인의 입가에 미소가 번졌다.

런던에 간 허드슨은 해부학을 배웠다. 그 과정에서 허드슨은 전염병으로 죽은 사람의 시체를 취급하던 중 악성 열병을 얻었다. 동료들은 걱정했지만, 허드슨은 담담하게 말했다.

"아무것도 걱정할 것이 없습니다. 물론 지금 저의 온몸에는 열이 펄펄 끓고 있습니다. 그러나 저에게 아직 할 일이 남아 있다면 저는 결코 죽지 않을 것입니다. 하지만 만일 제가 회복되지 않는다면 주님께로 돌아갈 것이니 그것도 감사한 일입니다."

결국 열병이 쉽게 낫지 않아 허드슨은 모든 일을 중단하고 집으로 돌아와야만 했다.

당시 핀치 부인에게는 금전적인 어려움이 있었다.

"남편의 몸이 좋지 않다는 소식을 들었어요. 그는 아마 곧 돌아올 거예요. 나를 좀 도와줘요."

허드슨은 그녀를 도와주기로 결심하고 즉시 그의 월급을 털어 그녀에게 돈을 주었다. 그러나 핀치 부인의 남편은 돌아오지 않았고 그녀는 어디론가로 사라져 버렸다. 허드슨의 마음은 슬펐다. 가진 돈을 모두 써 버린 허드슨은 집에 돌아갈 수 없었다.

하지만 하나님은 허드슨을 버리지 않으셨다. 우연히 핀치 부인이 있는 곳을 알게 된 허드슨은 반즐리로 돌아갈 만큼의 돈을 구할 수 있었다.

허드슨이 반즐리로 돌아왔다는 소식은 마리엔느에게까지 전해졌다. 마리엔느는 한걸음에 허드슨의 곁으로 달려왔다. 얼마 지나지 않아 그들은 약혼을 했다. 사랑하는 여자와의 결합에 허드슨의 얼굴은 기쁨으로 빛났다. 그러나….

"휴우….."
테일러 부인은 길게 한숨을 내쉬었다.
'결국 약혼이 허무하게 깨지고 허드슨은 중국으로 떠났다. 그 아이가 중국으로 간 지가 벌써 몇 달이나 지났는데도 우리에게 전해진 건 단 두 통의 편지뿐이구나!'

아멜리아와 루이자는 허드슨의 편지를 읽으며 침대 위에 앉아 있었다. 이 편지가 도착한 지도 어느새 몇 달이 지났다. 자매는 그 편지를 읽고 또 읽었다.

"언니, 오빠 편지 좀 읽어줘."

루이자는 침대 위의 레이스 이불을 만지작거렸다.

"그래 좋아. 너도 잘 알다시피 오빠의 편지는 항해 이야기로 시작돼."

사랑하는 아멜리아와 루이자

우리가 바다에 나간 첫 며칠은 날씨가 몹시 안 좋았단다. 지금 다시 생각해 봐도 몸서리 쳐질 정도야. 나는 누군가가 나를 깊은 바다의 밑바닥으로 보내려고 이 일을 꾸미는 건지도 모른다고 생각했어.

"이건 읽을 때마다 무슨 말인지 도무지 모르겠어."

루이자는 눈썹을 찡그렸다. 아멜리아가 말했다.

"사탄이 오빠를 멈추게 하려고 했다는 뜻이야. 기독교인으로서 우리는 늘 사탄과 싸우고 있어. 사탄의 목표는 하나님의 나라를 파괴하는 것이란다. 그러나 그는 절대로 그렇게 할 수 없어. 왜냐하면 하나님은 그보다 훨씬 더 위대하기 때문이지. 이 세상에서 하나님의 힘을 뛰어넘을 것은 아무것도 없어."

아멜리아는 잠시 생각에 잠겨 말을 멈췄다.

"난 사탄이 왜 오빠가 중국에 가려는 것을 방해했는지 이해할 수 있을 거 같아. 그것은 오빠를 통해 많은 중국 사람들이 처음으로 예수님에 대해 알게 되기 때문이야. 오빠는 하나님의 부르심에 온전히 순종할 용기가 있어. 하나님께서는 우리 생각보다 훨씬 더 오빠를 크게 쓰실 거야."

"사탄이라고?"

하지만 루이자는 동의하지 않는 듯했다.

"그래서 오빠는 사탄이 자신을 아이리시 해협에 던져 버릴 거라고 생각한 거야?"

루이자의 어조는 약간 빈정대는 투였다. 아멜리아는 한숨을 내쉬었다.

"그래! 난 오빠가 그때 사탄의 강력한 공격에 놓여 있었다고 믿고 있어. 그러니 그 일에 대해서 너무 무례하게 말하지는 말아줘. 그곳을 건너가는 동안 오빠는 목숨을 잃어버릴 뻔했어. 바다는 사람들이 매일 목숨을 잃는 위험한 곳이야. 만약에 하나님께서 보호하지 않으셨다면 지금쯤 오빠는 바다 밑에 가라앉아 영원히 중국 땅을 밟아보지도 못했을지 몰라."

 우리는 작은 보트 두 개 정도의 아슬아슬한 차이로 겨우 바위를 피할 수 있었어. 덕분에 배가 부서져 산산조각 나는 것은 면했지. 그러나 곧 무시무시한 바람이 우리를 카나본 만으로 몰고 갔어. 얼마나 두렵던지! 바람은 쉴새없이 불어댔고 우리는 그 굉장한 속도에 눈이 시려서 눈물을 흘렸어. 그때가 자정이었던 걸로 기억해.

하늘은 칠흑같이 어두웠지. 한 순간에 배가 공중으로 높이 떠올랐어. 그러고는 바다 밑바닥을 향해 가는 것처럼 머리를 파도에 처박히게 됐어. 배는 한 쪽이 높아지면 다른 쪽은 곤두박질쳤어.

얼마나 시간이 흘렀을까? 이 공포와 혼란의 현장을 비웃기라도 하듯, 어느새 수평선 너머에는 빨간 해가 떠오르고 있었어. 그 모습이 얼마나 아름답던지!

나는 선원들과 함께 갑판을 정리하다가 피곤해서 선실로 내려갔어. 옷은 완전히 젖어있었고 나는 쉴새없이 이를 부딪치며 떨어야 했지.
그날 밤 난 잠을 이루기 힘들었어. 혹시라도 내가 중국에도 가보지 못하고 웨일스 만에서 물에 빠져 죽었다는 소식이 전해질까 봐 걱정됐거든. 선교사 협회에서 상하이로 가는 뱃삯도 마음에 걸렸어. 그것은 거의 백 파운드나 됐거든.

그리고 나는 아직 죽을 준비가 되지 않은 선원들과 파도 아래로 빠지게 된다면 어떨지 생각해 보았어. 지금 다시 생각해 봐도 그다지 유쾌한 밤은 아니었어. 마음을 안정시키기 위해 나는 찬송가를 몇 곡 부르고, 시편의 말씀을 읽었어.

다음 날은 상황이 더 나빠졌어. 나는 수첩에 내 이름과 요크셔의 집 주소를 적고 겉옷 주머니 깊숙이 넣었어. 내가 배 밖으로 쓸려나가면 나의 이름과 주소가 내 신원을 확인하는데 도움이 되겠지. 하지만 그때 선장님이 키를 돌려서 우리는 아슬아슬하게 바위들로부터 벗어날 수 있었어. 나는 신실하신 하나님을 찬양해!

허드슨의 모험을 전해 들은 루이자의 눈이 접시만큼 커졌다. 아멜리아는 뼛속까지 추위를 느꼈다.
"다행히 그때 어머니가 오빠에게 구명조끼를 챙겨주셨지. 만약 배가 가라앉아도 그것만 입으면 안전했을 거야!"
루이자는 밝게 말했다.
그러나 사실 허드슨은 위험이 절정에 이르렀을 때 안색이 좋지 않은 한 선원에게 그의 구명조끼를 넘겨주었다. 허드슨은 이 일을 대수롭지 않게 여겼다. 만약에 루이자와 아멜리아가 이 사실을 알게 되었다면 허드슨은 쏟아지는 원성을 감당하기 힘들었을 것이다!

비스케이 만에서 허드슨은 자신이 아닌 다른 기독교인을 발견했다. 그는 스웨덴 사람이었는데, 그들은 선장에게 정중하게 요청해서 선원들에게 말씀을 가르치고 함께 예배할 수 있도록 허락을 받았다.

허드슨은 중국에 도착하기 전 덤프리스 호 안에서부터 전도에 힘썼다. 하지만 대다수의 선원들은 예수님을 위해 삶을 바치는 것에 흥미를 느끼지 않았다. 그러나 어떤 사람들은 따로 이야기를 나누고 함께 기도하기도 했다. 그러나 슬프게도 그중에 어떤 사람들은 하나님 나라의 문 앞에서 돌아섰다.

중국으로 가는 길에 허드슨 일행은 셀 수도 없이 많은 섬들을 지나쳤다. 그러나 그곳에서 만난 사람들 역시 중국 사람들처럼 모두 다 예수 그리스도의 복음을 한 번도 들어보지 못한 사람들이었다. 허드슨은 너무나 안타까웠다.

'많은 기독교인들이 집 안에서 편한 의자에 앉아 목사님의

넥타이나 새 구두 이야기 따위로 시간을 보내는 동안 이 구원받지 못한 사람들은 쓸쓸히 죽어가겠지?'

"큰일났소!"

선장이 갑판에서 나와 허드슨에게로 달려왔다.

"무슨 문제라도 있습니까?"

바람은 잠잠했다. 하지만 이번에는 다른 문제였다. 고요한 가운데 배는 암초를 향해 미끄러지듯 나아가고 있었다.

"우리가 할 수 있는 노력은 다했습니다. 오직 결과를 기다릴 수밖에 없어요."

그러나 허드슨의 대답은 단호했다.

"아니오. 우리가 아직 시도하지 않은 한 가지가 남아 있습니다!

"무엇입니까?"

선장의 물음에 허드슨은 자신을 포함한 네 사람을 가리키며 말했다.

"이 배에 탄 사람 중 네 사람이 기독교인입니다. 우리를 각자의 선실로 돌아가게 해 주십시오. 우리 넷은 그곳에서 하나님께 산들바람을 달라고 기도하겠습니다. 사람을 만드시고 이 세상을 창조하신 하나님만이 오직 바람을 보내주실 수 있습니다!"

선장은 동의하고 네 명의 기독교인들을 각자의 방으로 돌려보냈다. 허드슨은 즉시 무릎을 꿇고 산들바람을 달라고 하나님께 구했다.

"감사합니다. 하나님."

허드슨은 자신의 기도가 하나님께 전달되었으며, 하나님께서 산들바람을 보내주셨다는 사실을 이내 깨달았다.

그는 재빨리 갑판으로 올라갔다. 그곳에서 그는 일등 항해사와 부딪쳤다. 그는 하나님을 믿지 않는 사람으로 평소에도 대하기 불편한 사람이었다. 허드슨은 확신에 찬 목소리로 그에게 말했다.

"당신은 바람이 없어서 무용지물이 된 돛을 말아올렸지요. 이제 그 돛을 펼칠 시간이 왔습니다."

"당신의 말대로 되면 얼마나 좋겠소!"

항해사의 목소리에는 의심과 짜증이 묻어있었다. 허드슨은 다시 하나님께 기도했다.

"천지를 지으신 하나님, 지금 하나님의 사랑하는 자녀들이 어려움에 빠져 있습니다. 우리에게 산들바람을 보내주십시오."

허드슨은 다시금 기도 응답의 강한 확신을 얻었다.

"곧 바람이 불어올 거예요. 우리는 암초에 아주 가까이 있어서 여유 부릴 시간도 없습니다. 어서 돛을 펼쳐 주세요!"

"바람은 말로 생겨나는 게 아니오. 나는 아주 약한 바람이라도 내 눈으로 직접 봐야겠소."

항해사는 경멸의 눈초리로 비아냥거렸다. 그러나 말을 마치기도 전에 그의 눈이 커지기 시작했다. 항해사의 눈에 가느다란 줄 하나가 흔들리는 게 보였다.

"보세요!"

허드슨은 탄성을 질렀다. 하지만 항해사도 만만치 않았다.

"하! 저건 고양이 발톱만하군요. 저 약한 바람이 어떻게 이 큰 배를 움직일 수 있다는 거요?"

하지만 그는 잠시 후 돛을 완전히 내릴 수밖에 없었다. 선장은 무슨 일이 일어났는지 보려고 올라왔다.

"배가 움직인다!"

"하나님께서 우리를 구원하셨다!"

몇 분 뒤, 배는 물결을 가르고 힘차게 나아갔다. 그리고 허드슨은 드디어 꿈에도 그리던 중국 땅에 도착하게 되었다.

얼마나 외로운지 모르겠어. 여기엔 내가 아는 사람이 한 명도 없어. 난 혼자야. 내가 덤프리스 호 선원들과 헤어지고 마침내 상하이에 도착했을 때 외로움은 갑자기 찾아왔어. 그곳엔 나를 환영하는 사람이 한 명도 없었지. 내 이름을 아는 사람도 없었고.

편지를 든 아멜리아의 손이 가볍게 떨렸다. 이 부분을 읽을 때마다 매번 그녀의 마음은 찢어질 듯 아팠다. 루이자는 아멜리아의 손을 붙잡았다.

"언니의 마음이 얼마나 아픈지 나도 알아. 하지만 곧 오빠에게서 좋은 소식이 전해질 거야."

쾅- 쾅-

루이자의 말이 끝나기가 무섭게 곧이어 현관문을 두드리는 소리가 들렸다. 테일러 부인이 가서 문을 열었다. 제임스 테일러가 싱글벙글 웃으며 거실로 들어왔다.

"너희들은 아마 지금 내 손에 뭐가 있는지 알아맞힐 수 없을 거야!"

자매는 약속이나 한 듯이 한 달음에 계단을 뛰어내려 왔다.

"오빠의 편지다!"

"그래, 우리 예쁜이들. 편지가 왔단다. 그것도 이렇게나 많이 말이야."

이날 테일러 가족은 하루종일 편지들을 읽고 또 읽으며 하나님께 감사했다.

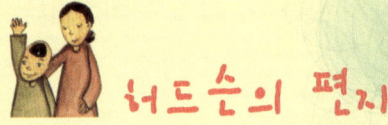
## 허드슨의 편지

"중국 대륙을 다니며 하나님의 사랑과 말씀의 능력을 선포하고 돌아오겠습니다."

저는 우선 살 곳을 찾아야 해요. 그리고 중국어와 문화를 충분히 익혀서 내 것으로 만들어야 겠어요. 상하이가 공격을 당하고 있다는 소식을 듣고 저는 도심으로 나갔어요. 성벽 주변을 걷고 있는데 부서진 집들이 눈에 들어왔어요. 사람들은 살던 집에서 나와 피난을 가고 있었어요. 그러나 몇몇 저항군들은 지금의 상황에 어울리지 않는 빨간 목도리와 고급 외투, 푸른 공단 바지를 입고 있었어요.

허드슨은 지나가는 사람들에게 그동안 갈고 닦은 유창한

중국어로 말을 걸며, 전도지를 건넸다. 심지어 사원에 있는 스님들까지 나와서 그의 설명을 듣고 전도지를 받아갔다. 그의 가슴은 기쁨으로 부풀어 올랐다. 하지만 기쁨도 잠시였다.

타앙-

소리가 나는 쪽으로 고개를 돌려보니 한 남자가 죽어서 들것에 실려 나가고 있었다. 또 다른 한 남자는 가슴에 총을 맞았다. 그의 팔은 완전히 부러졌는데, 그 사이로 뼈가 하얗게 드러나고 피가 끊임없이 흐르고 있었다.

"왜들 보고만 계시오. 어서 이 사람을 병원으로 데려가요!"

허드슨에게는 아무런 의료장비가 없었기에 그는 아무것도 할 수 없었다.

'이들의 싸움을 멈추기 위해서 내가 할 수 있는 일은 무엇일까? 나는 오직 평화의 복음을 전하기 위해 왔다. 과연 이들에게도 평화를 선물해 줄 수 있을까?

"살려주십시오!"

한 무리의 군인들이 나타나 죄수들의 변발을 붙잡고 어디론가로 끌고 갔다. 허드슨은 이 광경을 멀뚱히 지켜볼 수밖에 없는 현실이 너무나 안타까웠다.

비록 자신은 금발과 하얀 피부 덕분에 이곳에서 좋은 대접을 받으며 지내고 있지만 중국인들의 처지를 보면 한숨만 나왔다. 그러나 허드슨의 상황도 그리 좋은 것만은 아니었다. 협회에서 오는 돈은 일정하지 않았고, 그마저도 다른 선교사들에 비해 터무니없이 적은 액수였다.

"하지만 난 무사히 도착했고 내 인생을 향한 하나님의 부르심이 있다!"

허드슨은 애써 자신을 위로했다.

한 달 정도밖에 안 지났지만 허드슨은 거리에 나가 전도지를 나눠주고 복음을 전하는 생활에 어느새 익숙해져 있었다. 중국에는 많은 영국군과 미국군이 상륙해 있었다. 그들은 저마다 국기를 힘차게 흔들며 중국 군사들 앞에서 행진했다.

외국인을 향한 중국인들의 불만은 더욱 커져갔다. 허드슨을 비롯한 선교사들이 시골로 가서 말씀을 전할 수 있기까지는 많은 시간이 걸릴지도 모를 일이었다.

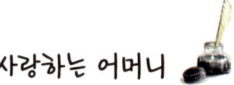

사랑하는 어머니

어머니께서 보내신 편지는 오늘 받았어요. 읽는 것만으로도 눈물이 났습니다만 걱정하지 마세요. 아버지는 건강하신가요? 아버지께도 편지 부탁드린다고 전해 주세요. 가끔씩 외로움을 타기도 하지만 저 잘 적응하고 있어요. 저를 사랑하고 함께 중국을 품고 기도할 아내만 있다면 바랄 것이 없겠지만요.

혹시 마리엔느의 소식은 들으셨나요? 잘 지내고 있는지 궁금하네요. 저는 아직도 종종 그녀를 생각합니다. 그녀는 아마 저보다 더 돈이 많고 잘생긴 남편을 만날지도 몰라요. 하지만 저는 그녀가 저보다 더 헌신적인 남편을 만날 수는 없을 거라 생각해요.

테일러 부인은 한숨을 쉬었다. 아멜리아는 거북해 보였다. 어린 아들은 먼 곳에서 혼자 있었고 그 어느 때보다 따뜻한 격려와 조언이 필요했다. 그날 밤에 부인은 오랜 시간 아들을 위해 기도했다.

집은 상하이 북쪽 문에서 가깝고 나무로 만들어져 있어요. 이곳에는 열두 개의 방이 있는데 제 방은 이층에 있어요. 아래층에는 중국인을 위한 의무실과 교실, 그리고 예배당이 있어요. 오늘은 제가 학교에 나가는 첫 번째 날이었는데, 열 명의 남자 아이들과 다섯 명의 여자 아이들이 왔어요.

의무실 일도 너무나 바빠요. 매일 새로운 환자들이 오는데 환자에게 약을 복용하는 방법을 설명하기가 어려워요. 그래서 더 열심히 중국어를 공부하고 있지만, 중국어는 매우 어렵답니다. 저는 곧 중국 내륙의 다른 지방을 여행하려고 해요. 그곳의 땅을 밟으며 하나님의 사랑과 말씀의 능력을 선포하고 돌아오겠습니다.

허드슨 테일러 올림

사실 허드슨이 살고 있는 지역은 너무 위험해서 허드슨은 손이 닿는 곳에 램프와 수영복을 가져다 놓았다. 만약에 어떤 문제가 생기면 창문으로 뛰어내려 헤엄을 쳐서 탈출할 생각이었다.

사랑하는 허드슨에게

네가 사는 곳에 크고 작은 싸움이 계속 일어난다니 안타깝구나! 우리는 네가 걱정되지만 주님의 보살핌 안에서 안전하다는 것을 알고 있단다. 네 편지가 오늘 아침에 도착했더구나. 네가 중국 사람들에게 나누어줄 삼천 권의 중국어 신약 성경을 가지고 있다니 기쁘구나. 중국 내륙 여행도 잘 되었으면 좋겠구나. 너를 위해 계속 기도하마.

엄마가

허드슨은 중국 내륙을 돌아다니기 위해 물건과 사람들을

나르는데 사용되는 '정크'라는 배를 빌렸다. 그러나 강바닥이 말라 배를 띄울 수 없었다. 할 수 없이 허드슨 일행은 배를 포기하고 걷기로 했다.

길을 따라 걸으며 그들은 많은 마을을 방문해서 말씀을 전했다. 알려진 소문과는 달리 모든 중국 사람들이 글을 읽을 수 있는 것은 아니었다.

'송지엥'에서는 불교 사원 앞에서 복음을 전했다. 허드슨의 친구인 엣킨스 선교사가 말씀을 전하고 허드슨은 전도지를 돌렸다. 노란 법복을 입은 스님들이 나와 구경을 했지만 아무도 그들을 저지하지 않았다.

그러나 그들이 도시로 나가자 여러 남자들이 몰려와 난폭하게 굴었다. 허드슨 일행은 그들에게 쫓겨 나루터로 도망쳤다. 그러나 무리는 결코 포기하지 않고 뒤쫓아왔다. 나루터에 도착했을 때 그들은 더 절망적인 사실을 깨달았다.

"배가 하나도 없다!"

궁지에 몰린 것이었다. 나루터를 지나가던 배도 허드슨 일행을 쫓는 무리를 보고 도움을 거절했다.

"에잇!"

첨벙—

허드슨은 지나가던 배로 뛰었다. 그리고 엣킨스 선교사를 향해 배에 있는 밧줄을 던졌다. 다행히 엣킨스를 비롯한 다른 일행들도 배 위에 오를 수 있었다. 하지만 사공은 그들의 편이 아니었다. 그는 허드슨과 엣킨스를 강 근처의 바위 위에 내려두고 쏜살같이 배를 몰고 사라졌다. 사람들은 바로 뒤에 따라오고 있었다.

다행히 일행 중에 상하이에 온 지 얼마 안 된 중국인이 있었다.

"여러분들, 진정하십시오. 이 두 사람은 영국 군인이 아닙니다. 이분들은 우리에게 복음을 전하기 위해 영국에서 오신 손님들입니다."

"복음이라고? 그게 뭔데?"

그의 말을 들은 사람들은 곧 조용해졌다. 그들은 다시 전도지를 나누어 주며 복음을 전할 수 있었다.

많은 사람들이 허드슨 일행이 가져온 '희망의 말씀'을 간절히 듣기 원했다. 아주 높은 자리에 있다는 관리는 목소리를 낮추어 말했다.

"당신이 가져 온 책의 내용은 진실해요. 당신이 전하는 하나님의 말씀만이 참된 진리요."

허드슨은 존 버든 선교사와 함께 두 척의 배를 빌려서 양자 강 하류에서 바다로 빠지는 폭이 좁은 곳으로 나아갔다. 그들은 사공들에게 강물이 들어오는 가장 가까운 마을로 인도해 달라고 부탁했다.

배에서 내리는데 다섯 개의 산봉우리가 보였다. 가장 높은 봉우리 정상에는 화려한 탑이 있었다. 언덕 아래와 능선에는 불교 사원과 수도원이 있었다. 산허리에는 이름 모를 중국의 들꽃들이 자라고 있었고, 바위 틈에서 자라난 나무는 시원한 그늘을 제공해 주었다.

"정말 아름다운 곳이군!"

삼나무 잎의 깊은 푸른 색과 하늘거리는 버드나무의 우아함에 매료된 일행은 연신 감탄사를 연발했다. 굽이굽이 돌 때마다 새로운 사당과 정자가 나타났다.

얼마나 걸었을까? 허드슨 일행은 한 무리의 인부들이 분주하게 바깥쪽에 금을 입히고 있는 사원에 도착했다. 그곳은 축제가 한창이었다. 향냄새가 진동하고 거리는 사람들로 북적거렸다. 사람들은 사원에 걸린 바구니에 동전을 던져넣으며 복을 빌었다.

"서양인들이로군. 이쪽으로 와서 부처님 앞에 무릎을 꿇으시오."

한 승려가 다가와 손짓을 했다.

"아니오. 나는 이 어리석은 우상숭배 의식에 동참하지 않겠소."

허드슨은 단호한 어조로 대답하고 곧 우상숭배의 어리석음에 대해 경고했다.

"천지만물을 지으신 하나님만이 참되고 유일한 신입니다. 그분은 여러분을 사랑하십니다!"

허드슨은 천천히 그들을 둘러보았다. 그들은 아무 말도 하지 않았다.

다음 목적지인 퉁저우는 '사탄의 마을'이라고 불릴 정도로 악명이 높은 곳이었다. 존과 허드슨은 만약에 생길지도 모를 어려움에 대비해 단단히 준비를 하고 갔다. 이 마을은 외국인을 적대시하기로 유명했다.

"꼭 그곳에 가셔야 하겠습니까?"

중국인 친구들은 그들이 이 마을에 들어가지 않도록 간곡히 설득했다.

"이 마을은 사나운 범죄자가 많기로 유명해요."

"우리는 단지 예수님에 대해 듣지 못한 불쌍한 친구들에게 그분을 전하기 위해 가는 것 뿐이에요."

허드슨과 존 선교사는 중국인 친구들에게 배에 남아 있으라고 했다.

"만약 우리가 오늘 밤에 돌아오지 않는다면 배를 타고 상하이로 돌아가서 다른 이들에게 우리의 소식을 전해주세요. 나중에라도 우리가 돌아올지 모르니 다른 배 한 척은 남겨두시고요."

존 선교사와 허드슨은 수행원 한 명만 데리고 떠났다. 오래지 않아 수행원마저도 다시 돌아가면 안 되느냐고 물었다. 과연 퉁저우는 듣던 대로였다. 그때 선한 인상의 한 남자가 다가와서 말했다.

"혹시 퉁저우로 가시는 길입니까?"

"그렇습니다."

허드슨과 존 선교사는 고개를 끄덕였다.

"제발 마을 안에 들어가지 마십시오. 나는 퉁저우 사람들이 당신들을 다치게 하는 것을 원하지 않습니다."

"당신의 조언은 잊지 않고 명심하겠습니다. 그렇지만 우리는 이미 마음을 정했습니다."

존 선교사가 대답했다.

수행원이 퉁저우에 들어가는 것을 거부했기 때문에 그들은 많은 돈을 주고 다른 사람을 찾아야 했다.

"이쪽은 퉁저우의 서쪽 입구입니다."

새로운 수행원의 얼굴도 긴장한 빛이 역력했다.

"이것들은 뭐야!"

그곳에는 거대하고 건장한 남자가 걸어오고 있었다. 그는 많이 취해 있었다. 남자는 존 선교사의 어깨를 거칠게 붙잡고 앞뒤로 마구 흔들었다. 존은 그를 떼어내려고 했지만 곧이어 대여섯 명의 험악한 남자들에게 둘러싸였다. 남자들은 존과 허드슨을 번쩍 들고 성 안으로 들어갔다.

"나를 이곳의 재판관에게로 데려가 주시오!"

허드슨은 큰소리로 외쳤다.

"우리는 너 같은 놈들을 어떻게 다루어야 하는지 아주 잘 알고 있지."

한 남자가 낄낄대며 말했다. 그들은 존과 허드슨을 반란군의 군사로 착각하고 있는 듯했다.

"이번에는 네 놈 차례다!"

술에 취한 남자는 존을 흙더미에 내려놓고 이번에는 허드슨을 번쩍 들어올렸다.

퍼억-

남자는 허드슨을 땅바닥에 몇 차례나 내동댕이치고, 머리카락을 잡아당겼다. 그것도 모자라 팔에 시퍼런 멍이 들 때까지 사정없이 눌렀다.

"하나님은 여러분을 사랑하십니다!"

존은 벌떡 일어나 품에서 전도지를 꺼내 모인 사람들에게 나누어 주었다.

"이 녀석들을 법정에 세우자!"

"아니야. 그냥 지금 죽여 버리자!"

허드슨은 사도 바울과 예수님의 제자들이 그리스도를 위해 고통 받는 것을 기뻐했던 것을 기억했다. 그 순간 하나님께서 지혜를 주셨다. 허드슨은 주머니에 손을 넣어 신분증을 꺼냈다.

"모두들 이것을 보시오!"

사실 그것은 단순히 빨간 종이에 이름이 인쇄된 것에 불과했다. 그러나 정체 모를 붉은 종이에 쓰인 알 수 없는 글자를 본 순간, 그들의 태도는 달라졌다.

"당신들은 누구십니까?"

"우선 우리를 이곳의 관리에게 데려다 주시오."

허드슨과 존의 몸은 땀에 흠뻑 젖어 있었다. 남자들이 성 안에 데려다 주었을 때 허드슨과 존은 극심한 피로로 거의 바닥에 쓰러지다시피 했다. 그들은 몇 번이나 굽신거리면서 그곳을 떠났다.

"물을 좀 주시오."

그러나 성문을 지키는 문지기에게서는 퉁명스러운 대답이 돌아왔다.

"너희들은 곧 위대하고 덕망이 높으신 챈님을 만나게 될 것이다. 그때까지 얌전히 기다리고 있어!"

잠시 후 존과 허드슨은 '위대한 챈'에게로 보내졌다. 그가 방으로 들어왔을 때 방에 모인 모든 사람들이 무릎을 꿇었다. 유일하게 그 법도를 거절하는 사람은 허드슨과 존 뿐이었다.

"여기까지 오는 동안 고생이 많으셨다지요."

다행스럽게도 '위대하시고 덕이 높으신 챈'은 외국인이라고 함부로 대하지 않는 겸손한 사람이었다.

"우선 이분들께 차와 기운을 차리게 할 만한 음식을 갖다 드려라."

챈은 허드슨과 존을 극진히 대접했다. 허드슨은 챈에게 신약성경을 선물로 주었다.

"이곳에서 일어난 불미스러운 일을 사과드립니다. 당신들은 이곳에서 얼마든지 복음을 전하고 전도지를 돌려도 좋습니다. 만일 그래도 불안하시다면 저의 호위병들을 붙여 드리겠습니다."

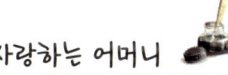

사랑하는 어머니

저는 스물세 번째 생일을 친다오샤라는 섬에서 보냈어요. 이제 저는 모두 음식을 젓가락으로 먹을 수 있게 되었어요. 가끔씩, 중국 사람들은 제가 이곳에서 그들과 함께 살고 말씀을 전하는 것을 보며 저를 아주 독특한 사람으로 여기는 것 같아요. 아마도 제 겉모습이 그들에게 복음을 전하는 일에 방해되는 것은 아닌지 모르겠어요. 만약 그들이 제가 자기들과 다르거나 이상하다고 생각한다면 제가 전하는 말씀도 이상하다고 생각할 거예요. 그래서 저는 어떻게 해야 할지 깊이 생각하곤 합니다.

허드슨 테일러 올림

허드슨은 이 일에 대해 꽤 오랫동안 진지하게 고민했다. 그러다 그는 한 사건을 생각하고 무릎을 쳤다.

"일전에 친다오샤에 나를 데려다 주었던 뱃사공이 오늘 내가 젓가락으로 음식을 먹는 것을 보며 반가워했지."

그는 허드슨에게 머리를 중국인들처럼 밀고 중국의 옷을 입어보는 게 어떻겠냐고 권했다.

"그러는 편이 좋을 것 같군. 지금 입고 있는 옷은 너무 이상해."

"그렇다고 해서 저 하늘처럼 파란 눈과 우뚝 솟은 높은 코를 바꿀 수는 없잖아."

하지만 허드슨은 낙심하지 않고 그들의 말에 귀 기울였다.

찍- 찍-

허드슨이 생각에 잠겨 있는 동안 생쥐 한 마리가 나타났다. 중국의 위생상태는 열악해서 집 안에서도 생쥐가 뛰어 다니기 일쑤였다. 쥐들은 허드슨이 아끼는 양초를 갉아먹는 것도 모자라 허드슨이 침대에 곤히 잠들어 있을 때 침대 위로 뛰어올라오기도 했다.

"하나님, 저와 함께할 사랑하는 아내를 보내주세요."

허드슨은 간절히 기도했다. 그러나 이 열악한 환경과 선교사 협회에서 보내주는 금액으로는 결혼은 꿈도 꿀 수 없었다.

한편 허드슨과 함께 퉁저우로 들어간 존 버드 선교사에게 슬픈 일이 생겼다. 사랑하는 아내를 잃는 아픔을 겪은 것이다. 그러나 그는 꿋꿋이 중국 전역에 하나님의 복음을 전하는 일에 힘썼다.

"허드슨, 내 아들을 위해 기도해주게!"

불량배들에게 온몸을 맞아도 꿈쩍도 않던 존이었다. 그런데 그런 존이 울고 있었다. 허드슨과 존이 닝보에 있는 동안 존의 어린 아들은 생명을 위협할 정도의 엄청난 고열에 시달렸다. 그들은 모든 일정을 접고 상하이로 돌아가야만 했다.

존의 어린 아들의 병세는 생각보다 훨씬 심했다. 존과 허드슨이 상하이로 돌아온 지 몇 주가 지나도록 아이는 고열에 시달리며 헛소리를 하거나 잠만 잤다.

"아빠, 왜 이제 왔어요?"

정신을 차리자마자 소년은 이 말을 남기고 숨을 거두었다. 허드슨과 존의 마음은 찢어질 듯 아팠다.

"왜 내게 이런 일이 생긴 걸까?"

존은 낙심했다. 그러나 이어서 예배가 있었기에 그들은 시간을 더 지체할 수 없었다.

"예수님은 여러분을 위해서 죽으셨습니다. 이 일을 통해 그분은 우리의 모든 허물과 죄를 용서하셨습니다. 여러분 중에 하나님께 기도하고 죄를 용서받기를 구하시는 분이 있습니까?"

그때 젊은 요리사 구이후아가 말했다.

"저를 위해 기도해 주십시오."

그는 허드슨과 존을 통해 중국에서 첫 번째로 복음을 받아들인 사람이었다. 한 영혼을 잃고 아파하는 존에게 하나님은 또 다른 영혼을 보내주셨다.

허드슨은 중국인들을 더욱 깊이 사랑하기 위해 그들처럼 행동하고, 그들처럼 생활해야만 한다고 생각했다. 사람들은 허드슨이 이상한 행동을 한다고 수군거렸다. 하지만 누구도 허드슨의 결심을 막을 수는 없었다. 허드슨은 중국식 의복을 구해 입고 몇 가지 염료를 섞어서 스스로 까맣게 머리를 염색했다. 강한 암모니아 냄새와 화학 약품에서 나오는 가스 때문에 허드슨은 숨쉬기조차 힘들었다. 우여곡절 끝에 염색을 마친 허드슨 테일러는 이발사에게 가서 보통의 중국인들처럼 머리를 다듬어 달라고 말했다. 이발사는 머리카락의 일부를 손가락 하나 정도의 굵기로 쫑쫑 땋은 후 중앙에 있

는 부분만 제외하고 다 밀어버렸다. 이것은 '변발'이라고 부르는 중국인들의 머리 모양이었다.

이제 허드슨은 옥양목으로 만들어진 양말과 '한구'라 불리는 커다란 바지를 입었다. 바지는 통이 너무 넓어 성인 남자 두 사람이 들어가도 남을 듯했다. 그래서 이 옷에는 튼튼한 허리띠가 필요했다. 허리를 묶고 나면 이번에는 바짓가랑이를 양말에 넣어서 무릎 아래까지만 나오게 했다. 그리고 발목을 '대님'이라고 부르는 색끈으로 묶어야 했다. 허드슨은 면으로 직조한 민무늬의 옷 위에 넓은 소매가 달린 화려한 색상의 비단 옷을 걸쳤다. 마지막으로 그는 발끝을 조이는 신발 한 켤레를 신었다. 친구들은 웃으며 말했다.

"허드슨, 자네의 바지는 내 2주일치 식량을 넣을 만큼 거대하군."

그러나 허드슨은 자신의 새로운 모습이 너무나 마음에 들었다. 그가 도시를 돌아다니는 동안 누구도 그가 중국인이 아니라는 사실을 짐작하지 못했다. 단지 그가 무슨 말을 건넬 때만 알아보는 눈치였다.

"허드슨 선생님, 안녕하세요?"

허드슨이 변신한 이후 부인들과 어린이 손님이 더 늘었다.

그들은 이전보다 허드슨을 편하게 생각하고 그를 깊이 신뢰하기 시작했다.

 ## 마리아를 만나다

"나는 아직도 변발과 중국 옷을 고집하고 있어요.
그러나 마리아는 내 겉모습에 상관하지 않아요."

허드슨은 윌리엄 번스와 함께 난선에 있었다. 어디선가 떠들썩한 소리가 들려왔다.

"연극이라도 하나 보군."

허드슨과 번스는 인파에 휩쓸려 천천히 연극 무대로 다가갔다.

"와아!"

사람들의 함성이 무대를 가득 채웠다. 무대를 바라보는 순간 허드슨과 번스는 입을 다물 수가 없었다. 무대에서 펼쳐지는 연극은 자극적이고 부도덕한 내용의 연극이었다. 그러나 그 연극을 보기 위해 사람들은 계속 모여 들었다. 허드슨은 참을 수 없는 분노를 느꼈다. 그것은 번스 역시 마찬가지였다.

"여러분이 지금 하고 있는 일은 아주 잘못된 행동입니다. 이런 행동은 여러분을 지옥으로 가게 할 것입니다!"

번스는 참지 못하고 연극이 시작되고 있는 무대 위로 뛰어들어 큰소리로 외쳤다. 허드슨과 번스의 마음속에는 이 불쌍한 사람들에 대한 사랑과 안타까움으로 가득 찼다.

'오, 하나님! 그들의 모습이 얼마나 잘못된 것인지를 그들 스스로 깨닫게 하소서!'

허드슨은 눈을 감고 기도했다.

"당신들이 하는 말을 우리에게 알기 쉽게 설명해줄 수 있겠소?"

난선의 어떤 사람들은 그들이 하는 말에 귀를 기울였다. 허드슨은 중국인 복장 그대로 무대로 올라갔다.

"여러분, 잠시 우리의 이야기를 들어주세요!"

그러나 허드슨과 번스는 성난 관객들에 의해 무대 밖으로 쫓겨났다.

"자신의 영혼을 불쌍히 여기세요. 제가 드리는 이 말은 살아 계신 하나님께서 우리에게 말씀하신 진실입니다."

한 남자가 말했다.
"당신은 진실한 사람 같소. 당신께 차를 한 잔 살테니 하나님에 대한 이야기를 좀 더 들려 주지 않겠소?"
그들이 찻집에 들어서자 곧이어 사람들이 모여들었다.
"당신들은 왜 그 흥미진진한 연극을 중단시켰죠? 도대체 당신들이 하려고 하는 이야기가 뭐죠?"
허드슨과 번스는 최선을 다해 이 세상을 지으신 하나님과 우리의 죄를 없애기 위해 이 세상에 오신 예수님에 대해 이야기했다.
"우리가 세운 모든 신상들이 거짓이라구요?"
"그렇습니다."
허드슨과 번스는 단호하게 말했다.
"당신들이 말하는 예수가 천국에 있다면 지금 우리가 어떻게 그분을 예배할 수 있겠소?"
"하나님과 예수님을 직접 내 눈으로 보게 해주면 믿겠소."
허드슨과 번스는 인내심을 갖고 그들의 질문에 천천히 대답했다.

"여러분이 만든 신상은 눈은 가지고 있지만 한치 앞도 볼 수 없습니다. 그들은 귀를 가지고 있지만 여러분의 기도를 듣지 못합니다. 그들은 강도와 질병과 재앙으로부터 여러분을 보호하지 못합니다."

사람들은 고개를 끄덕였다. 허드슨은 미소를 지으며 자신에게 베푸신 하나님의 은혜를 그들에게 나누었다.

"예수를 믿으면 뭐가 좋습니까?"

"아주 큰 유익이 있죠. 당신을 따라다니는 죄책감과 죄와 심판에서부터 자유로워질 수 있습니다. 세상을 지으신 하나님은 당신을 너무나 사랑하셔서 친구가 되고 싶어하십니다. 그래서 그분은 바로 당신을 위해 독생자이신 예수 그리스도를 보내주셨습니다. 예수님은 당신의 연약함과 모든 죄를 대신해서 죽으셨습니다."

쪼르륵-

차심부름을 하는 소녀가 잔을 채웠다.

"당신은 예수라는 분이 믿어지는가?"

일행 중 가장 연장자인 노인이 한 청년에게 물었다. 그러자 청년은 나지막하면서도 단호한 목소리로 대답했다.

"네. 지금부터 제 삶의 주인은 예수 그리스도이십니다."

허드슨의 가슴은 기쁨으로 터질 것 같았다. 그때 또 다른 남자가 말했다.

"나는 오래 전에 집에서 나와 가족들과 멀리 떨어져 있다오. 나는 이곳에 친구도 없고, 보시다시피 사투리도 심해 늘 혼자라오. 당신도 외로움을 느끼십니까? 당신의 아버지라는 하나님이 그것을 막아주시오?"

허드슨은 빙그레 웃었다. 그리고 자신의 새로운 친구에게 대답했다.

"물론 나도 외로움을 느낄 때가 있어요. 기분이 몹시 가라앉을 때도 있답니다. 당신처럼 나도 멀리 떨어져 지내는 부모님과 친구들이 몹시 그리워요. 그럴 때면 나는 무릎을 꿇고 그들을 위해 기도해요. 그러면 하나님께서는 작은 천국을 내 마음에 넣어주신답니다. 비록 집으로 가고 싶다는 열망은 없어지지 않는다 해도 나는 어디에서든지 그리고 언제든지 그들을 다시 만날 때까지 기다릴 수 있습니다."

하나님의 선하심을 듣는 한 사람과의 만남은 허드슨의 마음을 행복하게 했다.

허드슨의 편지를 읽는 내내 아멜리아는 한숨을 쉬었다.
'오빠는 정말 외로움을 느끼고 있어!'
허드슨에게 일어나는 그 어떤 문제보다도 이 사실이 더 아멜리아의 마음을 아프게 했다.
때로 허드슨의 편지에는 그의 가난함이 여실히 드러났다. 협회는 벌써 여섯 달 동안이나 그에게 돈을 보내지 않고 있었다. 그들은 몇몇 사람들이 여전히 허드슨에게 개인적인 선물을 보낸다는 이야기를 듣고 그에게 정기적으로 돈을 보낼 필요가 없다고 판단했던 것이다. 아멜리아는 조용한 들판에 앉아 기도했다.
'주님, 저는 정말 행복합니다. 오빠도 행복해질 수 있을까요?'

테일러 부인 역시 허드슨의 외로움과 그가 마주친 어려움들을 놓고 기도했다.

어머니께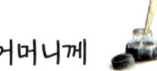

저는 오늘 샨토우에서 돌아왔습니다. 그런데 제가 집을 비운 사이 누군가가 불을 질러서 창고에 있던 모든 물건들이 잿더미로 변했습니다. 삼만 권의 신약 성경과 저의 모든 의약품과 의료 장비는 이제 연기 속에 사라졌습니다. 이번 편지에는 걱정거리만 늘어놓았군요. 하지만 너무 걱정마세요. 늘 그렇듯이 하나님께서 신실하게 인도해주실테니까요.

허드슨 테일러 드림

허드슨의 편지에서 점점 마리엔느의 이름이 사라져갔다. 그 대신 마리아 다이어에 대한 이야기가 자주 언급되기 시작했다.

나는 아직도 변발과 중국식 의복을 고집하고 있어요. 그러나 마리아는 내 겉모습에 상관하지 않아요.

마리아 다이어를 만나기 몇 달 전부터 허드슨에게는 심한 우울증이 찾아왔다. 심지어 그는 중국 선교를 포기해야 할지를 진지하게 고민하기도 했다. 상하이에 사는 많은 선교사들은 허드슨의 옷차림에 거부감을 보였다.

"당신의 모습은 매우 흉하고 우스꽝스러워요. 나는 당신의 기분 나쁜 취향이 아주 치욕스럽소."

허드슨의 몸과 마음은 점점 지쳐갔다. 마리아를 마음에 두기 전에 허드슨은 여전히 첫사랑인 마리엔느를 그리워했다. 만약 그가 영국으로 돌아갔다면 그녀의 아버지는 그와 결혼하도록 허락했을지도 모른다.

처음 만났을 때부터 허드슨 테일러는 마리아에게 깊은 인상을 남겼다. 허드슨은 그녀가 지금껏 만나왔던 사람들과 많이 달랐다. 그는 사람의 마음을 평안하게 해주었다. 그의 입에서 나오는 말을 들으면 사람들은 진리이신 하나님의 위대한 사랑을 깨닫게 된다.

만난 지 얼마 되지 않았지만 마리아는 왠지 허드슨이 편했다. 잠시 허드슨이 전도여행을 떠나 자리를 비웠을 때 마리아는 그의 빈자리를 크게 느꼈다.

 마리아 다이어는 영적으로 깨어있고 하나님을 위해 준비된 진정한 선교사예요.

허드슨은 마리아의 선교에 대한 열정과 사랑을 보고 그녀에 대해 관심을 갖기 시작했다. 마리엔느에 대한 이야기는 이제 지나간 추억이 되었다. 고통과 괴로움 대신에 허드슨은 두 사람 사이에서 자라나는 따뜻하고 흔들림 없는 우정에 대해 이야기했다.

지금껏 허드슨은 온 마음을 다해 사랑하는 방법만 알았다. 그것은 마리아 다이어도 마찬가지였다. 그러나 진정한 사랑으로 가는 길은 순조롭지 않았다. 허드슨은 가족에게 그가 마주한 문제들을 털어놓았다.

다이어 양은 정말 멋진 사람이에요. 그녀가 저를 어떻게 생각하는지 잘 몰라서 저는 용기를 내어 편지를 썼지요. 저는 시간을 두고 그녀를 알아갈 수 있도록 허락해 줄 수 있는지 물어보았어요. 성급한 거절의 답장은 보내지 말아달라고 사정했어요. 그녀가 내 마음을 비웃는다면 정말 저는 고통스러울 거예요. 받아드릴 수 없으면 편지를 태워버리라고 부탁하며 끝을 맺었어요.

마리아는 기쁨에 넘쳐서 즉시 그녀의 자매와 친구들에게 이 소식을 전했다. 그러나 친구들의 반응은 의외로 냉정했다. 특별히 오래 알고 지낸 앨더지 선생님의 말은 그녀를 낙심하게 만들었다.

"마리아, 나는 네가 그렇게 어리석은 아이라고 생각하지 않는다. 허드슨은 나이도 어리고 가난해. 그리고 어떤 선교 단체와도 제대로 연결되어 있지도 않아. 그런 사람이 어떻게 감히 너를 사랑할 수가 있지? 마리아, 청혼은 단번에 거절해야 해!"

물론 마리아가 선생님의 말씀을 지킬 의무는 없다. 그러나 그녀는 자신을 아끼는 사람의 마음을 무시할 수는 없었다. 다른 친구들 역시 선생님 말씀에 순종하라고 그녀를 설득했다.

친애하는 허드슨 테일러 씨

겨우 한 줄을 완성하고 마리아는 한숨을 내쉬었다.

결과적으로 마리아는 허드슨에게 거절의 편지를 썼다. 그러나 그녀는 마음속으로 허드슨을 위해 기도했다. 허드슨이 편지 뒤에 숨겨진 사랑의 마음을 충분히 읽을 수 있기를!

마리아는 앨더지 선생님에게 편지를 보였다. 앨더지 선생님의 허락이 떨어지자 그녀는 편지를 보냈다. 이제 그녀가 할 수 있는 전부는 기다리고 하나님을 믿는 것이었다.

같은 시간, 허드슨은 마리아의 편지를 찬찬히 읽어내려 가고 있었다. 그는 이 글이 두 가지 방향으로 흘러간다는 사실을 깨달았다. 그의 입가에는 미소가 번졌다.

당시 허드슨은 선교협회에서 나왔다. 협회는 그들이 약속한 지원금을 보내주지 않았다. 이제 허드슨은 필요한 모든 것을 주님께 완전히 의지하기로 결정했다. 그분은 허드슨의 기도에 응답하실 것이다. 동시에 허드슨은 마리아에 대한 사랑에 불타올랐다.

그는 스스로 문제를 해결하기로 결정하고 앨더지 선생님을 찾아갔다. 그러나 앨더지 선생님과의 만남은 성사되지 않았다. 그러나 허드슨은 결코 포기하지 않았다. 그는 마리아의 친구들을 찾아가서 물었다.

"내가 마리아를 사랑하는 것처럼 그녀도 나를 사랑하나요?"

허드슨의 말에 당황한 그녀의 친구는 한참 주저하다 마침내 대답했다.

"그래요. 마리아도 당신을 사랑해요."

허드슨은 마음속으로 노래를 불렀다.

아멜리아는 허드슨의 상황에 대해서 자주 어머니와 이야기를 나누었다.

"오빤 그녀를 사랑해요. 어머니, 그건 확실하다고요."

하지만 테일러 부인의 마음은 조심스러웠다.

"그래. 하지만 허드슨은 예민하고 감정적이야. 이번에도 그 마음이 쉽게 변할지도 몰라."

"하지만 이번엔 달라요. 전 확신해요. 마리아는 중국에 있다고요. 그녀는 오빠처럼 헌신적이고 사랑스러운 사람 같아요. 저는 세상에서 오빠만큼이나 중국에 자신을 맡긴 다른 사람이 있다는 것을 쉽게 믿을 수 없었어요. 그런데 마리아 다이어는 오빠만큼 헌신된 사람 같아요!"

"네 말이 옳기를 바란다."

아멜리아의 말이 이루어진 것은 그리 오래 지나지 않았다.

마침내 두 사람의 사랑이 이루어졌기 때문이다! 많은 어려움과 장애물이 있었지만 하나님은 두 사람이 그것을 견뎌낼 수 있도록 인도하셨다. 많은 사람들이 그들을 멈추려고, 실망시키고, 막아서고, 그들이 서로 사랑하고 있지 않다고 속였다.

하지만 '그 사건'을 통해 허드슨과 마리아는 서로의 사랑을 깨닫고 자신들 외에는 서로에게 어울리는 사람이 없다는 것을 알게 되었다. 허드슨은 어떤 무서운 병조차도 그들의 강한 인연을 끊을 수 없다고 생각했다.

　어느날 허드슨은 천연두로 죽어가고 있던 동료 선교사의 곁을 지키다 그에게서 병이 옮았다. 가엾은 선교사가 세상을 떠난 후 허드슨도 몸져 누웠다. 마침내 그는 죽을 고비에 이르렀다.

　"이제 겨우 열이 내렸어요."

　고열에서 깨어났을 때 허드슨이 제일 처음 본 사람은 자신을 걱정스러운 눈빛으로 내려다 보고 있는 마리아 다이어였다. 허드슨은 아멜리아에게 그때 느낀 감정을 다음과 같이 전했다.

　마리아는 공기를 들이마시듯 소리 없이 다가왔어. 나는 평온함이 나를 감싸는 것을 느꼈지. 나는 그녀가 있어야 할 자리가 바로 내 옆이라는 사실을 직감적으로 깨달았어. 짧은 시간 동안 난 완전히 넋을 잃었어. 하지만 나는 일부러 눈을 뜨지 않고 손을 내밀었어. 그녀는 아주 조심스럽게 나의 손을 잡아주었지. 그리고 그녀는 다른 쪽 손을 나의 이마에 올려놓았어.

　"난 당신의 마리아이고 당신은 내가 사랑하는 허드슨이에요. 오늘 밤은 평온함을 유지하고 잠을 청하도록 하세요."

1858년 1월 20일, 허드슨과 마리아는 결혼을 했다. 아름답고 태양이 밝게 빛나는 날이었다. 마리아는 회색 비단 드레스를 입고 허드슨은 중국 전통 복장을 입었다. 허드슨의 머리는 여전히 변발이었다.

'허드슨은 역시 허드슨이야!'

마리아는 변발을 한 이 남자와 사랑에 빠졌고 그를 바꿀 마음이 조금도 없었다. 한 가지 슬픈 일은 앨터지 선생님이 결혼식에 참석하지 않았다는 것이었다.

결혼식 뒤에 이어진 잔치에서는 미국 영사관이 선물한 가마가 등장했다. 당시에 가마는 중국 사회에서 신분이 높은 사람들이 이용하는 이동수단이었다. 허드슨과 마리아가 그 위에 올라가자 중국인 남자들이 각각 끝에 장대로 지탱되는 손잡이를 잡고 의자를 들었다. 그리고 그들은 닝보의 산에 위치한 수도원을 향해 신혼여행을 떠났다.

처음엔 허드슨과 마리아는 결혼생활을 맘껏 즐겼다. 하지만 얼마 지나지 않아 가슴 아픈 일이 그들을 찾아왔다. 마리아의 자매인 버렐라가 콜레라에 걸려 스물 세 살의 나이로 세상을 떠난 것이다.

허드슨과 마리아의 첫 아이 역시 태어난 지 얼마 되지 않아 목숨을 잃었다. 하지만 그들은 하나님의 사랑으로 강해질 수 있었다. 허드슨은 눈물을 삼키며 기도했다.

"이 아이를 하나님께 바칩니다. 우리의 의지를, 믿음을 받아주십시오."

1859년 7월 31일, 그날은 주님의 영광이 가득한 주일이었다. 이날 아침은 그레이스 다이어 테일러가 세상에 나온 날이었다. 허드슨은 마리아를 닮은 아이를 간절히 바랬다. 그레이스는 첫 아이를 잃고 슬픔에 잠긴 허드슨과 마리아의 삶에 기쁨을 가져다 주었다.

하지만 그레이스가 출생한 지 얼마 되지 않아 허드슨은 그의 새로운 가족과 떨어져 지내야 했다. 몇몇 중국인들이 중국에 거주하는 외국인을 상대로 폭동을 일으켰기 때문이다.

1807년 이래 중국에 선교사로 들어간 200명의 남자 중에서 사십 명이 목숨을 잃었다. 또한 51명의 아내들이 목숨을 잃었다. 중국에서 하나님을 전하는 일은 힘들 뿐만 아니라 너무나 위험했다.

이후에 허드슨은 아내 곁으로 돌아와 백인 원장이 떠난 후 버려진 한 병원의 운영을 맡게 되었다.

마리아는 허드슨의 몸무게가 계속 줄어드는 것이 너무나 걱정되었다. 그러나 상황은 더욱 나빠졌다. 병원은 경제적인 도움이 절박하게 필요했다.

"원장님, 오늘 드디어 마지막 쌀 포대를 개봉했습니다."

어느 날 아침, 요리사가 와서 말했다.

"하나님의 시간은 우리의 필요에 맞춰 정확히 찾아올 것입니다. 그러니 염려하지 마세요."

허드슨의 알 듯 말 듯한 대답을 들은 요리사는 머리만 긁적였다.

그때 허드슨 앞으로 편지 한 통이 도착했다. 오랜만에 연락이 닿은 친구였다. 그는 거대한 유산을 갑자기 상속받게 되었다고 했다.

 편지에 동봉한 50파운드는 자네 몫이네. 약소하지만 받아주게. 그리고 혹시 더 필요한 것이 있다면 나에게 알려주게.

허드슨과 마리아는 이 편지를 중국어로 해석해서 직원들 앞에서 읽었다.

"할렐루야!"

"정말 하나님은 신실하신 분이군요."

직원들은 이 기쁜 소식을 자신이 아는 모든 사람들에게 전했다. 하나님의 시간은 완벽했다!

허드슨의 눈빛은 나날이 뜨겁게 타올랐다. 그러나 그가 맡은 일들은 너무나 과중했다. 어느 순간부터 그는 자신의 건강이 급속도로 나빠지고 있다는 것을 느꼈다. 스스로의 질병을 판정하는 것은 정말 어려운 일이지만 아마도 그는 폐결핵에 걸린 듯했다. 그의 간과 장 역시 안좋았다.

의료진은 허드슨이 잠시 중국을 떠나있는 편이 좋을 것 같다고 진단을 내렸다. 1860년 6월에 허드슨과 마리아는 모두를 위해서 중국을 떠나야 할 시간이라고 결정했다.

"우리가 다시 중국으로 돌아올 수 있을까요?"

마리아는 그들이 사랑을 키워가고 보살폈던 땅을 향해 기약없는 작별을 고했다.

허드슨과 마리아가 영국으로 가기 위해 준비할 때 요크셔의 반즐리에는 환호성이 터져나왔다.

"허드슨이 집으로 돌아온다! 하나님, 감사합니다. 정말 감사합니다!"

# 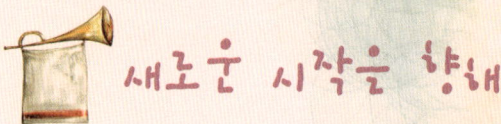 새로운 시작을 향해

중국에는 선교사의 손길이 닿지 않은 열한 곳의 지역이 있었다.
허드슨은 이곳에 변화가 필요함을 직감했다.

루이자와 아멜리아는 앞치마를 신나게 바람에 나부끼며 달렸다. 그 바람에 긴 머리칼이 머리핀에서 빠져나오는 것도 모를 정도였다.

"오빠가 떠난 지 7년만이야!"

1853년에 허드슨이 떠나고 지금은 1860년이었다. 이 시간은 테일러 가족 모두에게 많은 변화를 가져왔다. 두 소녀는 어느새 아름답고 기품 있는 숙녀로 성장했다. 아멜리아는 결혼식을 앞두고 있었다.

오직 하나 걸리는 것은 오빠가 결혼식에 참석할 수 없다는 사실이었다. 하지만 어쩔 수 없는 일이었다. 아멜리아와 벤자민 둘 다 결혼을 위해 충분히 긴 시간을 기다렸다.

루이자와 아멜리아는 교회 앞마당을 지나 나무가 빽빽하게 모여 있는 숲으로 달음질했다. 아멜리아는 짙은 초록색과 에메랄드 빛의 나뭇잎 위로 푸르게 수놓아진 광경을 보려고 고개를 세웠다. 산들바람이 그들을 스쳐 지나갔다. 아멜리아는 너무나 행복했다.

"오빠가 집으로 오고 있다니!"

편지는 아침 일찍 도착했다. 자매는 아직도 커다란 오크나무 아래서 깊게 숨을 몰아쉬고 있었다. 주위는 고요했다. 자매는 서로를 바라보며 환하게 웃었다.

완벽한 날이었다. 이날은 온 가족이 주님 안에서 이야기를 나눈 첫 번째 날이기도 했다. 루이자는 눈물을 흘리면서 가족에게 자신이 주님을 영접한 사실을 밝혔다.

"마침내 나는 그분이 나의 주인 되심을 인정할 수밖에 없었어요."

루이자의 목소리는 떨렸지만 그 속에는 크리스천이 된 기쁨이 담겨져 있었다.

"봄이 왔구나!"

하늘을 바라보며 테일러 부인이 말했다.

루이자는 허드슨에게도 편지를 써서 자신이 크리스천이 되었음을 알렸다. 편지는 허드슨과 마리아가 배를 타러 나가기 바로 전에 도착했다. 허드슨은 양자 강에서 중국해로 내려가는 여행을 준비하는 바쁜 와중에 답장을 했다.

"대단해!"

그는 영국으로 가져갈 가방을 싸느라 분주한 마리아에게 말했다.

"루이자는 언제나 제멋대로인 아이였어. 모든 가족들이 예수님을 믿어야 한다고 재촉해도 눈 하나 깜짝하지 않았지. 그런 루이자가 마음을 정하기까지 정확히 이십 년이 걸렸어. 하지만 이제 루이자가 결심한 이상 그 아이를 멈출 것은 아무것도 없을 거야. 루이자에게 편지를 써야겠어. 만약 오늘 보내면 아마도 우리보다 먼저 도착하겠지."

사랑하는 내 동생, 루이자

> 진실한 마음을 가지고 주님께 나아가길 바란다.
> 그러면 네 안에 기쁨이 가득함을 보게 될 거야.

1860년 7월 18일, 허드슨과 마리아 그리고 어린 그레이스는 네 달간의 항해를 위해 출발했다. 탈수증과 빈대의 공격 그리고 어린 그레이스가 감당하기 힘든 배멀미는 가족에게 큰 시련이었다. 여행하는 내내 선장은 불쾌해했지만 아무튼 그들은 영국에 안전하게 도착할 수 있었다.

그들의 영국 여행에는 중국인 친구도 함께했다. 허드슨, 마리아, 그레이스 그리고 그들의 중국인 친구 모두 다 런던의 베이스 워터로 가는 기차에 탔다. 넉 달 전 아멜리아는 벤자민과 함께 이곳에 보금자리를 마련했다.

"오빠!"

허드슨이 마차에서 내리기도 전에 아멜리아의 목소리가 들려왔다. 그가 두리번거리는 사이에 두 명의 여자가 달려들었다. 물론 아멜리아와 루이자였다. 두 자매는 너무나 흥분해서 허드슨이 아직도 중국인 복장과 변발을 하고 있다는 사실조차 발견하지 못하고 있었다.

마리아는 조금 떨어진 곳에서 남매의 재회 장면을 흐뭇한 표정으로 바라보았다. 그동안 주고 받은 편지로 인해 이 두 자매는 이미 가족처럼 느껴졌다.

그레이스는 자기 눈앞에서 펼쳐지는 볼거리에 숨이 넘어가도록 웃었다.

"어머나, 귀엽기도 해라!"

"네가 바로 그레이스구나?"

비로소 귀여운 조카를 발견한 아멜리아와 루이자는 탄성을 질렀다.

바로 몇 주 전만 해도 루이자의 목표는 마리아에게 영국의 최신 의상을 사주는 것이었다.

"그나저나 오빠는 여기서까지 그 꼴로 다닐 셈이야?"

루이자의 충고는 확실한 효과가 있었다. 며칠 후 반즐리에서 가족 모임이 열리게 되었을 때 허드슨은 멋진 양복을 입고 나타났다. 마리아는 비단 치마와 아름다운 블라우스를 입고 나타났다. 이 역사적인 만남의 순간에 눈물을 흘리지 않는 사람은 오직 어린 그레이스 뿐이었다. 그레이스는 할머니의 팔 안에서 새근새근 잠들었다.

그 해 4월, 가족들에게 기쁜 일이 생겼다. 허드슨과 마리아의 첫 번째 아들인 허버트 테일러가 태어난 것이다. 그리고 허드슨은 그 전달인 3월에 왕립외과의사협회의 정식 회원이 되었다.

허드슨은 언젠가 중국에 돌아가 쓰임받을 것을 기대하며 중국어 신약 성경을 보강하는 작업에도 열심을 다했다. 그러나 가까이에서 그를 지켜 본 친구들은 허드슨의 결심을 만류했다.

"허드슨, 당신은 당분간 중국으로 돌아갈 수 없소. 좀 더 건강에 신경을 쓰는 게 좋을 것 같소."

1862년 12월, 두 번째 아들인 프레드릭이 태어났다. 허드슨은 마리아와 아기를 정성껏 돌보았다. 그러면서도 그들은 간간히 중국에서 들려오는 소식을 기다렸다.

그들 부부는 다시 그곳에 가서 주님을 위해 일하고, 친구들을 만나게 되기를 간절히 소망했다. 그렇게 또 한 해가 지났다. 그동안 허드슨과 마리아는 찰스 스펄전과 조지 뮬러를 포함한 많은 신실한 기독교인들과 친구가 되었다.

그리고 1864년 6월 24일, 셋째 아들 사무엘이 태어났다. 그들이 머물고 있었던 집은 네 명의 어린 아이들에게 너무나 좁아서 그 해 10월 그들은 더 넓은 집으로 이사를 했다.

당시 허드슨은 그의 인생을 바꿀 중요한 결정을 앞두고 있었다. 1865년에 허드슨 테일러는 〈중국: 영적 필요와 요구〉라는 제목의 책을 썼다. 그의 글에 나오는 중국 대륙은 거대한 규모와 신비로움으로 영국 독자들의 시선을 끌기에 충분했다.

만약 모든 중국인들이 하루에 30마일씩 행진한다면 마지막 사람이 지나갈 때까지 무려 17년하고도 삼 개월이라는 시간이 걸립니다. 그러나 이렇게 많은 수의 사람들이 예수님을 알지 못해 날마다 죽어가고 있습니다. 도대체 언제까지 이 상황에서 팔짱만 끼고 지켜볼 수 있겠습니까?

백 마리 중에 한 마리의 양을 잃어버리게 되었을 때, 우리는 누구나 아흔아홉 마리 양을 놔두고 한 마리의 양을 찾으러 나설 것입니다. 말할 필요도 없이 한 영혼은 백 마리의 양보다도 귀합니다. 하지만 우리는 한 마리의 양만을 데리고 집에 머무르고 있고, 죽어가는 아흔아홉 마리에게는 더 이상 관심이 없습니다!

기독교인이라면 누구나 예수님의 마지막 명령을 기억해야 합니다. 승천하시기 전에 예수님께서는 "땅 끝까지 이르러 모든 이에게 내 복음을 전하라"고 말씀하셨습니다. 그러나 수백만 명의 가난한 사람들이 사는 중국에 지금껏 누구도 구원의 복음을 전하지 않은 사실을 기억하십시오.

허드슨은 변화가 필요함을 직감했다. 중국에는 선교사의 손길이 닿지 않은 열한 곳의 지역이 있었다. 이 열한 곳에 복음을 전해지기 위해서는 한 지역에 적어도 두 명의 선교사가 필요하다.

'하지만 하나님이 모든 선교사들의 필요를 충분히 채워주실까? 나의 꿈이 너무 큰 것은 아닐까?'

지금까지 허드슨은 중국에 있는 수많은 사람들이 그리스도를 알지 못하고 죽는다는 사실만을 생각했다. 이 생각은 허드슨의 마음에 큰 부담으로 다가왔다.

중국에 대한 걱정으로 허드슨의 몸은 눈에 띄게 쇠약해져 갔다. 그에게는 휴식이 필요했다. 하나님은 깊은 영적 고통에 놓인 허드슨의 불신을 내려놓게 하셨다. 그리고 다시 허드슨이 자신을 하나님께 내맡기게 하셨다.

"나는 결과에 대한 모든 책임을 주님께 맡기고 그분의 종으로서 복종하고 따를 것이라고 말씀드렸다. 직접 나를 챙기시고 보살피시고 인도하시는 분은 나와 같이 일하게 되실 주님이시다."

허드슨의 무거운 마음에 평안이 찾아왔고, 동시에 그는 하나님께 미전도 지역인 열한 곳에 각각 두 명의 선교사를 보내달라고 기도했다. 허드슨의 기도는 계속 이어졌다.

"주님, 아직도 하나님을 알지 못하는 몽골에도 두 명의 선교사를 보내려고 합니다. 하나님을 깊이 사랑하는 두 사람을 보내주십시오. 중국의 미전도 지역과 몽골을 위해 세워진 이 24명의 동료들을 축복해 주십시오."

브라이튼의 백사장에서 허드슨은 성경책을 꺼내 가장자리에 그의 기도제목을 적었다. 그는 훗날에 되돌아볼 때 이 기도가 이루어지기를 소망했다.

"하나님께서 뜻대로 이루신 후 우연히 이 메모를 발견하게 된다면 너무나 기쁘겠지?"

허드슨은 새로운 힘을 얻고 집으로 돌아왔다. 하나님께서 이 일에 복을 주실 것을 확신하는 그의 마음에 평안이 깃들었다.

가장 먼저 허드슨은 런던 카운티 은행에 가서 '중국내륙선교회'(China Inland Mission)라는 이름으로 은행 계좌를 만들고 10파운드를 입금했다. 그리 큰 돈은 아니었지만 훗날 허드슨은 '그 10파운드는 나와 하나님 사이의 약속이었다'고 고백했다.

허드슨은 CIM에 대한 몇 가지 규칙도 세웠다. 허드슨과 마리아는 중국을 경험한 유일한 사람들로, 새로 섬길 일꾼들을 선발하는 일을 맡았다. 허드슨은 새로 들어온 사람들에게 기본적인 훈련을 시키고 중국 생활에 필요한 필수품들을 제공했다.

선교사들은 자신의 신앙을 고백하고 CIM의 규칙에 동의하는 사람들로 모든 교파를 초월해서 지원할 수 있었다. 선교사들은 급료를 약속할 수 없었지만 그들이 필요한 것을 주님 안에서 채울 수 있을 거라 믿었다. 그들은 결코 빚을 지지 않았다.

선교활동은 체계적이고 실용적이어야만 했다. 중국 땅을 복음화하는 계획이 세워졌다. 앞으로 CIM의 모든 선교사들은 허드슨과 같이 중국식 의복을 갖춰 입고, 중국식 건물에서 예배할 것이다.

1866년 5월 26일, 허드슨 테일러와 마리아 그리고 그들의 네 명의 작은 아이들은 래머뮤어 호를 타고 다시 중국으로 떠났다. 열여섯 명의 선교사들도 함께였다.

이것이 바로 '중국내륙선교회'의 시작이었다. 배는 바다를 가로질러 유유히 중국 대륙으로 향했다. 래머뮤어 호에서 허드슨과 가족들을 통해 많은 선원과 승객이 주님을 영접하게 되었다. 당시 그레이스는 여덟 살도 채 되지 않았다.

중국 땅에서 어떤 일들이 그들을 기다리는지는 상관없었다. 아이들은 사랑하는 창조주의 손 안에서 안전했다. 허드슨과 마리아는 그 사실에 감사하며 안도의 한숨을 내쉬었다. 그들은 다가올 시간들이 그리 쉽지만은 않을 거라는 것을 알았다. 그러나 중국에서 기다리는 일들은 그들의 예상보다 훨씬 더 힘들었다.

# 허드슨 가족이 위험해요!

"힘도 없고 무기도 없는 우리를 괴롭히는 게 부끄럽지도 않나요?"
그러나 침입자는 마리아의 말에 신경쓰지 않았다.

창설된 지 얼마 안 된 CIM 안에서 문제가 터져 나오기 시작했다. 선교사들 사이에서는 끊임없는 말다툼이 일어났다. 상황은 점점 어려워졌고, 본격적인 선교 활동을 시작하기도 전에 해체될 위험에 처해 있었다. 하지만 이 갈등은 비극적인 한 사건을 통해 곧 잠잠해졌다.

그 끔찍한 일이 있던 날 허드슨은 무더위를 피해서 머리를 식히기 위해 휴가를 떠났다. 며칠 머무르면서 지친 몸도 쉬고 다음 사역에 대한 계획도 세울 생각이었다. 그러나 오래

간만에 찾아온 그의 휴식은 한 통의 편지에 의해 산산이 부서지고 말았다.

"허드슨 씨, 편지가 왔습니다!"

허드슨의 중국인 친구는 헐레벌떡 달려오며 한 통의 편지를 그에게 건넸다.

*허드슨, 그레이스가 많이 아파요. 열이 심하고 아무것도 먹지 못하고 있어요. 병원에 데려가니 의사는 뇌수막염이라고 말했어요.*

*마리아*

그레이스의 몸은 불덩이와 같이 뜨거웠다. 마리아는 차가운 물에 수건을 적셔 아이의 이마에 올려 놓았다. 그레이스는 음식을 입에 대지도 못하고, 겨우 삼킨 몇 숟가락의 수프마저도 토해냈다.

"가엾은 내 딸……."

허드슨은 한달음에 집으로 달려갔다. 고열에 시달린 그레이스는 무기력하게 누워 있었다. 허드슨의 마음은 찢어질 듯 아팠다. 허드슨은 의료시설이 전혀 없는 극동의 땅에 그의 가족을 데려가는 위험을 알고 있었다. 하지만 그는 하나님이 그들을 지켜주실 거라 믿었다. 허드슨은 그의 하나님이 가족을 잘 지켜주실 거라 믿었다. 그는 자신의 어린 딸이 언제나 안전한 것에 대해 늘 감사했다. 그런데…….

"오, 하나님!"

"많이 힘들겠지만 이제 그레이스를 보낼 준비를 해야 합니다."

의사의 말에 마리아는 눈물만 흘렸다. 허드슨은 정신을 잃은 그레이스의 침대를 떠나지 않았다. 그리고 사랑하는 딸의 귓가에 찬송을 불러 주었다.

"아빠, 언제 왔어요?"

잠든 줄만 알았던 그레이스는 잠시 정신을 차렸다.

"조금 전에…"

허드슨은 어린 딸에게 눈물을 들키지 않으려고 고개를 돌렸다. 그레이스가 천진하게 웃으며 물었다.

"그런데 왜 울고 있어요?"

그레이스는 작고 가느다란 손을 뻗어 허드슨의 눈물을 닦아 주었다.

"그레이스, 지금부터 아빠 말 잘 들으렴."

"네."

허드슨은 침대 곁으로 몸을 바짝 붙여 앉았다. 그리고 눈물을 삼킨 후 그레이스의 귀에 대고 말했다.

"아빠가 생각하기에 예수님께서 너를 데리고 가실 모양이야. 그레이스가 너무 보고 싶어서 어른이 될 때까지 기다릴 수가 없으셨나 봐. 너는 예수님을 잘 믿는 착한 어린이니까 이 사실이 두렵지 않겠지? 그렇지?"

그레이스가 속삭였다.

"걱정마, 아빠. 나는 조금도 무섭지 않아요."

8월 23일, 8시 40분. 마침내 그레이스의 모든 숨이 멈췄다. 처음에 허드슨은 며칠 동안 울면서 이 사실을 의심했다.

'앞으로 나는 절대로 그 조그마한 손의 촉감을 느낄 수 없겠지. 그 작고 사랑스러운 입에서 나오는 귀여운 재잘댐도 들을 수 없고, 저 아름다운 눈이 반짝이는 것도 더 이상 볼 수 없다! 오, 하나님!'

그러나 슬픔에 잠겨 있을 수만도 없었다. 허드슨에게는 CIM의 문제를 해결하는 문제도 시급했다. 선교사들은 해안을 벗어나 서양인의 발길이 한 번도 닿지 않은 지역으로 옮겨갔다.

어린 그레이스의 죽음은 뜻밖의 결과를 가져왔다. 막 시작하는 이 단체의 연약하고 다듬어지지 않은 선교사들의 사소한 말다툼과 분쟁마저도 멈추게 했던 것이다.

하지만 CIM의 활동이 활발해지자 또 다른 문제가 생겼다. 몇몇 현지 사람들이 기독교 사상에 반기를 들고 나선 것이다. 개인보다 가족을 중요하게 생각하는 중국인들에게 개인의 거룩을 내세우는 복음은 못마땅한 이야기였다. 중국인들은 하나님의 말씀이 전해지면 전통적인 사회 구조가 허물어질 거라는 두려움을 가지고 있었다.

"가까이에서 부모님을 모시고 자주 찾아뵙는 것이 자식의 도리인데, 저 서양인들은 어쩌자고 이 먼 곳까지 왔을까?"

"저들은 우상숭배라는 말도 안 되는 주장을 내세우면서 조상들에게 제사도 지내지 않는대요."

"야만인들 같으니라구!"

선교사에 대한 심한 비난이 이어졌다. 사람들은 거리에서 선교사들을 내쫓았다. 선교사들은 가끔씩 생명의 위협을 받기도 했다. 그러나 그들은 복음을 전하는 일을 결코 멈추지 않았다.

그러던 중에 허드슨과 마리아 사이에 또 아이가 태어났다.

아이의 이름은 엄마의 이름을 따서 마리아라고 지었다.

그레이스가 주님께로 돌아간 지 거의 일 년이 된 어느 저녁에 큰 사건이 터졌다. 당시 허드슨은 신변의 위험을 느끼고 가족들과 떨어져 다른 선교사들과 지내고 있었다. 선교관 담벼락에는 많은 중국인들이 모여 들었다. 그들은 노골적으로 적대감을 드러냈다. 선교사들은 거주지에서 조금만 떨어진 곳을 외출하려고 해도 경호원들을 데리고 움직여야 했다.

8월 22일, 담벼락을 둘러싼 사람들이 만 명으로 늘어났다. 그들은 칼과 창 그리고 몽둥이로 무장을 했다. 상황은 위급해졌고, 거리는 무질서 상태가 되었다. 이것이 양저우 폭동의 시작이었다.

"서양 귀신들이 중국의 아이들을 끌고 가서 잡아먹었다!"

여기저기서 고함소리가 터져 나왔다. 황당한 소문이었다. 그러나 분노에 가득 찬 중국 사람들 중 누구도 이것에 대해 자세히 알아보려고 하지 않았다. 헛소문은 또 다른 헛소문을 키웠다.

"오, 하나님! 저희들과 저희들의 가족을 지켜 주십시오!"

그는 선교관을 빠져나가기 전에 짧게 기도를 했다.

퍽-

그가 뒷문을 통해 빠져나갈 때 어디선가 벽돌이 날아들었다.

"으악!"

허드슨과 그의 친구는 날아오는 돌과 벽돌을 온몸으로 막아냈다. 그들은 마침내 청나라 관청에 도착했다.

"도와주시오! 선교사들이 위험해요!"

그들은 도착하자마자 모두가 들을 만큼 큰 소리로 고함을 질렀다. 청나라 관리들은 사태를 파악하고 선교사들을 안전하게 대피시켰다.

시간이 흐름에 따라 군중들의 마음도 진정되었다. 허드슨과 친구는 호위를 받으며 안전하게 집으로 돌아올 수 있었다. 선교관에 도착한 그들은 새까맣게 탄 갈대 한 무더기를 발견했다.

"불을 지르려 했군!"

그들은 성난 군중이 집에 불을 지르려고 했다는 것을 깨달았다. 소름이 끼쳤다. 그러나 끔찍한 일은 이것만이 아니었다. 마을에 머물러 있던 거의 모든 외국인들이 죽음을 당했다는 소식이 전해졌다. 허드슨은 구역질이 났다.

"주님, 제가 보고 있는 이 사실이 꿈이었으면 좋겠습니다!"

허드슨과 친구는 황급히 발걸음을 재촉하며 선교사의 가족들이 사는 마을로 들어갔다.

"마리아!"

어디에도 마리아와 아이들의 흔적이 없었다. 허드슨은 불길한 생각을 떨쳐내기 위해 머리를 흔들었다.

같은 시간, 마리아는 이층에서 프레디와 버티, 사무엘, 그리고 갓난 마리아와 함께 있었다. 그녀는 두려움에 떠는 아이들을 달래고 있었다. 그때 창문 아래에서 한 목소리가 들려왔다.

"마리아, 지금 성난 군중들이 닥치는 대로 이곳 저곳에 불을 놓고 있어요. 창문 밖으로 얼른 뛰어내려야 해요. 그렇지 않으면 저희도 도와드릴 수가 없습니다."

마리아는 창문을 열어 아래를 보았다. 그녀는 탈출할 길은 오직 창문을 통해 나가는 방법밖에 없다는 것을 깨달았다. 뛰어내렸을 때 충격을 최소화하기 위해 마리아는 매트리스를 창 밖으로 던졌다.

"빨리 아이들을 내려 보내세요!"

버티가 먼저 내려가고 뒤이어 프레디도 내려갔다. 아이들은 아슬아슬하게 구출되었다. 그때 웃통을 벗은 남자가 거칠게 문을 열고 방으로 들어왔다. 그의 뒤에 보이는 남자는 서랍을 뒤지며 돈이 될 만한 것들을 닥치는 대로 주머니에 담고 있었다. 하지만 마리아는 놀라지 않았다. 이곳에 있는 아이들과 선교사 가족들의 생명에 비하면 이런 것들은 아무것도 아니었다.

"당신도 보시다시피 여기에는 여자들과 아이들뿐입니다."
그녀가 침입자에게 꾸짖었다.
"힘도 없고, 무기도 없는 우리를 괴롭히는 게 부끄럽지도 않으신가요?"

남자는 신경쓰지 않고 돈과 옷들을 빼앗았다. 게다가 마리아는 결혼반지까지 빼앗겼다. 소란한 틈을 타서 한 여자가 갓난 마리아를 안고 계단으로 내려갔다. 그러나 이 무례한 사람들은 그 사실을 전혀 깨닫지 못했다.

잠시 후에 침대보로 만들어진 줄이 창문에 매달렸다. 다른 사람들은 줄을 타고 안전하게 내려갔다. 이제 마리아와 다른 두 여자만 남았다. 군중들은 나무 더미에 불을 놓아 창문 아래에 던졌다. 마리아와 다른 이들이 그곳을 탈출한다는 것은 거의 불가능해 보였다. 그때였다.

우르르 쾅쾅-

타오르는 불길 때문에 집을 둘러싼 벽들이 무너지기 시작했다. 마리아는 급하게 뛰어내려 팔꿈치에 금이 갔다. 그러나 안전한 곳에 도착해 무사히 살아있는 자신의 아이들을 보며 감사했다. 잠시 후에 도착한 군인들은 군중들을 몰아냈다.

허드슨이 가족들이 다 죽은 줄로만 생각하고 있을 때, 마리아와 아이들이 돌아왔다. 허드슨의 마음은 말로 표현할 수 없이 기뻤다. 하나님은 그들을 돌보아주셨고 허드슨 가족은 다시 안전하게 만날 수 있었다.

그러나 문제가 있었다. 선교관이 파괴되고 마리아의 성경책이 갈기갈기 찢겨진 것이었다. 그러나 감사한 일도 있었다. 놀랍게도 허드슨과 마리아가 낱낱이 찢겨진 성경을 모았을 때 그들은 성경 중에 단 한 장도 사라지지 않았다는 사실을 발견했다. 그때 마리아는 뱃속에서 자라고 있는 작은 생명을 느낄 수 있었다. 그리고 1868년 11월 29일, 찰스 에드워드가 태어났다.

귀여운 아기가 태어난 기쁨도 잠시, 1868년과 1869년은 테일러 가족에게 힘든 시기였다. 어린 아들 사무엘이 결핵과 장염으로 계속 고통 받고 있었기 때문이었다. 결핵은 허드슨이 먼저 떠나 보낸 딸, 그레이스와 같은 질병이었다.

마리아와 허드슨은 모든 곳에 사무엘을 데리고 다녔다. 그들이 여행을 하는 동안 다른 아이들은 보모에게 맡겨 놓았다. 그러나 남겨진 아이들은 부모를 그리워했고 자주 화를 터뜨렸다. 결과적으로 모든 아이들의 건강이 악화되었다. 허드슨과 마리아는 이 상황이 계속 진행되지 않기를 바라며 간절히 기도했다.

마침내 허드슨과 마리아는 중대한 결정을 내렸다. 아이들의 건강 상태가 악화되자, 그들은 아이들을 보모와 함께 영국으로 보내기로 결정했다. 특히 사무엘은 중국에서 다시 여름을 나지 못할 정도로 심각했다.

허드슨과 마리아의 노력에도 사무엘의 건강은 조금도 호전되지 않았다. 오히려 빠른 속도로 악화되었다는 표현이 옳을 것이다. 겨우 다섯 살밖에 되지 않은 이 어린 아이는 중국을 벗어나기도 전에 친키앙에 있는 묘지에 묻혔다.

"하나님, 그레이스와 사무엘을 주님의 손에 맡깁니다. 이 아이들의 구원자이시며, 주인이신 그리스도께서 안전하게 지켜 주실 것을 믿습니다."

밝게 웃으며 작별 인사하는 허드슨과 마리아를 보며 아이들은 눈물을 흘렸다. 하지만 이제는 헤어질 시간이다. 아이들은 몇 번이나 뒤를 돌아보았다.

배가 지평선 너머로 사라진 후, 마리아와 허드슨 그리고 갓 태어난 찰스는 서로를 의지하며 집으로 돌아왔다. 허드슨은 헤어진 아이들 몫의 사랑을 마리아와 찰스, 그리고 곧 태어날 아기에게 부어주리라 다짐했다. 그러나 그의 결심은 이루어질 수 없었다.

## 왜 이제서야 온 것입니까?

예수님을 모르고 죽어가는 영혼들을 볼 때마다 허드슨의 마음은 찢어질 듯 아팠다. 그래서 허드슨은 가만히 앉아 있을 수 없었다.

테일러 부인은 손톱을 깨물며 방 안을 이리저리 왔다갔다 했다. 도무지 믿기지가 않았다.

"마리아가 그레이스와 사무엘을 죽게 한 그 몹쓸 병에 걸렸다니!"

마리아는 고열에 시달리고 있었다.

그녀가 낳은 아이는 2주를 넘기지 못하고 죽었다. 갓난아기 노엘은 장자 강에서 그리 멀지 않은 곳에 묻혔다. 그곳은 그의 형제인 사무엘이 묻힌 곳이기도 했다. 그러나 마리아는 자기 아이의 장례식에도 가지 못할 만큼 약해져 있었다. 마리아의 건강은 눈에 띄게 악화되었다. 중국 특유의 열기는 마리아의 몸을 쇠약하게 했고 무엇보다 얼마 전에 출산까지 해서 출혈이 너무 심했다.

"여보, 이제 들어가서 좀 쉬어요."

마리아는 가느다란 팔을 허드슨의 팔 위에 올리고 남편에게 입을 맞추었다. 허드슨은 그녀를 정성껏 간호하느라 밤을 지새우곤 했다. 그러나 그의 정성도 그녀의 죽음을 막을 순 없었다. 허드슨은 어금니를 깨물었다.

"당신은 지금 집으로 돌아가고 있어. 조금 있으면 예수님과 함께 있게 될 거야."

마리아는 한숨을 내쉬었다.

"당신에게 너무 미안해요."

"예수님께로 가는 게 미안할 일이야?"

"오, 아니예요."

마리아는 희미하게 웃었다.

"그분께로 가는 일로 내가 미안할 수는 없죠. 하지만 나는 지금 당신을 혼자 두고 가는 것이 미안해요. 주님께서 당신과 함께 계시고 필요한 것을 채워주실 테지만요."

마리아는 마지막으로 힘을 모았다. 허드슨은 그녀와 함께 하는 마지막 순간이 찾아왔다는 것을 깨달았다. 그는 친구들을 불러 마리아가 가는 마지막 모습을 볼 수 있게 했다.

"예수님을 구주로 영접하세요. 그러면 우리는 천국에서 다시 만날 수 있어요."

마리아는 이 마지막 말을 남긴 후 잠이 들었다. 그리고 그녀는 다시 눈을 뜨지 못했다.

그날 밤 허드슨은 침대 곁에 무릎을 꿇고 다음과 같이 기도했다.

"하나님, 사랑하는 아내 마리아를 제게 주신 것에 감사합니다. 우리가 함께했던 12년하고도 6개월의 시간에 감사합니다. 주님의 은혜로 그녀를 데려가 주시니 감사합니다. 이제 당신의 영광을 위해 남은 제 삶을 바칩니다."

허드슨은 아이들을 만나기 위해 영국으로 향했다. 어린 찰스는 형제자매들과 다시 만나게 되었다. 아멜리아는 허드슨의 모든 아이들을 가까이 두고 키웠다. 그녀는 조카들을 너무나 사랑했다. 허드슨을 다시 만난 날, 아멜리아는 일기장에 다음과 같이 썼다.

> 하나님, 오빠는 잠시 당신과 떨어져 있는 듯 보입니다. 하지만 저는 오빠가 아직도 드려야 할 것이 많다는 것을 확신합니다. 그의 삶은 아직 끝나지 않았어요.

이것은 사실이었다. 허드슨은 곧 기운을 차렸고, CIM은 점점 힘을 더해갔다. 아이들은 사랑하는 아빠와 다시 살게 되어 기뻤다.

얼마 후, 허드슨은 슬픔을 이기고 마리아를 자매처럼 사랑하는 또 다른 중국 선교사인 제인 폴딩과 결혼했다. 이제 허드슨은 열 명의 아이들을 둔 아빠가 되었다. 아멜리아는 모든 아이들을 자신이 낳은 아이처럼 사랑했다.

그들이 짧은 행복을 누리는 동안에도 중국에는 그리스도를 알지 못하는 사람들이 날마다 죽어가고 있었다. 허드슨과 제인의 마음은 중국에 대한 사랑으로 뜨거웠다. 제인은 마리아의 뒤를 이어 중국 땅에 있는 잃어버린 영혼들을 하나님께 돌려드리는 일에 헌신하기로 다짐했다. 그들 부부는 사람들을 구원으로 이끄는 일을 하는 것이 특권이라고 생각했다. '니'를 만난 날이 그랬다.

그날은 유난히 더웠다. 허드슨은 뜨거운 차를 홀짝이며 큰 벚나무 그늘에 앉아 있었다. 몇몇 사람들이 다가와 그의 곁에 앉았다. 그들은 허드슨이 하나님의 복음을 전하는 것을 자주 보았다. 그들은 허드슨이 전하는 진리를 듣기 원했다. 그중에 '니'도 있었다.

그는 젊은 중국인 남자로 한 눈에 허드슨이 다른 사람들과 다르다는 사실을 알아챘다. 치렁치렁한 중국식 의복과 검정색 변발은 그의 인상을 더 친근하게 만들었다. 니는 허드슨이 사람들이 말하는 서양에서 온 괴짜만은 아닐 거라는 생각을 했다. 그는 마음의 평화가 없는 삶에 지쳐 있었다.

"여러분이 자신의 잘못에 대해 용서를 구하기만 하면 하나님은 아무것도 요구하지 않고 진리를 깨닫게 하십니다."

허드슨의 말을 들은 니의 눈이 커졌다.

"내가 할 일은 오직 용서를 구하는 것 뿐이라구요? 이 모든 일은 그의 아들 예수 그리스도 때문인가요?"

"예! 그렇습니다."

허드슨의 대답은 짧지만 힘이 있었다.

"예수님은 우리를 대신해 돌아가셨습니다. 그분이 하신 일로 말미암아 당신은 용서를 받을 수 있고, 새 삶을 살 수 있는 것입니다."

니는 깜짝 놀랐다.

'나는 평생 동안 이런 진리를 기다리고 있었어!'

그는 다시 허드슨에게 질문했다.

"나는 당신의 말이 사실임을 확신할 수 있습니다. 그런데 당신의 나라는 얼마나 오랫동안 이 진리에 대해 알고 있었습니까? 그리고 당신은 언제부터 예수님을 믿었습니까?"

허드슨은 니의 눈을 바라보았다. 그의 눈은 허드슨의 대답을 간절히 기다리고 있었다.

"우리나라가 예수님에 대해 알게 된 것은 몇 백 년 전부터

였습니다."

허드슨의 말을 들은 니는 기가 막히다는 표정을 지었다.

"그런데 당신은 왜 이제서야 우리에게 와서 이 사실을 알려주는 겁니까? 나의 아버지는 진리를 알기 위해 평생동안 애썼지만 결국 그것을 찾지 못했어요. 다행히 나는 딱 알맞은 시간에 당신을 만났습니다. 그러나 당신이 내 아버지를 위해 이곳에 온 것이라면 너무 늦었습니다. 내 아버지는 바로 지난 달에 돌아가셨습니다."

니는 긴 한숨을 내쉬었다. 그러나 그는 곧 우울한 기분을 털어냈다. 그리고 좋은 소식을 들었을 때 모든 사람들이 그렇게 하는 것처럼 행동했다.

니는 시장 한 가운데로 나갔다. 그리고 많은 사람들 앞에서 큰소리로 외쳤다.

"여러분, 지금부터 나는 예수 그리스도를 내 마음의 주인으로 모십니다!"

허드슨은 진심으로 하나님께 감사했다.

중국에서의 하루하루가 허드슨에게는 하나님과 함께하는 즐거운 모험처럼 느껴졌다. 주황빛 해가 도시를 깨울 때 동시에 허드슨의 하루도 시작되었다. 허드슨은 날마다 새 생명이 하나님께로 나아오는 것을 보았다. 하지만 동시에 그는 하루에도 몇 번씩 예수 그리스도를 모르고 죽어가는 수많은 사람들을 보았다. 허드슨은 가만히 앉아 있을 수가 없었다.

"눈 앞에서 사람이 죽어가는데 가만 있을 사람은 아무도 없다. 예수님을 모르고 죽어가는 영혼들을 볼 때 내 마음이 그렇다!"

어떤 사람은 허드슨 테일러의 모험이 1905년 6월 3일, 이 개척자가 숨을 거두는 순간 끝이 났다고 말한다. 그러나 또 다른 사람들은 그 순간이 진정한 그의 모험이 시작된 순간이라고 말한다. 확실한 것은 허드슨 테일러의 영향력은 지금까지도 중국을 넘어 세계 전역에 계속되고 있다는 것이다.

하나님은 수많은 중국인들을 위해 오래 전 허드슨 테일러를 부르셨다. 그렇다면 지금은 어떨까? 오늘날도 하나님은 여전히 세계 곳곳에서 복음을 위해 일할 사람들을 찾으신다. 여러분도 허드슨처럼 하나님과 함께 모험할 준비가 되어 있는가?

생각 넓히기

① 허드슨 테일러 선교사의 부모님은 그가 태어나기도 전부터 아들을 위해 기도했어요. 마찬가지로 여러분을 위해 기도해 주는 사람이 있다는 사실을 아나요? 여러분은 누구를 위해 기도하고 있나요? 매일 하나님과 대화하는 시간을 가져 보세요. 여러분이 얼마나 하나님을 사랑하는지 알려드리세요. 시편 121편에서는 하나님께서 우리를 날마다 지키시며 졸거나 주무시지도 않는다고 말하고 있어요. 여러분은 이 사실을 알고 있나요? 우리가 기도할 때마다 하나님은 언제나 함께하신답니다.

② 허드슨 테일러 선교사도 우리와 같은 십대일 때 힘든 시간을 보냈어요. 사람들이 자신을 이해하지 못하는 것 같고, 자신이 선택한 인생을 살고 싶어했어요. 여러분도 이

런 기분이 든 적이 있나요? 아무도 여러분의 말을 들어주지 않는 것 같나요? 하나님은 언제나 우리의 이야기를 듣고 계신답니다(시편 4:3; 94:9). 동시에 우리도 하나님의 말씀에 귀 기울여야 해요. 만약 우리가 하나님을 무시하고 그분의 말씀에 순종하지 않는다면 어려움이 찾아올지도 모르니까요(잠언 19:20, 시편 81:11-12).

③ 여러분은 돈에 대해서 어떤 생각을 갖고 있나요? 충분한 용돈으로 유행에 뒤쳐지지 않는 가방과 예쁜 새옷을 갖고 싶다고 생각하고 있나요? 혹시 자신이 누구인지 보다 남들에게 어떻게 보이는지를 더 고민하지는 않나요? 허드슨 테일러 선교사는 자신에게 필요한 모든 것을 하나님께서 다 채워주실 거라는 사실을 깨달았어요. 여러분도 그

렇게 생각하나요? 여러분에게 많은 돈이 없어도 하나님을 기쁘시게 하는 방법은 많이 있답니다. 하나님은 우리의 겉모습이 아니라 마음을 보시는 분이거든요. 하나님께서 돈과 음식, 의복 등에 대해 어떻게 말씀하시는지 다음의 성경구절들을 찾아보세요(사무엘상 16:7; 마태복음 6:25-34).

4 여러분은 '사랑'에 대해 어떻게 생각하나요? 어린 딸을 잃었을 때 허드슨 테일러 선교사와 마리아를 지켜준 것은 무엇이었을까요? 다음의 성경구절을 찾아보세요(로마서 5:8). 이 구절은 사랑에 대해 무엇이라고 말하나요? 베드로전서 5장 7절도 읽어보세요. 하나님께서는 언제나 우리를 지켜주신답니다. 하나님의 사랑은 절대 무너지지 않는다는 것을 기억하세요(시편 13:5).

5️⃣ 허드슨 테일러 선교사에게는 아픔도 많았어요. 어릴 때는 몸이 약했고, 첫사랑은 그를 떠났어요. 결혼하고 나서는 사랑하는 아이들과 아내를 먼저 보내야 했어요. 여러분은 가까운 사람이 죽는 것을 본 적 있나요? 하나님도 이런 기분을 잘 알고 계신답니다. 우리의 죄를 용서하기 위해 하나님의 아들이신 예수 그리스도께서는 십자가에서 돌아가셨어요. 죽음이 여러분을 두렵게 하나요? 그렇다면 하나님께 솔직하게 말씀드리세요. 하나님은 우리를 이해하시고 도와주실 수 있으니까요. 우리는 모든 것을 하나님께 말씀드릴 수 있어요. 다음의 성경구절들을 읽어보세요(시편 23:4; 잠언 24:32; 로마서 4:25).

## 허드슨 테일러의 격언

'하나님께서 모든 사람들에게 복음을 전하라고 하신 것은
전도지나 낭비하라는 뜻이 아니다.'

'당신에게 필요한 것은 엄청난 믿음이
아니라 위대하신 하나님에 대한 믿음이다.'

'하나님은 살아 계시고 성경을 통해서
우리에게 말씀하신다. 그리고 그분은
말씀하신 대로 이루신다.'

'네 앞에 펼쳐진 길이 막막한가?
하나님께서 태양이 되신다.
위험에 빠져 있는가?
하나님께서 우리의 방패되신다.'

'내 인생에서 가장 중요한 일은 하나님을 기쁘게 하는 것이다.
빛 속에서 하나님과 걷기 시작한 후부터 나는 괴로움을 느낀 적이 없다.'


'내가 말씀을 가까이 할 수 없고, 아무런 생각도,
심지어는 그 어떤 기도조차 할 수 없는 순간에도
내게는 믿고 의지할 분이 있다.'

## 허드슨 테일러 연표

1832년 영국 요크셔 주(州) 반즐러 출생

1849년 회심한 후 중국으로 가라는 부르심을 받음

1851년 홀에서 의사의 조수로 일함

1852년 런던에서 의학 공부를 시작함

1853년 중국 복음 선교회에서 중국으로 파송됨

1854년 상해에 정착

1855년 중국의 첫 그리스도인 탄생

1856년 산토우에서 선교 활동을 시작한 후 닝포로 옮김

1858년 마리아 다이어와 결혼

1860~61년 병에 걸려 영국으로 돌아감, 새로운 중국어 신약성경을 씀

1862년 왕립 의사 협회 회원 자격을 얻음

1865년 중국내륙선교회 (China Inland Mission) 시작

1866년 중국으로 돌아감

1867년 딸 그레이스 테일러의 죽음

1868년 양주 폭동

1870년 마리아 다이어 사망

1871년 영국에서 제니 폴딩과 재혼함

1872년 제니와 함께 중국으로 돌아감

1874년 영국의 병상에서 선교 활동을 지휘

1881년 CIM이 96명의 선교사들과 100명의 현지 봉사자,
　　　　70개의 지부로 성장

1887년 102명의 지원자를 받아들임

1900년 의화단 사건으로 58명의 선교사와 21명의 아이들을 잃음

1904년 제니 폴딩 사망

1905년 허드슨 테일러 사망

1949~52년 중국 정부가 CIM 선교사들을 강제 출국시킴
　　　　　CIM이 해외 선교 협력단(OMF)으로 이름을 바꿈

1965년 OMF 100주년

1995년 OMF 국제 협력단(OMF International)으로 이름을 바꿈

파란 눈의 중국인 선교사

# 허드슨 테일러

지은이 | 캐서린 맥켄지
옮긴이 | 최영인
그린이 | 장미영

초판 1쇄 | 2009년 3월 3일
초판 6쇄 | 2025년 2월 28일

발행인 | 김경섭
국제총무 | 최복순
총무이사 | 김현욱
편집부 | 고유영(편집실장), 김성경, 김지혜
인쇄 | 영진문원

발행처 | 묵상하는사람들
등록번호 | 108-82-61175
일부총판 | 생명의말씀사 Tel. (02) 3159-7979 Fax. 080-022-8585

주소 | 서울특별시 서초구 청룡마을길 8-1(신원동) (우) 06802
전화 | (02) 588-2218   팩스 | (02) 588-2268
홈페이지 | www.precept.or.kr
국민은행 431401-04-058116(프리셉트선교회)
2009 ⓒ 묵상하는사람들

값 12,000원
ISBN 978-89-8475-979-4 74230
      978-89-8475-645-8 74230(세트)

독자 여러분의 의견을 기다립니다.
(02) 588-2218 / pmbook77@naver.com

2011 젊은수필

## 2011젊은수필

선정위원 | 맹난자 · 민명자 · 오순자 · 허혜정

1쇄 발행일 | 2011년 2월 15일

지은이 | 김귀숙 외
펴낸이 | 황충상
펴낸곳 | 문학나무

출판등록 | 제300-1991-1호(구:2-1111) 1991. 1. 5.
주소 | 110-809 서울 · 종로구 동숭동 129-23 예일하우스 301호
TEL 02-3676-4588  FAX 02-3673-4577
이메일 | mhnmoo@hanmail.net
ⓒ 김귀숙 외, 2011

값 15,000원
잘못된 책은 바꾸어 드립니다.
지은이와의 협의로 인지는 생략합니다.
무단 전재 및 복제를 금합니다.

ISBN 978-89-92308-48-9  03810

# 2011 젊은수필

맹난자 · 민명자 · 오순자 · 허혜정 선정위원 선정

신춘문예 · 전통문예지 당선 수필가 지성 수필선집

문학나무

| 선정위원의 말 |

## 수필은 미래의 문학

『2011젊은수필』이 올해 처음으로『젊은시』『젊은소설』의 대열에 합류하여 첫 선을 뵌다. 늦은 감이 있으나 반갑고 기쁘다.

문예사가들은 수필을 '미래의 문학'으로 꼽는데 주저하지 않는다.

수필은 픽션의 한계를 극복하고, 시처럼 어렵지도, 소설처럼 길지도 않은 친근한 문학으로 무엇보다도 우리에게 정서적(情緖的) 만족을 수여하기 때문이다. I.Q보다 E.Q가 중시되는 이 시대에 수필이 각광 받는 이유다.

급속도로 사회가 변모하면서 크게 달라진 것은 그 동안의 수필이 학자나 지식인 중심의 상아탑의 한화(閑話)로 일종의 여기(餘技)였다면 지금은 여성 작가들의 활발한 참여와 함께 본격적 창작수필에 그 목표를 둔다는 점이다. 즉 문학작품으로서의 수필이다.

1900년대 이후, 수필은 양적 팽창과 함께 괄목할만한 질적 성장을 이루어왔다. 문협에 등록된 수필가만도 2600여 명에 달하고 전문 수필잡지도 20여 종에 이른다. 바야흐로 수필의 시대다.
이제야말로 범람하는 수필 가운데서 옥석(玉石)을 가려야 한다. 선별 작업을 통해 예술성을 획득한 문예수필의 전범(典範)을 세우고, 새로운 방향을 제시할 때라고 생각한다. 그런 의미에서 이번 『2011젊은수필』의 출간은 그 의의가 매우 크다고 하겠다.

이번에 선별된 20명의 수필가는 여덟 개의 수필잡지에서 등단 5년차를 기준으로 한, 젊은 작가와 중진 몇 분을 선정했다. 수필은 인생의 체험과 경륜을 요하기 때문인지 50대라 해도 젊은 축에 들기 때문이다. 장르상의 특징일 수도 있다. 그러나 그들의 글은 늙지 않았다. 아직도 팽팽하다. 저마다 빛깔이 다른 20명의 작가들이 뿜어내는 수필의 프리즘적인 미(美)와 다양한 감동을 만나게 되리라고 믿는다.
시간 제약으로 작품 선별에 제한이 있었던 점, 아쉽게 생각하며 다음 기회에는 충분한 시간을 갖고 커다란 어장에서 더욱 영롱한 진주를 만나게 되기를 기대한다.

2011년 1월
선정위원 | 맹난자(글) · 민명자 · 오순자 · 허혜정

## 선정위원 프로필

**맹난자** | 『에세이문학』 발행인 역임. 수필집 『만목의 가을』 『빈배에 가득한 달빛』 『남산이 북산을 보며 웃네』 『삶을 원하지 않거든 죽음을 기억하라』 『사유의 뜰』 『탱고, 그 쓸쓸함에 대하여』 『인생은 아름다워라』 『라데팡스의 불빛』 외 다수. 현대수필문학상, 남촌문학상, 정경문학상 수상. 현재 『월간문학』과 지하철 『풍경소리』 편집위원. 한국수필문학진흥회 명예회장, 국제펜클럽한국본부 수필분과 이사, 한국문인협회 회원.

**민명자** | 서울 출생. 문학평론가. 수필가. 충남대학교 대학원 국어국문학과 석사 및 박사과정 졸업. 「김구용 시 연구: 시의 유형과 상상력을 중심으로」로 박사학위 받음. 저서로는 『김구용의 사상과 시의 지평』이 있고 공저로 『주근옥의 문학세계』 『한국여류수필선』(3인 공저), 『빈터』 『벽에게 묻다』 등이 있음. 주요 논문으로 「박목월 시의 상징성 연구」 「육사와 청마 시의 아나키즘 연구」 「김구용 시의 상호텍스트성 연구 : 李箱 시와의 관계를 중심으로」 등이 있고 기타 평론이 있음. 현재 충남대학교 국문학과 강사. 충남대학교 인문과학연구소 객원연구원.

**오순자** | villanova 대학원 석사, 한남대학원(문학박사 : 영문학). 한일장신대학교 영문과 퇴임교수. 『뉴욕한국일보』 신춘문예 수필당선(1986) 등단. 『에세이문학』 『계간수필』(2007) 추천완료. '토방' 동인. 저서 『생활 속의 글쓰기』 외 공저 수필집 다수.

**허혜정** | 1987년 『한국문학』 신인작품상으로 시 등단. 1995년 『현대시』 평론 등단. 1997년 『중앙일보』 신춘문예 평론당선. 시집 『비 속에도 나비가 오나』 『적들을 위한 서정시』, 학술서 『혁신과 근원의 자리』 『현대시론』(1,2권), 『멀티미디어 시대의 시창작』 『에로틱 아우라』 『처용가와 현대의 문화사업』 등 다수. 제11회 젊은평론가상 수상. 현재 계간 『시와사상』 『서정시학』 편집위원. 한국사이버대학 방송문예창작학과 교수.

# 2011 젊은 수필

신춘문예·전통문예지 당선 수필가 지성 수필선집

| 차례 |

선정위원의 말 | 수필은 미래의 문학 | 4

김귀숙 | 『에세이문학』 2006년 등단 | 9
김병기 | 『에세이스트』 2005년 등단 | 25
김윤정 | 『에세이문학』 2005년 등단 | 51
김은주 | 『부산일보』·『전북일보』 2007년 신춘문예 수필 당선 | 71
김정화 | 『수필과비평』 2006년 등단 | 89
남태희 | 『수필문학』 2008년 등단 | 107
박경주 | 『에세이문학』 2005년 등단 | 125
박미영 | 『수필시대』 2007년 등단 | 141
박태선 | 『계간수필』 2005년 등단 | 159
선　화 | 『에세이문학』 2003년 등단 | 179
신명희 | 『계간수필』 2007년 등단 | 195
심선경 | 『수필과비평』 2002년 등단 | 213
양미숙 | 『계간수필』 2008년 등단 | 227
이혜연 | 『에세이문학』 1998년 등단 | 241
전용희 | 『계간수필』 2006년 등단 | 259
정성화 | 『부산일보』 2003년 신춘문예 수필 당선 | 273
정아경 | 『에세이스트』 2007년 등단 | 291
정해경 | 『에세이문학』 2007년 등단 | 309
정희승 | 『한국수필』 2006년 등단 | 327
최민자 | 『에세이문학』 1998년 등단 | 345

허혜정 선정위원 평설 | 교환할 수 없는 꿈 | 361

한 순간의 빛으로 깨어날 수 있다면

어느 불면자의 하룻밤

어머니의 새앙쥐

이면에는 존재의 본질에 대한 천착이 있다

## 김귀숙

**창작 노트** _ 어린 생쥐
오랜만에 친정을 찾았다. 혼자 계시는 노모는 거동이 불편해도 씩씩해보였다.
어린 생쥐 한 마리가 눈에 거슬려 쫓고 있는데 '냅~둬라' 하는 어머니의 음성이 등 뒤에 꽂혔다. 질책보다 더 큰 외로움!
길을 걷다가도 어머니의 '냅~둬라'가 이따금씩 내 발목을 잡는 것이었다.

**약력** _ 경북 상주 출생. 2006년 『에세이문학』 봄호에 「한순간의 빛으로 깨어날수 있다면」으로 등단. 한국문인협회, 에세이문학회, 송현수필문학회, 달마문학회, 한국사진작가협회 회원. e-mail:anna4647@hanmail.net

2 0 1 1 젊은수필

# 한 순간의 빛으로 깨어날 수 있다면

　나는 사라져 가려는 모든 것들을 사진에 담는다. 깨진 유리조각, 노을진 하늘, 찢어진 포스터, 녹슨 철.
　예리하게 바스라진 유리조각들이 만들어내는 섬뜩하면서도 기묘한 형상들, 어둠 속으로 곧 사라질 저녁노을의 광휘, 한쪽 끝이 떨어져 나간 빛바랜 포스터의 남은 부분들, 찢긴 종이에는 입만 남았는데 그 입은 아이러니컬하게도 웃고 있다. 이처럼 사라져가는 것들은 나에게 많은 느낌을 준다.
　그 가운데에서도 나는 녹슨 철을 즐겨 찍는다. 버려진 못, 철이 벗겨진 대문, 녹슨 양철 통, 특히 길가에 버려진 양철통은 나의 눈을 놓아 주지 않는다.
　그것들은 힘없이 불그스레한 색조를 띠고 아무렇게나 버려져 있다. 수줍은 색시처럼 다소곳이 있다가도 강렬하게 끌어안으려는 태양 앞에서는 희뿌옇게 무너지다가도 어느 한순간 자기 본질을 내어

김귀숙 11

준다. 내가 카메라로 보낸 한 순간의 빛에 힘을 얻어 다양한 모습으로 현현한다. 잊혀진 존재로 저쪽 세계에 그냥 엎드려 있다가 나의 부름에 선잠을 깬 듯 자기의 정체를 실토하기 시작하는 것이다.

어려운 환속이다.

자세히 들여다보면 그 속엔 더 많은 색깔들이 숨어 있다. 고대 청동기의 푸른 색조가 비의(悲意)처럼 녹아들어 있기도 하고, 또한 어떻게 보면 추상화 한 폭을 보는 것 같기도 하다. 또 어느 전장에서 흘린 무명용사의 젊은 피 빛도 오롯이 남아 있다.

모진 풍우에 시달려 덧칠하듯 누더기진 녹일수록 그 모양과 빛깔은 더욱 다양하다. 푸새 옷감에 물을 뿜은 듯 얼룩진 무늬는 물방울로 혹은 온갖 꽃들의 형태로 드러나고, 아이들 방에 벽지로 쓰고 싶을 만큼 세련된 기하학적 무늬도 있다. 그런가 하면 심연 속으로 깊이 빠져들게 하는 우주의 블랙홀 같은 아득한 표정도 숨어 있다.

또 거기에는 고단한 삶을 지나 초연히 늙어가는 내 어머니의 모습도 언뜻 보인다. 손등에 녹처럼 번진 저승꽃. 그 손으로 수의를 매만지던 모습은 오래오래 아픈 영상으로 남아 있을 것이다. 말을 넘어선 유언처럼.

저들은 곧 사라질 운명임을 알고 있을까? 그래서 최후의 순간을 불사르듯 오묘한 빛깔로 발산하는 것은 아닐까?

언제부턴가 나는 사라지는 것을 보면 알 수 없이 가슴이 두근거렸고 조바심이 나곤 했다. 왜 사라지려는 것들에게서 마음을 뗄 수가 없는 것일까? 그때부터 사라지는 것들을 잡기라도 하듯 열심히 그것들을 찍기 시작했다.

그런데 어느 날 문득 이런 생각이 들었다.

'아, 그것은 내 속에 있는 어둠이었구나.'

어둠에는 흡인력이 있는 것 같았다. 그래서 내 안에 있는 어둠들이 그것들을 자석처럼 끌어당기고 있었던 것은 아닌지? 지금도 나는 사라짐을 생각하면 어둠의 나락 속으로 혼자 떨어지는 느낌이 들곤 한다.

어둠은 검은색이다. 검은색이란 모든 색이 뭉쳐서 만들어 놓은 빛깔, 다의(多義)의 집합이다. 검은색도 어떤 힘을 받으면 원래의 오묘한 제 빛깔로 돌아올 수 있지 않을까? 그 힘은 사라지는 반대편 저쪽에 있을 것 같다. 어둠의 저편에도 우리가 잊어버린 어떤 또 다른 세계가 존재할 것만 같다.

그래서 내가 지금 녹슨 철에 생명을 불어넣듯, 나 또한 한 순간의 빛으로 깨어날 수만 있다면…….

그리하여 나는 그 속에 낯선 녹의 얼굴을 찾아내어 생기를 불어넣어주고, 제 빛깔을 도로 찾아주고 싶은 것인지도 모른다.

오늘도 나는 사라져가는 대상을 찾아 서둘러 카메라를 메고 집을 나선다.

## 어느 불면자의 하룻밤

1

잠 못 이루는 밤이다.

질척이는 더위 속에 그래도 한 줄기 바람이 청량하다.

바람을 안고 혼자 누워 본다.

아파트 동과 동 사이 널판만한 틈으로 붉은 색의 '24시 사우나' 간판이 어지럽게 흔들리고 있다. 어둠이 짙을수록 더욱 시야를 괴롭히는 것이, 몸은 숨긴 채 얼굴만 반쯤 내밀고 나를 쳐다보던 그림 사주 속의 첩실만큼이나 얄밉다. 누워서 창 밖을 보면 항상 정면으로 바라보이는 저 물건을 피할 수가 없다.

밖을 보지 말아야 할 것인가? 그럴 수도 없다.

도대체 저 물건을 어떻게 해야 하나?

그러다 불현듯 드는 생각, 언젠가 나도 모르는 어느 누구의 어둠은 아니었을까?

## 2

갑자기 아랫배가 사르르 아파 온다.

하루 종일 차가운 음식만 먹은 결과다.

따뜻하게 달구어진 옥돌을 수건에 싸서 배 위에 놓는다.

처음엔 옥돌을 여섯 겹으로 싸맸다가, 두 겹씩 헝겊을 덜어내 지금은 매끄러운 옥돌을 그대로 맨살 위에 놓았다.

서서히 온기가 사그라지고 있다. 그러다가 싸늘히 식으면 바닥으로 내려놓을 것이다. 그리고는 잊혀진다.

젊음의 열기도, 그렇게 사랑의 열기도 시간과 함께 식어진다.

내 몸의 온기가 모두 빠지는 순간 내 삶도 사라지겠지. 그리고는 잊혀지겠지.

조금씩 식어가는 돌멩이 속에서 인심의 기미와 존재의 무상함을 본다.

## 3

오늘도 잠자기는 틀렸다.

불을 켜고 일어나 앉는다.

다자이 오사무의 『만년(晩年)』을 집어 든다.

잠을 이루지 못하는 밤에 종종 꺼내드는 책이다. "오로지 이 책 한 권을 위해 태어났다."고 말한 다자이 오사무. 평생 죽음을 등에 짊어지고 살아야 했던, 그의 어둠이 나의 마음 깊은 곳까지 흔들어 놓는다.

그의 유년의 '추억' 속에 내 유년의 모습도 언뜻언뜻 보인다.

백년 가까운 세월에도 불구하고 인간의 정서에는 차이가 없는 것 같다.

## 4

문득 고개를 드니 새벽 다섯 시다.

검푸르던 하늘은 연보랏빛으로 깨어나고 있다.

줄기차게 돌아가던 '24시 사우나'의 새빨간 불빛도 점차 흐릿해져간다.

태양이 해결사인 것을…….

아파트 위에 떠있는 구름은 흰곰이 양 팔을 펼치고 선 모습이다.

하늘은 점점 붉은 색으로 짙어지고 있다.

온 하늘이 붉게 물들어도 흰곰은 거기에 흡수되길 거부한다.

부드러운 것의 저 강한 자존심이 눈물겹다.

아. 바람에 흰곰이 찢겨진다. 팔이 사라지고, 다리가, 머리가 사라진다.

뜯겨지는 솜처럼 힘없이 그는 사라지고 있다.

내 안의 어느 단면도를 보는 것 같다. ✈

# 어머니의 새앙쥐

나의 어머니 별명은 '동네형님'이시다. 올해로 팔순인데 언제나 씩씩하고 밝으며 유머감각도 뛰어나 동네에서 인기가 그만이시다.

젊어서는 이재에도 밝아, 바람같이 떠돌던 남편 대신 팔을 걷어붙이고 나서서 자식들의 장래까지 열어주신 당찬 분이다. 그리고 지금도 고향이 좋다시며 홀로 꿋꿋하게 고향을 지키신다. 그런데 우리들은 하는 일 없이 핑계거리를 만들며 일 년에 두세 번 있는 행사 날 아니면 고향집으로 내려가지 못하고 있다.

그날도 연례행사로 사촌들과 여름휴가를 보내러 고향 가는 길에 잠시 친정에 들렀다. 몸이 얼도록 시원한 냉방차에서 내려 집안에 들어서는 순간, 숨이 헉 하게 막혔다. 마치 불기운이 확 몰려오는 것 같은 무더위였다. 안방에 에어컨을 사드렸는데도 장식품처럼 있을 뿐이다.

인사하는 것도 잊은 채 '노인분들이 무더위에 얼마나 돌아가시는 줄 아느냐? 작년 무더위엔 프랑스에서 수십 명이 죽었다'는 등 협박까지 하면서 결국 한낮에는 냉방기를 켜신다는 약속을 겨우 받아냈다.

그런 와중에 건넛방 문이 굳게 닫혀 있는 게 보였다. 안방과 연결된 그 방은 뒷산에서 불어오는 바람을 보내주는 중요한 공간이다. 이 무더위에 문까지 닫았느냐며 활짝 열어놓으려는 순간, 어머니께서 질색을 하시며 방문을 닫으라고 성화이셨다. 내가 의아해하자 손으로 문지방을 가리켰다. 문설주에 갉아져서 패인 홈이 보였다.

사연인즉, 얼마 전부터 부엌에서 바스락거리는 소리가 나길래 쥐잡이용 끈끈이 테이프를 몇 군데 놓으셨다는 것이다. 며칠 뒤 다급하게 찍찍거리는 소리가 들려와 나가보니 어린 새앙쥐가 애처로운 눈빛으로 애원하듯 울부짖고 있더라는 것이다. 순간 망설이다가 그냥 신문지를 덮어 두고 자리를 피해 버리셨다고 한다.

다음 날 보니 새앙쥐는 탈출에 성공했다. 묘하게 이 녀석도 양심은 있는 녀석인지, 부엌과 건너 방만 오가며 일을 저질렀다. 어머니는 새앙쥐의 동거를 묵인하기로 작정하셨다는 것이다. 또한 녀석의 공간은 부엌으로만 경계를 짓고. 녀석도 평소에는 아는 듯이 정해져 있는 공간에서 잘 놀다가 가끔씩 심술이 나면 곡물이 들어 있는 건넛방 문을 갉아 놓는다고 말씀하셨다. 나는 어이없어하며 불결하게 그런 걸 집안에 놓아두면 어떻게 하느냐며 부산스레 녀석을 잡아내려 했다.

그때였다. 등 뒤에서 어머니의 힘없는 목소리가 들렸다.

"냅둬라. 그것도 없는 것보다 낫더라. 혼자 있는 것보다 심심하지도 않고."

순간 내 온 몸에서 힘이 스르르 빠져 나가고 있었다. 나는 왜 항상 어머니는 위풍당당하고 씩씩한 분이라고만 생각하고 있었을까?

방에 들어와 냉방기를 켰다. 방안은 곧 시원해졌다. 그러나 이제는 몸과는 다르게 마음이 불을 안고 있는 것 같았다.

서울로 돌아오는 길이었다. 넓은 방안에서 오두마니 앉아 텔레비전 보고 계실 어머니의 왜소한 뒷모습이 자꾸만 눈앞에서 어른거렸다.

| 작품 평설 |

## 존재의 형상과 시간의 흔적

　사진작가 김귀숙은 카메라의 눈으로 소멸해가는 것들을 자주 포착한다. 그리고 이것을 다시 수필의 언어로 풀어낸다. 그의 수필에는 '어둠'에 대한 심상이 마블링처럼 스며 있으며 시간에 따라 변모하는 존재들의 본질에 대한 천착과 생명의 존귀함에 대한 인식이 있다.
　「한 순간의 빛으로 깨어날 수 있다면」에서 작가는 깨지거나 찢긴 것, 노을진 하늘이나 녹슨 것 등을 피사체로서 주시한다. 이들이 지닌 형상과 색채는 시간이 훼손한 생의 흔적이다. 소멸하는 존재들에 대한 연민은 생명의 존귀함에 대한 인식과 상통한다. 작가는 존재들의 소멸에 포커스를 맞추되 현상의 재현에 그치지 않고 숨겨진 생명의 본질을 찾으려 한다. 원래 갖고 있던 색깔의 탐색이다. 이어서 그 시선은 자신을 향한다. 작가가 인식한 자아는 "어둠"이다. 여기서의 어둠은 '검은색', 모든 빛깔이 뭉쳐진 "다의(多義)의 집합"이다. 유추하면 그것은 세상을 살아가면서 본연의 색을 잃고 여러 색이 덧칠된 자아의 형상이다. 따라서 작가는 녹슨 철이 카메라의 빛으로 새 생명을 얻듯, 스스로 피사체가 되어 '한 순간의 섬광으로

서' 원래의 빛깔을 찾을 수 있기를 꿈꾼다. 이는 인간의 본원적 순수정신을 회복하는 것이며, 생명적 자아를 획득하는 일과 다르지 않다.

이렇듯 작가는 자신이 포착한 제재에서 본원적 세계를 탐색하는 과정을 잘 묘사하고 있다. 다만 "내 속의 어둠"이 왜 "사라지는 것들"을 잡게 했는지, 그 전환점에서 개연성이 선명하게 드러나면 독자의 공감을 얻기가 더 쉬울 것으로 보인다. 시간의 뒤안길에서 녹슬고 잊혔던 존재들이 카메라에 의해 새로운 색을 드러내는 것을 "어려운 환속"으로 표현하는 구절에서는 문학적 감수성이 엿보인다.

「어느 불면자의 하룻밤」은 네 개의 장으로 구성되었다. 1장의 간판 불빛으로 인한 불면증 시작과 자신의 내면적 어둠 성찰, 2장·3장의 몸과 마음 다스리기, 4장의 여명이다. 그 과정에서 작가는 자살로 생을 마감한 다자이 오사무의 책을 읽으면서 죽음과 유년의 추억을 공유한다. 두 작가 사이에 놓인 100여 년 간의 간극을 메우는 것은 문학의 힘이다. "오로지 이 책 한 권을 위해 태어났다"는 다자이 오사무의 말을 인용한 것에서 문학과 생에 대한 작가의 고민이 묻어난다. 불면은 여명으로 끝이 난다.

이 글의 분장(分章) 구성은 '문명의 빛→어둠의 시간→자연의 빛'으로 이행되는 사유를 단계적으로 표출하는 데 유효하게 쓰인다. 전광판의 불빛은 빛이기는 하되 물질문명의 산물일 뿐, 어둠을 거둬가는 태양과는 구별된다. 태양은 거역할 수 없는 자연의 힘이며 순환의 이치다. 작가는 태양에 해체되기 이전의 구름을 보며 "부드러운 것의 저 강한 자존심이 눈물겹다"고 한다. 이는 소멸하는 것에 대한 연민이고 본래적 자아를 유지하려는 자기보전욕구의 발현이다. 작가로서는 불면을 '저절로'가 아니라 '스스로'의 힘으로 극복하고 싶었는지도 모른다. 산문에서의 잦은 행갈이는 주제 전달에 흠이 될 수 있으나 이 글에서 행갈이는 오히려 장점으로 작용한다. 내면심리를 표출하기에 적절하며, 시적산문의 여지를 보인다.

「어머니의 새앙쥐」에는 어머니의 고독한 시간의 흔적이 있다. 젊은 시절 어머니는 언제나 '씩씩하고 밝고 유머감각도 뛰어난 분'이었다. 그러나 시간은 그러한 어머니마저도 왜소하고 고독한 존재로 변모시켰다. 그 시간의 뒤안길에는 핵가족 시대와 도시화의 그늘이 있다.

"냅둬라. 그것도 없는 것보다 낫더라. 혼자 있는 것보다 심심하지도 않고……."

새앙쥐를 잡으려는 작가에게 팔순의 어머니가 하시는 말씀이다. '냅·둬·라'라는 세 음절은 자식을 모두 타지로 떠나보내고 말없이 고향을 지키는 노인의 고독한 심정을 극대화한다. 어머니에게 "새앙쥐"는 미물이 아니라 벗이며 자신의 둥지를 떠난 자식이며 고독의 표상이다. 또한 새앙쥐를 중심으로 어머니와 작가의 시선은 생명의 원을 그린다. 새앙쥐에서 어린 생명의 모습을 보는 어머니의 시선과 그처럼 여리고 왜소하게 생이 소멸되어가는 어머니를 바라보는 작가의 시선이다. "방안은 시원해졌다. 그러나 이제는 몸과는 다르게 마음이 불을 안고 있는 것 같았다."는 문장이 그러한 작가의 심정을 절절하게 전한다.

작가는 어머니와 새앙쥐를 시간과 생명과 고독이라는 구도 속에 절묘하게 배치하여 독자의 감동을 끌어낸다. 새앙쥐의 애처로운 눈빛, 어머니의 왜소한 뒷모습 등의 묘사가 고향집의 고독한 정경을 눈앞에서 보듯 생생하게 그려준다.

이처럼 김귀숙은 시간의 흔적에 따라 소멸하는 존재들의 형상을 통해 존재의 본질을 탐색한다. 낡고 녹슨 것, 어머니의 형상 등이 궁극적으로 보여주는 것은 '생명'이라는 파동이 시간과 합치를 이루어 만들어내는 삶의 무늬다. 이러한 인식을 표출하는데 있어서 순간을 포착하는 사진작가 김귀숙의 역량은 유감없이 발휘된다. 제재를 포착하는 힘, 현상에서 심층적 의미를 파악하는 힘, 서사를 끌어가는 힘, 문학적 감수성과 뛰어난 묘사 등은 김귀숙 수필의 원동력이다.

— **선정위원 | 민명자**

**철길을 가다**

**화두**

**잠재(潛在)**

당신의 이야기가 이젠 내가 살아가는 피돌기가 되었다

## 김병기

**창작 노트** _ '하버드에서 화계사까지'의 저자 현각 스님. 그분이 수도자의 길을 걷게 된 화두는 "너는 누구냐"였다. 과연 스님은 그 답을 찾을 수 있을까? 숭산 스님이 그분에게 남긴 한마디가 답인 것 같다.
"오직 모를 뿐."
수필을 쓰는 것. 그저 '가장 인간적으로 사는 것'에 대한 답을 찾고자 함일 뿐이다. 많은 갈등들을 작품이랍시고 썼다. 여전히 물음표만 있을 뿐 느낌표는 없다.
오직 모를 뿐······.

**약력** _ 1964년 생. 약사, 경영학 석사. 1994년 약사문예 입선. 2002년 약사문예 수기부문 당선. 2005년 약사문예 꽁트부문 입선. 2005년 『에세이스트』 4호 「그리운 나의 외할머니」로 등단. 2007년 '잠재' 에세이스트 선정 '올해의 작품상 베스트 10' 수상. 2010년 에세이스트 신인 평론가 등용. e-mail::skyandse@naver.com

2 0 1 1 젊은수필

# 철길을 가다

**조우(遭遇)**

　내가 세상에 태어나기 전부터 철길은 거기 있었다. 철길은 시내로 가는 지름길이었다. 어린 시절, 누나의 손에 이끌려 처음 철길을 걸었다. 스무 발짝도 안 되는 좁은 교각 위를 건널 때 맞은편이 까마득히 멀게만 느껴졌다. 갑자기 기차가 나타나면 어쩌나하는 생각에 뒷덜미를 잡아당기는 듯 소름이 돋았다. 교각을 다 건넜을 때, 멀리에서부터 들리는 기차소리. '칙-칙-폭-폭-', 소리가 가까워지면서 나의 심장박동도 함께 빨라졌다. 시커먼 괴물 같은 것이 역풍에 휘감기며 온 동네를 뒤덮는 검은 연기를 품어내며 내 눈앞으로 달려왔다. 키 높이만한 쇠바퀴가 부싯돌처럼 번쩍이는 불꽃을 일으켰고, 기적소리는 귀청을 찢었다. 나는 철길 한편에 서 있는 누나의 등 뒤에 숨어 기차가 지나가기를 기다렸다. 그것은 공포였다. 엄지로 귀를 막고 남은 손가락으로는 얼굴을 가린 채, 손가락 틈으로 철

김병기 27

마의 위용을 훔쳐봤다. 별로 기울어 보이지 않는 경사에도 기차는 무척 힘겨워하며 연신 씩씩거림과 기적을 울려댔다. 그렇게 기차는 산모롱이를 돌아 사라졌다. 이윽고 잦아드는 기차 소리와 함께 내 마음도 평온을 찾았다. 그 후부터 나는 기차 소리가 나면 철길로 달려갔다. 그 공포가 안겨주는 쾌감을 즐기기 위해서였다. 어느새 공포는 즐거움으로, 두려움의 심장박동은 짜릿함으로, 평온은 카타르시스로 바뀌어 갔다.

### 풍경(風景)

내가 다니던 초등학교는 역의 맞은편에 있었다. 한 쌍의 레일이 몇 가닥으로 갈라져 럭비공의 단면처럼 불룩해졌다가 다시 한 쌍의 레일로 모여져 반대편으로 뻗어 갔고, 가장 볼록한 선로 위를 사선으로 가로질러 구름다리가 놓여 있었다. 미술 부원이었던 나는 방과 후면 그 위에서 스케치를 할 때가 많았다. 많은 레일이 미로처럼 얽힌 다리 아래로부터 고개를 들어 시야를 넓혀간다. 하나가 된 철로는 깎아지른 작은 협곡을 돌아 자취를 감춘다. 터진 실밥처럼 역의 반대편에서 삐져나간 곳에는 또 다른 철길이 있다. 그 철길은 본선과 평행을 이루다가 조금씩 벌어져 활처럼 휘어진 곡선을 그리며 언덕 위의 밀집된 주택가로 잠시 사라졌다가 협곡 위에 놓인 예의 그 교각을 지나 원선과 교차된다.

그 철로는 인공으로 높이 쌓아 올린 둑 위를 지난다. 철둑은 미군부대의 담과 일직선이 되어 나란히 뻗어 갔고, 담과 철둑 사이로 도로가 있다. 낯 익은 길, 학교와 집을 잇는 길이다. 한동안 철둑과 도로와 담이 함께 가다, 담벼락과 길은 나선형을 이루며 왼쪽으로 휘어져 언덕을 타고 오르고, 철로는 민가가 빼곡히 들어 찬 언덕의 등성이를 타고 들어간다. 부대의 담을 따라 가다보면 담 끝자락에 나의 집이 있었다. 어지러이 얽혀 있는 지선을 가득 메운 이름 모를 탄광에서 실려 온 석탄차량들, 산더미 같이 쌓여 있는 탄과 연신 그 더미를 밀어대는 불도저, 컨베이어 벨트를 타고 트럭에 실려 나가는 연탄들. 미군부대의 잘 정돈된 막사와 푸른 잔디며, 완만하게 돌아가는 담과 그 경계 밖으로 들어선 크고 작은 집들이 작은 동산을 가득 메워 스카이라인을 이루었고 그 위로 흰 구름 한 조각 덩그러니 걸려 있는 모습은 그 자체로도 하나의 멋진 풍경화였다.

### 유희(遊戲)

초등학생이 되면서, 철길에도 차츰 익숙해졌다. 학교와 인접한 역의 경계를 이루는 높다란 담벼락과 철망에는 군데군데 개구멍이 나 있었다. 그곳을 통해 철로로 귀가할 때가 많았다. 철둑에는 잡풀들이 우리의 키만큼이나 무성하게 자랐고 그 속에서 우리는 지루한 줄 모르고 오후 내내 놀이에 빠져들었다. 철로 가에 가방을 모아두고 숨바꼭질과 술래잡기를 했다. 날카로운 풀에 할퀴고, 작열하는 태양에 가무잡잡하게 그을려도 마냥 즐거웠다. 놀이가 지겨워지고 배가 출출해지면, 풀잎에 걸려 흐느적대는 종이봉지를 주워, 지천으로 뛰어 다니는 메뚜기와 방아깨비 같은 풀벌레를 잡았다. 딱성냥이나 돋보기로 모닥불을 피워, 가느다란 나뭇가지에 몸통을 펜 메뚜기를 구워 먹으며 허기를 달랬다. 설익은 것을 먹다 보면 비릿한 풀 냄새가 입안에 가득히 고였다. 조촐한 향연이 끝나 갈 무렵이면 입 주위와 얼굴에 검댕이가 덕지덕지 묻은 서로의 얼굴을 바라보며 웃음소리로 드넓은 하늘을 가득히 채우곤 했다.

철길은 바닷가에 연한 공단과 연결된 것이었다. 기차는 석탄과 액화가스통, 두루마리처럼 생긴 산더미만한 철판을, 어떤 때는 탱크와 전차, 불도저 같은 것을 실어 나르기도 했다. 열차는 마을을 지날 땐 최대한 천천히 달렸다. 놀이에 빠져 있다가도 멀리서 기차가 달려오면 철길 옆에 물끄러미 서서, 점점 가까이, 부드럽게, 그러나 거침없이 다가오는 철마의 위용에 환호하곤 했다. 하나, 둘, 셋…… 마흔 하나, 마흔 둘, 마흔셋…… 의미 없는 헤아림이었지만, 가장 많은 차량을 달고 지나가는 것을 가까이서 목격한 것도 우리에게는 대단한 자랑거리였다.

철길을 따라 집으로 가다 보면 인도 위로 가로놓인 목재로 된 교각이 있었다. 그 다리는 침목이 없어 아래가 훤히 내려다 보였다. 그곳을 서서 지나가는 것은 대단한 용기를 필요로 했다. 가장 공포를 느끼게 한다는 지상 10m 높이의 다리를 나는 한달음에 달려 건너갔다. 허공에 뜬 구름 위를 걷는 것 같은 묘한 쾌감. 대부분의 아이들은 그런 나를 부러워했고, 그때는 그것이 용기인 줄 알았다. 그 행위가 '트리플 엑스'급 스포츠와는 달리 목숨을 담보로 한 무모한 짓이었음을 깨닫는 데는 그리 오랜 시간이 걸리지 않았다.

무더운 여름밤에도 철둑은 좋은 놀이터였다. 어둠이 내린 풀숲에선 반딧불이의 가녀린 빛이 꼬박꼬박 졸고 있다. 우리는 일렬로 나란히 서서 잡초를 마구 휘저으며 철둑 위를 나아간다. 화들짝 놀란 반디들이 가늘고 긴 형광 빛의 잔영을 검푸른 하늘에 수놓는다. 둑 위 철로로 휘몰아치는 반딧불이의 향연. 나는 '피터 팬'이 되고, 반디는 '팅커 벨'이 되어 시간이 멈춰버리는 꿈을 꾼다.

## 쇠락(衰落)

피아노의 검은 건반처럼 끝없이 펼쳐진 침목은 점점 나의 보폭과 엇박자를 이룬다. 한 칸씩 걷는 것도 다리에 힘을 주고 힘차게 뻗어야 했던 발걸음이 어느새 두 칸 간격으로 걸어야 할지 종종걸음으로 한 칸씩 가야 할지를 몰라 아예 레일 위를 걷는다. 검은 연기를 뿜으며 힘찬 기적을 울리던 증기기관차의 자취가 슬그머니 사라졌다. 철길로 기차가 지나는 것도 차츰 보기 드물게 되었다. 중학생이 되자, 제법 어른이 되었다고 철로 위를 걷는 일도 삼가게 되었다. 철둑과 나란히 뻗은 대로로 걸었다. 이전과 달리 인적도 드물다. 왠지 철길이 하루가 다르게 초라해지고 황폐해져 가는 듯했다. 도로 위를 가로지른 교각은 콘크리트 덩어리가 떨어져 나가 커다란 구멍이 났고, 언덕은 풍파에 쓸리고 깎여 무성했던 수풀은 간데없고 심한 탈모증에 걸린 것처럼 황폐해졌다. 다도해의 섬과 같이 듬성듬성 자리잡은 잡초 사이로 드러난 검은 땅이 장맛비에 흙더미를 도로 위로 토해냈고, 골은 더욱 깊게 패여 완만하던 언덕이 가파르게 여위어 갔다. 둑 아래에 무허가 판자 집을 짓고 살던 사람들은 모두 떠나갔다. 둑의 양쪽 끝자락에다 어른 키만큼의 옹벽을 수직으로 쌓아 올리면서 철둑 양쪽으로 나란히 나 있던 인도와 차도를 넓혔다. 점점 자신의 설 공간마저 잃어가는 철길이 측은하게 느껴졌다.

고등학생이 되면서 버스통학을 하게 되었다. 철길과 반대편에 버스정류장이 있어 철길은 나의 일상에서 멀어져 갔다. 마음이 답답할 때면 이따금 늦은 밤 철로를 산책했다. 철길은 무척이나 반갑게 나를 맞아 주었다. 철길에 걸터앉아 발 아래 펼쳐진 정적의 도시를 바라보며 명상에 잠겼다. 꼬박꼬박 졸고 있는 가로등과 멀리 드문

드문 켜져 있는 불빛들은 마음을 차분히 가라앉혀 주었고, 철로 위에 맺힌 맑고 차가운 이슬은 나의 마음을 정화시켜 주었다. 가끔은 가느다란 레일 위에 아슬아슬하게 누워 하늘을 바라봤다. 어둠에 익숙해진 동공 속으로 수많은 별들이 자꾸만 쏟아져 들어왔다. 나는 허공으로 떠올라 자꾸자꾸 많아지는 별들 사이를 유영했다. 꿈속을 헤매 듯. 그 무렵 나를 압박하던 막연한 미래에 조바심이 별빛 속으로 사라졌다. 홀로 둑 위 레일에 앉아 별빛 찬란한 도시의 야경을 바라보다가 통금이 지나서야 삐걱거리는 짐자전거에 어머니를 태우고 돌아오시는 아버지를 맞곤 했다.

### 절규(絶叫)

내가 살던 집의 맞은편에는 세 아이가 부모와 함께 세를 들어 살고 있었다. 막내는 초등학생이었다. 그 집에 세 든 사람들은 대부분 열심히 살았고, 짧은 시간에 새집을 장만하여 이사를 하곤 했다. 그런데 그 집 아이들은 제법 오래 그곳에서 살아 적잖이 정도 들었다. 어느 휴일, 시내를 다녀오는 길이었다. 지름길인 철로를 걷다가 나는 그 아이를 보게 되었다. 그날따라 먼발치에서 기차가 천천히 다가오고 있었다. 참으로 오랜만에 기차를 가까이서 보는 것이었다. 어린 시절의 그 짜릿한 쾌감을 회상하며 철길 가에 서서 기차가 지나가길 기다렸다.

그 아이는 다른 친구들과 함께 레일 위에 옹기종기 모여 병뚜껑과 10원짜리 동전을 나란히 늘어놓고 있었다. 그 위로 수 십 톤이나 되는 기차가 지나가게 되면, 병뚜껑은 납작해져 종이처럼 얇아지게 된다. 그것을 평평한 땅에 놓게 되면 서로 착 달라붙어 딱지치기와 같은 '병뚜껑 따먹기'를 할 수가 있다. 제대로 수평을 이루어야 아무리 세게 내려쳐도 좀처럼 뒤집어지지 않는 천하무적의 '병뚜껑 딱지'가 된다. 10원짜리 동전은 레일 위로 드러난 면이 완전히 닳아 그림이 지워져버린다. 양면의 그림을 다 없앤 뒤의 반짝이는 동전에 구멍을 뚫어 목걸이와 같은 장식품을 만들어 달고 다니면 꽤 인기가 있었다. 요즘과 같은 풍요의 시대에는 상상하기 힘든 일이나 그것이 그토록 인기가 있는 액세서리였던 것은 드물게 지나가는 기차를 두 번이나 맞이해야 하는, 정성과 시간이 드는 일이었기 때문이다. '나도 어렸을 때 즐겨 했었는데 애들이 아직도…….' 라며 즐거운 회상에 미소가 감돌았다.

 기차가 점점 다가오자 아이들은 둑 아래로 물러서서 기차가 지나기를 기다렸다. 그런데, 갑자기 그 아이가 레일 위로 달려 나갔다. 기차가 다가오는 진동에 레일 위에 올려 두었던 자신의 것이 떨어진 듯했다. 경험상 아직은 충분한 여유가 있었다. 그런데 무슨 일인지 아이는 계속 꾸물거리며 그 자리를 벗어나지 않았다. 떨어진 것이 침목 사이에 깔아 둔 자갈의 틈새로 빠진 모양이다. 마침내 그것을 꺼내 올려두고 일어서서 레일 바깥쪽으로 한쪽 발을 딛는 순간 아이가 넘어졌다. 뭔가에 걸린 것 같았다. 한쪽 다리가 레일 위에 걸쳐진 채로 드러누운 모습이 되었다. 순간, 아이가 당황하기 시작했다. 기차는 지척에 와 있었지만 여전히 수습할 시간은 충분하다고 여겼다. 경고의 기적소리가 귀청을 울렸다. 그런데도 아이는 걸려있는 한쪽 다리를 잡아당기고만 있었다. 레일을 지지대 삼아 다른 다리를 신경질적으로 굴리며 잡아당겼지만 소용이 없었다. 갑자기 나의 심장이 방망이질 치기 시작했다. 머리카락이 쭈뼛해지고

등골이 서늘해졌다. 다가가 도움을 주기에는 이미 늦었다. 위험하다고 소리를 쳤으나 그것은 내 마음 속의 외침이었을 뿐 말이 되어 나오지 않았다. 마침내 아이는 몸부림을 멈추고 얼이 빠져 다가오는 기차를 빤히 쳐다보고만 있었다. 급정거하는 기차의 파열음 속에 '까드득' 하는 소리도 들린 듯했다. 아이는 자신의 다리에 시선을 두고 있었지만 이미 반쯤 넋이 나간 상태였다. 내 안에서 무언가를 해야 한다고 마구 다그치는 소리가 들려왔지만, 후들거리는 다리로 겨우 서 있을 뿐이었다. 기차는 아무 일도 없는 듯 스르르 지나갔고, 이후에도 나는 그렇게 서 있었다. 놀라 달려온 어떤 남자가 아이를 들쳐 업고 병원으로 달려갔다. 나는 그 자리에 굳어진 채 애꿎은 침목에다 의미 없는 발길질만 반복했다. 시간이 얼마나 흘렀을까. 갑자기 맥이 풀리며 철로 위에 털썩 주저앉았다. 해가 뉘엿뉘엿 질 무렵에야 여전히 후들거리는 다리를 끌고 겨우 집으로 돌아왔다.

아이는 바지가 길어 아랫단을 접어두었던 것이 침목을 고정하는 못 머리에 걸려 그리 되었다했다. 앞으로 엎어졌던 몸을 일으키기 위해 몸을 돌리자 걸렸던 바지자락이 꼬이면서 아이의 다리를 더욱 단단히 묶어버린 것이다. 아이에겐 그런 상황에 대처할 수 있는 침착성과 냉정함을 요구하는 것은 무리였을까? 그래도 얼마든지 피할 수 있었던 일 같았는데……. 이상하게도 나는 그 아이의 윤화(輪禍)가 철길의 음모였다는 느낌을 지울 수가 없었다. 자신의 쇠락을 거부하는 몸부림 같은.

며칠 후 아이는 헐렁대는 바지자락 한쪽을 바지 포켓에 접어 넣고 목발을 짚고 있었다. 그 아이와 마주칠 때면 착잡한 마음에 외면하곤 했다. 수개월 후, 아이는 의족을 달았고, 어느 날, 아이의 가족은 이사를 갔다. 모두 잘 되어 새집으로 이사했던 사람들과 마찬가지로, 그들도 그랬으리라 했다. 철로 위에서 패닉 상태가 되어, 비명 한번 지르지 못하고 자신의 다리가 수십 톤의 열차바퀴 아래에 짓눌려 퀭한 눈으로 보고 있던 아이의 모습이 오랫동안 나를 가위눌렀다. 괜히 철길이 미웠다. 두 번 다시 철길엔 가고 싶지 않았다.

### 몰락(沒落)

기억이 희미해 질 즈음, 오랜만에 철둑으로 갔다. 철둑은 여전히 반갑게 나를 맞이해 주었다. 말없이 언덕 아래로 골 깊은 암영이 드리워진 색다른 도시의 전경을 펼쳐 보이며 나의 마음을 어루만져 주었다. 아무도 찾아주지 않는 황폐해진 철둑. 그날따라 철둑은 나에게 '이제 그만 쉬게 해 달라'고 호소하는 듯했다. 내겐 그럴 능력도 없으려니와, 내가 힘들 때 찾아와 조용히 사색할 수 있는 도심 속의 이색 지대인 그곳이 나는 좋았다. 오래 전의 악몽을 잊은 건 아니지만, 그래도 나에게는 아름다운 추억을 더 많이 안겨준 곳이었기에.

여름이 다할 무렵, 태풍과 함께 엄청난 호우가 내렸다. TV에는 늘 그랬듯 각종 피해특보가 홍수를 이루었다. '9명 사망……인재……부산……○○동……' 무심코 들려오는 내용에 귀가 솔깃했다. '우리 동넨데……' 생중계중인 구조작업장소가 낯익었다. 우산 쓸 겨를도 없이 그곳으로 달려갔다. 억수 같이 내리는 빗속에 철둑이 온데간데 없었다. 나무 교각을 지탱하기 위해 양쪽으로 세워둔 콘크리트 벽 뒤로부터 시작되는 철둑이 깡그리 내려앉아버렸다. 토사가 좁은 인도를 사이에 둔 민가를 덮쳐버렸고, 무허가 판잣집들이 폭삭 내려앉아 있었다. 무너진 둑 위에는 침목과 레일만이 덩그러니 걸려 있었다. 먼 발치에서 한동안 구조장면을 바라보다 발길을 돌렸다. 마음이 무척 복잡했다. 왜? 꼭 그래야만 했을까? 모두의 외면에 대한 마지막 몸부림이었을까? 아이의 윤화로 내린 경고를 무시한 재앙이었을까?

따지고 보면 철길과 철둑이 잘못한 것은 아무것도 없다. 사람들이 필요로 해서 언덕을 세워 올렸고 수십 년을 잘도 이용해 먹었다. 한참 써먹을 땐 조금만 노후 되어도 보수공사도 하고 침목도 갈았다. 세상이 변하면서, 다른 교통수단이 발달하자, 그 철로는 외면받기 시작했다. 도로를 넓히고 기간시설을 확충하기 위해 철둑어귀를 깎아 경사를 급하게 만들었다. 모기떼와 벌레를 막기 위해 무성하던 잡초들을 베어내고 태워버렸다. 비만 오면 언덕이 깎여 내려가 도로를 뒤덮는 흙무더기를 보고도, 도로 아래로 흘러내린 것만을 치우기에 급급했다. 그 철길은 그렇게 명을 다했다. 오랜 기간 묵묵히 역할을 다 했지만, 안타깝게도 명예로운 퇴장을 하지는 못했다. 나의 놀이터가, 친구가, 사색의 장소가 되어 주었던 철길은 그렇듯 허망하게 사라졌다.

가끔은, 조용히 눈을 감고 내 마음속에 가로 놓인 철길에 오른다. 레일 위에 걸터앉아 잠시 휴식을 취한다. 고개를 들어 내가 걸어왔던 철로를 돌아본다. 그리고 다시 고개를 돌려 신기루처럼 아른거리는 반대편을 바라본다. 이윽고 자리를 털고 일어나, 내 인생의 종착역을 향해 놓여 있는 침목 위를 걸어간다. 철길과 도란도란 이야기 나누며. ✼

# 화두

    내가 성장하면서 본 아버지의 모습은 초라했다. 미군부대 점원으로 일하시던 어머니와 결혼 후 '아이스께끼' 장사를 하는 등 나름대로 평생을 노력했지만, 실제로 우리 가족의 생계를 이끌고 간 것은 어머니였다. 아버지는 늘 어머니의 그림자가 되어 함께 했을 뿐이었다. 기꺼이 엑스트라로 살아가는 것을 마다하지 않으셨다. 그러다가 어머니가 쓰러지셨고, 아버진 어머니를 돌보면서 적극적이고 능동적인 모습을 보여주셨다. 아이러니하게도 내가 본 아버지는, 어머니의 수발을 들다가 가노라 한마디 말씀도 없이 돌아가실 때까지가 가장 활기찼던 것 같다.

    아버지는 항상 말이 없었고, 자식에게 그다지 훈계도 하지 않으셨지만 기회만 되면 그날의 이야기들을 들려주셨다. 당신은 '그날' 이후의 삶을 덤이라 생각하셨는지도 모른다. 작심하여 일목요연하게 들려주신 것은 아니었다. 수없이 듣다보니 퍼즐조각을 맞추듯 꿰어 맞춰진 것이다. 어렸을 땐, '톰 소여의 모험'이나 '허클베리 핀의 모험'과 비교하여 재미없다고 생각했다. 똑 같은 이야기의 반복은 식상하기까지 했다. 철이 들면서 그저 당신이 즐거워하시는 것 같아서 한쪽 귀로 듣고 다른 쪽 귀로 흘려버리면서도, 내 눈치를 봐 가며 달뜬 표정으로 열심이신 아버지에게 행여 지겨워하는 내 모습을 들키지 않으려 애썼을 뿐이다. 허나 속으론 늘 '어이구 또 그 이야기……'라고 구시렁대곤 했었다.

그래, 나에게도 고향이 있긴 했지. 아버지가 돌아가시고 나니, 큰 형이 주색잡기에 가산을 탕진하네. 그 꼴을 보고 있자니 속에 천불이 나. 무슨 배짱인지 불쑥 집을 나와버린 때가 열세 살이었지. 서울로 가서 며칠 째 쫄쫄 굶은 채로 서울바닥을 해매고 다녔어. 이리 저리 떠돌다 명동 우체국 앞에서 꾀죄죄한 모습으로 다리 사이에 머리를 파묻고 웅크려 앉아 있는데 누가 말을 걸어 왔어. 그 근처에 살던 일본상인이었지. 그는 단박에 나를 사환으로 거두어 주더구나. 열여덟에 해방이 되었어. 일본상인은 떠나버렸지. 정말 앞이 캄캄하더군. 먹고 살아갈 일이 구만리라. 그러나 죽으란 법은 없더구면.

어찌어찌 영등포 방직공장의 말단 직원으로 취직을 하게 되었네. 거기서 한 오 년 동안 열심히 일하며 잘 지냈지. 이제 자릴 잡았구나 싶던 어느 일요일 새벽, 낯선 굉음이 단잠을 깨웠어. 스물 셋이 되던 해였지. 창밖을 보니 멀리서 불빛이 끊임없이 번쩍이는 거야. 괴뢰군이 쳐들어온다더구먼. 모두들 난리 통에 서울을 등지고 피난 길에 오르더군. 나야 딱히 갈 데가 있나, 그제야 고향이 떠오르더군. 별 수 없이 고향으로 갔지.

(이상하게도 아버지는 고향에 대한 이야기를 하지 않으셨다. 마지못해 찾은 고향이었지만 그 와중에도 그것이 달갑지 않으셨던가 보다.)

겨울이 접어들 무렵에 북한군이 전라도마저 진군해 들어온다는 말이 들려왔어. 괴뢰군이 쳐들어오면 주민을 잡아다 죽인다는 소문이 파다했었지. 특히 젊은 남자들은 죄다 반동분자로 몰아 죽이거나 총알받이로 쓴다는 거야. 때마침 목포항에는 국군에 지원할 사람들을 모아 부산으로 싣고 가는 배가 있더군. 앉아서 개죽음 당하느니 군인이 되어 싸워 보고나 죽는 것이 나을 것 같아 배에 몸을 실었지.

부산에 도착하니 초량의 어느 학교를 훈련소로 쓰고 있더구먼. 훈련이래야 단 3일 동안 그저 총 쏘는 법 배우고, 간단한 제식훈련에 혹독한 기합이 전부였어. 그 엄동설한에 살얼음이 낀 개천에 빤스만 입고 들어가 머리만 내놓게 하더구먼. 개천에는 똥물이 흐르는데……. 차라리 북한군이 되는 게 나았을까 라는 생각이 들 정도로 치가 떨리더라.

군용 트럭에 몸을 싣고 하루를 꼬박 걸려 도착한 곳이 중부전선의 '철의 삼각지대' 근처였던 것 같아. 우리 부대는 고지 하나를 앞에 두고 수 개월간을 일진일퇴의 공방을 하고 있었지. 그 고지는 아군에게 매우 중요한 요처였던가 봐. 그런데 고지를 탈환하는 게 만만치 않았어. 그놈들은 쥐 죽은 듯 있다가 밤만 되면 북이며 꽹가리를 동원해서 아군의 진을 빼놓는단 말이지. 어쨌거나 작전일이 잡혀 대대적인 공세를 감행했지. 그런데 이놈들이 어디로 사라졌는지

개미새끼 한 마리 안 보이는 거라. 고지를 무혈입성하고는 내가 소속된 부대원들만 남기고 본진은 철수를 했어. 그날 밤, 녀석들이 순식간에 기습을 해와 지원을 구할 틈도 없이 우리는 포로가 되어버렸어. 그 산 구석구석에 숨어 있지 않고서는 그런 상황이 벌어질 수 없었을 거야. 그렇게 죽나 싶었는데 녀석들은 우릴 죽이지 않았어. 포로가 워낙 많다 보니 손을 머리에 얹게 하여 어디론가 끌고 가더군. 이대로 끌려가면 어차피 죽음을 당할 거야, 기회를 봐서 탈출할 생각뿐이었지. 그들은 야음을 통해 이동할 수밖에 없었어. 다행히 달빛도 없고 대오를 몇 발짝만 벗어나면 숲이야. 나는 틈을 엿보았지. 가파른 등성이의 좁은 길을 지날 때였어. 우린 일렬로 걷고 행렬 맨 앞과 뒤에만 감시병이 붙었지. 굽은 길을 돌아가는데 앞 뒤 감시병이 안 보이는 거야. 이때다 싶어 경사진 아래쪽으로 몸을 던졌어. 바로 숲에 닿더군. 언제 뒤통수에 총알이 박혀버릴지 몰라 정신없이 뛰었지. 뒹굴고 구르고 떨어지고……. 다행히 쫓아오는 기색도 총성도 없었어.

    어떻게 잠이 들었는지도 몰라. 어렴풋한 여명에 화들짝 놀라 깨었지. 여기가 어딜까, 이제 어디로 가야 하나. 해가 떠오르자 일단 적진은 벗어나야겠다는 생각이 들더군. 무조건 남쪽으로 가야 했지만 깊은 숲 속이라도 낮으로 움직이는 것은 위험하단 생각이 또 들더군. 바로 옆에 옹달샘이 있는 것이 눈에 띄더구먼. 물이라도 원 없이 마시니 조금 살 것 같았어. 몸을 숨기려고 바위틈으로 기어 들어갔지. 그 은신처는 의외로 포근하더구나. 다시 잠이 들었어. 비몽사몽간에 깨어보니 사위는 다시 어둠이 내려 있었어. 숲을 더듬어 조심스럽게 남쪽을 향했어. 칠흑 같은 어둠 속을 헤쳐 가는 것이 쉬운 일은 아니었지만 오히려 그것이 내겐 천운이었는지도 몰라. 그렇게 숲을 헤쳐 가는데 발에 뭔가가 걸리는 거야. 보니 아군의 총이었어. 실탄도 들어 있더구먼. 총을 챙겨들고 조심조심 발걸음을 옮겼지. 멀리서 동이 터 오더구나. 다시 숨을 곳으로 찾아 들어가 밤이 되기를 기다렸지.

삼일째 밤이야. 뱃가죽은 달라붙고 핑핑 돌기 시작했어. 한참을 가는데 인기척이 들리는 거라. 나는 바짝 땅에 엎드려 그쪽을 향해 총구를 겨누고 숨을 죽였지. 총소리가 들림과 함께 뭔가 뜨끔 하면서 나는 그 자리에서 혼절을 해버렸어. 정신이 들었을 땐 내 한쪽 팔에 선혈이 낭자했었어. 내가 갖고 있던 총신은 벼락을 맞은 듯 산산조각이 나 저만치 나뒹굴고 있더군. 내가 그들의 소리를 들었을 때 그들도 기척을 느꼈었나봐. 무심코 내가 있는 곳을 향해 총을 몇 발 쐈는데 총알 하나가 정확히 그들을 향해 겨누고 있던 나의 총구 속으로 들어갔고, 약실에 장전되어 있던 총알을 때려 그것이 거꾸로 튕겨나가면서 나의 오른 팔뚝을 관통해 버린 거야. 허어, 참 천우신조라더니⋯⋯. 골짜기를 건너 수색하러 오지 않은 것 또한 행운이었어. 아마도 그곳은 피아가 뒤섞여 있는 곳이 아니었을까 생각되더구나. 옷을 찢어 팔목을 동여매고 다시 남으로 향했지.

그렇게 계곡을 따라 내려가다 보니 눈앞에 강이 보이더구나. 수심이 얕아 강이라기보다 하천에 가까웠지. 내가 있는 숲에서 거기까지는 제법 거리가 있었어. 물이 흐르는 양쪽으로 드러난 땅이 하천보다 넓었거든. 숲 속에 숨어 동정을 살폈지. 비록 얕은 물이지만 주변이 확 트였으니 적들이 숨어 있을 것이라는 것을 직감적으로 알 수 있었어. 아무리 칠흑 같은 밤이라도 강의 주변은 주위의 어둠에 비하면 대낮같이 밝은 곳이나 마찬가지거든. 저 강을 건너야만 아군이 있을 것 같은데……. 강을 사이에 두고 아군과 대치하고 있는 것은 아닐까? 만약 강 건너도 적의 진영이라면? 아니야 그렇진 않을 거야. 어쨌거나 이대로 머물 순 없어. 계속 굶었으니 더 이상 버틸 체력도 없잖아? 곧 날이 밝을 거야. 그러면 또 하루를 버텨야 하는데 출혈도 심해서 도저히 그럴 여력이 남아 있질 않아. 가장 어둡다는 동이 트기 직전까지 기다렸지. 그리고 최단거리의 반대편 목적지를 정한 다음 사력을 다해 전 속력으로 달렸어. 강을 다 건너 숲을 향해 뛸 때, 뒤에서 기관총성이 들리며 총알이 내 발치를 따라 쏟아지더군. 내 몸으로 모래파편이 마구 튀어 올랐지. 난 요행히 총알을 피해 숲 속으로 들어갔고, 더 이상의 총알 세례는 없었어. 아! 살았구나. 갑자기 울컥 눈물이 쏟아지더구나. 털썩 무릎을 꿇고 웅크린 채 입을 틀어막고는 그저 흐느낄 수밖에 없었어. 만약 그때 총알세례에 겁을 먹고 머뭇거렸다면 나의 심장은 터져버리고 머리통은 박살이 나고 사지는 떨어져 나가버렸을 거야.

멀리서 여명이 돌기 시작하더구나. 나는 숲 속을 계속 걸었어. 어, 이 오지에 민가가! 조그만 오두막이 한 채 나타났고 난 그 집으로 갔지. 다행히도 그 사람은 나를 친절하게 맞아 주었어. 북한군은 오래전에 철수했고 오솔길을 따라 내려가다 보면 국군을 만날 것이라며, 시커면 주먹밥 두 개를 주더구나. 어찌나 달고 맛있던지 그 맛을 잊을 수가 없어. 몇 번이고 고맙다는 인사를 하고 오솔길을 따라 내려갔지. 한 나절을 걸어서 아군을 만났어. 깨어 보니 부산의 국군통합병원 병실에 누워 있더구나.

당신은 그 이야기를 할 때면 생기가 돌고 목소리는 격앙되었다. 언제부터인가 나는 아버지의 이야기를 들으면서 전쟁영화의 한 장면을 떠올리게 되었다. 흔치 않은 스토리긴 했지만 영화로 만든다면 흥행은 되지 않겠다는 생각이 들었다. 내게는 당신의 이야기가 그저 흔하디흔한 영화 속 엑스트라의 삶에 지나지 않아 보였다. 그렇다. 전쟁영화 속에서 주인공은 숱한 위기에서도 교묘히 살아남지만, 엑스트라는 총질 한 번에도 낙엽처럼 쓰러질 수 있는 하찮은 존재인 것이다. 그런 아버지는 당신 가정에서도 주인공인 엄마에게 주도권을 빼앗기고 무능하게 살아가는 하찮은 엑스트라에 지나지 않았다. 적어도 나는 당신처럼 살지는 않을 것이라는 저항감만 가져다 줄 뿐인 아버지였다.

어머니가 뇌출혈로 쓰러지신 뒤, 그 후유증에 치매까지 겹쳐 무시로 집을 나가는 때가 있었다. 현관문 밖으로 잠금장치를 하는 등 갖은 조치를 했지만 그마저도 안심이 되지 않아 24시간 감시보호를 해야 했다. 낮에는 아버지가 어머니를 보살폈고 밤에는 일터에서 돌아온 내가 새벽까지 불침번을 서게 되었다. 그때 몇 년간 나는 거의 매일 한두 편씩 영화를 보며 지냈다. 그 중에는 전쟁에 관한 것도 꽤 많았다. 많은 영화를 보다보니 식상한 줄거리보다는 그 주변의 장면에 더 시선이 가게 되었고, 어느 순간 난 파리 목숨보다도 가볍게 죽어가는 수많은 엑스트라들을 묘사한 부분을 주의 깊게 보기 시작했다. 내 시선이 변한 계기가 무엇이었는지 난 아직도 명확하게 모른다. 어쩌면 내 삶도 이 사회에서는 엑스트라에 지나지 않을지도 모른다는 생각이 들기 시작하면서부터였을 것이다. 난 틀림없이 엑스트라였다. 나의 현실적인 존재 가치와 한계를 받아들이는 것이 그때의 나에겐 절박한 과제였다. 팽팽 돌아가는 사회의 미미한 부속품에 지나지 않는 나를 더 이상 과대망상증에 빠뜨려 헤매게 하고 싶지 않았다. 난 엑스트라임을 스스로에게 선언했고 그때부터 엑스트라의 의미와 존재가치에 천착했다. 엑스트라도 자신의 삶에 관한 한 순간순간이 삶과 죽음의 기로에 서 있는 주인공이라는 발견은 내게 대단한 충격이었다. 하찮은 엑스트라의 삶이 그 자신에게는 가장 절박한 생존의 이야기다. 한낱 엑스트라에 불과한 내 삶의 무게는 지구보다 무겁게 나를 짓누르고 있었다. 그제야 아버지의 삶이 새롭게 다가왔다. 당신의 삶이, 생존을 위한 투쟁이 얼마나 치열했었던가를 난 깨닫게 된 것이다. 하지만 당신께 뭔가 존경과 감사를 표할 겨를 없이 당신은 어느 날, 홀연히 세상을 등지고 말았다.

때때로 삶이 힘들 때면, 당신의 이야기를 떠올리며 눈을 감고 그날의 순간들을 상상해본다. 당신이 겪었던 그 현실이, 이젠 내 핏속으로 흘러들어 전율케 한다. 그렇게도 지겨워했던 당신의 이야기가 이젠 내가 살아가는 피돌기가 되었다. 비록 평생을 무학으로 사셨지만 당신만의 독특한 삶은 내 인생의 귀감이 되어 있다.

당신의 이야기가 나에게 그랬듯, 내가 살아가는 삶도 내 자식들에게 그리 될 수 있을까.

# 잠재(潛在)

　중추신경계 약물의 LD(lethal dose)/50에 관한 실험시간. 실험대상은 흰쥐다. 손바닥 안에 쏙 들어갈 정도의 크기에 새하얀 눈송이가 내린 것 같은 털옷을 입고 있는데, 유독 그 튀어 나올듯한 눈망울이 루비가 쏟아질 듯 새빨갛고 초롱초롱하다. 피 실험대상이 쥐라는 것에 잔뜩 혐오감을 가졌던 여학생들은 언제 그랬느냐는 듯 작고 귀여운 녀석들의 앙증맞은 자태에 매료되어버렸다. 액세서리로 치장을 하듯 어깨 위에 올려놓기도, 상의 포켓에 넣기도 했다. 심지어는 남학생의 뒷덜미 속으로 집어넣는 짓궂은 장난도 서슴지 않았다.
　다섯 조로 나뉘어 실험은 시작되었고, 약물의 투여 단위는 미리 계산된 최소 치사량과 최대 치사량 사이를 열 개로 나누었다. 각 단위별로 스무 마리의 쥐가 할당되었다. 실험이 끝난 뒤에 살아남은 쥐는 250마리 정도였고, 예비로 준비했던 것들을 포함하니 삼백 마리를 상회했다. 약물을 투여 받고도 목숨을 부지하고 있는 놈들은 본능적인 생존의지에 의해 다양한 반응을 보이고 있었다. 한쪽 구석에 머리를 처박고 사시나무 떨 듯 떨고 있는 놈, 일정한 패턴의 행동만 반복하고 있는 놈, 광기어린 눈으로 다른 쥐들을 닥치는 대로 물어뜯는 놈……. 하찮은 미물이지만 엄습해오는 죽음을 본능적으로 감지한 듯, 살기 위해 몸부림치는 그 모습은 비장함을 느끼게 했다.

교수님은 남은 흰쥐들을 모두 폐사하라고 했다. 너무 잔인하다는 생각을 새삼스럽게 하게 되었다. 실험 중에는 무수히 죽어가는 쥐들을 보면서도 전혀 느끼지 못했던 연민의 감정이 그제야 들게 된 것에 스스로 놀랐다. 실험에 사용되지 않은 쥐들만이라도 잘 키웠다가 다음 실험 때에 쓰면 안 되겠냐는 나의 억지의견은 당연히 무시되었다. 애초에 실험용으로 일정한 기간과 체중으로 키워진 그놈들은 실험을 통해 살아남아도, 요행히 실험대상이 되지 않아도, 실험이 끝남과 함께 그들의 운명은 선택의 여지가 없게 된다.

삼백 마리가 넘는 쥐들을 모두 죽여야 했다. 난감했다. 실험을 통해 죽은 것은 그렇다 치고 생명을 직접 죽인다는 것, 그것도 한두 마리도 아닌 그 엄청난 양의 생명을 내 손으로 직접 거두어야 한다는 것이 도무지 엄두가 나질 않았다. 궁여지책으로 개수대에 물을 가득 받아, 이미 약물을 투여 받고 사경을 헤매는 다수의 쥐들을 그 속에 쏟아 부었다. 조금이라도 인연을 맺었던 녀석들의 숨통을 직접 끊을 만한 용기가 없었기 때문이다.

그러나, 쥐들은 30여 분이 지나도 단 한 마리도 익사하지 않았다. 억지로 익사시키기 위해 널따란 판자를 가져다가 수면 위로 떠오른 생쥐들의 머리를 물밑으로 눌러 가라앉혔다. 제법 시간이 지나 이제는 죽었겠지 하고 판을 들어내 보니, 이미 반쯤은 약물에 절어 몸도 제대로 가누지 못하던 것들이 경이롭게도 단 한 마리도 죽지 않았다. 생존본능은 때로 상상을 초월하는 초자연현상을 낳는다고 하더니…….

갑자기 등 뒤로 격노한 교수님의 호통이 들려왔다. 생명을 학대하지 말라는 것이었다. 죽일 수밖에 없어 죽일지라도 죽임에도 격이 있다고 했다. 어차피 죽을 목숨일지라도 적어도 죽음에 이르기까지의 고통의 시간을 최소화하는 것이 생명에 대한 배려라며 몇 가지 방법을 알려주셨다. 생쥐의 목덜미를 잡고 메스나 실험용 가위로 경동맥을 자른 뒤 흐르는 물에 피를 흘려보낸다. 흔히 사람들이 자살을 시도할 때, 면도칼로 손목의 동맥을 자른 뒤 체온과 비슷한 물에 담그면 서서히 피가 빠져나가면서 잠이 들 듯 죽게 되는데, 그 순간 극락을 맛본다고 한다. 그 마저도 역겨운 피비린내와 함께 죽음에 이르는 시간이 길다고 느껴지면, 목뼈를 부러뜨려 글자 그대로 절명시키는 방법도 있다. 꼭 익사시키기를 원한다면, 큰 주사기로 쥐의 복강에 공기를 주입하여 풍선처럼 만든 뒤, 물에 넣으면 공기가 든 배는 위로 떠오르게 되고, 머리와 몸뚱이는 거꾸로 뒤집혀져 곧바로 물을 먹고 익사하게 된단다.

하지만 그 모든 방법들이 내게는 무척 힘들어 보였다. 어차피 해야 할 일을 두고 나는 무엇을 주저하는지 알 수가 없었다. 살생에 대한 두려움 때문인가. 아니면 내 안에 잠재된 인간의 원초적 선(善) 때문인가. 그런 주저함 속에서 진행되는 어설픈 가위질이 쥐를 더 한층 고통스럽게 만들었다. 목덜미를 잡은 나의 손끝으로 격렬

한 저항이 전해져왔다. '찌-익, 쮜-익.' 죽음을 재촉하는 발악인지, 삶을 구걸하는 절규인지 모를 소리를 냈다. 생존을 위한 날카로운 절규. 칠판을 손톱으로 긁는 것 같은 금속성 파열음. 그 소리는 내 안에 깊숙이 잠자고 있던 악마성을 불러일으키는 신호가 되었다.

　나의 메스용 칼날이 쥐의 목덜미 사이로 깊숙이 꽂혔다. 그렇다. 최대한의 부드러움으로 가능한 한 가장 급소인 곳을 찾아 부담 없이 꽂았다. 이후, 무자비한 살육이 무감각하게 진행되었다. 목살이 잘려지고 뼈가 가위에 걸리는 소리가 들렸다. '뚜둑'. 나도 모르게 힘을 가하자 목뼈가 잘려나가면서 쥐의 목덜미가 힘없이 뒤로 젖혀졌다. 잘려나간 경동맥에서 뿜어지는 붉은 피가 분수처럼 솟구쳤다. 대가리가 이탈된 상황에서도 몸뚱이는 여전히 내 두 손가락을 벗어나기 위한 발버둥이 진행되었고 심장의 펌프질은 계속되었다. 이윽고 사지가 뻣뻣해 지면서 쥐의 몸뚱이는 물먹은 걸레처럼 늘어졌다.

　어느덧 내 육신은 폭력에 대한 죄책감이 무디어져갔고 내 감각은 살육에 대한 쾌감이 일기 시작했다. 섬뜩하게만 느껴지던 가위의 금속성이며 뼈가 부딪히는 소리는 짜릿한 전율을 몰아왔고, 흩뿌려지는 시뻘건 피의 분출은 흩날리는 꽃잎처럼 아름답게 느껴졌다. 손끝에 와 닿는 저항의 힘이 강해질수록 내 손은 거칠어만 갔고, 비릿한 피의 냄새는 월경하는 여인의 냄새처럼 자극적으로 되어갔다.

　시간이 얼마나 흘렀을까. 살육의 향연이 끝났다. 희푸른 실험실의 불빛아래 하얀 실험복은 붉은 피의 흩뿌림에 흠뻑 젖어 있었고, 나의 동공은 죽은 쥐들의 눈동자나 마찬가지로 초점을 잃어 있었다. 개수대 안에는 핏물에 젖어 범벅이 된 대가리와 몸뚱이가 거의 분리되기 전의 흰 시체더미로 쌓여 있었고, 그 옆에는 기름 위에 떠오른 익은 도넛처럼 시체들이 물 위에 둥둥 떠 있었다. 그 처참한 광경을 보고도 나는 아무 감각이 없었다. 그 어떤 죄책감도 느껴지지 않았다. 수술용 고무장갑을 끼고 죽은 쥐들을 덥석덥석 잡아 자루에 쑤셔 박았다. 싸늘함, 물컹거림에도 나는 마치 최면에라도 걸린 듯 느낌이 없었다.

망나니가 단칼에 신수이처(身首異處)하는 것은 죽는 자에 대한 최고의 예우일 터이다. 그런 경지에 이르기까지에는 어찌 인간적인 자책과 갈등이 없었을까. 그것을 죽이고 잠재된 악의 화신을 불러내기 위해서는 나름의 어떤 의식이 있어야만 했으리라. 영화에서 보면 그들은 사형수의 목을 치기 전 술을 마시며 기괴한 춤사위를 놓고 있었다. 자신을 위하고 망자를 위한 예식이었을 것이다. 어쩌면 그들은 그 행위를 통해 자신과 아무런 인과관계도 없는 죄인의 목숨을 끊어야 하는 인간적인 망설임과 자책을 떨쳐버리고 일순간이나마 잠재된 마성을 끌어내기 위한 자기최면의 행위이지는 않았을까?

캠퍼스 건물 뒤, 양지바른 곳에 흰쥐의 주검더미를 묻어주고는 후문의 흙길을 터벅거리며 걸어 나왔다. 과연 진정한 나의 모습은 무엇일까? 생명을 빼앗는 것에 대한 두려움과, 연민이라는 굴레 속을 벗어나지 못해 생명을 욕되게 했던 여린 내 마음이 나의 본 모습일까? 아니면 냉정하고 단호하게 살생을 받아들이면서 무감각하게 향연을 즐기던 내가 진정한 나의 모습일까? 내 두 어깨 위에 내리는 붉은 노을이 한없이 무겁게 느껴졌다. ✯

| 작품 평설 | 허혜정 선정위원 「교환할 수 없는 꿈」 (합평 361페이지)

악보를 넘기는 여자

렌즈 안의 슬픔

빅토르 최를 생각하다

산은 정상을 보고 오르면 오르지 못한다

## 김윤정

**창작 노트** _ 어느 소설가의 말처럼 예술이 나를 끌어안을 때까지 혼자 공복으로 걸어가려 한다. 외롭고 고통스럽더라도 사막에 숲을 만든다는 마음가짐으로 걷다 보면, 글을 쓰지 못해 무기력해지는 것보다 행복할 수 있으리라. 그러다 언젠가 사막을 건너는 이들이 내가 만든 숲그늘에서 잠시 쉬어 간다면 더없이 기쁘겠다.

**약력** _ 전북 고창 출생. 2005년 『에세이문학』 가을호에 등단. 한국문인협회, 에세이문학작가회 회원. 현재 계간 『에세이문학』 편집부장. e-mail:sojufa3@hanmail.net

2011 젊은 수필

# 악보를 넘기는 여자

  쌍꺼풀 없는 작은 눈, 야무지게 꼭 다문 입 그리고 허리를 꼿꼿이 세우고 흐트러짐 하나 없는 다소곳한 자세와 수수한 옷차림. 숨은 쉬고 있는 것일까? 내내 한 가지 톤을 유지하고 있는 무표정한 그녀의 얼굴에서는 마치 시간이 멈추어버린 것 같다.

  지인의 소개로 가게 된 첼로 독주회에서 나는 정작 첼리스트에게는 관심이 없고, 공연이 시작되면서부터 피아노 반주자 옆에서 악보 넘기는 일을 하고 있는 여자에게만 시선이 머문다. 그리고 어느 것 하나 놓칠세라 그녀에게서 눈길을 떼지 못한다.

  페이지 터너(page turner). 그녀가 하는 일의 정식 명칭이다. 악보를 넘긴다고 해서 '넘순이' '넘돌이'라고 쉽게 부르기도 한다. 독주곡의 경우에는 독주자가 악보를 완전히 외우기 때문에 악보 넘기는 사람이 필요하지 않지만, 반주의 경우에는 곡을 외우기보다는 화성이 잘 어우러져야 하는 데 신경을 써야 하므로 악보를 넘겨주

김윤정 53

는 사람이 필요하다.

 그녀는 조명을 비껴 앉아 첼리스트를 제외하고는 반주자조차 눈에 잘 들어오지 않는 무대 위에서 자신의 역할을 겸손하게 수행하고 있을 뿐이다. 한 악장이 끝나기 조금 전, 그녀가 조용히 일어나 반주자의 시야를 가리지 않게 악보 위쪽으로 왼손을 뻗는다. 악보의 오른쪽 윗모서리를 살짝 꺾어서 다음 장을 약간 보여주고는 곡이 다음 장으로 진행되자 페이지를 넘긴다.

 이럴 때 반주자는 악보 넘어가는 부분의 몇 마디를 미리 외워 놓는다. 뜻하지 않은 실수에 대비하기 위해서. 페이지 터너가 악보 넘길 타이밍을 놓치거나 잘못해서 두 장이 넘어가거나, 반주자가 박자를 놓치거나 하는 일은 언제고 일어날 수 있으니까. 누구나 긴장하면 실수를 하게 마련이지만, 그럴 때 당황하지 않고 둘 중 하나는 그 실수와 긴장을 잘 조절할 줄 알아야 한다. 페이지 터너와 반주자와의 호흡은 그래서 그만큼 중요하다. 가끔 삐거덕거려도 서로의 마음을 잘 다독일 줄 알아야 하는 부부관계처럼 말이다.

 세상에는 그녀처럼 보이지 않는 곳에서 묵묵히 제 할 일을 하는 사람들이 많다. 언젠가 영화배우 황정민은 남우주연상 수상소감을 "다 차려 놓은 밥상에 숟가락만 얹었을 뿐"이라고 말하여 화제가 되었다. 함께 일하며 땀 흘리는 스태프들을 두고 한 말이다. 애정을 가지고 일에 몰두하는 사람이 어디 이들뿐이랴. 오늘도 어딘가에서 가난과 타협하면서 한 길을 걷는 사람들이 있기에 살맛나는 세상인지도 모르겠다.

 어느 시인은 "열정은 건너는 것이 아니라 몸을 맡겨 흐르는 것"이라고 말한다. 나는 이들에게서 강물에 몸을 던져 물살을 타고 흐를

줄 아는 열정을 본다. 주인공을 더 빛나게 만들어 주는 그들이 결코 시시해 보이지 않는 것은 바로 이 때문일 것이다.

산은 정상을 보고 오르면 오르지 못한다. 바로 앞 계단을 보고 올라야 정상에 다다를 수 있다. 누군가는 해야 할 일을 주연 아닌 조연으로서 바로 앞을 보며 한 계단 한 계단 오르는 그네들도 언젠가는 산의 정상에 설 수 있지 않을까?

집으로 돌아온 내 눈앞에는 아직도 그녀의 모습이 아른거린다. 피아노 치는 여자와 하나가 된 그녀를 떠올리며 어설프게나마 그녀를 크로키해 본다. 자신의 일에 긍지를 느끼는 평온한 모습이 나를 밤 늦도록 놓아주지 않을 것 같다.

지금 나를 이끌어주는 페이지 터너는 누구일까. 혹은 나는 누군가에게 페이지 터너 같은 존재이고 있는가? 화성을 무시하고 독주하려 들지는 않는가? 자꾸 되묻고 반성하고 싶어지는 밤이다.

## 렌즈 안의 슬픔

　며칠째 이어지는 갈증으로 잠을 이루지 못하고 있다. 시원한 맥주로 목을 축이고 나면 좀 나아질까? 생각이 결론에 닿기도 전에 냉장고 문부터 열었다. 잔 위로 거품이 넘쳐 흐른다. 거품 때문에 마시기도 전에 시원함을 느꼈다. 맥주 두 잔을 연거푸 마셨다.
　한때 불면증에 시달린 적이 있다. 그럴 때면 깊은 상념에서 벗어나려고 늦은 밤 빨래를 하거나 묵은 서랍을 정리하곤 했다. 오늘은 서랍 대신 맥주잔을 비워내고 있다.
　매원 선생님이 떠나신 지도 어느덧 4년째. 잊고 지내다가도 잊혀질 만하면 또다시 생각나는 분, 좋은 인연이란 그런 것이 아닐까?
　선생님은 누구보다도 외로운 분이었다. 맥주를 마실 때 이따금 선생님을 떠올리게 되는 것은 잔 속에 그 외로움이 서려 있는 것 같아서다. 선생님은 내가 퇴근한 후에도 한참을 사무실에 앉았다 가곤 하였는데, 퇴근 무렵 가끔 애잔하게 느껴지던 눈빛은 지금도 잊을 수 없다. 가장 많은 시간을 함께 보낸 나를 다섯째 딸이라며 편하게 대해주셨지만, 그래도 선뜻 '술 한잔 하자'고 하기에는 내가 너무 어렸나 보다. 그때 선생님께 "생맥주 한잔 사 주세요"라고 왜 먼저 말씀드리지 못했을까.

생래적으로 위장이 약한 선생님은 커피 대신 카페인이 적은 박카스와 유산음료를 즐겨 하셨다. 술은 멀리 하였지만 가끔 회식 자리에서 술을 곧잘 받아 마시던 내게 사모님께서 손수 담근 다래주나 머루주 등을 갖다 주기도 하셨는데…….

사무실에는 선생님과 나 단둘일 때가 많았다. 어느 때는 햇빛을 등에 지고 오도카니 앉아 있던 내게 나비 걸음으로 다가와서 문인들의 비화(秘話)를 들려주기도 하고, 또 어느 때는 한번 읽어 보라며 좋은 책과 글을 복사해 주기도 하셨다. "편집 일을 하던 김수영 여동생 김수명은 등단하지 않았지만 글을 참 잘 써. 등단하지 않아도 글만 잘 쓰면 된다"는 말씀을 덧붙이면서. 그렇게나마 내게 문학을 일깨워주고 싶으셨는지도 모르겠다.

그리고 매일 아침 출근하면 제일 먼저 검정 가죽 가방을 내려놓기도 전에 스크랩해 온 신문을 들고 설명을 하셨다. 내가 태어나기 전의 일이라면 더 자세한 말씀이 이어졌다. 걸어다니는 백과사전이라 불릴 만큼 선생님의 기억력은 정말 놀라웠다. 내 머릿속에 남아 있는 것도 있을 테고, 이미 날아가버린 것도 많을 테지만, 그 말씀들을 책으로 엮으면 족히 몇 권은 되고도 남을 것이다.

선생님은 잘 정리 정돈된 책상보다는 일하다 만 그대로의 모습을 좋아하였다. 방금 앉았다 간 따스한 체온이 느껴지는 그 자리에는 수북이 쌓인 원고 뭉치와 어지럽게 굴러다니는 볼펜, 돋보기, 페이

김윤정 57

퍼 칼 그리고 언제나 사진 속의 손녀가 수줍게 웃고 있었다.

휴가도 반납하고 교정을 보았지만 하루 한두 번 산책하는 일은 빼놓지 않으셨다. 그리고 내게도 점심 후 가장 졸릴 시간에 일부러 심부름을 시켰다. 한여름, 선생님 건강 때문에 에어컨을 설치할 수 없었던 사무실에서 벗어나 시원한 숲 그늘을 찾아 종묘공원을 걷거나 은행에서 보낸 시간도 많았다.

어디에도 속하지 않으면서, 어느 누구와도 보이지 않는 끈으로 연결돼 있는 분이 선생님이었다. 여러 사람들이 사무실을 찾아왔다. 말없는 가운데서도 언제나 상대방의 자존심을 상하지 않게 하고 그 사람의 개성에 맞춰 대해 주었다. 그래서 사람들에게 '오로지 나에게만'이라는 달콤한 착각을 불러일으킨 것이 아니었을까. 하지만 선생님은 여전히 고독해 보였다.

처음 악성 림프종(백혈병·혈액암이라는 병명은 싫어하셨다)이라는 정확한 병명을 알고 원자력병원에 입원하기 전, 선생님 뒷목이 혹처럼 부어오른 적이 있다. 천호동에 있는 가까운 지인의 병원에 절제 수술을 받으러 가는 날이었다. "함께 병원 갈래?" 가족들에게는 괜찮다며 혼자 가겠노라고 했다고 하셨다. 잠시 머뭇거리던 선생님께선 "아니다, 사무실이 비었으니 그냥 있어라." 하고는 쓸쓸한 뒷모습을 보이며 나가셨다. 만사 제쳐두고 따라가 선생님 손이라도 잡아 드려야 했는데, 이 또한 후회되는 일 중 하나로 남았다.

그후 몇 번의 항암 치료를 받고 머리카락이 다 빠져버렸을 때, 선생님께 베레모를 하나 사 드렸다. 머쓱해 하면서도 치수를 어찌 알았느냐며 좋아하시던 모습이 눈에 선하다. 가끔은 아무렇지도 않게

"머리카락이 하나도 없어."라며 모자를 벗어 보이며 미소를 지으셨지만, 그 뒤에 감춰진 아픔과 슬픔을 보는 내 마음은 가볍지만은 않았다.

돌아가시기 이틀 전, 문병을 갔다. 선생님은 대상도 없는 허공에 손짓을 하며 뭐라 알아들을 수 없는 말을 웅얼거리셨다. 무거운 마음이 더 짓눌러져 돌아왔던 그날, 정신을 놓아버린 그 모습이 내게는 마지막이 되었다.

2003년 3월 7일. 장례는 삼일장으로 치러졌다. 장례식장은 다시 한번 약속을 다짐하는 곳인 것 같다. 편안한 마음으로 떠나겠노라고, 열심히 잘 살겠노라고, 그리고 기다리겠노라고……. 그날 내가 했던 마음의 다짐들. 앞으로 슬퍼하는 그 마음에도 이끼가 끼게 될 것이다. 하지만 더 많은 세월이 지나면 또 다른 그리움으로 그때보다 더 아파하게 되리라.

선생님의 빈 자리에서 오는 공허는 분명 모두에게 크게 다가왔다. 하지만 가벼운 슬픔은 말이 많고, 큰 슬픔은 말이 없다던가. 그 무렵 나는 막스 에르만의 「잠언시」를 자주 들여다보곤 했다. "세상의 소란함과 서두름 속에서 너의 평온을 잃지 말라. 침묵 속에 어떤 평화가 있는지 기억하라……"는 시를 책상 위에 놓고 눈길이 머물 때마다 마음으로 읽어 보곤 했다. 마음의 급물살이 조용히 잦아들기를 바라면서.

언젠가 과일을 깎던 과도에 손가락을 베인 적이 있다. 그런데 이상하게도 피가 나지 않았다. 무언가에 상처를 입어도 아프지 않고 피가 나지도 않을 때가 있듯이 사람 살아가는 것도 그러면 좋지 않을까. 그러면 상처 받아도 아프지 않고, 담담할 수 있을 텐데…….

선생님의 상처뿐인 영광은 과연 무엇을 위한 것이었을까.

　사무실 선생님의 빈 책상 위에는 보랏빛 국화꽃 바구니가 한동안 놓여 있었다. 국화 꽃잎에 물을 뿌려 주면서 아침마다 눈인사를 나눴다. "안녕하세요." 그러면 마치 매일 아침 출근하며 그랬던 것처럼 "좋은 아침." 하고 반겨 주시는 것 같았다. 내가 마음 편히 슬퍼할 시간이기도 했다.

　얼마가 지났을까. 시든 국화꽃 이파리들이 하나둘 책상 위를 덮고 있었다. 사진기를 들고 선생님의 온기가 사라진 책상 앞에 섰다. 그런데 조그만 렌즈 안에 국화꽃이나 빈 의자 대신 어떤 비애(悲哀)가 담겨졌다. 순간 사진기와 맞닿은 나의 눈가에 자욱한 안개가 어렸다. 슬픔은, 그리움은 이런 것이구나. 소각되지 않는 그리움, 그것은 눈앞에 무언가 가로막혀 있어도 말없이 전해져 오는 거로구나.

　작년 추석 무렵, 남편과 함께 선생님께 성묘를 다녀왔다. 해가 가쁜 숨을 내쉬며 산을 넘어가고 있었던 탓인지 아니면 사람들의 발길이 뜸해진 탓인지 그곳에는 쓸쓸한 기운이 감돌고 있었다. 마른 나뭇가지들을 걷어내고 늦게나마 내가 등단한 잡지를 올렸다. 그리고 찰스 램 묘비 옆에 앉아 사진을 찍은 선생님처럼 나도 그렇게 해보았다. 잠시 그렇게 앉아 있노라니 선생님과 함께 보낸 지난 몇 년의 시간이 주마등처럼 스쳐갔.

　넘치는 사랑에 모자라는 잔이었던 선생님과 나.

　3월 7일. 그동안 3월 7일 하면 종로의 한 심야극장에서 숨진 시인 기형도를 떠올리곤 했다. 이제는 한 사람을 더 보태야 할 것이다. 오랫동안 가슴에 따뜻한 온기로 기억될 바로 매원 박연구 선생님이시다.

　　잘 가거라, 언제나 마른 손으로 악수를 청하던 그대여.
　　밤새워 호루라기 부는 세상 어느 위치에선가 용감한 꿈 꾸며 살아 있을
　　그대. 잘 가거라 약 기운으로 붉게 얇은 등을 축축이 적시던 헝겊 같은
　　달빛이여. 초침 부러진 어느 젊은 여름밤이여.
　　— 기형도, 「비가 2」에서

　아직도 어디에선가 수필만을 생각하고 계실 매원 선생님의 넋을 기형도의 시로 달래본다. 몇 잔 비우고 난 뒤의 취기가 나른한 잠으로 끌어들인다. ✴

# 빅토르 최를 생각하다

모스크바의 대학로 아르바트 거리 2번지. 이 문화 예술의 거리에는 빅토르 최를 추모하는 낙서벽이 있다. 지금도 그곳에 세계의 많은 사람들의 발길이 끊이지 않는 걸 보면, 세상엔 죽어도 죽지 않는 사람이 있는 것 같다. 역사 속에 함께 숨쉬고 언제나 기억되는 사람. 우리의 피가 흐르는 카레이스키 한인 3세 빅토르 최, 그도 그러한 사람 중 하나가 아닐까.

"비짜(빅토르 최의 애칭)는 죽지 않았다. 단지 천국 공연 여행을 떠났을 뿐……."

낙서벽 앞에서 어느 추모시의 한 구절로 그를 위해 잠시 애도하던 재작년 초여름. 거리에는 집시 소녀의 눈물 같은 가랑비가 내리고 있었다. 시멘트가 벗겨진 낡고 허름한 벽면은 그룹 키노 시절의 공연 포스터와 얼마나 덧씌어졌는지 알아보기조차 힘든 낙서들로 가득했다. 그것은 자유를 갈망하는 사람들의 소리없는 함성과도 같앉다. 태양의 얼굴을 한 그의 초상화는 끊이지 않는 그 함성들로 여전히 뜨겁게 타오르고 있었다. 아홉번째 앨범 「태양이라는 이름의 별」처럼 여전히 사람들에게 '태양' 같은 존재로서 말이다.

내가 빅토르 최를 처음 알게 된 것은 윤도현 밴드의 번안곡 「혈액형」을 듣고 나서였다. 내 안에 깊숙이 스며들던 멜로디가 어쩐지 예사롭지 않았다. 한창 락 음악에 빠져 있던 시절이었다. 빅토르 최의 음악을 구해 출퇴근하며 들었다. 러시아 특유의 우울함과 반복되는 단조로운 멜로디지만 듣다 보면 어느새 흥얼거리게 되고 마는 중독성. 내지르는 듯하면서도 절제된 그리고 낮고 음울한 그 목소리. 어떤 슬픔이 내 영혼을 흔들고 지나가는 것 같았다.

어둡고 추운 곳, 그러나 그 거리는 우리의 발자국을 기다린다.
군화 위엔 별빛의 먼지…… 푹신한 소파, 십자 나사, 제때에 당겨지지 않는 방아쇠, 햇빛 비춰지던 시절이란 눈부신 꿈 속에나 있을 뿐…….
— 「혈액형」에서

한 편의 시 같은 노래 가사들. 어쩐지 빅토르 최는 요절한 러시아의 천재 시인 예세닌과 닮아 있었다. 아홉 살부터 시를 쓰기 시작한 예세닌은 상점·인쇄소의 직공으로 일하면서 틈틈이 시를 썼다. 말도 통하지 않는 연상의 여인 이사도라 덩컨과의 두번째 결혼으로 세기의 주목을 받기도 했지만, 그보다 혁명에 관한 시를 발표하면서부터는 단순한 목가나 노스탤지어를 넘어선 조국애를 담아낸 시인이었다.

빅토르 최 역시 목각을 전공했지만 예술에 재능이 남달라서 열다섯에 시를 쓰고 시에 곡을 붙여 노래를 만들었다. 그러나 처음 얼마 동안은 발매된 음반이 대중적 인기를 얻지 못해 생활고에 시달려야 했다. 음악을 하면서 계속 일을 할 수밖에 없었던 그는 어느 건설회사 지하 보일러실의 화부로 들어가 밤새워 일하면서도 노래를 불렀다. 그곳에서 함께 일하는 사람들에게 그만의 작은 음악회를 열던 모습을 상상해 본다.

 음악은 그의 힘든 삶에 위안이 되었을 것이다. 그리고 그 음악들은 변화를 외치는 젊은이들의 가슴속에 깊이 아로새겨졌다. 펑크록처럼 가사를 중요시하는 그의 음악에는 언제나 '자유와 저항'이라는 메시지가 깃발처럼 펄럭이고 있었다. 단순한 노래의 가사가 아닌, 신비한 동양적 체취가 묻어나는 한 편의 시처럼. 짧은 기간 동안 활동하며 러시아 전체를 뒤흔든 그는 예세닌에게서 시는 물론 '변화'라는 코드를 이어받은 것인지도 모르겠다.

 빅토르 최가 죽은 지도 어느덧 15년이 넘었다. 1990년 한여름, 의문의 교통사고였다. 락이 반국가적인 음악으로 간주되던 그 당시 보수주의자들에게는 진보적 성향을 띤 그가 위험인물이었을 것이다. 그럼에도 러시아 락을 위해 8월 15일은 여전히 슬픈 날이다.

 "오늘 나는 자유를 위해 모든 것을 희생할 수 있다."는 그의 말이 아직 만개하기도 전인 스물여덟의 나이를 앗아가게 한 것은 아니었을까.

 '러시아 락의 시작은 빅토르 최로부터'라 할 만큼 그는 러시아 대중 음악사에서 상당한 비중을 차지한다. 그의 죽음을 지켜보며 누군가는 빅토르 최를 그룹 '퀸'에 프레디 머큐리가, '비틀즈'에 존 레논이 없는 것과 같다고 했다.

그후에도 '러시아의 짐 모리슨' '동유럽의 제임스 딘' 같은 수식어가 그를 따라다녔지만, 한국 공연을 앞두고 다시는 돌아오지 못할 천국으로 가고 말았으니 아쉬울 뿐이다.

나는 오늘도 끝나지 않은 빅토르 최의 노래를 듣는다. 그도 어디선가 듣고 있다면 예세닌의 시를 빌어 화답하고 싶다.

"이 세상에서 죽는다는 것은 새로울 게 없네. 하지만 살아가는 것도 새로울 게 없네……. 안녕, 내 친구여." ✶

| 작품 평설 |

# 수필은 왜 영혼의 성장기록표인가

 수필은 작가의 진솔한 체험이다. 숱한 경험에서 이미 선택된 소재는 그러므로 작가의 의식과 무관할 수 없다. 작가의 연륜을 거스를 수 없기도 해서이지만 김윤정의 수필은 소재의 선택부터 다르다. 한마디로 젊다. 젊은 시인 기형도와 고독했던 수필가 박연구, 요절한 음악가 빅토르 최와 요절한 러시아의 시인 예세닌, 그의 시선은 불우한 예술가들의 초상을 더듬고 그들의 내밀한 슬픔을 뒤적인다. 배경음악으로는 장중한 첼로의 선율이 흐르고 편편의 글에서는 대부분 비가 내리고 있었다.

 어두운 심상에 깃들인 우수와 고독. 다소 감상적이기는 해도 비를 좋아하는 축축한 대기의 심성을 닮은 그녀만의 타고난 감성이 아닐까 한다. 따뜻한 감성과 지성의 조화야말로 작가가 갖춰야 할 기본 덕목이라고 하겠다.

 「악보를 넘기는 여자」

 첼로 독주가 시작되자 정작 첼리스트에게는 관심이 없고 공연이 시작되면서부터 피아노 반주자 옆에서 악보를 넘기는 여자에게 시선이 머문다. 조명을 비껴 앉아 자신의 역할을 겸손하게 수행하고 있는 페이지 터너.

한 악장이 끝나기 전, 그녀는 반주자의 시야를 가리지 않게 악보 위쪽으로 왼손을 뻗어 악보의 오른쪽 위 모서리를 살짝 꺾어서 다음 장을 약간 보여주고는 곡의 진행에 따라 페이지를 넘긴다. 세상에는 그녀처럼 보이지 않는 곳에서 묵묵히 제 할 일을 하는 사람들이 많다. 내가 알기로는 이 글을 쓴 작가도 그런 사람 중의 하나이다. 그녀는 반문한다. 나는 누군가에게 페이지 터너 같은 존재였던가? 혹 화성(和聲)을 무시하고 독주(獨奏)하려 들지는 않았는가?

낮은 음성으로 반문하는 이러한 자성(自省)과 관조의 시간은 인격과 수필을 다 함께 연마시킨다. 수필이 왜 영혼의 성장기록표인가를 알게 한다. 수필의 첫 번째 효용성이라고 하겠다.

'산은 정상을 보고 오르면 오르지 못한다. 바로 앞 계단을 보고 올라야 정상에 다다를 수 있다.'는 성찰. 한 계단 한 계단 성실하게 밟아 오르는 그녀의 걸음도 언젠가는 산의 정상에 이르게 되리라고 믿는다.

「렌즈 안의 슬픔」

늦은 밤, 맥주잔으로 갈증을 축이고 있다. 맥주를 마실 때면 저자는 이따금씩 매원(梅園) 박연구 선생을 떠올리게 되는 것은 잔 속에 그 외로움이 서려 있는 것 같아서라고 말한다. 오랫동안 『에세이문학』 사무실에서 선생을 모셨다. 가장 많은 시간을 함께 보낸 선생은 그녀를 다섯째 딸이라며 아껴주셨다. 2003년 3월 7일, 매원 선생은 혈액암으로 타계하셨다. 선생의 책상에는 늘 국화꽃 바구니가 놓여 있었다. 액자 속에서 웃고 있는 손녀의 사진까지 그대로 둔 채 100일 동안을 사무실 식구들과 함께 지냈다. 보랏빛 국화 꽃잎에 물을 뿌려주면서 저자는 아침마다 눈인사를 나눴다.

"안녕하세요." 그러면 매일 아침 그랬던 것처럼 "좋은 아침." 하고 반겨주시는 것 같았다. '내가 마음 편히 슬퍼할 시간이기도 했다'는 작가의 모습이 눈에 잡힌다. 과도에 손가락을 베어도 이상하게 피가 나지 않았는데 무언가에 상처를 입어도 아프지 않고 피가 나지도 않았을 때가 있듯이 그럴 수 있다면 얼마나 좋을까?

'선생님의 상처뿐인 영광은 과연 무엇을 위한 것이었을까' 이 질문 앞엔 평자도 숙연해지고 만다. 생업(生業)도 없이 오로지 '수필' 하나에 평생을 바쳐온 분께 던져진 수많은 돌. 『에세이문학』의 사유화'라는 오명은 애당초 성립될 수도 없는 일이었다. 저자는 국화 꽃잎들이 시들기 전, 사진기를 들고 책상 앞에 섰다.

'조그만 렌즈 안에 국화꽃이나 빈 의자 대신 어떤 비애가 담겨졌다. 순간 사진기와 맞닿은 나의 눈가에 자욱한 안개가 어렸다. 슬픔은, 그리움은 이런 것이구나.'

렌즈를 통해 형체도 없는 슬픔을 담아내다니……이는 작가의 기량이며 또한 수필을 읽는 묘미라고 하겠다.

「빅토르 최를 생각하다」

모스크바 대학로 아르바트 거리 2번지. 그곳에 카레이스키 한인 3세 빅토르 최를 추모하는 낙서벽이 있다. 시멘트가 벗겨진 낡고 허름한 벽면은 그룹 키노 시절의 공연 포스터와 얼마나 덧씌어졌는지 알아보기 조차 힘든 낙서들로 가득했다. 작가는 거기에서 자유를 갈망하는 사람들의 소리 없는 함성을 듣는다. 빅토르 최, 그는 건설회사 지하 보일러실의 화부로 들어가 밤새워 일하면서도 노래를 불렀다. 변화를 외치는 젊은이들의 가슴속을 파고들던 노래. 러시아 특유의 우울함과 반복되는 멜로디의 '내지르는 듯하면서도 절제된, 그리고 낮고 음울한 그 목소리. 어떤 슬픔이 내 영혼을 흔들고 지나가는 것 같았다고.'

빅토르 최의 음악에는 언제나 자유와 저항이라는 메시지가 깃발처럼 펄럭였다.

"오늘 나는 자유를 위해 모든 것을 희생할 수 있다."

이 말을 남긴 뒤 1990년 여름, 의문의 교통사고로 숨져졌다. 나이 겨우 28세. 작가는 여기에서 무엇을 말하고 싶었을까?

불꽃 같은 정열, 못다 피운 예술혼, 자유, 희생, 가난, 젊음, 죽음 이런 낱말들이 떠오른 것은 우연이 아니라고 생각된다.

— 선정위원 | 맹난자

빈방

분첩

등

등은 자신의 것이 아니라 바라보는 자의 것이다

## 김은주

**창작 노트** _ 겨울입니다.
밖으로만 향하던 몸의 기운이 이제 안에서 저절로 익습니다. 햇곡식을 팔아 강정을 빚어 봅니다. 고두밥을 찌고, 다시 말려 볶아 내는 손길이 찬바람이 불수록 바빠집니다. 사철 장만해 둔 재료들을 모아 음식을 만들다보니 그 사이로 글들이 잉태되고 다시 태어납니다. 그렇게 태어난 글 속에는 사철의 바람이, 몸의 기운을 절로 따뜻하게 하는 힘이 들어 있습니다. 제게 있어 글은 삶과 그리 멀리 있지 않습니다. 일하고 숨 쉬는 매순간이 곧 글입니다.

**약력** _ 2007년 『부산일보』, 『전북일보』 신춘문예 수필 당선. 평사리 토지문학제 수필 대상. 계간 『수필세계』 신인상 등단. e-mail:kej2246@hanmail.net

**2011 젊은수필**

## 빈방

홍매화가 붉게 핀 길 건너 할머니집이 전에 없이 부산하다. 마당 가득 사람이 북적대고 환하게 불도 밝혀져 있다.

집 앞 텃밭에 흙이 녹아 씨를 넣어야 할 때가 다 되었는데도 할머니는 기척이 없었다. 추운 겨울을 건너기 위해 아들네 집에라도 가셨나 싶었는데 오늘 밤 할머니는 조등(弔燈)으로 내 걸려 있다. 일 년 내도록 드나드는 사람 하나 없더니 오늘 보니 식구들도 참 많다. 보이지 않는 식구들이 저리 많은데 할머니는 겨우내 빈방에 사람을 들이고 싶어 그리 안달이셨나 보다.

나는 베란다 창틀에 기대 할머니 집 마당을 유리병 속처럼 내려다보고 서 있다. 바둑판처럼 늘 깨끗이 정돈되어 있던 마당에는, 생전에 할머니께서 애타게 그리던 사람들이 죽음을 맞이하고서야 비로소 하나 가득하다. 싸늘한 봄밤인데도 북적이는 사람들이 제법 훈기를 뿜는다. 왁자하니 살고 싶던 생전의 소원 하나를 죽음으로

서 이룬 듯하여 씁쓸하기 짝이 없다. 대문 위쪽 작은 콘크리트 공간에 심어진 라일락이며 영산홍 몇 그루는 할머니의 부재도 깨닫지 못한 듯 새잎으로 푸르기만 하다.

생전에 할머니 집 대문 앞 전봇대에는 일 년 내도록 낡은 쪽지 하나가 붙어 있었다.

"빈방 있슴. 우풍 업고 방 뜨시함."

굵은 매직펜으로 꾹꾹 눌러 쓴 그 글씨의 임자를 나는 보지 않고도 누군지 알고 있었다. 겨울이 다 가도록 비에 젖었다 떨어지고 나면 새롭게 나붙어 있던 광고 사이로 언뜻 할머니의 적막한 외로움이 바람에 흔들렸다. 아무리 주야장천 광고를 붙여놔도 빈방의 주인이 선뜻 나서지 않았음을 내내 붙어 있는 쪽지 하나로 미루어 짐작할 수 있었다.

비어 있는 방을 그저 주다시피 하겠다는데도 누구 하나 관심을 보이지 않았다. 방을 놓겠다는 것은 말뿐이었고 늘 한 쪽이 비어 있는 할머니의 마음을 훗훗하게 데워줄 사람의 온기를 찾았던 것이 아닐까. 반양옥의 낡은 연립주택은 할머니 굽은 등허리 마냥 매일 삭아가고 방은 올 겨울도 나가지 않았듯 광고는 여전히 전봇대에서 펄럭이고 있었다. 하체 보다 상체가 훨씬 짧은 할머니의 수북한 등허리는 누가 봐도 정상인 같아 보이지는 않았다. 그래서 그런지 골목안 사람들은 할머니와 이야기를 나누는 것조차 꺼리는 듯하였다. 할머니는 늘 혼자였다.

그런 할머니를 처음 만난 것은 골목길 안에 푸르게 자란 푸성귀를 보고 한 동안 넋을 놓고 있을 때였다. 그때 등 뒤에서 "새댁 상치 한줌 줄까" 하는 소리가 들렸다. 애써 장만해 놓은 남의 살림살이를 엿본 듯한 쑥스러움에 아니라며 나는 손사래를 치고 돌아섰다.

 다음날 아침 우유를 가지러 현관에 나서니 현관 손잡이에 검은 봉지 하나가 걸려 있었다. 조심스레 열어 보니 상추와 풋고추 몇 개가 들어 있었다. 금방 할머니가 한 것임을 알아차리고 촉촉이 습기 머금은 푸성귀를 들고 들어와 맛있게 먹었다.

 오후가 되어 막걸리 한 병을 사 들고 텃밭으로 내려갔다. 이번에는 어제 내가 한 것처럼 할머니가 손사래를 치셨다. 종일 군입 한번 다실 이야기 상대도 없던 할머니는 나를 보자 봇물 터지듯 이야기를 쏟아 놓으셨다. 막걸리도 한잔 드셨겠다, 당신 속을 들어주는 상대도 있겠다, 할머니의 수다는 가슴 밑바닥을 헹궈 밖으로 이야기를 내뱉는 듯 끝이 없었다.

 골목을 드나들며 쪽지가 바람에 떨어질듯 펄럭이면 나는 가던 길을 멈추고 손으로 꾹 눌러 다시 단단히 붙여놓고는 했다. 빈방에 사람 들기를 간절히 바라고 있는 할머니의 기다림을 누구보다 잘 아는 터라 나 역시 오가며 비어 있는 할머니의 한쪽 가슴에 누군가 세 들어오기를 간절히 바랐다. 쪽지가 떨어져 없어진 날이 할머니 집에 새로운 사람이 들었다는 증거일 터인데 그 쪽지는 주인을 찾지 못한 채 너덜거리며 봄을 맞았다.

 골목 안에 수많은 사람들이 오갔지만, 빈방의 안부는 고사하고 할머니가 이 세상을 하직하는 것조차 모두 몰랐던 것 같다. 도시 사람들의 단절된 생활상이 새삼 내 가슴을 치게 한다. 나 역시 눈만 뜨면 그 길을 오갔지만 할머니에게는 무심한 한 자락 바람 같은 이웃이었던 것이다. 집까지 지닌 할머니가 어디 먹을 것이 궁했을까? 생전에 늘 사람이 그리워 허덕이던 모습이 붉은 조등(弔燈) 아래 선연하다.

  매화 잎도 금방 바람에 날려 흔적 없이 사라질 것이다. 임종을 지켜보는 사람 하나 없이 홀로 떠나는 할머니. 비어 있던 가슴 한 구석을 끝내 채우지 못하고 빈방인 채 황천길로 가셨다. 천지가 꽃 몸살을 앓고 있는데 광고 이면지에 나붙어 있던 빈방의 광고는 주인을 잃고서 저 홀로 애처롭다.

  아무래도 삶이란 겪는 사람의 것이지 밖에서 바라보는 사람의 것은 분명 아닌 듯싶다. 뒤늦은 줄 알면서도 할머니의 비어 있는 방에 내 마음을 세 들여 본다.

# 분첩

분첩을 샀다. 까만 바탕에 자개가 촘촘히 박힌 분첩이다. 분첩 뚜껑을 장식하고 있는 조개껍질은 장미꽃으로 피어나 있다. 장미는 검은 뚜껑이 밤하늘이라도 된 냥 서로 줄기를 문 채 별처럼 반짝거리고 있다. 반짝이는 뚜껑을 열어 보니 케이스 가득 분이 담겨져 있다. 그 분을 살포시 누르고 있는 분 솔은 보랏빛 솜털이다. 젊은 사람 화장대에나 어울림직한 이 분첩을 나는 아흔을 바라보는 어머니께 드릴 요량으로 샀다.

삼월이 생신인 어머니께 무엇이 갖고 싶으냐고 물으니 주저없이 분첩이라고 하셨다. 파운데이션도 아니고 분첩이라는 말에 잠시 가슴이 울렁거렸다. 대지가 온통 새싹을 틔우기 위해 꿈틀거리는 봄날, 전화선을 타고 들려오는 노모의 목소리는 온통 나비 떼가 되어 내 귀에 날아들었다. 봄의 ㅂ과 분첩의 ㅂ은 묘한 조화를 이루는가 싶더니 나를 마구 흔들어댔다. 의심스러워 또 다시 묻는 내게 아이 같은 목소리로 또렷하게 분첩이라고 말씀하셨다. 바깥출입도 시원치 않은 어른이 무에 분첩이 필요하실까? 하는 것은 우리 젊은것들의 오만한 생각이고 팔순의 끝자락에 서 계시는 어머니는 그것이 그리도 갖고 싶었던 모양이다. 하기야 늙고 젊고를 떠나 여자가 느끼는 본능 가운데 가장 강렬한 것이 고와지고 싶은 욕구가 아닐까?

나는 육신의 기(氣)가 다해지면 그런 본능들도 제 빛깔을 잃는 줄 알았다. 하지만 생이 짧게 남아 있으면 있을수록 들끓는 욕구들이 더욱 아이처럼 단순 명료해진다는 사실을 새삼 깨닫게 되었다. 단지 내가 젊다는 이유 하나만으로 어머니의 첩첩 물속 같은 마음을 잠시 잊고 있었나 보다. 굴신조차 힘든 몸일지라도 타인에게 곱고 깨끗하게 보이고 싶은 마음은 누구나 똑같으리라.

분첩을 가만히 들여다보며 서쪽으로 완전히 기운 어머니의 남은 삶이 저 분이 닳아지는 동안만이라도 온전해야 할 텐데? 생각하니 금방 코끝이 미어져 왔다. 갈수록 짧게 남은 세월이 극명하게 제 모습을 드러내니 하늘에서 별이라도 따다 드리고 싶은 심정으로 이 분첩을 산 것이다.

그런데 몇 해 전 어울리지 않게 죽음 앞에 오롯이 앉아 있는 분첩을 눈물 그렁거리는 눈으로 바라본 적이 있다. 젊은 나이에 세상을 버린 친구의 염습실 시신대 위에서다. 불가해한 장막인 유리를 사이에 두고 삶과 죽음, 소리와 적막 그 사이에서 나는 분명 분첩을 봤다. 피 한 방울 흘리지 않으며 죽음의 풍경을 곱게 살 떠내던 염습사의 손에 분첩이 들려 있었다. 유리의 속성상 훤히 그 풍경을 볼 수는 있어도 갈 수는 없는 그 공간에서 육체와 영혼의 이별은 엄숙하게 치러졌다.

흰 천을 벗기자 망자의 몸이 드러났다. 염습사는 알코올로 정성스레 그녀의 몸을 닦아냈다. 수차례 반복된 수술로 그녀의 몸은 무너진 성벽 같았다. 폐허 같은 그녀 머리에 물을 뿌려 단정히 빗어주었다. 오른쪽으로는 관이 준비되어 있고 버선, 아랫도리, 윗도리 순으로 수의가 놓여 있었다.

염습사는 수분을 잃고 푸르뎅뎅해진 그녀 얼굴에 화장을 하기 시작했다. 염습사의 얼굴이 얼마나 진지한지 마치 거울을 보며 자신의 얼굴을 화장하는 듯했다. 굳어진 그녀의 입 꼬리를 당겨 올려 미소를 만들었다. 산자를 위한 위안이겠지만 그녀는 웃고 싶지 않은 듯했다. 망자의 입에 쌀을 넣더니 손톱과 발톱을 깎고 머리카락을 담아 몸에 끼워 넣었다. 염습사의 노력 때문인지 비로소 그녀의 얼굴이 평안해 보이기 시작했다. 그즈음 염습사는 눈길로 유리 밖 가족들을 불러들여 마지막 인사를 하게 했다. 오열하는 가족을 뒤로하고 머리까지 수의를 씌운 후 온몸을 꽁꽁 묶었다. 그녀는 그렇게 우리 곁을 떠나갔다.

시신대 위 여러 약품들 사이에서 처음 분첩을 발견했을 때는 적지 않게 놀랐었다. 생을 마감하는 사람에게 화장이 무슨 대수인가 싶었다. 한줌 재로 돌아갈 육신을 아름답게 꾸미는 일은 가당찮은 일이라고 생각했었다. 염습실 풍경 속에 놓여 있던 분첩은 마치 그곳에 있지 말아야 할 물건이 그곳에 있는 듯 낯설어 보였다. 그러나 염하는 모습을 남김없이 다 지켜본 후에야 조금씩 생각이 달라지기 시작했다. 겉돌기만 하던 분첩이 죽음과 어우러져 말랑한 반죽이 되어가고 있었다. 그 반죽은 딱딱한 내 사고를 녹이는가 싶더니 죽음 안에서도 여인은 아름답게 피어나야 함을 새삼 가르쳐 주었다. 살아 퍼득거리는 것에만 아름다움이 있는 줄 알았더니 아니다. 죽음 속에도 늙음 속에도 다 다른 빛깔의 아름다움이 존재하고 있었다. 화장대가 아닌 시신대 위에서 분첩은 제 몫을 다하고 있었다. 모름지기 여인의 아름다움은 참으로 귀한 것이다. 그 아름다움을 가꾸어주는 분첩 또한 소중한 물건임에 틀림이 없다. 세상을 밝히기도 하고 저승길을 환히 닦아낼 수도 있기에 더욱 그러한 것 같다.

지금 나는 난만하게 핀 꽃들을 보며 담티 고개를 넘고 있다. 차창밖에 보이는 꽃빛도 좋지만은 묵은 가지에서 돋는 연초록 새순이 더 볼 만하다. 꽃피는 젊음이야 그냥 두고 봐도 아름다울 터이고 오늘따라 묵은 가지에서 돋는 새싹이 더 아름답게 보이는 이유는 무엇일까?
    쇼핑백 깊숙이 들어앉은 분첩을 다시 한 번 꺼내 본다. 이 분첩이 어머니의 손에 가 꼭 화장을 목적으로 하지 않아도 좋을 것이다. 그저 고운 분첩 하나 수중에 간직함으로써 어머니의 마음속에 울울창창 숲이 우거지고 그 푸른 정기를 다 받아들여 지팡이 든 손에 물이 올랐으면 좋으련만. 절정을 향한 꽃들의 노동이 한창인 이때에 팔순 노모의 아이 같은 아름다움이 분첩 위에서 별이 되는 봄날, 검은 분첩을 들고 나는 지금 어머니에게로 가고 있다. ✸

# 등

사람의 등에는 일 만 마디의 언어가 숨어 있다.

직립의 삶을 가능하게 하는 산맥 같은 척추가 있어서 그런지 휜 등을 보고 있으면 참 깊고 무거워진다. 등의 반대 쪽인 앞을 보면 눈이라는 창과 입이라는 발설의 기관이 있어 상대의 심중을 쉽게 알아차릴 수 있게 되어 있다. 한데 등은 아무런 신호체계도 갖추지 못했지만 사람의 심금을 울리는 묘한 힘이 있다. 돌아앉은 사람의 등줄기를 보고 있자면 상대방 삶의 이력이 한 눈에 다 보인다. 등은 단 한마디도 내게 직설화법으로 말해오지는 않지만 대화나 시선이 없음에도 불구하고 무수한 언어들을 내게 전해 준다.

나는 지금 서로 다른 세 남자의 등을 바라보고 섰다. 그 세 사람은 나를 등지고 서서 영가를 기다리고 있다. 시침과 분침이 나란히 합일을 이룰 때 위패에 지방을 봉(封)하자 싸늘한 밤공기를 안고 보이지 않는 기운 하나가 제상 앞에 와 앉는다. 기다리던 우리는 비로소 제사를 지낸다. 먼저 술을 올린다. 나는 몇 발짝 뒤 주방에서 소반 가득 맑은 물 한 사발 떠 놓고 마른 주걱을 적시고 섰다. 젯밥 올릴 준비를 끝내고 서 있는 내 눈에 제일 먼저 들어오는 것은 나란히 선 삼대(三代)의 뒷모습이다.

칠순을 넘긴 아버님의 구부정한 등과 한창 갈기를 휘날리며 튀어오르는 남편의 등, 이제 막 물이 오를 대로 오른 아들 녀석 등이다. 같은 피붙이의 등인데도 다 다른 모습이다. 구부려 절을 한다. 굽은 아버님의 등은 납작한 가오리 마냥 쉽게 바닥에 밀착된다. 굽은 등이 엎드리고서야 제대로 펴진다. 자신을 낮추어야만 삶이 유해짐을 아시는 듯한 등이다. 그러나 남편의 등은 아직 설익다. 등짝이 아버님만큼 부드럽지 못하다. 절을 한답시고 엎드리긴 했지만 바닥으로부터 어설프게 들떠 있다. 앞으로의 세월이 저 풀기를 거둬 갈 것이다. 그 옆 아들 녀석의 등은 아예 엉덩이까지 들린 뻣뻣하기 이를 때 없는 모습이다.

술이 두어 순배 올려지고 도레미로 높낮이가 다른 등이 절하기를 멈추면 메밥을 푸기 시작한다. 한 김 나간 밥을 일구지도 않고 고봉으로 정성을 다해 밥그릇에 담는다. 그릇 안보다 밖으로 더 솟아오른 밥을 주걱에 물을 묻혀가며 다독거린다. 밥그릇에 밥알 모이듯 식구들의 마음도 차지게 모여들길 바라며 따끈한 탕국까지 올리고 나면 얼추 내 소임은 끝이 난다.

아들 녀석은 무릎을 꿇고 할아버지가 내미는 술잔에 술을 따른다. 그때 잠시 옆모습을 본다. 아직은 풋 살구 같은 저 녀석도 언젠가는 거친 세상과 마주할 날이 있으리라 거센 풍파에 갈고 갈리다

보면 할아버지의 등 모습을 반이라도 닮아 갈까. 그 길이 멀기만 하다. 세월이 쌓이지 않고는 감히 할아버지의 등을 어찌 닮을 수 있으랴. 다시 엎드린 아버님의 등이 숭고해보이기까지 한다.

나는 물 묻은 손을 닦고 한복으로 갈아 입는다. 제사가 진행 중인 대열에 끼여 두 손을 모으고 선다. 세 남자의 등과 나란히 서서 촛불에 일렁이는 옆모습을 바라본다.

세상의 모든 뒤는 앞만 못하다. 앞은 밝고 전진적이며 긍정적이다. 그에 반해 뒤는 정지한 듯 습하다. 때로는 사람의 마음을 턱 없이 깊게 하기도 한다. 누군가의 등을 바라보고 섰을 때의 수많은 생각들은 그 사람의 빛나는 눈을 보는 순간 안개 걷히듯 사라진다.

세 남자가 한발 물러서고 내가 술잔을 올린다. 병풍을 배경으로 타오르는 촛불이 바람에 심하게 흔들린다. 향불에 술잔을 돌리고 수저를 옮겨 놓는다. 바스락거리는 치마 소리를 들으며 두 손 모아 큰절을 올린다. 이제는 뒤에선 세 남자가 내 등을 지켜보고 섰다.

등은 자신의 것이 아니라 바라보는 자의 것이다. 상대가 나의 등을 바라봐 줄 뿐이지 스스로 내 등의 모습은 가늠할 수 없는 것이다. 보여지는 내 등은 어떤 모습일까 중년의 고개를 넘어 선 볼품없는 아낙의 모습은 아닐까. 내심 든든하고 뚝심 있는 종부(宗婦)의 모습으로 비쳐지길 바래본다. 한 사람의 등을 보며 세 남자는 무슨 생각을 할까. 절을 마저 끝내고 돌아설 즈음, 종일 음식준비로 고단한 내 등을 토닥이며 흘러내린 머리 몇 올 걷어 올려주는 손길이 있다. 누군가하고 돌아다보니 아버님이 웃고 계신다. 너무 많은 짐을 내 등에 올려놓으신 미안한 마음이 멋쩍은 웃음에 고스란히 묻어 있다.

서로의 등을 훤히 읽은 이 순간은 따로 말이 필요 없다. 무언의 기류가 서로를 넘나들며 고단한 마음자리를 읽어냈기 때문이다.

영가가 메를 드시는 동안 우리는 불을 끄고 잠시 물러나 있다. 잠시 후 헛기침을 두어 번하고 철상(撤床)을 한다. 지방을 들고 골목 밖으로 나서는 아버님의 뒤를 식솔 모두 따라 나선다. 열여드레 달빛이 머리 위에 쏟아진다. 지방에 불을 붙인다. 아버님은 흩어지려는 불길을 모아 하늘 위로 쳐 올린다. 소지종이는 나비 떼처럼 날아오른다. 좀 더 높이 하늘로 올리려는 아버님의 손길이 분주하고 바쁘다. 생의 뒤안길로 접어들은 듯 쓸쓸하기만 하던 아버님의 등이 하늘로 치켜 올린 두 팔로 인해 부채처럼 펼쳐진다. 헐렁해진 뒷춤과 굽은 등이 일순간 펴지며 달빛아래 환하다. 저 연세에 그만 하시길 참으로 다행이다 싶다. 식솔 모두 사라지는 영가를 향해 등 굽혀 인사를 한다.

머리를 숙인 세 남자의 등은 든든하고 환하다. 남자다움의 원천인 뱃심이 줄어들면서 아버님의 등을 받쳐주고 있던 엉덩이 살이 많이 빈약해진 것이 마음 아플 뿐 두 남자는 그만하면 대들보로 손색이 없어 뵌다. 서로 다른 등이 오늘 보니 참 많이 닮았다. 그 중에 아들 녀석의 등이 내게는 보이지 않는 희망이다. ✽

| 작품 평설 |

## 침묵을 깨우는 언어

　불랑쇼는 문학 언어는 기표(記標)와 기의(記意)로 조합된 언어체계가 나타내는 의미를 뛰어넘어 "바깥/본질"을 향해 움직이기 때문에 그 배후에 보이지 않게 존재하는 인간의 본질을 현시하게 하는 것이라고 했다. 그러므로 보이지 않는 본질의 현전(顯前)/부재를 찾아서 감지할 수 있는 것으로 들어내는 것이 작가의 작업이다.
　김은주는 세 작품에서 죽음의 배면(背面) 앞에서 삶을 조망한다. 무의식화된 생명의 유한성이 의식화될 때 인간은 존재에 대한 물음을 갖게 되어, 욕망을 걷어내고 본질에 다가가려고 한다. 그래서 이 작가는 죽음 앞에 서 있는 삶의 표층 밑에 숨겨진 본질적인 문제들을 걷어 올린다. 그곳에서 독자들은 뜻하지 않게 희미하게 존재하던 자신의 무의식을 뚜렷하게 보게 되고, 오랫동안 남아 있을 잔상의 흔적들을 갖게 된다. 이것은 작가가 사유를 통해 인간의 보편적인 삶의 원형들을 골라내어 그것을 표현하기에 적합한 언어를 찾기 위해 고심한 결과가 아닌가 생각한다.
　「빈방」에서 화자는 "빈방 있슴"이라는 광고를 보고 빈방이라는 단어를 따라 들어가다가 할머니의 빈 마음과 마주하게 된다. 아마도 그 연령의 할머니는 "왁자하니" 살았을 대가족 시대에 젊음을 보냈을 것이다. 그러나 핵가족 시대의 도래로 홀로 남겨진 그녀는 마음을 의지할 이웃을 찾는 손짓인 광고를 내 건다. 그러나 끝내 뜻을 이루지 못하고 숨을 거둔다. 아이러니컬하게도 삶으로부터 완전히 소외당한 시점에 그녀의 "마당 가득 사람이 북적"인다. 그 광고는 할머니와 화자를 연결하는 매개체이었지만, 화자 역시 진정한 이웃이 되지 못하고 "밖에서 바라보는 사람"의 역할로 끝이 난다.

할머니는 소외되어 있는 자신의 처지를 공개적으로 알리고 있지만 가족도, 화자를 포함한 "무심한 한 자락 바람 같은 이웃"도 빈방을 채워 소통할 정을 주지 못한다. 작가는 '광고'라는 소도구를 통해 존재의 외로움을 공표한다. 가족 사이, 부부 사이에도 채워줄 수 없는 빈방은 실존의 현전이다. 이 주제는 이십세기 중반부터 문학의 타 영역에서 많이 다루어 온 주제이지만 이 작품에서 작가가 구사하고 있는 언어와 결코 해소될 수 없는 실존의 소외에 대한 해석이 죽음으로 완결되면서 감정적 울림을 남겨준다.

「분첩」은 통상적 개념의 협소한 틀을 깨면서 글을 연다. 아흔을 바라보는 노모가 분첩을 가지고 싶다고 요구해 옴에 따라 화자의 마음이 혼란스러워지고, 독자들 또한 동요를 느낀다. 화자는 흔들리는 마음을 따라 들어가면서 사유의 시간을 갖는다. 아름다워지고 싶다는 생각이 젊은 시절의 한때 가지는 욕구가 아니고 욕구보다 더 확고한 본능일 것이라는 생각에 이른다. 노년의 어머니의 욕구를 이해하기 위해, 삶의 한계를 넘어서는 죽은 여인의 염습실에 놓인 분첩을 생각하면서 욕구의 정당성을 받아들이는 성숙의 단계에 이른다.

아름다움은 젊은 시절의 전유물이라는 고정관념을 깨뜨리면서 독자들이 마음을 열고 화자의 의식을 따라가는 동안 수긍할 수밖에 없도록 설득하는 글이다. 이것은 자성을 통해 무리 없이 추적해 가는 미에 대한 본능적 욕구와 섬세한 언어의 구사 때문일 것이다.

「등」에서 화자는 제상 앞에 서있는 삼대의 등에서 살아온 세월만큼의 경륜을 읽어내면서 죽음까지 걸어가고 있는 인생의 전 여정을 해석하고 있다. 특히 자신을 최대로 낮추는 행동인 절하는 모습을 묘사하면서 삶이 '등'의 표정을 변화시킬 수밖에 없을 만큼 만만치 않음과 풍파를 이길 힘은 겸손이라는 덕목임을 암시한다. 그 덕목을 터득한 성숙도가 살아온 세월만큼 차이를 보이며, 인간의 삶이 자아 성숙을 향해 가는 과정임을 보여주고 있다.

카메라의 렌즈처럼 감정이 절제된 정교한 언어는 독자들을 침묵하고 있는 미지의 '자아'에게로 안내한다. 그래서 그 시각적으로 생생한 제상 앞에서 자신의 등을 바라보며 자성의 시간을 갖게 한다.

작품이 인식을 넘어서 작가와 독자의 소통이 이루어지는 곳이 될 때에 독서의 즐거움과 보람이 생긴다. 그래서 좋은 작품을 읽으면 마음에 반향이 일어나고, 울림이 지속되면서 의식이 향상 되는 것을 느낀다. 그것은 작가의 사유의 깊이와 그것을 표현하는 언어가 어우러져 독자 안에 감추어진 침묵의 장소를 깨울 때에 일어날 수 있고, 그 반향을 일으키도록 작품을 쓰는 것이 작가의 사명이라고 할 수 있다.

이 작가는 별로 눈에 띠지 않는 사물들을 범상치 않은 사유를 통해 그 배후에 보이지 않는 본질적인 것을 감지할 수 있도록 독자들을 안내한다. 세 작품에서 삶의 한계인 죽음을 효과적으로 사용하면서 무의식화되어 있는 그 경계지점에서 편견 없이 삶을 바라보게 한다. 잘 가다듬어진 언어와 적절한 비유를 통해 독자들을 침묵하고 있는 미지의 자아가 있는 곳까지 안내하는 일을 훌륭하게 해 내었다. 앞으로 이 작가에게 규범적 수필에서 약간의 일탈을 기대해 보는 것은 욕심일까?

— **선정위원** | 오순자

**새에게는 길이 없다**

**바람의 현(絃)**

**겨울소리**

글쓰기는 내가 새가 되는 시간이다

## 김정화

**창작 노트** _ 글을 쓴다는 것은 기다림이다. 글감의 씨를 묻고, 행간 아래 글의 가지가 단단해질 때까지 하염없이 귀를 열어두는 일일 것이다. 작가는 풍요의 약속이 없어도 경작을 멈추지 않는다. 와르르 쏟아지는 글의 알곡. 그 사이로 연애 같은 글 한 줄 남기고 싶다면 지나친 욕심일까.

**약력** _ 2006년 『수필과비평』 등단. 경성대학교 대학원 국어국문학과 석사과정 수료. 한국문인협회, 부산문인협회, 부경수필문학회, 수필과비평작가회의 회원. 부산남구문인협회 사무국장, 부산남구신문 기자. e-mail:jung-0324@hanmail.net

2 0 1 1 젊은수필

# 새에게는 길이 없다

새를 만나는 일은 글을 쓰는 것만큼 행복하다. 글을 쓰는 것만큼 새를 만나는 일도 행복하다. 매일 아침 산책길에서 침묵으로 새를 만난다. 새와 나란히 걸으며 해송 사이로 밀려오는 갯바람과 사각대는 억새와 입선(立禪)에 든 겨울나무의 잔가지 떠는 미세한 소리에도 귀를 기울인다. 이러한 새의 몸짓이 내 상념의 잔가지를 흔들어 깨운다.

동살이 잡힐 무렵 공기의 부력으로 삼라만상을 회전시키는 새들을 볼 때면 새로운 세상으로의 여행을 꿈꾸기도 한다. 때로는 새의 비상 뒤에 남는 긴 여운에 기운이 빠지기도 하지만 비상 같은 글쓰기는 내가 새가 되는 시간이다. 가진 것 없으면서 가벼우나 단단한 날개로 하늘을 가르는 힘찬 몸짓에는 인간이 흉내 낼 수 없는 성스러움이 담겨 있다. 글도 그러리라 믿는다.

어릴 적에 사방이 논밭으로 둘러싸인 시골 외딴집에 살았다. 집 앞 개울의 갈대밭과 늪에는 무수한 종류의 새들이 찾아왔다. 종다리와 들꿩과 물닭 무리까지 계절을 잊지 않고 조용히 깃을 내리곤 했다. 그러던 어느 날 사람에게도 가히 위협적인 장대비가 갑자기 쏟아졌다. 때마침 어미새 한 마리가 온몸으로 비를 맞으며 논둑 둥지 속 알을 지키는 광경을 보게 되었다. 어떠한 외부 환경에도 꿈쩍하지 않는 부동의 자세는 모정을 뛰어넘어 차라리 초연함이었다. 그 박힌 상(像)은 어찌나 뚜렷하게 각인되었는지 지금도 간혹 빗속의 새를 만나면 쉽게 발길을 옮길 수 없다.

나의 글쓰기는 이십 년 전에 떠나온 고향을 처음 찾았을 때 시작되었다. 당시 한꺼번에 부모님을 잃게 된 어린 남매는 더 이상 그곳에 살지 못했다. 누군가에게 고향이라는 말만 들어도 가슴이 아리고 눈이 시려왔다. 그런데 우연히 철새들의 서식지인 우포늪에서 비상하는 새들의 소리를 듣다가 문득 내 고향에도 새들이 앉았던 자리가 남아 있을지 모른다는 기대감이 부풀어 올랐다. 그 아련한 기억이 힘겨운 발걸음을 이끈 것이다.

그 후 마음이 적적할 때면 고향 인근의 강과 저수지를 찾는다. 그곳에서 만나게 된 철새들이 나의 고적감을 차츰 치유해 주기 시작했다. 뻘흙 속에 발을 담그고 생명의 겨울 뿌리를 훑는 새들을 지켜보면서 고향은 뻘흙 같은 곳이 아닐까라고 생각한다. 수초가 겨울에도 싱싱한 뿌리를 내리듯이 그곳은 가시적인 공간이 아니라 원초적인 장소라고 여겨졌다. 가만히 생각하니 고향을 잃은 게 아니라 스스로 찾지 않았던 것이다. 청둥오리 떼가 화려한 군무로 귀향하는 모습을 본 날 처음으로 한 편의 글을 완성했다. 신성한 새의 몸짓은 허둥대던 마음을 일으켜 주었고 글 속의 마지막 방점은 여릿한 마음을 조금씩 아물게 해 주었다.

　새를 만나면 지금도 마음이 설렌다. 여행지에서 낯익은 새를 만날 때면 잃어버린 고향을 찾은 것처럼 가슴이 떨려온다. 노랑부리 저어새가 주둥이를 뻘물에 넣고 휘휘 젓는 모습에서 시골 어머니의 영락없는 주걱질을 떠올리기도 하며 노목(老木)에 앉은 곤줄박이를 볼 때면 아버지의 잿빛 중절모를 생각한다. 적도 부근의 섬에서 공중을 선회하던 사막새와 붉은 바위산 아래에서 깃털을 털고 있던 열대조의 몸짓도 잊을 수 없다. 글의 길을 가다 보면 이러한 새들과의 낯선 만남으로 묵었던 응어리가 슬며시 풀리기도 한다.

　언젠가 단테의 생가를 찾아서 피렌체 거리를 배회한 적이 있다. 중세 예술가들의 조각이 살아 숨쉬는 웅장한 광장을 지나 좁은 골목길로 들어서자 고풍스러운 건축물들이 당당히 버티고 있었다. 하늘로 치솟은 첨탑 지붕의 화려한 성당과 푸른 대리석 벽의 주택 창가에 놓인 제라늄 화분들이 눈부셨다.

　그 길을 걷던 내 가슴에는 또 다른 길 하나가 포개졌다. 이십 년 만에 찾았던 고향 강변길이다. 그리운 사람들이 떠난 후 철거된 집터와 진흙탕 사이로 겨울 바람만 불어오던 황량한 강둑이 시간을 깎아내고 있었다. 단테의 생가로 이어지는 길은 짧았고, 개발에 묻힌 고향길은 누적된 시간만큼 길었다. 이제 그 길들이 제각각 내 가슴 속 두 심실에서 글의 길로 이어내고 있다.

　그때 단테의 생가에서 본 흰종이새를 떠올린다. 가까스로 찾아간 생가는 이끼 낀 돌담으로 둘러싸여 있었다. 눈에 뜨인 것은 석벽에 걸린 단테의 토르소가 아니라 누군가 갓 붙인 것 같은 풀기 머금은 한 장의 흰 종이였다. 그 속에는 유리딱새 같은 오종종한 새 한 마리가 그려져 있는데 금방이라도 물기를 털며 뛰쳐나와 관목 사이로 숨어들 것만 같았다. 새의 크기와 색깔이며 연락처와 그동안 주인이 불렀던 이름까지도 꼼꼼히 적혀 있는 걸 보니 잃어버린 새를 찾는 내용으로 짐작되었다. 그 신선한 충격에 나는 한동안 말을 잃었다.

없어진 것에 대한 미련은 남게 마련이다. 날아가버린 새를 어디 가서 찾는다는 말인가. 주인은 새를 찾기 위한 마음으로 종이를 붙이지는 않았을 게다. '심우도' 속의 수행자가 인간 본성을 찾아가듯이 '신곡'에서 잃어버린 자아를 찾는 단테를 닮고자 행한 일이라 여겨진다. 단테가 베아트리체를 잊지 못해 밤마다 어루만졌던 석벽에서 어떤 이는 날아가버린 새의 온기를 그리워하고 작은 나라에서 온 여행자는 한동안 영감(靈感)의 새를 찾아서 서성거렸다.

새들의 소리를 들으면 마음의 귀가 열린다. 바다의 산책길에서 만나는 흰하늘새가 매일 아침마다 심상을 두드리는 소리를 들려주지만 나는 아직도 그것을 잘 듣지 못한다. 늘 설익기만 한 내 글은 고향의 울림과 새들의 소리가 절반도 담겨 있지 않다. 하지만, 새를 통해서 글의 눈을 뜨게 하고 또 다른 마음의 울림을 듣기 위해서라면 미조(迷鳥)를 찾아나서는 힘겨운 길몰이를 마다하지 않으려 한다.

하늘을 올려다본다. 그러나 새에게는 길이 없다. ✤

# 바람의 현(絃)




 나무가 허물을 벗는다. 조락의 계절에 못 이긴 둥치가 연어 비늘 같은 껍질을 떨어뜨리며 민둥한 속살을 드러낸다. 잎은 푸른데 잔설을 휘감은 흰 몸피가 주위의 오죽과 대비되면서 눈을 시리게 한다. 덩달아 술대를 스치는 바람이 잔가지를 파르르 흔들면서 음색 고운 거문고 소리를 낸다.
 지금 내가 우러러보고 나무가 나를 내려다보는 곳은 밀양의 호젓한 남천강변이다. 밀양역에서 한 시간 남짓 에돌아 월연정의 백송을 찾아온 길이다. 첫눈에도 처연한 백송은 세월을 죽이며 누구를 애타게 그리워한 듯 허리가 굽어 있다. 연약한 몸짓은 금방이라도 강물에 몸을 던지려는 듯 위태롭기만 하다. 청령포의 관음송과 예산의 추사 고택에 있는 백송이 반반한 평지에 당당하게 버티고 있다면 월연정 백송은 가파른 석벽에 몸을 간신히 붙인 채 바람을 맞는 형국이다. 강바람은 오죽 차가운가. 그 숨겨진 세월은 얕은 눈어

림으로는 가히 짐작할 수 없는 일이다.

흰색에는 고고함이 배어 있다. 백록이 그러하고 백학도 마찬가지다. 백송은 어릴 때 푸른 껍질을 가지지만 수령이 더해지면 하얀 몸피를 지닌다고 한다. 기품 있는 흰머리를 얹은 사람과 마찬가지다. 세월의 덧옷을 입은 성스러운 백발 줄기에서 무명옷으로 수절하는 가녀린 여인의 자태가 떠올려진다. 푸른 솔에 열사의 절개가 깃들어 있고 군자의 덕이 묻어난다면 흰 소나무에는 여인의 향기가 숨어 있겠다 싶다. 나무가 세월 따라 모습을 달리하는 것은 어쩌면 나름의 아픔을 삭이기 때문이라고 여겨진다.

나무도 인연을 만든다. 사람과 사람 사이뿐만 아니라 나무와 사람 사이에도 애틋한 애정으로 맺어진 연(緣)이 생겨난다. 관음송에 귀 기울이면 단종의 애련이 오백 년을 거슬러 들려오고, 추사백송에 다가서면 김정희 선생의 묵향을 맡을 수 있게 된다. 이곳 월연정 백송은 누구와의 인연을 잊지 못해 잔가지를 흔들어 애잔한 바람소리를 내고 있을까.

백송의 가지 끝이 월연정 팔작지붕을 향하고 있다. 부연 끝이 하늘을 향해 휘어졌고 솟을각이 아직도 꼿꼿하지만 빛바랜 기와지붕과 퇴락한 정자의 툇마루는 늦가을 마른 잎처럼 허하게만 보인다. 회칠이 벗겨진 대들보에는 길손의 손자국이 남아 그나마 매끈한 빛을 낸다. 이끼 낀 돌담 밖에는 동체 굵은 은행나무 한 그루가 옛 시절의 영화를 말해 준다. 그 당당한 정자의 모퉁이에 숨어 있는 백송은 몰락한 가문을 지켜 온 마지막 정절녀랄까. 텅 빈 정자를 지키는 그 몸새가 차라리 서릿발이다.

나무는 바람의 현이라는 생각이 든다. 봄 살 속으로 파고드는 소소리 바람은 매향을 실어 오고, 첫가을의 골짜기를 따라 이는 서늘 바람에는 산구절초 흔들리는 서러움이 담겨 있다. 그렇다면 백송은 바람무덤 속에 서 있는 여윈 미라라 하겠다. 바람무덤 속에서 백골송(白骨松)으로 지금껏 버티는 이유는 그리움을 사리마냥 보듬고 있어서다.

백골송을 닮은 남자를 본 적이 있다. 계룡산 자락에 있는 자연사박물관에 갔을 때, 눈에 뜨인 것은 물기 하나 없는 배배 마른 몸으로 육백 년 세월에도 견디며 꼿꼿한 기개로 버텨온 미라였다. 유럽의 미라와 사뭇 달랐다. 고대 이집트 미라가 뇌를 들어내어 생각을 멈춘 채 서느런 몸짓으로 누워 있다면 자연사박물관에 안치된 천연 미라는 긴 꿈을 꾸고 있는 듯했다.

장작개비 남자가 빈 가슴을 안고 누워 있었다. 학봉 장군으로 명명된 그는 장기가 모두 내려앉아 가슴 부분이 텅 비어 있다고 한다. 수천 병사를 지휘하는 장군으로 냉철한 판단이 필요하였기에 가벼운 감정 따위는 모두 비워 내었는지, 아니면 쇳덩이 같은 고뇌의 등짐에 짓눌려 버렸는지는 알 수 없다. 장군인들 어찌 감정이 없을까. 닿지 못한 인연에 대한 그리움으로 심장이 삭아버렸을 수도 있겠다. 위장에서 송홧가루의 흔적이 발견되었다니 애절한 그리움이 송홧가루로 남아 육백 년 동안 함께 버틴 것이 아닐까.

잔월이 월연정 돌담 사이로 떠오른다. 달빛이 머무는 연못가에 지어 월연정이라 불리는가 보다. 백송의 야윈 가지가 바람에 흔들리면서 그믐 여린 달이 가지 위에 흰 꽃으로 얹힌다. 은어빛 가지에서 달꽃 터지는 소리가 난다. 골바람이 좀 더 세게 분다면 굽이쳐 흐르는 수면 위에는 꽃 그림자가 가득할 것만 같다. 그러면 솔은 더욱 바람을 반길 것이니 백골송(白骨松)이 아니라 백화송(百花松)이라 부를 만하다.

　백화송 가지에 찰나의 순간 동안 바람이 얹힌다. 가만히 지켜보면 가지는 우는 것이 아니라 전율의 몸을 떤다. 연주자가 거문고의 현을 켜듯 바람이 가지를 켜는 것이다. 지난여름 내내 붉은 이야기를 피워 올리던 배롱나무도 백송 곁으로 다가선다. 여린 듯 강인한 백송의 몸피를 닮으려는 몸짓이다. 그 모습에 감전이 된 나도 미더운 사람 같은 나무에게 바싹 다가선다. 백화송을 스쳐 흐르던 바람이 가슴 안으로 흐른다. 내 몸도 현이 되어 소리없이 떨린다.

　가끔은 백화송 곁에서 꿈꾸는 미라가 되고 싶다.

# 겨울소리

하늘에 빗금이 그려진다.
수리새 한 마리가 태양을 향해 솟아오른다. 바람에 커다란 날개를 내맡긴 채 가끔씩 물결치는 몸짓은, 인간이 아무리 많이 가져도 자신보다 행복하지 않음을 보여주는 듯하다. 문맹을 깨쳐 만물을 다스린다 하나 두 발로 무겁게 디디는 한, 마음껏 자유로울 수는 없는 일이다. 새들은 가벼운 깃털의 흔들림만으로 하늘을 온통 차지했으니 어찌 물질로 행복을 저울질할 수 있을까. 어떤 것에도 얽매이지 않는 새들의 비상이 부럽기만 하다.
더 가까이에서 새들의 군락이 보고 싶어졌다. 서쪽으로 제법 기울기는 했으나 남은 햇살은 충분했다. 고속도로를 여기저기 달리면서 지나쳤던 산들을 곰곰이 생각하니 새들의 모습이었다고 여겨진다. 단풍으로 불이 붙은 늦가을 가지산은 청둥오리들의 군무였고, 동학사에서 본 겨울 계룡산은 타버린 재로 덮인 양 금방이라도 휘파랑새가 나타날 듯하였다. 지난해, 차창 밖으로 지나쳤던 화왕산은 잔설로 물기 머금은 한 마리 도요새마냥 기운을 뿜어내고 있었다. 산처럼 들도 새를 맞이하는 뜨락임은 마찬가지다.

인적이 드문 우포늪은 자연의 소리로 광활하다. 바싹 마른 갈대잎은 겨울바람으로 몸을 비비고 작은 물떼새들은 종종거리며 자맥질하고 있다. 고개를 낮춰 귀기울이니 늪에 서식하는 수생식물의 숨소리마저 들리는 듯하다. 저 멀리 쪽지벌에서 '훗호훗호' 하는 고니의 외침이 울려오면 기러기 떼는 '과우우우' 답하며 깃털을 털기 시작한다. 박자 없이 소리치는 새들의 울음소리가 승전보를 안고 오는 군사들의 함성을 닮았다. 닫힌 마음에서 모처럼 시원스레 회오리바람이 인다.

울음소리. 나도 저 새들처럼 한때 무척 소리를 질렀다. 격정에 사로잡혔을 때, 실패에 대해서 발 동동 구르며 안타까워 고함치고, 억울함에 대해서는 분노로 대들었다. 뜻밖의 이별에 대해서는 세상을 향해 서러운 통곡을 하였다. 그 시간들도 세월에 묻히는 운명을 지녔는지, 이제는 숨비 소리가 가슴에서 낮게 들려올 뿐이다.

탐조. 서두르지 않고 지그시 겨울 철새들을 바라본다. 새를 살피는 일이란 원시시대를 만나는 길이다. 나는 두 손에 갈돌을 든 유목인이 되어 중생대 시기에는 호수였을 늪둑을 따라 천천히 걷는다. 청둥오리 떼들이 귀향을 위해 몸을 키우느라 뻘흙 속에서 먹잇감을 찾고, 풀씨를 찾는 쇠기러기들은 발자국을 부지런히 남긴다. 가끔씩 무리에서 벗어난 서너 마리가 북녘 고향을 응시하기도 한다. 새를 살피다 보면 내 발이 오래 그 자리에 박혀 있으면 싶다.

출현. 은빛 털을 가진 큰고니 한 마리가 갈대 사이로 모습을 드러낸다. 늙은 소나무 사이로 비친 석양을 등에 업고 외발로 곧추 선 자세에서 생명의 기운을 전해 받는다. 저 새도 혹한기를 피할 시베리아를 꿈꾸겠지. 상처로 얼룩져도 돌아갈 고향이 있다면 그나마 다행한 삶이다 싶다. 그러지 못한 처지라면 고향이라는 말만 들어도 휑한 바람이 일 게다.

두어 달 전의 일이다. 새내기 운전자가 되어 이십 년 만에 고향 마을을 찾았다. 예전의 마을이었던 들판에는 넓은 도로가 뻗어 있고, 유년시절의 사람들과 동네 집들은 사라진 지 오래였다. 둑방길을 따라 한참 걸어가니 조그만 집터가 나왔다. 나온 게 아니라 외딴집 흔적을 가까스로 찾아낸 것이다. 흙덩이 사이로 땅을 밟아보았다. 마당에 그림자를 드리우던 무화과 잎사귀가 흔들리는 듯한 환영이 비쳤다. 가끔씩 얼룩무늬 비비새가 쉬어가던 작은 개울과 닭 무리가 놀던 갈대숲 자국도 조금은 남아 있었다. 하지만 그들의 소리들은 온데간데 없었다.

무엇보다 아쉬운 소멸은 초가집 추녀에 달린 제비집이다. 비가 내리는 날에 어미새는 새끼제비를 위해 좁은 제비집에 들어가지 않고 전깃줄에 앉아 비를 흠뻑 맞았다. 그러고 보니 어머니도 비가 오면 늘 부엌으로 나가서 시간을 보냈다. 퀭한 제비 모습에 철없는 자식들만 남겨두고 이십 년 전에 떠난 부모님이 겹쳐지면서 가슴이 후루룩 비로 젖는다. 부모가 되는 일은 온몸을 적시는 희생이라던 어머니의 말이 자식을 키우면서 비로소 제비 소리와 함께 떠오른다.

갈대 사이로 보이는 세상이 편안하다 하면서 두어 시간을 앉아 있었다. 겨울 소나무 사이로 비치는 여린 석양이 따스하다 느끼면서, 구름 사이로 휘이휘이 나는 저 새들을 닮고 싶다 하면서, '엘 콘도 파사'를 조용히 흥얼거려 본다.

인간은 날지 못하는 새다. 마추피추를 떠날 수밖에 없었던 고대 잉카인들도 자신이 새였으면 하고 바랐을 것이다. 살던 곳을 잃고 쫓겨난 콘도르처럼 나 또한 겨울철새의 무리에서 뒤처진 한 마리 새가 아닐까 싶다. 씁쓰레한 마음을 피하듯 고개를 내리니, 물 속에는 깃털을 드리운 내 그림자가 이미 반쯤 흔들리고 있다.

늪 가장자리에서 겨울 풋바람이 매섭게 밀려온다. 얼마 후면 저 새들도 귀향할 게고 새 울음으로 충만한 저곳은 한동안 정적의 늪으로 남을 게다. 하지만 봄이 되면 남쪽에서 날아온 도요새들이 두런거리며 한철 집을 지을 것이다. 빛살을 맞은 연녹색 매자기 군락 안으로 논병아리들도 오종종 몸을 드러내고, 왜가리가 골풀 사이로 의연한 자태를 한껏 뽐내면 다시 늪은 활기를 돋우리라.

늪은 매년 침묵으로 새들을 기다린다. 불현듯 내 고향도 언제나 그곳에 자리매김하고 있다는 생각에 갑자기 발걸음이 급해진다. 멀리 고향마을에서 연기 같은 훈김이 뭉클 불어오는 듯하다. 겨울 저녁의 우포늪이 다시 활기로 꿈틀대기 시작한다.

이제 비·상·이·다. ✈

| 작품 평설 |

## 그녀는 왜 비상(飛上)을 꿈꾸는가

   새를 만나는 일은 글을 쓰는 것만큼 행복하다. 글을 쓰는 것만큼 새를 만나는 일도 행복하다고 저자는 「새에게는 길이 없다」의 모두에서 밝히고 있다.
   왜 새를 만나는 일과 글을 쓰는 일이 그녀를 행복하게 하는가? 이 단서를 찾는 것이 김정화 문학의 발화점을 아는 일이 될 것이다.

「새에게는 길이 없다」
   '나의 글쓰기는 이십 년 전에 떠나온 고향을 찾았을 때 시작되었다.'고 하는 고백으로부터 당시 한꺼번에 부모님을 잃게 된 저자의 남매는 더 이상 그곳에 살 수 없었다. 사방이 논밭으로 둘러싸인 시골 외딴집. 집 앞 개울의 갈대밭과 늪에는 많은 새들이 찾아왔다. 종다리와 들꿩과 물닭 무리까지 계절을 잊지 않고 조용히 깃을 내리곤 했다. 그러던 어느 날, 어미새 한 마리가 장대비를 온몸으로 맞으며 논둑 둥지 속 알을 지키고 있는 현장을 목격하게 된다. 그날 빗속에서 각인된 새의 모성은 자신의 둥지 잃은 실향(失鄕)의 이미지로 연결되어 무의식에 저장된다. 그는 마음이 적적할 때마다 고향 인근의 강과 저수지를 찾는다. 여행지에서 낯익은 새를 만나게 되면 잃어버린 고향을 찾은 것처럼 가슴이 떨려오곤 했던 것이다. 어떤 때는 새에게서 육친의 모습을 발견한다.

"노랑부리저어새가 주둥이를 뻘물에 넣고 휘젓는 모습에서 시골 어머니의 영락없는 주걱질을 떠올리기도 하며, 노목(老木)에 앉은 곤줄박이를 볼 때면 아버지의 잿빛 중절모를 생각한다. …… 글의 길을 가다 보면 이러한 새들과의 낯선 만남으로 묵었던 응어리가 슬며시 풀리기도 한다."고 적고 있다.

왜 새들의 낯선 만남으로 응어리가 풀리는가?

문제 속에 답이 있다. 적적할 때마다 찾던 고향의 철새들이 '나의 고적감을 차츰 치유해 주기 시작했으며' 뻘흙 속에 발을 담그고 생명의 겨울 뿌리를 훑는 새들을 지켜보면서 고향은 뻘흙 같은 곳이 아닐까하는 생각에 사로잡히게 되는 것이다.

처음으로 한 편의 글을 완성한 날도 청둥오리 떼가 화려한 군무로 귀향하는 모습을 본 날이었다. 청둥오리는 저자의 분신이며 귀향(歸鄕)은 내가 떠나온 나의 본향으로 돌아가는 것. 새와 고향과 글쓰기는 동열(同列)에 있다.

'하늘을 올려다보니 새에게는 길이 없다.'

그럼에도 새들은 높이 비상하고 있지 않은가. 보이지 않는 글의 길을 찾아가는 것, 각자의 몫이다. 그것이 행복한 까닭은 귀향으로의 비상이기 때문이리라.


「바람의 현(絃)」

나무가 허물을 벗고. 민둥한 속살을 드러낸다. 잎은 푸른데 잔설을 휘감은 흰 몸피가 눈을 시리게 한다. 바람이 잔가지를 흔들면서 거문고 소리를 낸다. 바람이 나무를 켜는 것이다. 나무는 바람의 현(絃)이다.

밀양역에서 한 시간 남짓 에돌아 월연정의 백송(白松)을 찾았다. 가파른 석벽에 몸을 간신히 붙인 채 바람을 맞고 있는 백송. 백송은 어릴 때 푸른 껍질을 가지지만 수령이 더해지면 하얀 몸피를 지닌다고 한다. 기품 있는 흰머리를 얹은 사람으로, 무명옷을 입고 수절하는 몰락한 가문의 정절녀로 환치된다.

'누구와의 인연을 잊지 못해 잔가지를 흔들어 애잔한 바람소리를 내고 있을까?' 백송의 두 번째 이미지는 계룡산 자락의 '자연사박물관'에서 본 미라로 환치된다. "바람무덤 속에서 백골송(白骨松)으로 지금껏 버티는 이유는 그리움을 사리마냥 보듬고 있어서다." 수천의 병사를 지휘하던 학봉장군으로 밝혀진 그 미라는 가슴 부분이 텅 비어 있었다. 위장에서 송홧가루의 흔적이 발견되었다니 애절한 그리움이 송홧가루로 남아 육백 년 동안 함께 버틴 것이 아닐까?

그러니까 바람이 켜내는 것은 애절한 그리움이다. 월연정 돌담 사이로 마침 그믐달이 떠올라 백송 가지 위에 '흰꽃'으로 얹힌다. 세찬 바람에 꽃 그림자가 수면에 가득할 것만 같다. "그러면 솔은 더욱 바람을 반길 것이니 백골송이 아니라 백화송(百花松)이라 부를만하다."

백송→정절녀→흰 미라의 백골송(白骨松)→백화송(百花松)까지의 비유는 상상 속에서는 가능하다. 그러나 문제는 결미다. "가끔은 백화송 곁에서 꿈꾸는 미라가 되고 싶다."는 그 꿈조차 사상누각이 되고 말 것이기 때문이다. 그믐달이 백송가지 위에 흰 꽃으로 얹힌 그것의 백화송(百花松)이라는 이미지는 현실성의 결여로 설득력이 부족하다. 무리한 비약이 아닌가 한다.

김정화 105

수필은 뜻글이다. 수식이 많은 글은 읽는데 글 줄기의 흐름을 방해한다. 수필의 문장이 진솔해야 하는 이유이다.

「겨울소리」
하늘에 빗금이 그려진다. 수리새 한 마리가 태양을 향해 솟아오른다. 어떤 것에도 얽매이지 않는 새들의 비상이 부럽기만 하다. 인적이 드문 우포늪을 찾았다.

"저 멀리 쪽지벌에서 '훗호훗호'하는 고니의 외침이 울려오면 기러기 떼는 '과우우우' 답하며 깃털을 털기 시작한다. 박자 없이 소리치는 새들의 울음소리가 승전보를 안고 오는 군사들의 함성을 닮았다. 닫힌 마음에서 모처럼 시원스레 회오리바람이 인다."

저자는 서두르지 않고 겨울 철새들을 바라본다. 무리에서 벗어난 서너 마리가 북녘 고향을 응시하기도 한다. 큰 고니 한 마리가 석양을 등에 업고 외발로 곧추 서 있다. 저 새도 혹한기를 피할 시베리아를 꿈꾸겠지. 상처로 얼룩져도 돌아갈 고향이 있다는 것은 얼마나 다행한 일인가. 살던 곳을 잃고 쫓겨난 콘도르처럼 '나 또한 겨울 철새의 무리에서 뒤처진 한 마리 새가 아닐까' 반문하는 것이다.

그러나 새들의 귀향으로 적막해진 우포늪은 봄이 되면 다시 활기를 돋우리라. 불현듯 고향마을에서 연기 같은 훈김이 뭉클 불어오는 듯하다고.

비로소 이제 그는 나를 수 있게 된 것이 아닐까. 숱한 날개 짓을 통해 마침내 글의 길을 찾았다.

수리새 한 마리가 하늘에 빗금을 그으며 태양을 향해 높이 솟아오른다. 비상(飛上)이다. 이런 힘이 바로 문학의 효용이 아닐까 한다.

— 선정위원 | 맹난자

꿈꾸는 발바닥

여자 속의 여자

십구문반(十九文半)

낮은 자세로 자신을 비우지 않고는 출구는 없다

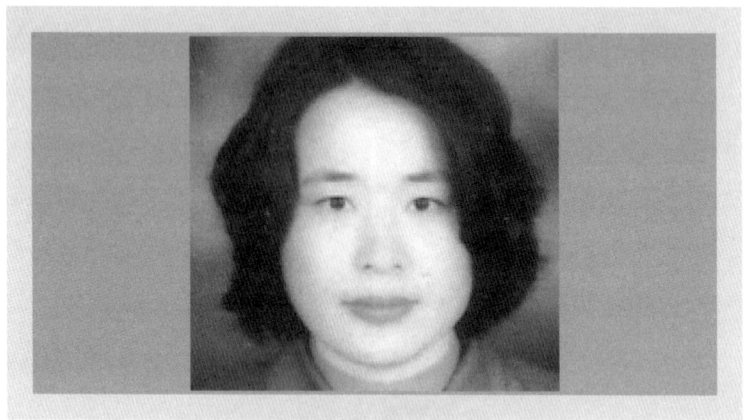

## 남태희

**창작 노트** _ 가끔 너는 왜 글을 쓰려고 하느냐 하는 물음을 스스로에게 던진다.
다 끝마치지 못한 숙제처럼 풀리지 않는 문장을 들고 끙끙거릴 때 왜 하필이면? 하고 되묻고는 한다.
생각 끝에 얻는 결론은 자신이 둥글지 못하기 때문이란 생각이다. 서운했던 마음, 미웠던 마음, 다쳤던 마음, 결핍과 상실의 마음들을 쉽게 놓지 못하고 오래 두어 묵히는 못된 버릇 탓이라 여긴다.
오래 두어 삭히다 보니 내 안의 미안함이 스스로 툭툭 불거져 이제 그 모든 대상들에게 화해를 청한다. 그래도 못난 마음에 손길을 내밀어 악수를 청하지 못하고 쭈뼛쭈뼛 엉성한 글로 속을 보인다.
내가 글을 쓰는 이유, 그것은 자신과 상대에게 전하는 화해의 손짓이고 소통의 몸짓이다. 속살을 보이듯 부끄럽지만, 찬 손을 베인 듯 아리지만 그래야 내가 살 수 있는 숨골이다.

**약력** _ 경북 울진 출생. 2008년 월간 『수필문학』으로 등단. 한국수필문학가협회, 수필문학부산 작가회, 부산수필문인협회 부경문학회 회원. e-mail:bluerain1124@yahoo.co.kr

2011 젊은수필

## 꿈꾸는 발바닥

아스라한 계단을 오른다. 몸 하나 겨우 빠져나가지는 수직의 녹슨 계단을 부숴버릴 듯 잡고 한발씩 내닫는다. 한참을 오르자 땀과 벗겨진 페인트 조각, 녹들이 엉켜 손바닥에 젖은 모래알들이 구르는 듯하다. 얼마나 더 올라야 할까. 막막한 마음에 위를 향하지만, 어둠은 이마저도 가늠하지 못하게 한다.

갑자기 가슴이 답답해져 온다. 신발을 벗어버리고 난간 한 귀퉁이에 쓱쓱 발을 문지르고 싶다. 어쩌다 공장의 굴뚝 속 같은 곳으로 들어온 건가. 한쪽 팔을 뻗어 어두운 허공을 휘저어 본다. 뭔가 잡히는 것만 같다. 반가운 마음에 더듬어 보니 차가운 양철의 느낌과 함께 또 다른 통로다. 환풍구인지 더욱 좁다. 철조망을 기어 넘는 훈련병도 지금 이런 기분은 아닐 거다. 온몸으로 굴러 길을 가는 속 보이는 한 마리 애벌레가 된 자신을 본다. 자신이 삼킨 모든 것과 배설할 것들마저 훤히 보이는 부끄러운 몸통을 이리저리 움직인다.

저 끝 숭숭 뚫린 못 구멍 사이로 햇살이 샤워기 꼭지를 틀어 둔 듯 쏟아진다. 너무나 눈부셔 눈을 감는다. 기쁨에 겨워 무릎걸음으로 총총히 달려가 힘껏 밀어 본다. 하나 또 다른 길이다. 이번에는 ㄱ자로 꺾인 어려운 길이다. 울고 싶은 마음을 달래며 이번이 마지막일 거라 자신을 다독인다. 너무나 비좁은 ㄱ자 통로에 ㄱ자로 꺾인 허리를 더는 빼지 못한 채 흐느끼며 발버둥을 친다.

아주 어릴 때 동상을 앓은 적이 있다. 동상이 심하지는 않았지만 겨울이 다가오면 발이 간지러워 벽 모서리마다 발바닥을 대고 긁어댔다. 차가운 콩 자루 속에 발을 넣고 자기도 했다. 초등학생이 되었을 적에는 고통이 심해서 송곳으로 구멍을 내면 검붉은 피와 함께 얼음알갱이가 셔벗처럼 쏟아내리지 않을까 했다.

나이가 들수록 증상은 깊어 갔다. 계절에 상관없이 마음이 답답하거나 어려운 문제에 부딪힐 때면 여지없이 발바닥이 간지러워 견딜 수 없게 되었다. 마치 답답증은 곧 간지러움이란 공식이 학습된 게 아닌가 할 정도였다. 오랜 시간 동안 정체된 문제로 힘들어 할 때나 풀리지 않는 수학문제라든지 뙤약볕 아래서 타들어가는 윤기 잃은 노랑 머릿결을 가진 여자를 볼 때 가슴이 꽉 막혀오면서 간지럼증이 일었다.

요즘도 가끔 허튼 욕심들이 북적북적 괴어오르거나 갈등과 번민이 끊이지 않고 지속적으로 계속될 때 한번씩 발이 간지러워진다. 조여드는, 숨이 쉬어질 것 같지 않은 밀폐된 느낌은 발의 곰지락거림과 함께 시작되어 신발을 벗어버리고 싶은 충동으로 다가온다. 그럴 때면 사람이 보지 않는 곳에서 신발을 벗는다.

한동안 꾸지 않던 꿈을 꾸었다. 아주 비좁은 공간을 빠져 나아가는 꿈이다. 캄캄한 터널같기도 하고 가동을 멈춘 공장의 굴뚝같기도 한, 때로는 낮은 통로를 두려움을 안고 간다. 몸을 뉘여야만 기어갈 수 있는 이 길을 몇 번이고 왔음을 꿈속에서도 인지한다. 때로는 흐느끼는 소리가 들린다. 지금 내가 울고 있구나. 이것은 꿈이야 깨어야 해 하고 자신에게 말한다. 의식과 무의식의 경계선에서조차 자신에게 좀 더 유리한 쪽으로 꿈을 이어간다. 솜이불의 무게감이 서서히 느껴진다. 더워진 갑갑한 발을 꺼내고 싶다.

 꿈에서 깨어 침대 머리에 등을 기대고 어슴푸레한 벽을 응시한다. 가끔 지금 걷는 길이 진정 가고자 하는 길인가하는 의문이 생기는 경우가 있다. 헝클어진 머릿결처럼 풀리지 않는 일들, 펼쳐 놓은 것들조차 남루하여 숨고만 싶을 때가 그러하다. 진솔하게 살아야지 하면 벌거숭이처럼 부끄러움만 가득하고 갖은 수사를 동원하여 공들이면 어릿광대마냥 분장한 모양이 서글프게 도드라진다. 자신의 모습을 보지 못하면 차라리 용감해지기라도 하련만……, 마음에는 추적추적 비가 내리고 이방인 되어 몇 달을 헤맸다.

 네모난 방, 사각의 침대 위에서 몸의 흔적으로 구겨진 이불 속 두 발을 꺼내어 본다. 볼펜 한 자루를 집어 발 가운데 오목자리를 꾹 눌러 본다. 간지럼을 몰아내고 기분 좋은 아픔이 물비늘처럼 번진다.

 너는 어쩌자고 이렇게 예민한 촉수를 가졌냐고 묻고 싶다. 짧은 열 개의 촉수를 꼼지락거리며 내 전부를 읽고 있는 발은 이제 꿈속까지 거닐고 있다. 가슴 가장 멀리서 나를 제일 먼저 느끼는 녀석이 영악하게도 신호를 보낸다. 서서히 배인 생활의 군내도, 덧없는 욕심도, 토해내지 못한 열정도 그에게는 들켜버린다. 녀석은 어렵게 삼켜 가라앉힌 침전물들을 분석한다. 쓰레기통 속의 찢어버린 메모지를 맞추듯 기어이 알아내어 보란 듯이 불쑥 들추어낸다.

꿈길을 헤매다 온 발을 보니 겸연쩍어진다. 끝나지 않는 바람의 무게를 고스란히 이고서 밤낮으로 걷고 있는 쉬지 못하는 두 발바닥에는 굳은살이 박히었다. 가장 낮은 자세로 자신을 비우지 않고는 출구는 없다고, 튼튼한 사다리 하나도 준비하지 못한 채 날기만을 바라는 심보는 또 무어냐고 묻는 듯하다. 언제나 속을 들킨다는 건 썩 내키지 않는 일이어서 두 손으로 눈을 가리듯 발을 감싸 본다.

더운 열기를 찬 손으로 식힌다. 갖추지 못하고 웃자라고 있는 꿈은 날 선 욕심일 뿐이라고 이 밤 발이 내게 말하고 있다.

발이 아직 뜨겁다.

## 여자 속의 여자

 귀가한 남편이 수상쩍다. 누구를 두고 하는 말인지 모르나 시쳇말로 코드가 맞지 않다고 밑도 끝도 없는 말을 툭 던진다. 앞뒤를 알고 보니 여자 동창생이 회사로 불쑥 찾아와서 골프장에서 머리를 올렸다며 자기 자랑만 떠벌리다가 갔다고 덧붙였다. 필드에 처음 나가는 걸 말하는 모양이다. 더군다나 요즘 젊은 사람들이 하는 말로 돌싱(돌아온 싱글)이라며 귀찮아 죽겠다는 사설을 풀어놓는다.
 "동창인데 잘 대해주지. 싫다고 표 낸 건 아니지."
 당신이 더 수상해하고 탱자 가시 같은 일침을 주려다 속 다른 말을 낭창 하게 해주었다.
 어깃장을 놓으며 실낱 같은 변화 하나마저 놓치지 않을 태세로 그의 얼굴을 살펴본다. 눈길을 외면한 채 여자들은 나이 들면 하나같이 주책이 없어진다며 할 일이 생각난 듯 방으로 쑥 들어가버린다. 나이는 왜 끼어들며 모든 여자를 한통속으로 만드는 심보가 무엇인지 적반하장이 유분수다.

　삼십 여 년만의 중학교 동창모임을 연락받은 후 남편은 설레면서도 객쩍은 마음으로 한 달여를 보내고 있었다. 마침내 당일이 다다랐다. 그에게 깨끗한 양복에 화려한 넥타이도 갖추어 주며 몇 십 만원의 용돈까지 찔러 주었다. 평소에는 현관문 앞 인사가 고작인데 엘리베이터 앞까지 나가서 잘 다녀오라며 벌꿀처럼 끈끈한 웃음도 얹어주었다. 엘리베이터 문이 닫히자 난 꽤 괜찮은 여자란 생각이 들었다. 혼자 타향에서 지내는 외로움과 내세울 만큼 성공하지 못했다는 그의 자괴감을 평소에 읽어온 터이라 코끝이 찡해왔다. 남편에 대한 안쓰러움이 지나가고 조강지처의 후덕함이 밀려오면서 스스로 도취해버린 것이다.

　내 고향 울진에는 유난히 폭설이 잦았다. 눈이 허리춤까지 쌓이는 날이 며칠간씩 이어지기도 했다. 여덟 살이나 되었을까 할 무렵이었다. 안방과 부엌 사이로 낸 봉창에는 호롱불이 시집온 새색시처럼 앉아 있고 호롱심지에서는 그을음이 소록소록 피어올랐다. 지나간 달력 뒤에 아버지가 적어주신 가,갸,거,겨, 나,냐,너,녀를 남매들은 대단한 고문(古文)인 듯 양반다리를 하고 몸을 좌우로 흔들어가며 열심히 외웠다. 옆에서는 부모님께서 모처럼 다정하게 실을 감고 계셨다. 아버지는 연리지처럼 꼬인 실타래를 돌려 두 팔에 둥둥 걸고 어머니는 실패에 동동 감으셨다. 굵은 실타래는 어머니가 시집올 때 외할머니께서 부부의 정이 실처럼 오래도록 변함없기를 바라면서 반짇고리 함에 챙겨 넣어 주신 것이다. 이불 호청에 수놓인 목단꽃이 녹진한 훈기에 활짝 피면서 밤은 더욱 깊어갔다.

　그때 인기척이 밖에서 들렸다. 눈이 이렇게 쌓이는 밤에 누가 찾아와 부르는 걸까. 벌컥 열린 문앞에는 낯선 여자가 온통 흰 눈으로 덮인 채 부엌문을 흔들고 있었다. 부모님은 여자를 들어오라 하여 윗목에 앉혔다. 아랫목이 자글대고 있었지만, 아버지는 갑자기 뜨거운 곳에 오면 큰일 난다며 다독였다. 얼어버린 거무튀튀한 그녀의 몸을 수건으로 비벼주면서 어머니께 뜨거운 물을 준비하게 시켰다. 깔끔하고 까다로운 아버지 성격에 딱 어울리는 주문이었다. 그녀는 목욕을 안 하겠다고 우겼지만 목욕을 해야만 재워 주고 밥도 준다고 딱 잘라 말했다. 난 그때 아버지의 눈웃음을 보았다. 그 눈빛은 기분이 좋거나 우리에게 짓궂은 장난을 할 때의 눈길과 흡사했다. 우리 형제들은 잠자코 있었으나 호기심 가득한 눈동자는 그녀를 좇았다. 더운 김이 가득한 어둠으로 몸을 감춘 그녀를 어머니는 부엌에서 정성껏 씻긴 후 장롱 속에 개어둔 옷 한 벌을 내어 주셨다.

그녀는 생각보다 젊은 나이였다. 서른도 되지 못한 어머니보다 고작 두서너 살이 많은 나이였다. 방의 열기와 목욕물의 온기로 발그레해진 뺨은 오뉴월의 복숭아 빛이었다. 어머니는 양푼의 밥을 먹느라 정신이 없는 그녀에게 연방 천천히 먹으라고 했다. 반찬 한 조각 남기지 않고 해치운 뒤에야 조금은 긴장이 풀린 듯 사연을 풀어냈다. 그녀의 슬픈 듯 가라앉은 목소리는 무심한 듯 투박한 어머니의 목소리와 느낌이 달랐다. 잠시 후 아버지는 도시에서 대학까지 나온 그녀가 공부를 지나치게 한 나머지 정신이 살짝 나간 상태라고 우리에게 설명해 주셨다.

"우리 아이들 공부나 봐주다가 눈 녹는 봄에나 떠나소."

아버지가 느닷없이 한마디를 툭 던지자 내 가슴은 미묘하게 반응을 보였다. 평상시와는 다른 사건이 일어날 것만 같은 예감이 수초 사이로 숨어드는 피라미처럼 지나갔다.

다음 날 눈발이 그쳤다. 찬바람은 여전히 뒤란에서 아우성을 쳤다. 실랑이 소리에 잠을 깼다. 윗방에서 어머니는 여자를 빗자루로 쫓고 그녀는 안 가겠다고 버티고 있었다. 평심이라면 아침밥도 먹이지 않고 험한 길을 보낼 어머니가 아니었다. 찐 감자 몇 알을 보자기에 싸서 쥐여주며 야박하게도 그녀를 내모는 어머니는 내가 보지 못한 전혀 딴 모습이었다. 그녀를 이모삼아 이것저것 배우며 노는 상상에 빠졌는데 다 망쳐질 것 같았다. 아버지는 껄껄거리기만 하셨다. 이해하지 못할 상황이 한동안 계속되었다.

그 날 아침, 그녀는 결국 집을 떠났다. 하얗게 쌓인 눈길 속으로 그녀의 발자국이 하나 둘 찍혀 나갔다. 그녀를 보낸 며칠 후 장날이었다. 어머니는 왠지 불안해 보였고 장터를 다녀온 동네 어른께 이렇게 저렇게 생긴 거지 여자를 혹 보았느냐고 물으셨다. 다음 장날도 마찬가지였다. 아무도 모른다고 할 때마다 어머니의 표정은 진눈깨비를 맞은 암탉을 닮아갔다. 그런 어느 장날 누군가가 그녀를 보았다고 전해주자 그제야 겸연쩍음과 안도감이 교차하면서 표정이 누그러졌다.

오늘 내가 그런 마음이 된다. 여자 동창생에게 똑 부러지게 대하지 못하는 남편의 행동을 보니 못마땅하기만 하다. 내 발등을 내가 찍은 꼴에 은근히 심통이 나면서 기분 나쁜 징후가 불안하게 감지된다. 어머니도 그녀를 목욕시키면서 뽀얗게 드러난 그녀의 등을 보고 이런 기분이 들었을까. 딱히 말하기 어렵지만 마음 같으면 '혹 화사(花蛇)한 여자 아니야' 하고 무식한 소리라도 내뱉었으면 좋겠다. 어쩌면 그녀에게 아무런 감정이 없는 남편은 내가 오해의 그물에 걸려들기를 기다리고 있는 건 아닌지, 그것도 아니면, 아버지처럼 잘 맞아떨어진 상황을 내심 즐기고 있는지 모를 일이다.

뜬 눈으로 어머니가 보낸 밤은 아득히 멀어져 있다. 털끝만 한 실오라기도 엮이고 엮이면 종래는 실타래가 된다. 여인을 보내면서 어머니는 잿빛 의심을 바람에 날리셨지만 난 지금 어정쩡하니 내가 꼬는 불안의 타래 속에 갇혀 있다.

내 안의 여자를 가만히 다독이며 남편의 넥타이를 옷장에 건다.

# 십구문반(十九文半)

　손잡이에 달린 현관문의 냉기가 손끝에 전해진다. 자동조명등이 좁은 현관을 밝힌 순간을 이용하여 평소에 낯익은 신발들을 눈 헤아림 한다. 남편의 슬리퍼 한 켤레와 아들 녀석이 아무렇게나 벗어둔 축구화 한 켤레가 오후의 시간 속에서 뒹굴고 있다. 학교에서 돌아온 아들은 운동화로 갈아 신고 학원을 간 모양이다. 고등학생인 딸애의 신발은 으레 그렇듯이 아직 보이지 않는다.
　넓지 않은 현관을 둘러보아도 있어야 할 남편의 구두가 보이지 않는다. 퇴근 시간이 훌쩍 지났거니와 혹여 산책하러 갔다고 해도 구두는 있어야 하지 않은가. 사소한 일로 어제 심하게 다투었던 일이 은근히 후회가 된다. 몇 켤레 되지도 않는 가족의 신발들을 가지런히 정리하면서 신발정리에 꼼꼼했던 어머니가 떠오른다. 어머니는 무슨 마음으로 하루의 마무리를 신발정리로 하셨을까 궁금해진다.

사 남매를 둔 어머니는 어둠이 처마 밑을 기웃 될 즈음이면 댓돌 위에 신발들을 정리하셨다. 비닐 안에 예쁜 공주가 그려진 내 운동화와 로봇이 그려진 남동생의 신발과, 어린 동생의 꽃고무신을 가지런히 놓았다. 양 가장자리에는 아버지가 신는 예비군용 국방색 워커와 검정 고무신을 각각 두었다. 두 켤레를 놓은 모양이 마치 자식을 양쪽에서 지키라는 무언의 시위 같기도 했다. 마당을 향해 신발을 돌려세우는 어머니의 얼굴은 무표정했지만 손길은 기도만큼 늘 진지했다.

"엄마, 아버지도 안 계신데 신발은 뭐 하려고 두 켤레나 내놓노?"

어머니는 짐짓 못 들은 척 딴청을 하시다가 언제나 혼잣말로 되뇌었다.

"깊은 산중에서는 짐승보다도 사람이 더 무서운 법이다."

뚜렷한 대상도 없이 싸리문 밖을 내다보시는 어머니의 눈동자에는 홍시보다 붉은 노을이 깔렸었다.

청년시절 동안 절에서 공부하다 다시 세속으로 내려온 아버지는 할아버지의 바람대로 가정을 이루었다. 하지만, 청댓잎이 바람에 일렁일 때마다 못다한 절 공부의 바람을 이기지 못했다. 고등어에 뿌려진 소금처럼 깔깔해진 마음을 삭이며 기다리는 어머니는 세월이 갈수록 겨울 갈대처럼 비어만 갔다. 철없던 우리는 엄하기만 한 아버지가 집에 계실 때보다 어머니와 속살속살 사는 것이 더 편안했다. 야단맞을 일이 적어졌기에 불만도 별로 없었다. 옆집에서 굵다란 목소리가 들려오면 가끔은 풀죽어 있기도 했지만 일상을 흔들 정도는 아니었다. 그렇지만 비 온 뒤 한 뼘씩 오르는 담쟁이처럼 사춘기가 되면서 아버지에 대한 상실감이 어머니에 대한 안타까움과 함께 하기 시작했다.

　가끔 나는 박목월 님의 「가정」이란 시를 읊어 본다.

　지상에는
　아홉 켤레의 신발.
　아니 현관에는 아니 들깐에는
　아니 어느 시인의 가정에는
　알전등이 켜질 무렵을
　文數가 다른 아홉 켤레의 신발을.

　내 신발은
　十九文半.
　눈과 얼음의 길을 걸어,
　그들 옆에 벗으면
　六文三의 코가 납짝한
　귀염둥아 귀염둥아
　우리 막내둥아.

　미소하는
　내 얼굴을 보아라.
　얼음과 눈으로 壁을 짜올린
　여기는
　지상.
　연민한 삶의 길이여.

내 신발은 十九文半.

아랫목에 모인
아홉 마리의 강아지야
강아지 같은 것들아.
굴욕과 굶주림과 추운 길을 걸어
내가 왔다.
아버지가 왔다.
아니 十九文半의 신발이 왔다.
아니 지상에는
아버지라는 어설픈 것이
존재한다.
미소하는
내 얼굴을 보아라

  시적 화자는 방황을 끝내고 돌아와 어린 자식을 미소 짓는 얼굴로 바라본다. 내 어린 시절의 곁에는 지켜봐 줄 눈빛이 없었다. 어쩌다 지금도 이 시를 읽으면 쏴-아하고 채 자라지 못하고 말라버린 억새밭을 지나는 바람 소리가 들린다. 당시 나는 누군가를 끝없이 기다려야 하는 것이 얼마나 쓸쓸한 일인지, 한 남자의 따뜻한 둥지가 없는 여자의 몸은 얼마나 추운지 알지 못했다. 어머니의 나이를 지내고서야 구멍이 숭숭 뚫린 어머니의 가슴이 어렴풋이 보이기 시작했다.

  노란 죽순이 푸른 숲을 이루는 계절이 거듭 와도 어머니의 신발정리는 꾸준히 이어졌다. 그것은 단순히 정리가 아니라 처연한 의식이었다. 가장이 집을 비우고 있는 게 부끄러웠던 것도, 야수보다 못한 사람들이 두려웠던 것도 아닌 듯했다. 언제고 돌아올 아버지에게 시위삼아 신발들을 내보인 건지도 모른다. '당신의 자리는 여기요. 이렇게 처자식들이 당신을 기다리고 있소.' 라고 눈물 마른 쉰 소리를 되풀이 하신 게다.

눈꽃 피는 겨울이면 아버지는 간혹 모습을 드러냈다. 차디찬 왕피천을 건너 휘휘 둘린 벼랑 산을 지나 집으로 돌아왔다. 마당을 들어서면서 가지런히 놓인 작은 신발을 바라보았을 것이다. 진흙이 묻은 신발을 댓돌에 얹으며 무슨 생각을 하셨을지, 어린 막내의 신발에 더 오랜 눈길을 주었을지도 모른다. 신발에 묻은 흙을 탈탈 털며 아버지는 어머니의 투정 반 애원 반의 잔소리가 나오기도 전에 헛기침으로 입막음하셨다. 선잠에서 깬 우리들에게는 시골에서는 보기 드문 간식거리를 쥐어 주며 멀어진 간격을 좁히려고 했다. 마음속 바람이 잦아들기를 바라며 어설픈 아버지 노릇이라도 하자 다짐했을지도 모른다. 나의 기대였는지 아버지의 눈빛이 그렇게 말해 주었는지 지금 알 길이 없다. 물어보려 해도 마음의 길이 멀어 쉽지가 않다.

지난 추석에 친정에 다녀왔다. 예전과 달리 현관 입구에는 아버지의 신발이 보이지 않았다. 아파트로 이사하면서 현관문 단속만 잘하면 별걱정이 없기 때문인지 모른다. 예나 지금이나 가장의 부재는 마찬가지인데 어디에도 아버지의 신발은 보이지 않는다. 어머니는 지금이라도 돌아와 자식의 신발을 끌어안고 회한에 젖기를 바라는 마음마저 내쳐버리고 아버지를 청대 숲보다 더 푸른 가슴 속

서릿광에 가두어버렸다. 그 후 아버지는 가족들에게는 좀처럼 지우지 못할 마음의 이방인이 되었다.

숨 탄 모든 생명이 깊이 잠든 밤, 자정을 넘긴 남편의 부재가 가슴을 조금씩 졸여 온다. 새벽이 올 때쯤이 되어서야 초인종 소리와 함께 십구문반의 그가 돌아왔다. 아무 일도 없었다는 듯 넉살 좋게 미소 띤 얼굴을 보는 순간 반가움과 미움이 교차한다. 안도감을 애써 참으며 모른 척 현관문에 고리를 건다.

기다림의 시간은 더디게 오고 더욱 더디게 간다. 기다림에 애끓는 사람이 있다는 것은 돌아갈 곳이 있다는 말이다. 기다림이 있고 기다려줄 사람이 있는 이는 행복한 사람이다.

온종일 지친 몸을 실어주느라 녹초가 된 신발들이 하나 둘 모두 제자리로 돌아왔다. 가족의 신발로 어질러진 현관은 차라리 평화롭다. 흩어진 신발들을 정리하며 문 밖 푸른 바람 속에 서 있을 十文七, 아니 十九文半의 한 사람을 생각한다.

| 작품 평설 | 허혜정 선정위원 「교환할 수 없는 꿈」 (합평 361페이지)

**밥상**

**나목**

**행복한 구두 이야기**

죽음은 신이 술래인 수건돌리기 같은 것일까

## 박경주

**창작 노트** _ 따뜻한 커피 한 잔이 그립다. 도심의 가로수길. 노오란 은행잎을 밟으며 지나온 삶을 반추해 본다. 나의 모자란 언어로는 다할 수 없는 것들. 여기에 다 담지 못함을 아쉬워한다.

**약력** _ 수도여자사범대학 국어국문학과 졸업. 광주여고 국어 교사로 7년간 재직. 2005년 『에세이문학』에 「아들의 여자」로 등단. 수필집 『세 조각의 퍼즐』.
e-mail: pkj1951@hanmail.net

# 밥상

식구가 또 줄었다. 친정집 밥상에 난 자리가 보인다. 줄면 또 느는 식구도 있겠지만…….

어린 시절, 우리 집 밥상은 다섯 명이 둘러 앉는 두리반이었나. 그 단출한 상(床)은 농부의 뙤기논처럼 내 어머니가 가꾸는 꿈의 공간이었다. 어린 날의 행복, 돌이켜보면 그건 찰나처럼 지나가버렸다.

칠이 벗겨져 나간 그 두리반이 알록진 자개를 박은 교자상으로 바뀐 건 큰오빠가 결혼하면서부터였다. 이어 나와 작은오빠의 결혼으로 식구는 해마다 불어났다. 교자상 한 개로도 부족해서 두 개를 이어붙여야만 제대로 앉아 먹을 수 있었다. 우리 삼남매가 낳은 여섯 아이들이 커가면서 두 개의 상도 비좁아지기 시작했다. 그러자 그 곁에 또 소반(小盤)을 붙여 밥을 먹었다. 우리 집 밥상은 열넷이 모인 고래실논이 되었다.

그리고 우리는 순서도 없이 떠나는 식구들을 지극한 아픔으로 하나, 둘 그 상으로부터 배웅했다. 열 넷이 빙 둘러 앉던 식탁을 가장 먼저 떠난 건 어머니였다. 그토록 열심히 밥상을 차리시다 먼저 눈을 감았다. 떠나신 뒤, 그 밥상 차리기는 큰 올케 몫이 되었다.

그 후. 친정집 교자상은 제상(祭床)이 되기도 했다. 이제 누가 먼저 이 상을 떠나게 될까. 물론 아버지일 것이다. 늘 그게 서운해 말 없이 아버지 손을 어루만지곤 했다. 그러나 어머니 다음으로 밥상을 떠난 이는 아버지가 아니라 내 남편이었다. 다시 몇 년 후, 항상 밥상의 가운데 자리에 앉아 계시던 아버지가 영원히 그 자리를 비우셨다. 그리고 다시 몇 해가 흐른 오늘, 작은오빠도 더 이상 '식구(食口)'가 아니다.

초등학교 시절, 소풍을 가면 담임선생님은 학급 학생들을 빙 둘러앉히곤 했다. 수건돌리기를 하기 위해서였다. 술래는 수건을 들고 뛰다가 누군가의 등 뒤에 몰래 그걸 놓아두었다. 혹시나 내 등 뒤에 수건이 띨어진 건 아닐까. 더듬던 중 손가락 끝에 그것이 닿던 순간에 느꼈던 놀라움과 당혹감, 그 아뜩함. '죽음'이란, 그렇게 뜻밖의 술래가 되는 것일지도 모르겠다.

만일 그렇다면, 죽음은 신이 술래인 수건돌리기 같은 것일까. 밥상 주변에 빙 둘러 앉았던 식구들이 하나 둘 순서도 없이 떠나는 것을 보면, 죽음의 신은 우리 등 뒤를 돌고 있는 것만 같다. 다음 차례는 누구로 할까.

돌아오는 부모님 기일에 나는 또 친정집의 그 오래된 밥상 앞에 앉게 될 게다. 허전함과 쓸쓸함 속에 먼저 간 식구들을 기리는 제삿밥을 먹게 될 것이다. 달라질 게 있다면, 예전에 부모님이 앉던 상석(上席)에 큰오빠와 함께 앉게 되지 않을까. 제법 어른다운 말을 해야 할 텐데…….

 빈자리는 채워지게 마련이다. 군데군데 허전한 빈자리에는 아직은 작고 여린 아기들이 넉넉하게 앉게 되리라. 교자상 두 개면 충분하겠지. 다시 소반이 필요할 무렵, 나와 큰오빠도 여길 떠나게 될까. 상도 제법 늙었다. 우리가 모두 떠나면, 새 밥상이 생길 것이다. 그렇게 한 시대가 끝나리라.

# 나목

　초겨울 성마른 바람이 병실 창을 쌩 때리면 모든 생명은 사기(死期)에 이른 듯 숨을 죽였다. 온 누리에 박명이 싸이고, 길에는 낙엽 한 무리. 찬 공기는 퍽도 거칠었다. 침상에 반듯이 누운 아버지는 힘없이 눈을 뜨고 계셨다. 초점을 잃은 눈빛은 두려움에 겨웠다. 공중에 달린 산소 호흡기에선 흰 거품이 살포시 일었다가 잦아들기를. 거렁거렁 밭은 숨을 내쉬던 아버지는 한참 후, 슬며시 눈을 감아버리셨다. 얼른 아버지의 손을 잡았다. 미지근한 체온이 잦아들고 있었다. 돌아가신 어머니의 나직한 음성이 들려왔다.

　꼭 저 나무 같앴시야. 감방에서 기어 나오던 느그 아부지가 꼭 저렇게 앙상했시야. 영락없는 나무때기였어. 한 달이 넘도록 못 묵고 갖은 고초를 당했다드라. 빨갱이라고 자백하라고 매일 때렸는디. 빨갱이라고 허먼 안 때리고 쪼끔 쉬게 했대. 그 휴식이 고로케 달콤할 수가 없었다드라. 그러곤 자술서에 서명을 하라 내밀었대. 빨갱이도 아닌디 빨갱이라고 서명을 헐 수가 없어 아부지는 아까 자백은 거짓이라고 부인을 했드란다. 그러면 또 매질을 했는디. 거짓자백과 자술서 거부. 거짓말함서 버티고, 다시 번복함서 버티고 그렇게 한 달을 보냈다고 허드라. 그러고 죽어가고 있는디 군수를 하는 우리 형부가 아버지의 행방을 찾아내부렀어. 그분 도움으로 아부지를 만나러 순천 형무소로 나가 안 갔겄냐. 나가 아버지를 면회하러 간께로 아부지는 바닥을 뻘뻘 기어 나오드라. 참말로 사람 몰골이 아니었어. 우리 형부가 보증을 서서 가까스로 석방을 시켰단 말이다. 집으로 온 아부지는 혼수상태가 돼부렀어야. 그 난리통이 바로 여순반란사건 아니겄냐. 사는 것이 사는 것이 아니었시야. 그래 갖고 후유증으로 느그 아버지가 결핵에 걸려부렀는디. 뼈만 앙상해갖고 빠알갛게 각혈을 했시야. 나가 어찌어찌해갖고 녹용 반제를 구해다 안 먹였겄냐. 그랬드니 어느 날 소생의 기미가 보이드랑께. 엄청 추운 설날이었는디 나가 마당에서 장작을 패고 있는디 그새 기어 나온 느그 아부지가 쌓논 장작더미를 붙들고 일어서불드라. 으찌 좋았든지 도끼도 싹 집어떤지고 꽉 붙들고 울었시야. 느그 아부지도 좋아서 막 우시드라. 꼭 저 빼빼마른 나무 같았는디…….

어머니의 악몽 같던 푸념은 겨울이면 늘 되풀이되었다.

침대가 갑자기 흔들렸다. 이게 웬일인가. 주무시듯 눈을 감고 계시던 아버지가 갑자기 일어나서 훌훌 환자 옷을 다 벗어버리셨다. 산소 호흡기도 빼버린 채……. 난 그날 벌거벗은 아버지를 처음이자 마지막 보았다. 잎이 진 앙상한 겨울나무, 구십 평생의 바람이 뚫고 간 황량한 고목(古木). 왼 가슴에 심장박동기를 생의 훈장처럼 달고 두 다리는 뼈만 앙상한 '아버지'는, 병실 바닥에 회광반조(回光返照)의 나목으로 우뚝 섰다. ✯

# 행복한 구두 이야기

나는 왜 이렇게 생겼지. 다른 구두와는 좀 다르게 생긴 구두가 있었다. 뒷굽이 높은 신사화였다. 사람들은 '키높이 구두'라고 불렀다.

이 구두가 백화점에 온 지도 어느덧 한 달이 넘었다. 다른 구두들은 날개 돋친 듯 팔렸지만, 이 구두를 찾는 사람은 별로 없어 보였다. 어쩌다 팔릴 뻔도 했지만······.

손님들은 구두를 신어보고 이상한 듯 웃는 것이었다. 불편하다는 거였다. 키 작은 사람이 신으면 딱 좋겠다고 했다. 그래서 구두는 그런 사람을 기다렸다. 나는 왜 불편하게 생겼을까. 구두는 어설픈 자기 모습에 마냥 화가 났다. 그러던 어느 날 구두는 매장의 구석으로 밀려나고 말았다.

도대체 내가 할 수 있는 일이 있기나 한 걸까? 그렇게 걱정하던 구두에게 기쁜 날이 찾아왔다. 서른 살쯤 되는 키 작은 청년이 자기를 샀기 때문이다. 구두는 너무 기뻐 소리를 지를 뻔했다. 청년을 따라갈 땐 슬슬 겁도 났지만, 어쨌든 답답한 매장을 벗어난다는 것, 자기도 누군가에게 선택을 받았다는 게 너무도 기뻤다.

"내게도 주인이 있어."

구두는 소리치고 싶었다. 집으로 돌아온 청년은 구두를 닦아주고 또한 사랑해 주었다.

며칠 후, 청년은 단정한 양복으로 갈아입고 외출 준비를 하고 있었다. 그리고는 구두에게 말을 걸었다. 네 덕분에 내 키가 크게 보인다면 얼마나 좋을까. 난생 처음 하는 외출. 구두는 갑자기 겁이 났다.

"내가 잘할 수 있을까."

청년은 현관에서 구두를 신고 발에 힘을 주며 혼잣말로 중얼거렸다.

"나는 왜 키가 작을까."

그는 음악이 흐르는 어느 카페로 갔다. 문을 밀고 들어가기 전, 발가락을 꼼지락거리며 힘주어 톡톡 발로 바닥을 차는 것이었다. 긴장은 되었지만, 구두는 왠지 기분이 좋았다. 자기도 뭔가 할 수 있다는 게 즐거웠다. 구두는 신났다. 청년은 뚜벅뚜벅 몇 발자국을 걸어 어느 예쁜 아가씨 앞에 섰다. 나를 좀 크게 보이게 해 줘. 주인이 그런 뜻으로 신발에 힘을 줄 때 구두도 숨을 죽이고 몸에 힘을 주었다. 처음 뵙겠습니다. 그가 아가씨에게 인사를 할 때 구두는 최대한 주인의 키를 들어 보이기 위해 애썼다.

두 사람이 자리에서 일어나 거리를 걷기 시작할 때 구두는 몸이 꼬이는 것 같았다. 하지만 시간이 지날수록 긴장은 풀리기 시작했다. 구두는 가만히 기도했다. 주인의 키를 더 크게 해보려고 몸에 온 힘을 주었다. 청년의 발꿈치는 공중에 떠있는 듯했다.

이윽고 숙녀와 청년은 헤어지고 있었다. 순간, 아가씨는 주인의 발을 힐끔 쳐다보았다. 주춤주춤. 주인은 긴장하는 것 같았다. 구두도 뜨끔했다. 돌아서 몇 발을 떼던 아가씨는 청년을 향해 방긋 웃었다. 주인은 답례로 손을 높이 들었다.

고마워, 다 네 덕분이야. 집으로 돌아온 주인은 구두를 잘 닦아주었다. 구두는 그냥 행복했다. 기뻤다.

"결혼할 때까지만 수고해 줘."

청년은 빙그레 웃었다.

청년, 아니 아들의 그 구두를 볼 때면 짠하다. 혹 아들이 나로 인해 키가 자라지 못한 건 아니었을까. 학창시절 허구한 날 공(球)보다는 책을 찾도록 했던 게 마음에 걸린다. 오늘도 키높이 구두는 우리 집 신발장 가장 상석(上席)에 앉아 있다. 에헴. ✺

| 작품 평설 |

# 소통과 순환, 반전과 여백의 미

　글쓰기는 자아와 세계 간의 소통에 대한 갈구의 한 표현방식이다. 마치 무당이 작두를 타듯, 작가는 '문자'의 칼날 위에서 영혼을 풀어 놓음으로써 자신이 속한 모든 세계와 소통을 시도하는 것이다. 박경주의 수필에서는 특히 소통과 순환에 대한 추구가 두드러진다. 더불어 뛰어난 문학적 상상력과 플롯의 묘를 보여준다.
　「밥상」에서는 만남과 이별, 탄생과 죽음 등 시간의 단층을 경유하는 가족 서사가 밥상을 중심으로 이루어진다. 한 밥상에 둘러앉아 밥을 먹는 것은 단순한 식욕충족에 그치지 않고 정신적 교감과 소통을 수반한다. 이 글에서 식구가 밥상을 떠나는 것은 분리이며 죽음이기도 하다. 어린 시절, 작가가 마주한 밥상에는 어머니의 꿈이 있었다. 그러나 어머니가 제일 먼저 밥상을 떠나셨다. 그래서 작가는 응당 그 다음에는 아버지가 떠나실 것이라 생각하고 연민의 정을 가졌다. 그런데 이후의 한 구절은 백 마디 말보다 더 강한 파편이 되어 독자의 정서적 반응을 유발한다.
　"그러나 어머니 다음으로 밥상을 떠난 이는 아버지가 아니라 내 남편이었다"

이 구절 뒤에 그 어떤 소회도 적지 않는 과감한 생략과 감정의 절제를 통한 어조가 오히려 독자의 비감(悲感)을 증대한다. 작가는 가족사의 부침(浮沈)을 두리반, 교자상, 제상(祭床)의 변용으로 보여주고 이를 떼기논, 고래실논, 죽음에 비유한다. 또한 수건돌리기에서 죽음의 의미를 생성해낸다. 바슐라르의 말처럼 상상력은 '존재를 생성하는 창조적 원동력'이다. 이렇듯 작가는 우리가 매일 무심히 대하는 밥상을 상징적으로 해석하여 가족서사를 끌어내고 비유와 상상력을 통해 삶과 죽음의 문제로 확장함으로써 문학적 형상화에 성공한다. 또한 결말을 단절로 끝내지 않고 "새 밥상"이라는 상징적 기표로 희망의 장치를 남김으로써 미래지향적 순환의식을 보인다. 한 가족끼리 밥상에 둘러 앉아 얼굴을 마주하기 힘든 시대에 "식구(食口)"의 의미를 되새기게 하는 글이다. '지금 여기서' 함께 밥을 먹을 수 있음은 분명 축복이다.

「나목(裸木)」에서는 젊은 시절 이데올로기로 고초를 당하던 아버지와 노후에 병마로 고통을 받던 아버지의 모습이 "나목"에 투영된다. 작가는 수미상관 구조로써 '병상에서의 아버지→젊은 시절의 아버지→병상에서의 아버지'의 서사를 배열하고, 다시 액자형식을 차용하여 또 다른 과거의 사건(여순사건)을 보여준다. 그 발화는 '작가→어머니→작가'가 담당한다. 병상의 아버지를 지켜본 작가와 젊은 시절 아버지를 곁에서 지켜본 어머니가 체험과 목격에 의한 발화를 함으로써 현장감과 신뢰감을 더해주는 것이다. 여기서 어머니의 사투리는 당시 정황에 대한 사실성을 획득하면서 더욱 비탄의 정서를 고양한다. 만일 단순히 스토리를 나열하는 평면구성을 택했다면 회고담에 그쳐 무미해졌을지도 모른다. 그러나 작가는 액자형식과 화자의 변화 등을 통한 재배열로 플롯의 묘를 살림으로써, 고된 세월을 산 아버지의 개인사와 우리의 아픈 역사를 지닌 "나목"의 이미지를 효과적으로 표출하고 외연과 내포를 강렬하게 현재화한다. 해가 지기 직전의 빛이 하늘을 더욱 아름답고 붉게 물들이듯, "회광반조"로 묘사되는 아버지의 영상이 보여주는 고통의 진실이 처연하고 숭고하다.

「행복한 구두 이야기」에서는 키 작은 청년과 '키높이 구두'가 상부상조하는 정경과 키 작은 아들을 바라보는 작가의 심경이 그려진다. 작가는 "허구한 날 공[球]보다는 책을 찾도록" 했기 때문에 아들의 키가 작은 건 아닌지 자책한다. 이는 외모지상주의의 폐해와도 맞닿는다. 얼마 전 모 TV프로그램에서 한 여성이 '키가 180cm 미만인 남자는 루저'라는 발언을 해서 파문을 일으킨 적이 있다. '루저 아닌 루저'들의 애환을 볼 수 있는 광경이다. 이 글은 이와 같이 내적인 것보다 외적인 것을 중시히는 사회현상에 대한 비판적 성찰을 제시하지만 그것을 말하는 방식은 은근하다. "구두는 우리 집 신발장 가장 상석(上席)에 앉아 있다. 에헴"에서 보여주는 결말은 무거운 주제를 행복한 가벼움으로 전환하여 독자에게 미소를 선사함으로써 유머수필의 터전을 마련한다. 유머는 사회의 모순을 우회적으로 비판하면서 세상을 긍정하는 힘이다. 이는 성숙한 관조와 여유로부터 나오며, 우리의 불완전한 삶을 미소로 감싸고, 모순과 대립을 소통과 화해로 이끈다. 이 글은 '청년, 구두, 그, 주인, 나' 등의 혼용이 발화나 시선의 주체를 모호하게 할 때가 있지만, 전반적으로 발상이 재미있으며, 시점의 변화와 의인화를 통한 플롯과 상상력이 글맛을 더해준다.

박경주는 여러 작품에서 각기 다른 플롯의 묘를 살려 텍스트를 역동적으로 창조한다. 그의 글은 잔잎을 다 떨어내고 벌판에 우뚝 솟은 나목과 같다. 추운 겨울 헐벗은 나목이 아니라 한 겨울의 풍상을 의연하게 넘기고 봄의 생명을 품은 나목이다. 그의 글은 넋두리나 미사여구가 없다. 선이 굵고 감정의 절제가 있으며 문장이 진솔하다. 그러면서 무거운 삶의 무게를 가볍게 덜어내고 상상력과 유머, 반전의 여백을 통해 열린 결말을 지향한다. 그 여백은 독자에게 한동안 말없음표를 남긴다.

― **선정위원 | 민명자**

**끈의 유혹**

**시간채집**

**콩나물**

때맞춰 물주고 집중하다보면 다시 선명해지는 나를 만난다

## 박미영

**창작 노트** _ 유심히 쳐다보거나 생각해도 안 되는 일은 아무것도 하지 않고 무심코 있을 때 해결이 되는 경우가 참 많습니다. 무심은 그렇게 마음의 길을 보입니다.

**약력** _ 2007년 『수필시대』 등단. 수필집 『마음에 밑줄 긋기』 『시간채집』. 2007년 공무원문예대전 수필부문 최우수 국무총리상, 2010년 암웨이청하문학상 수상. 한국문인협회, 충남문인협회, 청하문학회 회원. e mail:bee318@hanmail.net

## 끈의 유혹

 끈은 종류도 다양하거니와 느낌 또한 천차만별이다. 가늘고 긴 실부터 시작해서 줄다리기 하는 억센 밧줄까지, 여자의 머리끈이나 허리끈부터 시작해서 옷고름과 속옷의 끈 그리고, 인연과 생애의 보이지 않는 끈까지 우리는 끈 속에서 매듭을 짓거나 풀며 산다.
 엉키거나 뭉친 실타래처럼 답답한 일상은 불쾌이다가도 어디선가 툭 튀어나오는 실마리가 있어 술술 풀릴 때 인생은 쾌에 대한 자극으로 바뀐다. 억지로 끊어 잘라버리고 싶은 끈도 어느 순간 막다른 골목이나 인연의 씨실이 되어줄 때는 인생의 개연성에 대해 생각하기도 한다. 때로는 너무 팽팽해서 잡아당기는 힘을 놓아야 할 때도 있고 때로는 너무 느슨해서 확 끌어당겨 주어야 할 때도 있는 끈은 그래서 생의 원천이다.
 맨 처음 정신이 혼미하도록 아찔한 끈을 만난 것은 산부인과에서였다. 아기는 나와 자신을 이어준 탯줄을 5cm 정도 달고 내 품으로

왔다. 경건하면서도 뜨거운 끈이었다. 뱃속에서 몽클몽클 존재감을 알리던 신비와는 또 다른 감동이었다. 생존의 본능이 살아 숨쉰 흔적이었고 종족번식의 신화를 눈으로 확인시켜주는 결정체였다. 어미와의 끈끈한 유대감은 탯줄이 말라 떨어지고 배꼽이 커져도 변함없이 이어 흘렀다. 보이지 않았던 탯줄이 더 길고 풍성했던 것처럼 부모와 자식 사이는 보이지 않는 끈이 더 질긴 법이다.

아기에게 맨 처음 입힌 배냇저고리도 단추가 아닌 끈으로 여미게 되어 있었다. 조심스럽게 목욕을 시키고 배냇저고리의 끈을 살며시 묶어준다. 너무 느슨해서 풀리거나 너무 조여서 매듭덩어리가 생기지 않도록 다정한 마음으로 포개듯이 여민다. 아기가 마음껏 움직이고 뒤척여도 아이의 몸에 닿지 않도록 그 끈은 최대한 부드럽고 친절해야 한다. 따뜻하고 온화한 끈이었다.

아이가 자라면서 그 끈은 어깨의 멜빵으로, 혹은 허리띠로 옮겨간다. 헐렁한 바지 품이 늘어지지 않게 하기 위해 그 끈은 간단하면서도 편리하게 아이의 움직임을 도와준다. 처음에는 누군가 도와주지 않으면 풀고 채우지 못하던 끈을 뛰고 달리고 성장하는 가운데 아이는 혼자서도 너끈히 잘 해낸다. 그 끈은 아이의 키와 무게에 맞추어 길이와 넓이가 늘어간다. 조금씩 조절하는 능력이 생기고 아이는 더 넓은 세상으로 뛰기 위해 끈의 중요성을 알게 된다. 천조가리가 주요 재질이었던 끈이 어느새 가죽과 쇠로 장식한 견고한 끈이 되어 몸에 달린다. 조금씩 끈은 냉정해지고 차가워진다.

더 자라면 아이의 끈은 더더욱 다양해지고 끈을 연결하는 방법, 푸는 방법도 자기만의 방식이 정해진다. 선호와 기호도가 생기고 남의 끈을 볼 줄 아는 안목도 생긴다. 어울림과 조화에 대해서도 생각한다. 남자는 넥타이라는 끈에 밥줄을 매달기도 하고, 여자는 목걸이와 액세서리에 밥 품을 팔기도 한다. 끈을 더 쉽게 매고 푸는 방법을 스스로 연구하기도 한다. 자신의 끈이 썩 괜찮다는 것을 보이기 위해 위장도 하고 연출도 한다. 그러면서도 조금씩 끈은 무거워지고 거추장스러워진다. 복잡해지고 불편해진다.

　자신을 묶고 있는 끈의 정체성을 알 때쯤 끈으로부터의 일탈에 집중하기도 한다. 끈에 대한 궤도이탈의 노력은 더더욱 끈에 붙들리는 결과를 가져온다. 벗어나면 벗어나려할수록 매혹적이고 뇌쇄적인 끈에 심취되는 이유이기도 하다. 존재의 가벼움은 점점 더 달착지근한 감각을 발달시키는 법이니까. 잘록한 여자의 허리끈이나 훌륭한 버클을 단 남자의 허리띠는 찬란한 유혹이며 달콤한 축복이 된다. 밥을 버는 일에 더 집중하기 위해서, 혹은 밥을 버는 일로부터 탈출하기 위해 더 자극적인 끈에 매달린다. 더 쉽게 튼튼한 동아줄을 얻거나 더 빠르게 매듭을 풀기 위한 끈은 때로 구속이 되기도 하고 압력이 되기도 한다. 스스로의 힘으로 풀 수 없는 끈이 되어 어둠으로 함몰해가는 올가미나 덫에 갇히기도 한다.

　더 어른이 되면 인생은 보이는 끈보다 보이지 않는 끈이 훨씬 많다는 것을 알게 된다. 스스로를 지탱하고 유지했던 끈은 강한 것도 질긴 것도 아닌 끈끈한 사람의 정으로 이어진 끈이라는 것을 조금씩 깨닫기 시작한다. 우정, 사랑, 인연의 끈을 알고 놓아야 할 타이밍, 잡아야 할 타이밍에 서투른 젊은 날의 시행착오를 반성하기도 한다. 억지로 되지 않는 끈을 잡고 오열하기도 하고 우연히 다가왔던 부적 같은 끈에 감사하기도 한다. 더 굵고 안전한 끈을 잡기 위하여 끊임없는 나락의 중앙에서 까치발을 서는 인생의 덧없음을 한

박미영 145

탄하기도 하지만 결국은 끈의 유혹을 이기지는 못한다. 그만큼 끈은 단단하고 매력적이다.

 어떤 끈도 부질없고 자신을 사랑해주었던 가족과 고향의 품이 제일이라는 것을 알 때쯤 생의 끈을 더 오래 잡기 위한 분투가 시작된다. 굵고 힘센 끈, 강하고 질긴 끈이 아닌 자신의 몸뚱이 하나만 제대로 지탱해 주면 되는 간절한 끈. 아무리 퍼 올려도 늘 빈 두레박이었던 젊음의 초상을 겨우 우물물에 비춰볼 수 있는 나이가 될 때쯤 자신의 마음속 끈의 길이가 너무 짧았음을 깨닫게 된다. 닿을 수 없는 곳에 있던 끈은 결국 내 자신의 끈이 짧아 잇지 못했음을 깨닫지만 이미 닳고 희미해진 끈은 있는 매듭조차도 스스로 풀어버린다.

 최선인 줄 알고 매달렸던 생의 끈도 흰쥐와 검은 쥐가 번갈아 갉아대는 데는 당할 수 없고, 시지프스의 형벌처럼 끈 없는 돌덩이를 평생 굴려야 하는 것이 우리네 삶이니까. 뜨겁고 경건했던 끈을 놓아버릴 용기가 생길 때쯤 끈은 붙잡기 위해서가 아니라 잇기 위해 필요하다는 것을 아니 말이다. ✤

# 시간채집

　책장정리를 하다가 미끄러진 책에서 압화(押花) 책갈피를 발견했다. 황매화를 책 속에 넣어 말렸다가 코팅한 것이다. 20년이 지났어도 원형 그대로의 모습을 지니고 있다. 진노랑의 꽃잎 수는 헤아릴 수 있을 만큼 선명하고 잎사귀도 색이 약간 흐릿할 뿐 잎맥이 선연하다. 네잎 클로버도 같이 따라 나온다.

　사춘기 때는 누구나 그러하지만 그 때 적었던 습작노트 한 쪽에 말린 풀잎이나 꽃잎이 붙어있는 것을 보면 과거의 정감이 그대로다. 동네 밭가나 교정의 귀퉁이, 또는 귀가 길에 눈길을 붙잡았던 풀대나 꽃들이 감성의 희생물이 되어주었다. 물감을 색색으로 칠한 상수리 낙엽과 담쟁이덩굴도 있는 것을 보면 여유도 만만해 보인다.

　꽃잎을 같이 땄던 친구는 얼핏 자연보호와 생명의 존엄함에 대해 얘기했던 것 같다. 나긋나긋했던 친구의 말투가 황매화의 잎맥처럼 귓가에 퍼져오고, 그때의 이야기들이 압화된 꽃잎 뒤에서 촉촉하게 물기를 건져 올린다. 이미 코팅된 황매화는 시간의 화석인 셈이다. 20년 전의 봄이란 유해가 친구와의 흔적과 함께 묻혔다가 오늘 책들의 퇴적물 사이에서 발견되었다. 공간의 지표면으로 더 많은 화석을 발굴해내기 위해 과거의 책들 사이를 헤집어보지만 없다.

이사할 때마다 버린 책들과 과거의 상흔들이 보기 싫어 태운 일기장도 아쉬워진다. 나이를 먹을수록 침울한 과거도 색이 바래면 보기좋아지는 것일까. 한때는 시간의 짐이 버거워 스스로 뜯어내고 지워버린 흔적들이 그리워진다. 아주 가끔 과거라는 필름이 어딘가에 숨어 있다면 재생하여 들여다보고픈 욕망이 불쑥불쑥 일어선다.

어떤 친구의 말이 떠오른다. 소싯적에 사람들이 우표나 옛날 돈을 모으는 것이 너무 부러워 과자포장지를 모으기 시작했었는데 그것도 자랑이 되더라고. 과자 가격이 달라진 것을 보면 격세지감을 느낀다나.

달라진 것이 어디 과자 가격뿐일까? 포장지의 디자인이나 문구, 들어간 원료표시만 보아도 시간의 변천과 생활모습의 다양성을 알 수 있을 것 같다. 포장지로 인한 과자 맛에 대한 향수는 그 때의 사람들을 불러올 것이고, 그 때 나누었던 대화를 끌어올 것이 아닌가.

예전의 달력만 보아도 기분이 달라진다. 날짜 옆에 동그라미를 치고 그 옆에 적었던 누구의 생일이며 결혼식이란 메모만 보아도 그 때의 일들이 떠오른다. 마치 하나의 기호가 표상이 되어 의미의 덩어리가 되고 다시 산산이 부서져 추억들을 하나씩 데리고 나오는 것 같다. 달력 안에서 사진이 나오고 비디오가 돌아간다. 누구는 웃고 누구는 끝없이 이야기를 해댄다. 미처 달래거나 위로를 마치지 못한 사람들은 여전히 슬프게 서 있다.

  가계부도 마찬가지다. 콩나물 값이라도 아끼려고 했던 과거의 지난한 살림살이가 빼곡한 증거들을 보면 현재는 참으로 풍족해진다. 풀빵 30개가 천 원이던 5일장의 참새방앗간이 7개에 천 원인 가격으로 변할 때까지 그 사이 문턱에 찍은 발자국 개수는 과연 몇 개일까? 열무나 배추, 액젓과 양념들을 사서 담근 김치의 통은 또 얼마나 될까? 그 버무려진 양만큼 건강하게 살기는 했을까.

  아마도 유년이나 청소년기의 일기장을 그대로 간직하고 있었다면 더 생생하고 명확한 과거를 읽어낼 수 있었으리라. 한 사람의 과거가 개인의 역사가 되고 개인의 역사들이 모여 시대의 주류를 형성해가듯 아주 작은 지류일지라도 무심하지 않다. 순간순간의 찰나가 모여 영겁이 되고 우리는 그 위에 발자국을 찍으며 인류공동의 수레바퀴를 돌리고 있지 않은가?

  사람은 시간이란 평면 위에 공간이란 점의 이동을 찍으며 인생을 살아간다. 좌표처럼 지나온 점은 이미 선 안에 갇혀버리고 앞으로 펼쳐질 시간과 공간의 분면은 백지로 남아 있다. 숱한 일들이 있었고 수많은 공간의 이동과 전출입이 있었다고 생각했는데도 인생좌표는 여전히 허전하고 쓸쓸하다. 미시적으로 보면 빼곡한 점들로 점철되어온 개인의 역사도 멀리서 보면 한 점일 뿐이고, 하나의 커다란 실선에 불과하다.

  순간순간 식물채집이나 곤충채집처럼 시간의 증거를 붙들어놓고 싶다. 국민학교 시절 다른 애들이 잡지 못하는 장수하늘소나 사슴벌레가 채집 판에 꽂혀 있으면 위풍당당하게 개학을 했다. 뿌리가

지 정연하게 말려 테이프로 붙인 식물채집은 정성의 증거였다. 장황한 설명 같은 것은 하지 않아도 좋았다. 증거가 곧 노력과 땀, 승리의 표본이 되었다.

거친 풍파와 시련을 품고 고고하게 서 있는 계곡과 해안일수록 장엄미와 웅장미가 흐른다. 시간과 공간의 퇴적물이 많이 쌓인 강가일수록 평온하고 여유로운 정감이 배어나온다. 말로 설명하지 않아도 모두 이해가 가고 수긍이 가는 증거를 시간의 질서 위에 꼭꼭 박음질해놓고 싶어지는 욕심. 그 욕구가 바로 열정이리라.

글을 쓰는 이유도 이와 다르지 않음이다. 사라져가는 시간을 붙잡아서 부패하지 않도록 사유의 뜰에 건조시킨다. 사슴벌레처럼 딱딱한 편견과 오만의 등껍질에도 바늘은 꼽아진다. 비논리와 고집으로 엉킨 명아주 풀뿌리도 마르면 가볍고 단순해진다. 표본으로 박제된 사슴벌레와 명아주는 이제 영원히 내 시간의 채집상자 안에 들어와 화석이 된다.

곧 봄이 멀지 않았다. 살아 있는 시간을 채집해야겠다. �șɾ

# 콩나물

　물을 주기 위해 콩나물의 검정보자기를 걷는 순간 '훅' 하고 올라오는 본능의 냄새. 어둠 속에서 웅크리고 있던 싹이 자라 발정되는 냄새다. 콩나물을 직접 길러본 사람만이 느낄 수 있는 생의 열기를 위해 가끔 안하던 짓을 해볼 때가 있다.
　어떤 일도 심드렁해질 때, 아무 일도 하기 싫지만 무엇인가 시작이 필요할 때, 게으름과 귀찮음을 다스려 주어야 할 때 가장 빠른 방법은 청소다. 일부러 더 어질러놓고 정리를 해나가며 마음의 수납공간도 하나씩 늘린다. 가장 쉬운 방법은 재래시장을 한 바퀴 돌아 삶의 팔딱거림을 다시금 확인하는 것이고, 가장 좋은 방법은 무엇인가 정성을 들여 몰입해보는 일이다. 콩나물 기르기는 가장 좋고 빠른 최선책은 아니어도 차선책 쯤은 되는 쉬운 방법이다. 때맞춰 물주고 집중하다보면 다시 선명해지는 나를 만난다.
　중간 크기의 우유팩을 재활용해서 밑에 구멍을 뚫고 물에 불린

콩을 담아 둔다. 수시로 물을 뿌려주며 빛이 못 들어가게 검정보자기를 씌운다. 우유팩을 울타리 삼아 제각기 쑥쑥 키를 돋우는 콩나물의 모양새를 보면 사람살이의 모습도 저렇지 싶은 안쓰러움과 의연함이 동시에 든다. 얼마나 컸을까 들여다보는 궁금증이 삶에 대한 본능을 일깨우기도 하고 복잡다단한 삶이 다독거림을 받기도 한다.

동글동글한 콩에서 길쭉하고 매끄러운 다리가 나올 때까지 얼마나 아린 시간을 견디어냈을까? 데미안의 유조처럼 아프락사스에게 날아가기 위해 알의 껍데기를 깬 고통은 콩에게도 마찬가지로 녹록치 않았으리라. 어쩌면 헤엄칠 수 있는 꼬리대신 걸을 수 있는 다리를 선택한 인어공주처럼 목소리를 잃어버렸을지도 모를 일이다. 콩나물이 되기 위해 날마다 치렀을 물세례와 어둠 속의 절차탁마(切磋琢磨)는 또 어떠한가?

모든 식물은 햇빛을 향하고픈 욕망이 있다. 열매를 맺는 식물이 싹을 틔우고 뿌리를 키울 때에는 꽃이 되고 싶은 열망도 함께 자란다. 그 독한 열정이 잎사귀를 살찌우고 온 몸이 파랗도록 꿈을 돋운다. 그래서 콩나물의 밭으로 향하고 싶은 욕망을 사그라지게 하려면 검정보자기로 꼭꼭 가두어야 한다. 바깥세상이 궁금해 온 몸이 물음표가 되어 노랗게 뜰 때까지 검정보자기로 꼭꼭 덮어두어야 한다.

어둡고 습한 시간은 콩알맹이를 단단하게 채웠던 단백질이 매끈한 섬유질로 거듭 태어나게 한다. 물리적인 성장뿐만 아니라 영양소의 화학적 변화까지 감내하며 온몸을 탈바꿈해버린다. 움죽움죽 세포분열이 일어나면서 콩나물은 생에 대한 의문과 욕망을 뿌리로 키운다. 뿌려주는 물은 구멍을 통해 다 빠져나온 것 같아도 어느새 콩나물은 날렵하고 곧게 뻗은 다리로 서 있다. 노란 머리는 다리가 길어진 만큼 숙여지고 곱고 탱탱해진 몸매는 윤기가 난다. 검정 보자기 속에서 바깥세상을 보고 싶은 호기심으로 내쉬는 숨결마저 의문부호인 물음표를 닮았다. 시나브로 수태(受胎)를 위한 발정의 꿈 냄새를 피우기 시작한다.

아니 콩나물시루 안은 온통 노란 얼굴을 갸웃갸웃 내미는 유조들로 가득하다. 올망졸망한 부리로 알껍데기를 깨고 나와 길게 고개를 치켜드는 유조의 어린 새끼들. 아직 마르지 않은 난백의 태반냄새를 품고 있다. 다른 세상으로 나가기 위해 한 세계를 깨쳐버린 어린 유조들은 빨리 비상하고 싶을지도 모르겠다. 떡잎을 숨긴 노란 머리로 날 수 있는 날을 꿈느라 아우성이다. 그들의 소리 없는 아우성은 인어공주의 목소리를 닮았다. 사랑을 찾아 목소리와 다리를 바꾼 인어공주처럼 수태(受胎)의 꿈은 물거품처럼 사라져야 된다는 것을 그들은 아직 모른다.

잠시 콩나물 이전의 콩을 생각한다. 꼬투리에서부터 조금씩 내공을 쌓아 부풀려진 몸에 자라는 것이 단지 쭉정이가 되지 않겠다는 다짐만은 아닐 터이다. 무엇이 되고 싶었을까? 어떻게 되고 싶어 물만 닿으면 화들짝 놀라 껍질 밖으로 튀어나오는가? 하찮은 콩, 콩나물이라도 다른 세상으로 나가기 위해 열망을 키우는데 나는 한 번이라도 제대로 발아(發芽)한 적이 있었던가?

콩나물에 물을 주는 일은 나에게 물을 뿌리는 경건함이다. 흠뻑 젖어 잉태(孕胎)된 꿈이 발화(發花)하기를 기도하는 간절한 마음.

| 작품 평설 |

## 자기 발견과 응시, 아프락사스를 향하여

박미영이 수필에서 의미를 부여하고 주제를 구현하는 방식은 마치 갱도를 뚫으며 광맥을 찾아들어가는 광부와 같다. 그만큼 하나의 주제를 속속들이 천착하는 힘이 강하며 철학적 응시가 깊다. 그 응시는 자기발견을 통해 자아 이상을 실현하기 위한 도정으로 이어진다.

「끈의 유혹」에서는 인간의 탄생부터 죽음에 이르는 여정이 끈에 대입된다. 제일 처음 인간이 달고 나오는 끈은 모태다. 이로써 인간은 여러 가지 끈과 연관을 맺으면서 세상을 산다. 작가는 그 여정에 물리적 끈과 정신적 끈을 배치하면서 생을 응시한다. 이 글에서 인간과 끈의 관계는 따뜻하고 온화함에서 시작하여 여러 도정을 거치다가 맺은 것을 푸는 것으로 끝난다. 그러므로 끈은 시간에 따른 욕망과 깨달음의 변화, 생으로부터 죽음에 이르는 과정을 구현하는 기표가 된다. 작가는 인생을 끈의 유혹이 반복되는, 시지포스의 형벌 같은 여정이라고 본다.

이 글은 한 폭의 세밀화를 보는듯한 느낌을 준다. 주제의 천착과 사유가 치밀하고 치열하다. 철학의 빈곤이 부박함을 낳는 시대에 깊은 사유를 동반한 수필을 만날 수 있음은 반가운 일이다. 그런데 무거운 주제를 쉽게 들어 올릴 지렛대를 찾는다면 금상첨화이겠다. 행간을 따라 일일이 의미를 파악해야 하는 독자의 노력을 덜어주고 미적 감동을 주기 위해서다. 추상과 관념의 최소화는 지렛대의 원리 중 하나가 되지 않을까 싶다.

「시간채집」에서 작가는 책갈피에서 우연히 발견한 황매화 압화(押花)를 보면서 20여 년 전 봄의 기억을 불러내 지나온 시간을 반추한다. 살아 있는 생명으로 채집되어 죽은 시간 속에 갇혀 있던 황매화가 과거와 현재를 잇는 매개물로 현현하는 것이다. 그 사이에는 변모하는 것들의 퇴적이 있다. 작가는 선형적 시간의 흐름 속에서 시간의 증거를 남기기를 원하며, 그것을 정성과 열정으로 성취할 수 있으리라 믿는다. 문학은 그 증거물 중 하나다. 작가가 보건대 문학은 살아 있는 시간 속에서 정성과 노력과 열정으로 채집된 사유의 화석인 셈이다. 더불어 바라는 것은 생명력이 있는 시간과 문학이다.

작가는 이처럼 누구나 하나쯤 갖고 있을 압화 책갈피에서 시간의 의미를 추출하여 과거·현재·미래를 관통하는 사유로 이끈다. 그리하여 '시간채집' '시간의 화석' 등의 키워드로 자기화하고, 그것을 문학과 연계함으로써 문학적 고뇌와 역량을 함께 보여준다.

「콩나물」에서 독자는 콩나물의 예상치 못한 변신과 만나게 된다. 이 글에서 콩나물은 한 마리 새가 된다. '아프락사스에게 날아가려는 유조(留鳥)'다.

'새는 알을 깨고 나온다. 알은 새의 세계다. 태어나려는 자는 한 세계를 파괴하지 않으면 안 된다. 새는 신을 향해 날아간다. 그 신

의 이름은 아프락사스다.'

너무나도 잘 알려진 헤세의 「데미안」에 나오는 구절이다. 햇빛을 향한 욕망을 누르고 어두운 보자기 속에서 절차탁마하면서 껍질을 벗고 아프락사스를 찾아 비상을 꿈꾸는 유조로서의 콩나물, 그 변신이 놀랍지 아니한가. 작가는 여기서 멈추지 않고 그 근원을 거슬러 올라가 콩나물 이전의 콩을 생각한다. 그리고 스스로도 발아(發芽)하여 발화(發花)에 이르기를 꿈꾼다. 작가는 콩나물과의 동일시를 통하여 아프락사스를 향해 비상하고픈 자신의 열망을 내비친다. 즉, 아프락사스는 작가가 이상적 세계의 모델로 삼는 시니피앙인 것이다. 그러나 그 대상은 늘 저만치서 대타자로 남아 잡으면 미끄러지고, 잡으면 다시 미끄러지면서 욕망의 주름을 남긴다. 그러므로 이를 위한 자기 발견의 응시는 생이 지속되는 한 반복될 수밖에 없다.

이러한 과정을 구현하는데 있어 철학적 사유는 빛을 발한다. 그런데 이 글에서 인어공주 이야기가 꼭 필요했는지는 의문으로 남는다. 한 단락에서 서로 다른 메타포를 지닌 두 개의 큰 예화(「데미안」과 「인어공주」)를 인용하는 것은 주제의 일관성과 연결성을 흐릴 우려가 있을 뿐 아니라, 두 예화의 상관성도 고려해야 하기 때문이다. 인어공주의 이야기가 없더라도 다리-물-목소리의 연계는 충분할 것으로 보인다. 또한 이미 알껍데기를 깨고 나와 한 세계를 깨친 "유조의 어린 새끼들"과 '인어공주-수태의 꿈'의 연계도 설득력이 떨어진다. 이러한 아쉬움이 있지만, 이 글은 발상의 참신함, 탄탄한 문장, 존재의 성찰, 사유의 깊이 등에서 발군의 기량을 보인다.

이와 같이 박미영은 존재의 성찰을 통해 자아 이상의 실현을 향한 도정을 보여줌으로써 나상(裸像)의 문학으로서의 수필의 특징을 잘 보여준다. 그의 철학적 응시는 깊고 또 깊다. 이외에도 주제의 천착과 의미의 자기화, 존재를 투시하는 정교한 시선과 열정 등은 박미영이 문학이라는 큰 집을 짓는데 있어 튼튼한 주춧돌이 될 것이다. 수필이 신변잡기로 폄하되는 것은 철학의 부재도 한 요인이 된다. 그러므로 박미영의 철학적 사유가 좀 더 농밀하게 육화되어 중수필에서 두각을 나타낸다면 수필계에도 매우 소중한 자산이 될 것이다.

— **선정위원 | 민명자**

안해

달콤한 복수

장편(掌篇)들

'안해'는 '내안의 바다'였다

## 박태선

**창작 노트** _ 무한은 한 번의 반복이요,
영원은 한 순간의 반복이라
글쓰기는 내게
한 번을 잘 살아라,
한 순간을 소중하게 간직하라,
말하네

**약력** _ 1964년 경기도 광주 출생. 서강대학교 영문학과 졸업. 번역가. 2005년 『계간수필』 등단. 양재회(『수필실험』) 동인. 『좋은수필』 편집위원. e-mail:namu8821@naver.com

2011 젊은 수필

## 안해

　세상에서 가장 사랑하는 내 안해의 애칭은 '나무늘보'다. 물론 안해의 얼굴이 그렇게 흉물스럽게 생겼다는 건 아니다. 안해의 얼굴은 커다란 깻잎만 한데 오똑한 코에 절구 바닥처럼 오목하고 반들반들한 턱을 갖고 있으니까. 내 말은 거, 있잖은가. 슬로 모션처럼 동작이 굼뜬 나무늘보. 내 안해의 행동이 똑 그렇다. 가령 안해는 산책을 하는 경우에도 집 밖을 나가지 않고 방 안을 뱅뱅 맴돌다가 픽 쓰러졌다가는 일어나 세면실로 가서 샤워를 한다. 내가 안해를 만난 지 거의 10년이 다 돼서야 결혼을 하게 된 것도 그런 까닭에서다. 나무늘보식 사랑을 하느라 내 가슴이 그 동안 안타까움으로 거미처럼 새까맣게 타버린 것을 그제야 알아주었으니 말이다. 사실 안해더러 '나무늘보'라고 하면 대뜸 골을 낸다. 게으름뱅이 보고 게으름뱅이라고 하면 누가 좋아하겠는가. 난 그래서 입엣말로 '나무늘보' 하고 만다.

박태선 161

결혼한 지 서너 해가 지났어도 우리에겐 아이가 없다. 안해는, '당신, 내가 왜 찰스 램을 존경하는지 아세요. 그이는 아이가 없었어도 세상 모든 아이들을 사랑했다구요. 나도 그래요.' 이런다. 말인즉, '아이를 좋아하면 그만이지, 구태여 제 아이 남 아이는 따져서 무엇하느냐'는 것이다. 그러면 나는 실쭉해서 '램은 결혼을 못했지. 사랑하는 엘리스가 전당포업자 놈한테 시집을 가버렸잖아. 아이가 있었으면 그 말도 그렇게까진 유명세를 타지 못했을 걸' 하고 대꾸한다.

사실 나는 이 문제에 관해 안해와 견해가 다르다. 그녀의 매력 가운데 하나는 생글거리는 웃음이다. 웃음도 하품처럼 전염성이 있는지 모르겠지만 나는 안해의 얼굴을 떠올리기만 해도 물그림자처럼 은은한 미소를 머금게 된다. 언젠가 인천 월미도로 향하는 배를 탔을 때의 일이다. 우리 옆자리에는 두 살 정도의 여자아이가 엄마 품에 안겨 있었다. 안해의 얼굴에는 여느 때처럼 생글거리는 미소가 감돌고 있었다. 그러자 아가는 방긋거리며 두 팔을 뻗쳐 안해에게 안기려 한다. 아이 엄마가 아이를 추스르고 나서도 안해와 아이 사이에는 눈빛만으로도 무언의 대화가 오가고 서로 연신 흐뭇한 표정들이다. 우리와 헤어질 때 그 아이는 혀도 잘 돌지 않는 발음으로 '안~녕, 잘 가' 하면서 고사리 같은 손가락을 흔들어대는 게 아닌가. 하기야 이렇게 아이들과 금방 친해지는 것은 안해의 세 살배기 조카가 처음으로 쓴 글자가 아빠, 엄마를 제껴두고 '이모 사랑해'였다는 사실만 보아도 아주 분명하다. 끼리끼리는 통한다고, 안해의 품성에는 다분히 아이의 속성이 깃들어 있는 것이다. 그래서 내 딴에는 안해가 아이를 갖고 싶어하지 않는 이유가 장래의 제 아이에게 질투를 느끼기 때문이 아닌가 하는 것이다.

　이렇고 보니 내게 아이가 아주 없는 것도 아니다. 제 어미를 꼭 빼닮은 아이가 하나 있는 셈이다. 이 아이는 제 맘에 마뜩치 않으면 집게손가락을 물고 '이~잉, 싫어, 싫어' 하면서 내 가슴팍을 건성 두드린다. 그러다가 곧 싱긋 웃으며 그 손길로 내 어깨를 어루만진다. 이런 어리광에 내가 안해를 철딱서니 없다고 면박을 주냐고? 그렇지 않다. 나 아닌 다른 사람에게 이런 행동을 보이면 나는 질투를 느끼지 않았을까. 하지만 안해는 내게만 이런 모습을 보인다. 사랑하는 사람들은 서로의 인간성을 가장 깊은 곳까지 헤아리기 마련이다. 안해는 나를 믿고 의지하므로 저렇게 거리낌없이 자신의 본성을 드러내놓는 것이다.

　안해는 또한 둘째가라면 서러워 할 겁보다. 언젠가는 교통사고로 피를 흘리는 사람을 보고서는 가차없이 졸도를 해버렸다. 바퀴벌레나 송충이는 물론이고, 온 여름에는 개나리 가지에 들러붙어 있는 매미의 허물을 보고 소스라치게 놀라는 것이었다. 나는 안해의 등을 토닥이며 '이 껍데기는 굼벵이가 땅 속에서 십 년을 있다가 바깥 세상으로 기어 나와 스스로 허물을 벗은 매미가 남긴 거야. 우화이등선(羽化而登仙)! 그러니 신성한 흔적인 셈이지. 전혀 무서워할 물건이 아니라구' 하면서 안해의 손바닥에 매미 껍데기를 가까스로 올려놓는데 성공하기도 했다. 내가 굳이 '우화이등선'을 들먹인 이유는 안해가 동심을 간직한 것은 좋은데 아이를 낳아 기르며 희생할 줄도 아는 진정한 어른이 되기를 바라서 하는 얘기였다. 이러니 내게 아이가 없다고 말할 수 있겠는가.

　이처럼 세상에서 제일 사랑하는 나의 안해는 때로 아이 역할까지

일인이역을 하고 있는 것이다. 내게는 이런 역할이 안해에게 부담이 되지 않을까 걱정이 되지 않을 수 없다. 내후년이면 우리 나이가 도합 아흔 살이 되기 때문이다. 엊저녁에 나는 안해에게 슬며시 이런 말을 해보았다. '여보, 옛말에 있잖아, 상투를 올리지 않은 남자는 아무리 나이가 많아도 어른 대접을 받지 못한다구. 마찬가지로 여자가 아이를 낳지 않으면 어른 대접을 받지 못하는 거라구.' 말이다. 그런데 안해의 아주 맹랑한 대답. '당신은 그 반대잖아요. 상투를 올리고서도 시시때때로 왕눈이처럼 눈을 크게 뜨고 생글생글하는 뽄새가 영락없는 아가라구요.' 나는 어이없게도 되레 한 방 얻어맞고 말았던 것이다. 이러니 또 한 번 입엣말로 '나무늘보' 할 밖에. 나 원 참!

이 글을 y에게 뵈었더니 그녀는 뜻밖에도 침울하게 말했다. '한 가지만 빼고 나랑 똑같네. 내가 아이들을 좋아하는 게 아냐. 아이들이 날 따를 뿐이지.' 내가 굳이 '뜻밖에도'라는 수식어를 단 것은 나는 이 글을 유머의 한 다발로 그녀에게 안겨주고 싶었기 때문이다. 사실 언젠가 꽃집에 들렀을 때 그 향기가 그윽하고 황금빛 떨기가 태양의 얼굴을 닮아 난 국화 한 다발을 그녀에게 들고 간 적이 있었다. 그녀는 꽃다발을 받아들고 깔깔거리며 말했다. '혀~엉, 국화는 고인, 그러니까 장례식장에나 들고 다니는 거야.' 나는 그때 머쓱한 나머지 '어쩐지 이상하더라. 꽃다발을 들고 종로통을 활보하는 사람들의 손에는 죄다 장미더라니' 하며 뒤통수를 긁적이고 말았다. '연인들에게 유머 감각이 정반대인 경우보다 더 끔찍한 건 없다. 도저히 그 간극을 메워줄 방도는 이 세상에 없을 테니까'라는 말이 있다. 하지만 우리 사이가 그렇게 비참한 경우는 아니었다.

그녀는 다만 내 유머 이면의 '내 곁에 끝까지 있어 줄래' 라는 나의 무의식적인 욕망을 꿰뚫어 본 것은 아니었을까.

그러고 나서 그 이듬해 그녀는 놀랍게도 날개를 펴고 포르르 내 곁을 날아가버렸다. 그녀는 나무늘보가 아니라 새였던 것이다! 내 귓전에서는 그녀의 말들이 벌떼처럼 웅웅거리며 울려 퍼졌다. 형, 나랑 결혼하면 글도 못쓰고 평생 번역만 하게 될 거야. 지금 당장 내 꿈은 부모님한테 독립하는 거야. 법학을 전공한 그녀는 아직도 그 무슨 공부를 하고 있다. 이모는 왜 결혼 안 해? 경아야, 있잖아. 사람은 다 달라. 결혼하는 사람도 있고 이모처럼 그렇지 않은 사람도 있는 거란다.

그녀는 과연 내가 굳이 '안해'라고 표현한 이유를 생각이나 해보았을까. 아내의 옛말 정도로 여기지나 않았을까. 그대여, 사실 '안해'는 '내안의 바다'였다. 형, 나중에 내가 독립하면 형의 섹스 파트너는 해 줄 수 있어. 나는 그 말을 들었을 때 그녀의 뺨을 때려주고 싶었다. 차라리 나를 사랑하지 않는다고 했다면 그녀를 용서해 줄 수도 있었을 것이다.

나는 이제야 비로소 깨닫는다. 그녀가 가끔 '혀~O, 품 좀 빌려 줄래' 하고 말했을 때 그녀는 내게서 단지 품만을 빌린 게 아니었다. 그녀는 내게서 마음을, 사랑을 송두리째 도적질해 갔던 것이다.

네가 떠날 때
바다는 그가 품었던 모든 물고기들을
수면 위로 떠오르게 하였다
— 박상순 「피날레 Finale」중에서 ✣

## 달콤한 복수

언젠가 라디오에서 맨발로 다니는 부시맨 같은 원시부족들은 대지의 기운을 발바닥을 통해 온몸으로 받아들이기 때문에 건강하다는 얘기를 듣고, 나도 맨발로 산책을 시도한 적이 있다. 하지만 그야말로 작심삼일을 넘기지 못했다. 등산화를 비닐 봉투에 담아 배낭에 넣고 다녀야하는 등 번거로움이 따르기 때문이었다.

그러다가 이번에 티브이에서 '발'에 관한 다큐를 보게 되었다. 발이 '제 2의 심장'이니 '인체의 축소판'이니 경락이 어떻고 하는 말들은 그렇다 치고, 나는 33년째 신발만 연구한 한 전문가의 말에 또 귀가 솔깃해졌다. 그의 말에 따르면, 최근 신발의 진화는 맨발로 가려는 경향과 기능을 극대화하려는 경향 두 가지로 나눌 수 있다고 한다. 전자는 인간이 본래 맨발로 걸었을 때의 발의 기능을 되살리려는 것이고, 후자는 쿠션을 활용한 지능형 신발로 모래사장을 걷는 듯한 느낌을 주는 것이란다.

나의 산책코스는 1시간 30분 정도의 거리다. 반환점인 정수장 아래 약수터까지 가려면 야트막한 산 3개를 넘어야 하는 녹록찮은 코스다. 그러나 한창 공부하고 책 볼 나이에 한가하게 매일 다닐 수도 없고 해서 하루나 이틀거리로 다니다 보니 산책한 날은 온몸이 녹작지근할 정도로 어지간히 피곤하다. 사람이라는 동물의 성질이 또 이상해서 남들이 다 갔다 오는 반환점을 돌고 오지 않으면 왠지 뒷맛이 개운하지 않고, 운동량도 2프로 부족한 느낌이 든다. 1시간 정도로 그만한 운동 효과를 볼 수는 없을까, 생각하고 있던 차에 신발 전문가의 말을 듣고 당장 맨발로 산책하기로 마음먹었다. 사실 '발이 제2의 심장'이라고 말하는 것은 심장에서 발끝까지 흘러온 혈액을 발이 다시 심장으로 되돌리는 펌프와 같은 역할을 하고 있기 때문이라고 한다. 만병의 근원이 혈액순환 장애라는 점을 감안할 때, 발의 기능을 온전히 되살리는 맨발로 걷는 효과를 더 이상 말해 무엇하랴. 더구나 신발이 맨발을 지향하는 추세라니 까짓 것, 맨발로 걸으면 만사형통이 아닌가 말이다.

첫날은 신발을 벗어 들고 중간 지점까지 걸었다 왔다. 맨발로 걸으니 발가락들이 살아 있다는 생각이 들었다. 발을 내딛을 때마다 고놈들이 악착같이 흙을 움켜쥐려고 하는 것을 발가락 끝에서 느낄 수 있었는데, 인간의 조상인 원숭이가 발을 이용해 나뭇가지에 매달리던 야성을 실감할 수 있었다. 동네 바로 뒷산 약수터에서 발을 씻고 집에 돌아오니 딱 한 시간이 걸렸다.

하지만 그 다음 번에는 꾀가 나서 신발과 양말을 벗어 쉼터 벤치 밑에다 두었다. 그런데 30분 정도 있다 돌아와 보니 신발이 눈에 띄지 않았다. 근처 벤치에 앉아 있는 할머니에게 물어보니 통 모르쇠였다.

그 운동화는 2년 전에 짝퉁 가방이나 헌옷, 신발 따위를 늘어놓고 파는 차고 분위기가 물씬 풍기는 주택가의 한 가게에서 만 원을 주고 산 것이었다. 투박한 등산화를 신고 산책을 하는 게 거추장스럽고 무거웠기 때문이었다. 신어보니 실내화처럼 가뿐했다. 상표는 나이키였는데 밑창은 거의 말짱했지만 전체 모습은 꾀죄죄했다. 아마도 전 주인은 신발이 해져서라기보다는 오래 신다보니 싫증이 나고 색깔도 바래서 재활용함에 넣지 않았을까. 주인장은 또 용한 재주로 그런 신발들을 거둬다가 세탁해서 파는 것이고.

신발이 없어진 걸 알고는 서운하기도 하고, 한편 괘씸한 생각이 들었다. 그 신발을 치운 사람은 분명 신으려고 가져간 것이 아니었다. 그 신발은 엿장수한테 가져가 봐야 강냉이 한 됫박은커녕 기껏 한줌이나 주면 감지덕지해야 할 판이다. 하긴 요즘 엿장수도 눈에 띄질 않으니……. 내 생각에 그는 아마 양심머리 없는 누군가가 슬그머니 버린 줄 알고 욕깨나 한마디 하면서 주워들고 갔을 것이다. 제 딴에는 좋은 일 한답시고 신발을 들고 가다 쓰레기통이라도 눈에 띄면 휙, 던져 넣고 양손을 쓱쓱 문질렀을 것이다. 그러고는 자신의 선행에 만족해서 흐뭇한 미소를 지으며 천당은 떼 논 당상이라고 생각하지 않았을까.

그런데 내가 어젯밤 꿈속에서 염라대왕에게 듣기로 그런 착각을 한 사람들이 억울함을 호소하는 일이 부지기수란다. 세상은 작은 선행을 베풀기도 무척 힘든 곳이라는 것이다. 천당을 가려면 우선 착한 일을 하려는 욕심보다 악행을 하지 말 것이고, 무엇보다도 제 물건이 아니면 절대 손을 대지 말라는 것이다.

내 신발을 가져간 양반도 좀 더 현명했더라면 그 자리에서 당장 날름 집어갈 것이 아니라 하루쯤 더 기다려봤다가 이튿날도 주인이 나타나지 않으면 그때 갖다 버려도 늦지 않았을 것이다. 그런데 그는 상상이나 했을까. 자신의 선행 때문에 시멘트 바닥을 맨발로 10여 분이나 걸어야 하는 애꿎은 고행을 치러야 하는 사람이 있다는 것을 말이다. 나는 바닥에 쓸리는 바짓가랑이를 연신 말아 올리며 학생들이 우르르 쏟아져 나오는 중학교 앞을 지나고 골목골목을 밟아 이윽고 집 앞 차도 앞에서 신호등이 바뀌기를 기다리고 있었다. 그때 마침 흰 가운을 입은 '창신약국' 김씨가 길가에 바람 쐬러 나왔다가 그런 몰골로 서 있는 나를 뜨악한 눈길로 쳐다보더니, 다시 한번 위아래를 훑어보고는 '저 총각이 장가를 못 가더니, 아예 돌아버렸나' 하는 표정을 지었다.

나는 그러거나 말거나 고개를 외로 꼬고 입술을 꽉 깨물었다. 나도 오기가 있는 놈이다. 책 사볼 형편도 안 되는 터에 운동화를 새로 장만할 수도 없고, 그렇다고 산책을 포기할 수 없는 일. 나는 아예 이참에 파트타임 부시맨이 되기로 하였다. 내 신발을 가져간 사람이 나의 억울한 고행으로 인해 친당엘 가지 못한다면 나에게도 책임이 있다. 그러니 내가 복수하는 유일한 길은 맨발로 걸어 내 몸의 건강을 증진시킴으로써 선의에서 비롯된 그의 어리석음을 용서해주고 그의 천국행에 걸림돌이 되지 않는 것이다.

아직도 시멘트 바닥을 걷는 데에는 익숙치가 않다. 발바닥 가생이에 거스러미가 일고 엄지발가락 귀퉁이에 물집이 잡히려는지 이물감도 느껴졌다. 그러나 화덕 위의 마른 오징어처럼 발가락이 오그라드는 한여름이 오기 전에 어서 발바닥을 담금질해 놓아야겠다. 인간은 어떤 환경에서고 다 적응하기 마련이라고 하지 않던가. 나는 오늘도 바짓가랑이를 걷어 부치고 휘파람을 불며 맨발로 집 밖을 나선다. 달콤한 복수를 꿈꾸며.

# 장편(掌篇)들

코끼리 눈

내가 가르치는 아이들 중에 희(姬)란 여자아이가 있다. 신상 기록 카드의 「인상 깊었던 일」난(欄)에는 '여섯 살 때 우물에 빠졌던 일'이라고 적혀 있었다. 나는 그 아이의 반명함판 사진을 오래도록 들여다보았다. 그의 서글서글한 눈망울 때문이었다. 눈물주머니가 도도록 불거진 게 미풍에라도 그만 톡, 터져 눈물이 홍수질 것만 같았다.

일전에는 사회수업 중에 선생님이 '수원 제암리 학살사건'을 설명하시는데, 희가 갑자기 예의 눈물보를 터뜨렸다 한다. 선생님이 그 연유를 물으니, 자기는 일본 사람들이 그렇게 나쁜 사람인 줄 모르고 일본 것은 모두 좋은 것으로만 여겼다고 한다. 그래서 자루 만한 연필 주머니에는 온통 일제 학용품 일색이었다.

쉬는 시간에 아이는 연신 눈물을 손등으로 찍으며, 갖고 있던 일제 학용품을 반 친구들에게 죄다 나누어주었다. 그래 우리 반 열다섯 명의 학생들 중에 그의 학용품 한 점 안 지닌 아이가 없게 되었다.

얼마 뒤, 학부모 간담회 때 희의 어머니를 만났다.

"아이가 감수성이 예민한가 보죠?"

"그나저나 너무 예민해서 걱정이에요."

하며 엄마는 이런 얘기를 들려주었다. 초등학교 5학년 때 동물원엘 갔었다. 헌데 희가 코끼리 울 앞에서 걸음을 딱 멈추고 눈물을 마구 흘리더란다.

엄마가 물었다.

"너 왜 그러니?"

희가 코끼리를 손가락질하며,

"엄마, 코끼리 눈 좀 봐. 울라 그런 것 같아."

하더니 콧물을 훌쩍이며 말하길,

"아프리카에 가고 싶은 가 봐."

"……?"

**빨강 사과**

고등학교에 갓 입학했을 무렵이었다. 수업을 마치고 진달래가 피어 있는 교정을 걸어나오다 난 새로 사귄 용(龍)이라는 친구의 까만 교복 주머니가 불룩한 것이 눈에 띄었다.

"주머니 안에 든 게 뭐니?"

그가 싱긋, 미소를 깨물고 주머니 안에 손을 집어넣었다. 이윽고 그의 손바닥 위에선 빨간 사과 한 알이 막바지 기우는 햇살을 튕겨내고 있었다.

"웬 사과?"

하고 나는 물었고, 그의 얘기는 이러했다.

용은 사글세 단칸방에서 부모님과 누나와 함께 살았다. 방의 절반은 앉은뱅이 책상과 장롱이 차지하고 네 식구가 간신히 누울 만하였다. 집에서 책 볼 처지가 아닌지라 그는 새벽에 일어나 아침도 거른 채 학교 도서관에 나와 공부를 하였다. 걸어서 30분 거리인데 대개 등교 땐 버스를 탔다. 공교롭게도 버스 정거장은 학교 정문 못 미쳐 있었고, 다음은 교문을 지나쳐 종점이었다. 하지만 등교시간에는 학생들의 편의를 배려해서 맘씨 좋은 운전사 아저씨는 교문 앞에서 버스를 세우곤 했다. 그렇다 하더라도 꼭두새벽에 그러한 편의를 기대할 수는 없는 노릇이었다. 손님도 용 하나이기 일쑤이고 안내양마저 덜커덩거리는 버스 안에서 머리방아를 찧으며 꺼덕꺼덕 졸기 마련이었다. 용은 자기보다 한두 살 위일 성싶은 안내양 누나의 고단한 잠을 깨워 교문 앞에서 세워달란 말을 하기엔 무적 미안한 생각이 들었다. 그렇다고 종점까지 갔다가 잼처 돌아오기에도 좀 멋쩍었다. 용은 부득이 안내양의 어깨를 두드려 교문 앞에서 내리게 되었고, 요 며칠 새 같은 안내양 누나였던 것이다.

그래 이틀 전부터 교복 주머니에 사과 한 알을 넣고 다녔다는 것이다. 미안함과 고마움에 대한 조그마한 징표로. 그런데 어쩐 일인지 안내양 누나를 만나지 못했다는 것이다.

"감기에라도 걸렸나? 내일도 못 만나면 어떡하지. 사과가 다 시들어버리겠는 걸……"

용은 심상하게 중얼거리며 까만 교복 주머니 안에 사과를 다시 넣었다.

그 말을 들으며 난 여직 산마루 위에서 마알간 별뉘를 토해내는 해를 바라보았는데, 그 빛에 눈이 어리어리하였다.

곰 이야기

어느 날 자습시간이었다.

우덕(偶德)이란 여자아이가 '선생님, 빨랑요-' 하고 부르길래 나는 그 옆으로 갔다. 그 아이가 볼펜으로 가리킨 문제를 이윽히 바라보다, 난 마침내 허리를 굽히고 설명을 하기 시작했다. 그런데 아이는 설명은 뒷전이었는지, 어느새 내 머리에서 새치 하나를 뽑아 들고, '선생님 흰머리가 많네요. 선생님 있잖아요, 흰머리는 생각을 많이 해서 그렇대요.'

하고 비죽이 웃었다.

나는 맥이 풀려 그 아이의 얼굴을 멀뚱히 바라보다가, 문득 엉뚱한 생각이 떠올랐다. 그래 몸을 일으켜 아이들을 향해 말했다.

"너희들 내 소원 중의 하나가 뭔지 아니?"

"……"

"머리가 몽땅 하얗게 세기 전에 좋은 생각 많이 하는 거."

아이들은 웬 자다가 봉창 뚜들기는 소린가 하여 시큰둥한 표정들이었다. 유머라고 한 번 해본 것이 시쳇말로 '썰렁'했던 모양이다. 급기야 저 쪽 끄트머리에서 욱(旭)이란 녀석이 '아휴, 곰탱이-' 하자 교실 안은 온통 웃음바다가 되었다. 나는 적이 당황했다. 나의 별명마저 이처럼 노골적으로 튀어나올 줄은 몰랐다. 욱이 녀석도 얼김에 그 말을 뱉었는지 나를 흘금거리고 있었다. 나는 이 상황을 어떻게 수습할까 하다가,

"옛날 옛날에 말이다……." 하고 슬몃 말머리를 돌렸다. "곰이랑

원숭이랑 살았걸랑, 어느 날 밥짓기 시합을 했겄다. (그제야 아이들은 수긋한 눈망울로 나를 바라보았다.) 누가 밥을 더 맛있게 짓나하는 거였지. 드디어 밥이 끓어 피시시-ㄱ 김이 나기 시작하니까 원숭이는 냉큼 뛰어가서 가마솥뚜껑을 밀어 젖뜨렸어. 김이 무럭무럭 얼굴을 덮쳐오니까 원숭이는 숨이 막혀, '밥은 이래야 잘 되는 거라구, 아이구 캑캑-' 곰에게 자랑을 하는 거야. 원숭이 딴에는 사람 흉내를 냈던 거지. 전에 어떤 사람이 밥물이 흘러 넘치자 솥뚜껑을 살짝 열어두던 것을 보았거든. 그 뒤로도 원숭이는 이따금씩 솥뚜껑을 들었다놨다하면서 그래야 밥이 맛있게 되는 거라고 생각했지. 곰은 원숭이가 하는 양을 물끄러미 바라보다가 안되겠다 싶었는지 온몸으로 솥뚜껑을 덮칠 듯이 달려들어 '아이고 내 밥 김 다 샌다.' 양손으로 소댕꼭지를 꽉 움켜쥐었어.

그래 원숭이가 지은 밥은 뜸이 제대로 들지 않아 설은 밥이 되었고, 곰이 지은 밥은 보드라하니 입천장에 달착지근하게 달라붙었더란 말이거든. 물론 시합은 곰탱이, 아-아니 곰이 이겼지."

아이들은 곰탱이란 말에 다시 한번 까르르 웃어댔다.

나는 웃음소리가 잦아들기를 기다려 끝으로 개인적인 감상까지 덧붙였다.

"사람이란 말야, 원숭이처럼 남의 흉내만 내다가 제 인생의 목적을 그르쳐선 안 되는 거야. 남이 뭐라 하든 저 곰처럼 줏대있게시리 한 번 제 삶을 밀고 나아갈 때, 저도 먹고 남도 함께 먹을 수 있는 맛있는 인생이라는 밥을 지을 수 있는 거란다. 때로 '곰' 같은 우직한 삶이 인생으로 통하는 '문'이 될 수 있다고나 할까?"

| 작품 평설 |

# 일탈을 향한 포스트모던 글쓰기

　현재 인류 최상의 목표는 물질적인 풍요이며, 이것을 위해서 사람들은 대부분의 시간을 사용한다. 그 시간의 갈피 속에서 존재의 의미나 본질에 대해 의문을 갖고 탐색한다. 초인/가치를 찾아서 제시하던 모더니즘이 이러한 인간의 삶을 나타내기에 부적절하므로 가치 없음을 포함한 다양한 형식과 스타일로 글을 쓰기 시작한 것이 포스트모더니즘이다.

　수필계의 대세가 사실주의 시대처럼 '경험'을 축으로 돌면서 의미 찾는 일에 몰두하고 있어서 인간의 사는 모습을 폭 넓게 조명하지 못하고, 상상력이 결핍된 글을 쓰고 있다. 이 시점에 박태선은 고전적 글쓰기에서 일탈을 꿈꾸며, 실험적 글쓰기를 시작했다. 그는 포스트모더니즘의 한 양상인 언어의 유희, 환상, 의식세계의 탐구, 놀이를 하는 듯한 글로 본질의 부재를 드러내고, 단순 명료한 동화적 틀도 사용하여 서로 다른 세 편의 글을 내놓았다.

　「안해」는 아내의 옛말이지만 작가는 이 글에서 거의 조어(造語)에 가깝게 이중적으로 사용하고 있다. '아내'라는 인물로, '안에 있는 바다〔海〕'의 두 갈래로 분화시켜, 각각 다른 에피소드를 쓰고, 결미에서 화자 자신으로 통합되는 언어유희를 하고 있다.

　전반부의 안해는 화자가 심층의식 속에 품고 있는 아내의 이미지를 제시하기 때문에 산만하여 실제 인물일지 의문이 생긴다. 후반부에서 안해가 '바다'라고 공표했을 때에도 그 이미지가 바다의 이미지와 맞는지 의문을 갖게 한다. "나무늘보"는 파도와 '아이의 속성'은 길들여지지 않는 바다의 이미지와 유사한 점을 발견할 수 있다. 그러나 치환된 사물이 유추를 통해서 원 관념으로 환원될 수 있어야 하는 은유의 속성상 안해가 바다로 유추되기 어렵고, 오히려 실제인물과 유사한 구체적인 묘사들은 화자가 품고 있는 아내의 환상을 표현했다고 보인다.

　y와 만나는 장면은 기억에 의존하고 있지만 표층 의식이어서 화자가 실제로 만나서 교제를 나누었을 것으로 추측할 수 있도록 명료하다. 화자는 y가 앞에 제시된 아내의 환상과 유사한 인물이라고 생각해서 접근했으나 그를 욕망의 대상으로 생각하는 말에서 이질감을 느낀다. 실제로 그녀는 그 안에 머물러 있을 "나무늘보"가 아니고 새가 되어서 날아가버린다.

　결국 화자는 "'안해'는 '내 안의 바다'"라고 공표하면서, 안해는 전 후반부에 묘사된 이성으로서의 타자가 아니라 화자 자신의 다른 모습임을 알게 된다. 두 개로 분할 된 의미가 바다로 은유된 화자로 통합된다. 더욱이 인용한 시에서 "네/y가 떠날 때"에 바다인 화자는 마음속에 품었던 "모든 물고기들/기억과 환상"을 "수면 위로 떠오르게/이 글을 쓰며", 내면을 정화하는 화자임이 확인된다.

　줄거리를 따라가는 글쓰기의 패러다임이 해체되고, 의식의 층을 따라 가면서, 언어의 기의(記意)를 작가의 자의로 사용하는 포스트모던 글쓰기를 선보인 새로운 시도가 좋았다. 그러나 독자는 의미를 찾아내기에 고심하면서 당황하게 되는 글이다. 작가가 차용한 은유적 상황이 정교하지 못해 혼란을 야기하기 때문이다. 작가는 독자들과 소통이 용이하도록 단초를 제공하면서 간결한 글을 쓰도록 노력할 것을 주문하고 싶다.

「달콤한 복수」는 "달콤한"과 "복수"라는 조합할 수 없는 두 단어를 제목으로 사용하여 논리의 부재를 드러내면서, 놀이와 같은 글을 통해 의미의 부재도 보여준다. 놀이는 탈 논리 속에서 일어나는 행위이기 때문에 희극적이다. 화자는 부시맨처럼 상당히 순수한 사람이다. 발의 건강을 위해서 맨발로 산책을 나섰다가 운동화를 잃어버렸다. 그런데 잃어버린 운동화 때문에 화를 내기보다, 훔쳐간/치워버린 사람의 의도를 상상하는 과정에서, 선의를 가지고 있는 것 같으면서도 궤변을 늘어놓는다. 방치된 쓰레기를 치우고 선행을 했다고 우쭐대었을 사람에게 복수하기 위해서 맨발로 걷기를 하는데, 그 복수는 역설적으로 화자의 발에 상처만 남긴다. 복수할 대상이 누구인지 모르면서, 칼을 휘두르던 돈키호테처럼 독자에게 웃음을 주는 해학과 역설이 돋보이는 작품이다.

「장편(掌篇)들」에는 동심의 순수함과 상상력이 죄의식과 온정에 민감하게 반응하는 사례들을 옴니버스 형식으로 썼다. 또한, 동화 같은 쉽고 친근한 언어를 사용하여, 읽고 난 후에 청량감을 느끼게 한다. '코끼리 눈'은 어린 소녀가 아프리카의 초원에 있어야 할 코끼리가 동물원에 갇혀 있는 모습에 죄의식을 느끼고, 그것이 아프리카에 가고 싶어 울려고 한다는 상상을 한다. 동물도 인간과 같은 지각작용을 가지고 있다는 순수한 시각을 드러낸다.

'빨강 사과'의 소년은 고등학생이지만 이해(利害)를 넘어선 따뜻한 정을 가지고 있다. 순수함이란 반드시 나이와 비례하지 않는다는 생각에 수긍이 간다. 반면, '곰 이야기'는 교실에서 영악한 아이보다 '곰탱이'라는 별명을 가진 선생님이 더 순진한 생각을 하고 있어서 아이의 놀림감이 되고 있다. 그런 아이들에게 약삭빠른 원숭이와 우직한 곰의 우화를 통해 교훈을 주려고 하는 모습이 역설적이다. 그것은 청중들을 설득하는 교훈이라기보다 선생님의 곰탱이 성향을 더 강조하는 독백이 된다.

이 작가가 세 편을 통해서 시도했던 실험적 글쓰기는 수필계에 신선한 충격이 될 것이다. 자기의 스타일을 찾으려는 열정과 문학의 기초가 튼튼하여 독자적인 자신의 길을 찾을 수 있을 것이다. 그가 변증법에서처럼 동일성으로 환원되지 않는 차이를 찾아 발전시킨다면, 수필계가 도약하는 발판이 될 것이다. 수사학적 폭을 넓히고, 깊이를 천착하여 새로운 체재에 다리를 놓아 항상 젊어지는 수필을 쓸 것으로 기대해 보겠다.

— 선정위원 | 오순자

목리(沐里)의 한 여름

짝짝이 눈

달빛 고양이

선한 목자를 기다리며 나도 어린 양이 되고 싶다

## 선 화

**창작 노트** _ 장롱에 넣어둔 예물시계를 어느 날 문득 꺼내보니 패물이 폐물로 바뀌어 있었다. 장롱은 나의 또 다른 내면의 세계였다. 어쩌면 내 안에 무언가가 어둡고 습기 찬 곳에 방치된 채 사장되어 갈지도 모른다는 두려움, 그것을 달래 줄 진정제를 찾아 길을 나서야 했다. 세상을 눈여겨보면 길이 보이는 듯하다. '글을 쓴다는 것'은 생명의 수액을 끌어올리는 끝없는 펌프질이 아닌가 싶다.

**약력** _ 경기 인천 출생. 이화여대 영어영문학과 졸업. 2003년 『에세이문학』 겨울호에 「갠지스 강에 적신 영혼」으로 추천완료. 이대문인회, 에세이문학작가회, 송현수필문학회 회원. e-mail:sesilpijung@hanmail.net

2011 젊은수필

# 목리(沐里)의 한 여름

눈을 뜨니 새벽 여섯 시, 창 너머 맞은편으로 빨간 지붕의 축사가 한눈에 들어온다. 젖을 찾는 어린 양들의 매에 소리가 새벽 공기를 가른다. 목리의 하루는 양유 짜는 일에서부터 시작된다. 서둘러 앞장서는 남편의 뒤를 따라 젖병 바구니를 들고 나선다. 현관 앞에 무더기로 핀 달개비 꽃이 일제히 아침 문안을 건네 온다. 새벽 이슬을 머금고 피어선가, 한결같이 맑고 신선하다. 일시에 뿜어오는 청신한 청보라 빛이 선잠을 쫓아낸다.

남편이 부지런히 양유를 짜는 동안 나는 마른 밀짚을 한 아름씩 날라다가 철망 앞에 길게 늘어놓는다. 현악기 줄처럼 생긴 밀짚을 양들이 한 줄기씩 쏙쏙 뽑아 당긴다. '사각사각' 저마다 씹는 소리가 낮은 음의 무반주 실내악이다. 사람도 성장기에 따라 특징과 삶의 모습이 다르듯이 양들의 속성도 예외는 아닌 모양이다.

어린 양들에게는 놀이가 곧 삶인 셈이다. 뿔이 난 줄 착각하고 서로 부딪혀 보지만 '울리지 않는 징'격이니 단조로운 정경의 연속이다. 훨씬 성숙한 양들 사이에는 제법 힘겨루기에 재미를 붙여 가는 모습이 역력하다. 끊임없이 모색하고 시도하는 삶이랄까, 슬쩍 과시도 해 가며 자신을 시험해 보는 수련기 같다.

하지만 완전히 성숙해버린 양들 사이에는 머리를 부딪는 소리가 예사롭지가 않다. '타닥 타다닥' 서곡부터가 긴장감을 조성하고, 치열한 공격으로 이내 바뀐다. 센 놈이 불도저처럼 밀어 붙이기 시작, 상대방이 철망 끝 모서리까지 처박혀야만 끝이 난다.

'뿔'이 양들에게 힘의 상징이라면 인간에겐 무엇이 힘의 상징이랄 수 있을까? 부나 명예? 아니면 권력이나 지위? 밀짚 위에 잠시 앉아 먼 산을 바라본다. 세간이 인정하는 뿔의 존재를 남편에게는 찾아낼 도리가 없다. 편히 갈 수 있는 쉬운 길을 놔두고 굳이 어려운 길로 돌아가고 있는 사람, 해야 할 일보다 하고 싶은 일을 하며 사는 그는 세상 밖에서 세상을 바라보며 사는 아웃사이더이다. 결혼 후 유학생활 5년, 귀국 후 시어른이 세상을 떠나시자 예산 목리 마을, 지금의 농장에 정착하게 되었고 그때부터 우리는 주말부부가 되었다. 어쩌면 그의 마음 속에 '뿔'이라는 존재는 애초부터 없었던 것이 아니었을까?

남편이 어깨를 치는 소리에 놀라 뒤돌아 본다. 방금 짠 양유 병을 건네 받으니 어미양의 따스한 체온이 전해온다. 젖 냄새를 맡은 새끼양들이 어느새 철망으로 몰려와 자리다툼을 한다. 가장 연약한 것부터 찾아내서 우리 밖으로 나온다. 내 품에 안긴 것은 암놈. 아직 뿔이래야 연한 핑크빛으로 손톱 끝 만큼 보일 듯 말 듯 하다. 세상 밖을 나올까 말까 망설이기라도 하는 듯이.

점심 무렵이 되니 하늘에 구름이 몰리기 시작한다. 아무래도 양들을 서둘러 우리에 집어넣어야 할 것 같다. 남편이 내게 앞장서라 하고 뒤에서 몰아보려 하니 양들은 나를 쉬 따라주지 않는다. 다시 자리를 바꾸어 남편이 앞장서고 내가 뒤로 자리를 잡자 본격적인 양몰이가 시작된다.

구름도 내 뒤를 바짝 따라 붙는다. 들판에 서 있는 상수리나무도 우리가 뛰는 방향을 향해 온 팔을 흔들며 힘을 싣는다. 급할 것도 느릴 것도 없는 마라톤. 내게 등을 보이며 달리는 양들이 그의 뒤를 충실히 따르고 있다. 남편과 양들의 굳은 결속을 의심할 여지가 없다. 그는 마치 선한 목자가 된 듯싶다. 저들만큼 나도 그의 충실한 추종자였나 생각해본다. 추종이 아닌 동반을 주장하며 헛된 시위만을 고집했던 건 아닐까?

남편이 뒤돌아보며 속도를 내라고 손짓을 한다. 그가 기다릴 수 없는 상황에서 내가 속도를 내야 할 입장이다. 삶의 길목 어딘가에 뒤처진 채 머물고 있는 자신을 발견한다. 우리가 지내온 삶이 지금의 상황과 다를 바 없었음을 깨닫는 순간 갑자기 채찍을 맞은 말처럼 나는 속도를 가하여 달리기 시작한다. 마치 그의 신호 속에는 '빨리 따라 오라고, 시간 없으니. 불평을 나누기엔 남은 인생이 너무 짧은 것 아닌가?' 라는 메시지가 담겨 있는 듯하다.

간신히 양들을 우리 안에 넣고 나니 빗방울이 후드득 떨어지기 시작한다. 비가 그치기를 기다리며 집안으로 들어선다. 남편은 대나무돗자리 위로 몸을 던지듯 누워버린다. 모처럼 휴식 시간이다. 이 시간은 오아시스를 만난 기분이다. 입을 꽉 다문 그의 얼굴을 바라본다. '고집'이라고 써 붙이고 사는 사람같기도 하고 고행을 자처한 수도승같기도 하다. 고립되어 있는 듯하면서도 무한한 자유를 만끽하는 듯한 얼굴.

축사의 양철지붕 위로 퍼 붓는 소나기가 그야말로 수천 수만 마리의 말발굽소리 같다. 갑자기 목리의 여름 한낮은 온통 소나기 소리로 가득 차 넘친다.

"이렇게 비 오는 날 누워서 빗소리를 듣는 것도 나쁘지 않군."

시종일관 일벌레처럼 일과에 몰두하던 남편에게서 모처럼 흘러나온 한마디에 한 줄기 낭만이 묻어오는 듯 싶다.

"아니! 자기도 그런 말을 할 줄 아나보네?"

"드르렁"

갑자기 코 고는 소리에 힘껏 그의 콧등을 비튼 순간 손목은 억센 손에 낚아 채인다. 더욱 세차게 퍼 붓는 소나기 속으로 목리의 한여름이 파묻혀 간다.

## 짝짝이 눈

조각가 L씨의 '성상 전(聖像展)'에서 유독 나의 시선을 끄는 조각상, 「부활」 앞에 서 있다. 언뜻 보면 험상궂은 인상이나 다시 보면 나약하고 슬픈 표정의 얼굴, 한눈은 부릅뜨듯 열린 동공인데 다른 쪽은 닫힌 눈이다. 한 얼굴에 짝 지어진 운명이면서 서로 다른 세상을 바라보는 이 한 쌍은 짝짝이 눈이다.

깨어 있는 영혼의 눈과 회개의 눈물이 그칠 새 없어 짓무른 죄인의 눈은 선과 악의 양면성을 지닌 인간의 모순을 상징함인가. 「부활」이란 표제에서 신을 의식한 작가의 의도가 엿보인다. 각도를 달리하고 초점을 맞추어 보니, 모순된 인간을 긍휼히 여기어 안타까움의 눈물을 흘리는 눈과 그런 인간을 구원코자 간곡히 깨어 있는 눈으로 다가온다. 그렇다면 지금 나와 마주하고 있는 조각상은 인간의 모습인 동시 신의 모습이기도 한 이중의 의미가 들어 있는 셈이다.

다른 작품, 「붓다」와 「고난」 역시 같은 짝짝이 눈의 형상이다. 그런데 바로 그들 옆에는 정신이 번쩍 들 정도로 양 동공이 확연히 함께 열린 두상, 「사후(死後)」가 나란히 전시되어 있다. 「붓다」와 「고난」과 「사후」, 이렇게 셋을 연결한 의도를 곰곰이 생각해 본다. 열반 후 해탈에 이른 붓다의 길, 십자가의 고난 후 부활에 이른 예수의 길이 동일한 깨어 있음의 극치임을 상징하려 함일까?

작품 「사후」에서 드러난 얼굴은 해골의 형상 그 자체다. 휑하니 뚫린 양쪽 검은 동공이 마치 미지의 동굴 같다. 하염없이 어디론가 빨려 들어갈 것 같은 미망의 블랙홀, 그것을 통과하면 대체 그 끝자락에는 무엇이 기다리고 있는 것 일까?

화가 파울 클레의 그림 「죽음과 불」에서 보았던 해골의 이목구비가 조각상의 두상 위로 어느새 겹쳐 온다. 말년에 몸이 쇠약해 서서히 죽어가던 클레는 그의 마지막 작품에서 타오르는 불빛을 배경으로 소멸해 가는 자신의 육신을 해골로 형상화하여 그 본질만 남겨 놓으려 했다. 가장 본질적인 실재가 기쁨을 확신시켜 주는 진짜 힘이었음을 입증이라도 하려는 듯. 그리고 그는 진지하게 선언했던 것이다. "죽음은 불과 같은 정화(淨化) 장치로 완성을 이루는 수단"이라고.

만약 클레의 사후(死後)를 두상 조각으로 형상화시켰다면 아마도 두 눈 다 깨어 열린 동공이 아니었을까. 짝짝이 눈은 깨어진 내면의 불균형인지도.

L씨의 조각에 나타나는 인간의 모습은 대부분 자기 비움을 시도하며 욕망을 초월함으로써 얻는 생명의 충만함이다. 그런데 특이한 것은 작가 자신의 자화상이다.

작품 「나의 삶」 시리즈에는 두 눈 모두 열린 두상과 짝짝이 눈의 두상 사이에 자신의 자화상을 대비시켜 놓은 점이 각별한 의미로 다가온다. 두 눈 모두 닫힌 형상은 온전한 죄인임을 자처한 작가의 겸손이었을까. 묘한 것은 한쪽 눈이 버쩍 눈썹 끝을 향해 치켜 올라간 점이다. 짓궂은 반란 같아 해학적으로 보이기도 하고 단호하게 다문 입은 속세와 단절한 수도승의 표정같기도 하다. 이 작품은 아마도 작가의 과거와 현재 그리고 미래를 형상화시킨 듯하다.

작품에서 뿜어 오는 강한 에너지가 어느새 커다란 망치가 되어 불현듯 나를 내리칠 것만 같다. 안일에서 당장 깨어나라고. 숙연한 마음으로 작품들을 다시 되돌아본다. 처음에는 눈으로 오기 시작한 형상들이 속도를 내며 언어로 돌아온다. 그들은 저마다 단단한 알갱이가 되어 고약한 날 우박 치듯 나를 공격해 온다. 짓 물릴 대로 짓 물렸을 나의 짝짝이 눈. 치유의 시간은 언제 오는 것일까?

유녕한 성화, 「돌아온 탕아」를 떠올려 본다. 아들이 돌아올 길을 뚫어지게 바라보다 눈이 먼 아버지의 사랑과, 죄를 뉘우치고 돌아온 아들의 회심이 깊이 들어나 있다. 육신의 눈이 아닌 마음의 눈으로 바라보며 돌아온 아들의 등을 어루만지는 아버지의 모습에서 조건 없는 사랑, 용서와 같은 신성(神性)의 실재를 보게 된다. 아들은 죄의식에서 해방되고 새로운 인간으로 변모하는 내면의 각성, 바로 이 자체가 구원이고 부활일 것이다.

선한 목자를 기다리며 나도 어린 양이 되고 싶다.

우린 모두 미완(未完)의 존재인 것을. ✼

# 달빛 고양이

　창가로 다가서니 뜰 안에는 달빛이 가득하다. 담장 위에는 고양이가 달과 마주한 채 심호흡을 하고 있다. 달의 정기를 온 몸으로 빨아들이기라도 하려는 양, 몸은 차오르는 만월의 형상이다. 송희는 달을 등진 채 돌확에 걸터앉아 있다. 그녀의 어깨는 무서리가 내린 듯 삭막해 보인다. 송희와 고양이, 창밖을 응시하고 있는 나, 우리는 모두 침묵으로 동맹을 맺은 사이 같다.

　어둠 속에서 확대된 고양이의 동공이 찬연히 빛나고 있다. 간혹 꼬리의 끝이 미세하게 움직임은 무언가 마음에 동요가 이는 것 같다. 시간이 흐를수록 고양이의 눈빛은 달을 향한 기나긴 기도(祈禱) 같다. 허공을 바라보며 마치 영혼의 세계와 교류라도 하는 듯한……. 

　담장은 고양이의 산책로요, 사유의 공간이다. 그들은 무리한 영역을 넘보며 자연의 생태를 훼손하지는 않는다. 개발이란 미명하에 다른 생명체가 숨 쉬고 있는 산이며 숲을 무례하게 침해하는 따위는.

그러나 그들이 끼어 사는 터전은 지금 위협받고 있다. 내가 사는 수유리에는 최근 재개발 붐으로 단독주택들이 부쩍 사라져 가고 있다. 담과 담 사이로 소통하던 이웃도, 정취도 옛이야기인 양 훌쩍 떠나고 그 자리엔 고층 빌라나 아파트가 침투할 계획이다. 삶의 터전과 생계에 고양이들은 당연히 위협을 받게 마련이다. 방치된 채 떠도는 노숙자 고양이들이 부쩍 눈에 띄고 있다.

그래서 변화가 풍부한 그네들의 울음소리는 저마다 다른 뉘앙스를 풍기며 다양한 사연으로 다가오는 것이다. 어떤 동물도 절박한 상황이라 하여 태어날 새 생명에 딴 마음을 품는 경우는 없다. 돌볼 능력이 없다는 이유로 태아를 없애려는 무지함 따위는. 바로 이런 무지함 때문에 송희는 심한 갈등을 겪고 있다.

그녀의 남편이 다니던 중소기업체에 불꼉기가 불이 닥쳐 지장도 생계도 무너질 위기에 놓여 있다. 시댁 식구들과 함께 사는 처지이고 보니 다수결의 결정이 그녀를 압박해 오고 있기 때문이다. 태아의 생명을 포기하지 않을 수 없도록. 위기는 위기와 마주치게 마련인가. 결국 경제적 위기가 마주치게 되는 것은 도덕적 위기가 돼버렸으니.

죄인인 양 고개를 푹 숙인 채 그녀는 여전히 돌확만을 굽어보고 있다. "말없이 죽어가는 죄 없는 태아들의 영혼은 허공을 떠돈다."는 얘기를 수녀님에게 들었다고 했다. 하찮은 풀 한 포기의 생명도 소중하거늘 하물며…….

숙연한 마음으로 창가의 커튼을 닫는다. 창밖의 정경은 달빛 속에 젖도록 남겨둔 채.

 송희가 다녀간 지 며칠이 지났을까. 담 넘어 옆집에 경사(?)가 났다기에 성급히 그 집 현관 안으로 들어섰다. 차고 안 한 구석, 양파 바구니 안에는 쌍둥이처럼 꼭 닮은 새끼고양이 두 마리가 담겨 있지 않은가!

 "아! 바로 그 달빛 고양이가?"

 나도 모르게 튀어나온 소리다. 송희가 뜰에 있던 날 밤 담장 위에 바로 그 어미고양이를 의심할 여지없이 떠올렸던 것이다. 그 날의 황갈색 고양이가 어느새 내 기억 속에 달빛 고양이로 바뀌어 있는 까닭은 새삼스러울 것이 없다. 중요한 건 지금 바로 내 앞에 있는 너무도 작고 사랑스런 생명체. 이는 축성 받은 바구니 속의 부활절 계란을 연상케 했다. 그 집을 나서면서 줄곧 알 수 없는 생각이 머릿속을 맴돌았다.

 그 날 어미고양이가 극진히 바라보던 바로 그 달이 송희가 굽어보던 돌확 안에도 떠 있었을지 모른다는…….

 생명력의 상징인 바로 그 달이. ✸

| 작품 평설 |

# 소박한 언어로 엿보는 삶의 양면성

아리스토텔레스의 미메스 이론을 언급할 필요도 없이 모든 문학의 핵심에 인간의 삶이 들어 있다. 현재 수필계에서 주류를 이루고 있는 생각은 작가가 경험한 삶의 이모저모를 쓰는 것이 정체성을 지키는 것으로 인식되고 있다. 그래서 수필집 한 권을 읽고 나면 투명 유리창 너머로 들여다본 것처럼 작가의 일대기를 알게 된다. 이것은 독자가 '나'로 지칭되는 타자의 삶을 보게 하여 묘사의 침여를 차단한다.

그러나 선화는 수필에서 그 시각이 외부를 향하고 있다. 화자는 관찰자 역할만 충실히 하고 지시대상에 전혀 개입하지 않는다. 어투도 "~듯"을 자주 사용하여, 단정적인 표현을 피하고, "~인가", 라는 반 의문형을 통해서 엿보고 있는 모습을 연출한다. 그녀가 엿보는 대상은 남편의 고립과 자유의 양면성, 인간 내면의 선과 악의 갈등, 자연계에 존재하는 생명체가 삶을 받아들이는 방식에서 나타나는 순리(順理)와 무리(無理) 등 다양하다. 그녀는 생활 터전에서 발견되는 양면성에 주목하면서 독자를 부조리의 현장으로 데리고 간다. 그러나 대안의 제시에도 소극적이어서 철저하게 엿보는 자로 남는다. 이러한 글쓰기는 수필계에서 독특한 방식으로 새로운 유형을 제시했다고 볼 수 있다.

「목리의 한 여름」은 목장의 한나절 풍경이 눈앞에 펼쳐진다. 화자는 자연이 건네 오는 소통의 동작을 알아채고 응수하지만, 남편처럼 그곳의 일원이 되지 못하고 한 발짝 뒤에 서서 바라보는 방관자이다. 양의 '뿔'로 상징되는 세속적인 부나 명예에 관심이 없이 "해야 할 일보다 하고 싶은 일을 하며" 목부로 사는 남편을 "아웃사이더"로 자리메김하면서도, "고립되어 있"지만 "무한한 자유를 만끽하는 듯"한 남편의 양면을 이해하고, 남편을 향해 "시위만" 했던 자기 성찰에 이른다. 한가로운 목장의 풍경을 묘사하면서 켜켜이 스며 있는 사유가 이 작품을 깊이 있게 만든다. 그녀는 이 작품에서 자연과 하나 되어 욕심 없이 사는 남편을 드러내는 충실한 화자이다.

「짝짝이 눈」에서 작가는 인간 내면의 양면성을 극명하게 드러내면서도 "~인가"라는 어투를 통해 화자의 의사를 흐리게 하여 엿보는 인상을 준다. "한 얼굴에 짝지어진 운명이면서 다른 세상을 바라보는" 짝짝이 눈의 조각상에서 그녀는 인간의 양면성과 마주한다. 인간 내면의 다양성을 압축하면 선과 악으로 양분된다. 인간을 선의 의지는 가지고 있지만 욕망으로 인해 악과 동행하며, 어느 한쪽에 귀속되지 못하고 갈등하는 "내면의 불균형"을 가진 존재로 인식한다. 그러나 「부활」한 신의 모습에서도 인간을 향한 용서와 심판에 갈등하는 양면성을 본다. 그러나 갈등은 인간의 삶에 나타나는 필연적인 양태이고 인간은 "미완의 존재"라는 깨달음에서 그녀의 엿보기는 끝난다.

「달빛 고양이」에서 작가는 자연계의 흐름에 순응하며 살아가는 고양이와 유리와 불리에서 선택적 삶을 사는 인간을 대비시키고 있다. 첫 장면에서 화자에게 비친 광경은 대단이 암시적이다. 달을 응시하면서 생명의 정기를 받고 있는 만삭의 고양이는 순리를 따르는 자연스런 모습이다. 반면 달을 등지고 돌확을 바라보고 있는 송희는 자연의 법칙을 거부하는 자세이다. 개발로 인해 터전을 잃어가고 있음에도 순리를 따르는 고양이와는 달리, 남편의 실직으로 태아를 포기하도록 강요받고 있는 그녀의 갈등하는 모습이다. 얼마 후에 화자는 고양이가 분만한 새끼들을 목격한다. 그곳에서 송희가 생명을 거부하는 자세로 앉아있던 돌확 안에 달이 떠 있어서, 생명을 받아들였기를 기원한다.

고양이를 전경화(前景化)하여 자연계에서 동식물들이 순리대로 살아가는 모습을 강조한다. 반면 실제 주인공인 송희를 배경(背景)으로 처리하여 철저한 계산에 따라 무리하게 살기 때문에 고통하는 모습을 보여주고 있다. 낙태문제가 큰 이슈인 사회 상황에서 그것이 정당한가라는 물음을 던지고 있다. 작가는 두 주인공을 전, 후로 배치하는 효과적인 구성을 통해서 주제를 잘 살려내고 있다.

이 작가는 멋을 부리거나 고급 언어를 찾으려고 애쓰지 않고, 소박한 언어로 인간의 삶에 편재해 있는 부조리의 양면을 보여 주면서 독자들의 판단을 기다린다. 수필이 빠지기 쉬운 결론까지 다 말해버리는 전지전능의 입장에서 물러나 엿보기의 자세를 택한 소득이다. 함축적인 문장으로 다듬어진다면 독자들에게 읽는 즐거움을 더욱 줄 수 있을 것이다.

— **선정위원** | 오순자

**벼룩시장**

**집시**

**프리셀**

투명한 돋보기가 나를 쳐다보고 있다

### 신명희

**창작 노트** _ 달콤한 게으름과 유혹이 수시로 들러붙지만 그 짜릿한 쾌감은 얇은 비누방울 같아서 쉬이 부서진다. 공허한 소멸의 끝에서 떠밀리고 흘러간 것들을 돌아본다. 허기진 시간의 흔적들은 또 다른 불씨가 된다. 드러누운 권태와 침체된 감상은 쏟아버리고 그립고 외로운 것, 차가운 것 따뜻한 것 검불처럼 긁어 모아 사유의 불을 지핀다. 눅진하여 잘 타지 않는다. 매캐한 연기 속에서 불꽃을 기다린다.

**약력** _ 경북대학교 졸업. 화랑문예공모 최우수상, 부천신인문학상 수상. 2007년 『계간수필』천료. 공저 『울콩』. 복사골문학회 솔안말 동인. e-mail:mh4016@hanmail.net

## 2011 젊은 수필

# 벼룩시장

청계천이 복원되면서 황학동 벼룩시장이 동대문 운동장으로 옮겨 갔다. 청계천 맑은 물길을 따라 걸어가다가 운동장 안으로 들어섰다. 풍물시장이 자리잡은 골목 양편으로 한 평 남짓한 가게들이 큐빅상자처럼 따닥따닥 붙어서 특유의 그림판을 엮어 놓았다. 벼룩시장이란 원래 노상에서 열리는 중고품 교환시장을 말한다. 프랑스 파리 근교의 도로변에 서던 시장에서 유래되었다고 한다.

비좁은 골목의 복닥거리는 맛을 즐기려고 어깨를 곧추세웠다. 찌그러진 나무판 위에 진열해 놓은 중고품을 하나하나 살펴본다. 세월에 전 듯한 물건들과 시간여행을 떠난다. 매운 추위 탓인지 입구에서부터 따뜻한 털옷에 눈길이 간다. 빛바랜 사진 속에서 이모가 입고 있던 진갈색 털코트가 생각난다. 복도 명도 다 누리지 못하고 서둘러 앞서간 이모가 남긴 것은 옷 한 벌이었다. 어머니는 한동안 맞지도 않는 이모의 털코트를 집에서 입었다. 그 때 어머니가 입은 코트를 어루만져 주던 사람은 아무도 없었다. 털이 낡을 때쯤에 이모는 어머니의 주름살 속으로 숨어버렸지만 시간이 지나면서 내게는 이모의 존재가 점점 또렷이 보였다.

넉넉한 주인에게 호사를 누려야 할 모피코트들이 소잡한 골목길에 볼품없이 내걸린 채 어느 알뜰하고 짭짤한 여인네를 기다리고 있다. 러시아에서 왔을 법한 갈색 밍크모자를 써보았다. 제법 근사해 보이지만 가게 주인에게 해쭉 웃어 보이고는 도로 벗어 놓았다. 머리에 온기가 남아 있다.

금도금 장식이 화려한 탁상시계가 중세 사원의 종탑 모양을 하고 있다. 가격을 물어보니 안으로 들어갈수록 싸게 부른다. 점점 골목 깊숙이 들어갈 수밖에 없다. 온갖 중고 잡귀들이 마치 깊은 미로 속으로 잡아끌고 가는 것 같다. 귀신들의 유혹인지는 몰라도 어느 틈에 친구가 시계 값을 흥정하여 사버렸다. 대단한 횡재를 한 것 같은 표정이다. 그렇다면 친구가 되레 귀신을 홀렸음에 틀림없다.

녹청이 푸르딩딩한 찌든 놋그릇이 바닥에 쌓여 있다. 밥주발과 뚜껑이 있는 둥글넓적한 합도 있다. 인두가 걸쳐진 놋화로만 보면 유년의 따스함이 화롯불처럼 살아난다. 한가위를 앞두고 환한 달빛 아래 여자들이 마당에 멍석을 펴고 모여 앉아서 짚으로 기왓장 가루를 묻혀 놋그릇을 닦던 고향집 풍경이다. 그 때 명월이라는 떠돌이 처녀가 있었는데 놋그릇을 어찌나 반들하게 잘 닦는지 명절이면 꼭 그 처녀를 불러들이곤 하였다. 이 장터에 명월이가 있었으면 더께 앉은 녹을 반짝이도록 닦아 주었을 것이다. 놋기물의 유혹을 오늘은 뿌리치지만 언젠가는 놋화로 귀신을 꼭 한번 만나보리라.

'어휴 저 주판알 좀 봐라' 아버지에게 붙들려서 삼전이요 칠전이요 올리고 내리고 털고……. 주산은 처음 오 분 동안만 재미있었다. 잠시만 가르쳐주고 혼자 연습하라고 하면 금방 싫증이 났다. 끈기 없는 나는 결국 주산을 제대로 익히지 못했다. 그래도 주산만 보면 일에서 십까지 더해 보는 버릇이 있었고 그 합이 오십오가 된다는 건, 암산천재라도 된 듯 뽐내기 좋았다.

 돌 절구통이 깊은 입을 벌려 잡아 끈다. 그 속에 찧고 빻은 곡식 알만큼이나 오래 살아왔을 것 같다. 뉘 집 부엌이나 마당에서 무거운 엉덩이를 붙이고 미련퉁이같이 쿵쿵거렸을까. 저 묵직한 돌확도 곁에 두고 친구 삼으려면 돌 귀신과 꽤나 무거운 실랑이를 벌여야 할까보다.

 녹이 슨 숯불다리미가 시꺼멓게 탄 몸으로 나를 본다. 내 집에서 나온 것처럼 낯이 익다. 발갛게 달구어진 불기를 담은 지가 반 백년은 지난 것 같다. 철컥거리며 뒷 마개를 빼고 숯불을 넣던 일이 아련하다.

 오호, 등잔이 나왔다. 검붉은 목제등잔도 있고 철제등잔도 있다. 용인에 있는 등잔박물관에 가면 묘한 모양을 한 여러 재질의 촛대와 등잔걸이인 등가와 등경이 있다. 옹기등잔과 옥돌촛대 백자촛대 도자기등잔 또 황동제등 은촛대는 쉬이 접하기 힘든 기물이다. 전력사정이 나빴던 시절, 집집마다 불을 켜고 저녁 밥상을 차릴 때쯤이면 정전이 되곤 했다. 안방에서 부엌으로 뚫린 작은 샛창에 노란 성냥갑과 함께 하얀 사기등잔이 놓여 있었다. 석유심지에 불을 붙이면 그 가물대던 불빛이 어찌 그리 따스하고 환했던지……. 그 등잔은 다 깨져버렸지만 마음속 어딘가에선 아직도 석유냄새가 난다.

 골복 ㄲㄸ머리에는 어느 며느리가 내다 팔았는지 낡은 반닫이와 사방탁자 상들이 나와 있다. 동남아 조각 가구도 있고 중국 가구 유럽 가구도 있다. 동양 귀신 서양 귀신 다 모였겠다 싶어 얼른 지나가며 중얼거렸다. '다음에는 저 개다리소반을 머리에 이고서라도 꼭 가져가야지.'

가운데 골목에서 돌연 발이 얼어붙었다. 이집트 대리석상이다. 왕가의 미이라 같은 거대한 석상이 어디서 흘러들어 왔단 말인가. 어느 누가 이집트에서 살다가 배로 실어 왔을까? 영업용으로 제작 주문했을까? 피라미드에서 살고 있을 것 같은 중동귀신은 정말 기분이 야릇하다.

이런! 이상한 물건이 눈에 들어온다. 남자들이 모여 있다. 민망해서 얼른 고개를 돌렸다. 몇 군데나 있는 걸 보면 성인용품의 수요가 많다는 뜻이니 이는 단순한 필요품인지 필요악인지 정체조차 모르겠다.

그 가게 옆에서는 투명한 돋보기가 나를 쳐다보고 있다. 얼른 큼직한 걸로 손잡이를 집어 들었다. 내게는 이게 필수품이다. 노안이 왔다는 것은 만사를 다 보지 말고 반드시 보아야 할 것만 보라는 의미가 아니던가! 렌즈가 투명하니 맑은 것만 투과시킬 것 같다.

벼룩시장은 최초에 물물교환이 이루어졌던 재래장과 가장 닮은 것 같다. 좌판을 기웃거리는 장꾼들은 손때 묻은 기물들을 훑어보며 친숙함과 편안함을 느낀다. 늘상 물건을 사는 사람보다 구경꾼이 더 많은 탓에 장사꾼도 느긋하다. 원하는 물건값이 가벼울수록 포만감은 커진다. 근원을 알 수 없는 중고품들이 모인 곳을 유독 중년들이 많이 찾는다. 중고의 물건도 중년의 사람도 어디서 왔는지도 모르면서 서로 닮은꼴로 살고 있다.

이제 파장할 시간이다. 고르는 재미와 시간여행으로 지쳐버린 다리가 뜨끈한 가락국수 국물로 서서히 풀어졌다. 적당하게 길들여 부드러워진 가죽 핸드백 하나씩을 골라 메고 낚시꾼의 손맛을 만끽한다. ✗

# 집시

마치 휑한 불빛 아래 유랑극단의 천막 속으로 들어온 것 같다. 소잡한 나무의자에 무릎을 접고 조밀하게 붙어 앉았다. 아이새도우를 짙게 칠한 진홍빛 블라우스의 여자가 남자들의 기타연주와 기묘한 노랫가락에 따라 발장단을 구른다. 허공을 쏘아보며 팔을 위로 올리자 어깨와 허리가 만들어내는 선이 오선지 위의 높은음자리를 그린다. 주름장식이 달린 치맛자락을 모아 쥐고 빠르고 현란한 발동작으로 스텝을 이어간다. 구두에 박힌 징소리가 마룻장을 뚫을 듯이 높아지고 엇박자의 리듬이 박달나무 방망이로 두들기는 다듬이 소리처럼 들린다. 숨 가쁜 집시의 플라멩코 춤이 끊어졌다 힘차게 이어지고 나풀대는 긴 스커트자락이 파도처럼 휘감기며 쏟아진다. 격한 율동 따라 흐트러진 검은 머리칼이 얼굴을 덮는다. 눈에서 검은 빛이 쏟아져 내린다. 증오인지 열정인지 모를 야릇한 빛이다

그 눈빛을 보니 낮에 알함브라 궁전으로 가는 차 속에서 창밖으

로 보았던 사크로 몬테 산비탈의 동굴이 생각난다. 육백 년 전 그라나다에 모여든 집시들이 둥지를 틀고 살던 토굴이다. 지금은 밖으로 집을 달아 지은 곳도 많지만 드문드문 시커먼 구멍이 눈길을 끌었다. 산자락엔 지중해의 상아빛 햇살이 눈부시게 쏟아졌다. 그들은 벽에 회칠을 한 어두운 동굴 속에서 검은 살빛 같은 노래를 부르고 불꽃 같은 춤을 추며 산다. 딴 세상을 떠도는 것 같은 무희의 검은 눈은 속이 보이지 않는 집시의 토굴처럼 깊었다.

결혼 후 고향집을 떠날 때 친정아버지 앞에서 큰절을 드렸다. 한복 두루마기를 곱게 차려 입은 딸에게 아버지는 강바닥 반석처럼 가라앉은 음성으로 말씀하셨다.
"살면서 무슨 일이 있어도 친정집으로는 오지 말아라."
나의 심경은 뿌리를 자르고 떠나는 섭섭함과 미지의 도시에 대한 서먹함으로 얼룩졌다.
얼마 후 부모님들도 상경하시고 십여 년만에 다시 고향을 찾았을 때 낯익은 흔적들은 찾을 수 없었다. 기억 속의 고향집 마당과 개울물, 동네 신작로와 토란잎 우거진 밭둑길에 나의 뿌리가 있다고 여겨왔는데. 분명 있어야 할 것들이 보이지 않았다. 어린 기억들이 다 지워진 곳에는 그리움도 뽑혀나갔다. 어쩌면 나도 뿌리 없는 집시가 된 건지도 모른다. 가슴 속에 드리누운 자궁 속 같은 아늑함은 떠도는 그리움이 되었다.
돌이켜보면 아버지의 아버지가 이룬 삶의 터전에서 땅에 박힌 나무처럼 붙박이로 살아왔었다. 그러나 뿌리가 뽑히면 뿌리는 발이 되어 흙을 박차고 나와 떠돌아다닐 터이고 나 또한 집시가 되어 살아야 하지 않겠는가. 수십 년을 산다 한들 흙 없는 아스팔트길에 뿌리를 내리기는 쉽지 않을 터이다.

모로코로 가는 배를 기다리며 타리파항의 골목길에서 구경을 하는데 느닷없이 집시들 대여섯 명이 나타났다. 요란한 장신구와 검은 머리가 치렁한 여자들과 사내들이 순식간에 우리 일행을 에워싸고서 뭐라고 떠들어댔다. 가라고 소리 지르며 간신히 빠져나왔다. 나중에 알고 보니 도와주는 척하며 물건을 훔치는 떠돌이 집시들이라고 했다.

"우주에는 영원한 주인은 없다. 모든 것은 다 신의 소유다. 그러므로 우리가 물건을 가져가는 것은 도둑질이 아니라 신의 물건을 잠시 빌려 쓰는 것이다."

모멸과 의심 속에 살아남은 방랑부족의 억척근성이 억지이야기를 만들기도 한다. 그들의 이야기는 우주의 주인 없는 땅에서 쫓겨 다니지 않고 영원히 뿌리내리고 싶은 아우성이며 한숨인지도 모른다.

집시여인들은 물방울무늬의 스커트를 휘두르며 세상에서 가장 고독한 얼굴로 가장 화려한 춤을 춘다. 발이 안보일 만큼 빠른 탭과 애절한 노래는 떠도는 혼을 부르고 유랑의 한을 달래는 주술 같은 의식인지도 모른다. 팔 동작은 한손을 높이 들어 사과를 따서 먹고 어깨 뒤로 던져버리는 손동작이라고 한다. 그들이 버려야 할 것이 사과고갱이뿐이던가? 기타소리가 그칠 때까지 쉬지 않고 버린다. 그러면서 손뼉소리 없는 귀머거리 박수와 소리 나는 경쾌한 박수를 번갈아 친다. 고달픈 세상을 소리 없이 외면하는 손짓이고 수백 년 고인 한을 토하는 격정의 몸짓임에 틀림없다.

  생각하니 스물여섯 해를 고향에서 살았고 또 스물여섯 해를 부천에서 살았다. 처음에는 뚜렷한 이유로 살았지만 언젠가부터 떠나지 못해 살아왔다. 만나 온 시간만큼 사람의 가슴에 정을 내릴 수는 있어도 꿈의 시원은 돌아오지 않으니 어디에 뿌리를 내릴 것인가. 나도 유랑의 무리같이 플라멩코라도 배워야 할까보다. 화려한 무대에서 잘 생긴 무희들이 예쁘게 추는 플라멩코가 아니라 동굴 같은 무대에서 핏물같이 붉은 한을 풀어내는 집시의 춤! 나도 한번 추어보고 싶다.

# 프리셀

동짓날이다. 어둠이 길어서였는지 한밤중에 눈을 떴다. 벽시계는 어둑하다. 나 혼자 깨어 있다. 단잠을 방해하는 도둑 같은 놈이 캄캄한 의식의 기둥 뒤에 숨어 있었나. 왜 깨운 것일까. 훔쳐갈 근심이 있었나. 깊이 잠든 사이 몰래 가져 가버리고 말 일이지. 한 덩어리 뜨거운 화를 꺼냈다가 머리맡에 떨어뜨린 것일까. 조용히 식혀주고 갈 일이지. 부스럭거릴 수도 없는 어둠 속에 날 깨워 놓으면 어쩌란 말인가.

닭장을 노리는 오소리같이 숨죽이며 컴퓨터방으로 들어갔다. 이번에는 무엇을 공략할까. 골머리 아픈 일에서 도망치고 백치같이 머릿속을 하얗게 비우고 싶을 때 프리셀 게임 속으로 뛰어든다. 클로버 하트 스페이드 다이아몬드 숫자카드를 바삐 옮기면서 카드의 숲을 달린다. 그림과 아라비아숫자의 배열을 맞추며 화면 속으로 깊이 들어간다.

카드를 나르는 일은 일상을 나르는 것처럼 단순하고 반복적이다. 숫자게임과 일상은 간간이 대단한 집중력으로 풀어내야 하는 것도 비슷하다. 빠뜨려서도 안 되고 삐뚤어져서도 안 된다. 전체가 헝클어지면 끝장이다. 네 가지 패의 숫자배열이 뒤섞이지 않고 빠짐없이 맞아 떨어지면 머릿속에서 축포가 터진다. 그 순간, 놓치기 싫은 짜릿한 쾌감에 다음 판으로 들어가고야 만다. 어느새 나를 어둠 속에 일으켜 놓았던 불청객의 정체는 겨울 안개처럼 사라지고 만다. 살면서 부대끼는 일들은 품고 지내며 시달리는 것보다 잊고 가야 할 때가 많다. 버리지 못하는 일들을 시간의 저편으로 두고 가느라고 무시로 게임을 즐기는지 모른다.

아이들이 즐기는 인터넷게임을 어깨너머로 보면 마치 드라마를 보는 것 같다. 딸아이가 외국영화를 보나했더니 아니라고 했다. 화면 속 예쁜 갓난아기를 요람에 눕혀놓고 돈을 비축하여서 우유를 사 먹이고 점수를 올리면서 아이가 자라면 유치원에 보낸다. 예쁜 옷도 사 입히고 피아노학원에도 보낸다. 점수가 자꾸 오르면 학교에 보내고 아르바이트해서 돈을 모으고 어른이 되면 집도 짓고 결혼도 한다. 연재만화 같다. 게임을 도중에 저장해놓고 딸이 딸을 계속 키우면서 몇 주 만에야 끝이 난다.

큰 게임은 대본도 있다. 아들이 즐겨하던 첩보영화 같은 게임은 영어로 들으면서 대본을 보고 연구하는데 한 달씩 걸리기도 했었다. '구두와 공포'라고 이름 붙여진 인터넷게임이 급속히 확산되고 있었다. 이라크 기자가 미국 부시 대통령을 향해 구두를 던진 사건을 희화한 것이다. 연단에서 얼굴을 내밀거나, 숨거나 하는 부시 대통령을 향해서 구두를 내던져 30초 동안 몇 번 맞추는가하는 게임이다.

별별 시사풍자나 드라마 스포츠로 꾸민 게임들은 희열과 쾌감 속으로 끌고들어가는 마력이 있어 끝없이 새로운 게임에 맛들이게 한다. 게임에도 장편과 단편이 있으니 미래의 게임은 순수문학과도 결합할지 모를 일이다.

카드게임은 신종전염병이다. 아이들이 눈만 뜨면 컴퓨터에 붙어앉아 카드를 타락타락 옮겨가며 맞추는 걸 스쳐보았다. 게임에 빠진 뒷모습은 인조인간 같았다. 마치 등 뒤로 전자파가 나오는 듯했다. 틈만 나면 컴퓨터에 딱풀처럼 달라붙어 사격하듯이 커서를 두드리고 있었다. 지켜보는 시간은 지루하고 인내심은 바닥났다. 나도 몰래 건드려 보았다. 숫자가 금방 눈에 들어오지 않았다. 단순한 규칙도 헷갈리고 더듬거렸다. 차츰 숙달되고 속도가 붙기 시작하자 한두 시간이 금방 지나갔다. 스스로 '수리에 소질이 많구나' 부추기며 미소했다. 어느새 나도 본드처럼 컴퓨터에 들러붙었다. 단순한 숫자조합을 하면서도 두뇌훈련을 한다고 우겼다.

무한대를 계산해 내는 사람의 산술능력은 인간의 삶을 신의 턱밑까지 올려놓았다. 수려한 영상매체와 고난도 입체 게임은 한 차원 진화된 느낌이다. 인터넷 화면 속은 풀밭에 앉아 인간 냄새나게 사는 일과는 다르다. 풀냄새에 젖기보다는 전자파에 절어 있다.

그런데 오늘 내게는 프리셀이 새벽종이었다. 얕은 기쁨이지만 새벽을 건너는 줄넘기였다. 프리셀 카드의 왕과 여왕들이 내게로 모여서 또 하루를 열어주었다. 점성술사들이 내미는 행운의 타로카드처럼 혹시 프리셀의 클로버 여왕이 내 근심을 거두어 줄지도 모르고 붉은 망토의 다이아몬드 왕이 빛나는 시간을 가져다줄는지도 모를 일이다. ✤

| 작품 평설 |

# 호모 루덴스적인 접속과 보여주기

 신명희의 글에는 호모 루덴스적인 놀이정신이 있다. 여기서 놀이란 단순히 논다는 의미가 아니라 요한 호이징가가 말하는 것과 같은, 삶과 문화를 재창조하는 사회적 기능으로서의 놀이, 의미 있는 형식으로서의 놀이이다. 신명희의 사유는 활달하고 유목적이다. 또한 서술방식에서는 '말하기'보다 '보여주기'를 선호한다.
 「집시」에서 작가는 외국의 여행지에서 집시 춤을 보면서 자신의 삶을 회상한다. 그리고 원천적 고향을 상실한 채 정주적 삶을 살지 못하는 도시인의 고독을 유랑의식으로 표출한다. 원론적으로 보면 외세의 잦은 침략 때문에 타의로 고향을 등지고 편견과 차별 속에서 유랑하는 집시의 집단적 삶과 자의적인 결혼으로 고향을 떠난 작가의 개인적 삶은 동일선상에 놓기 어렵다. 그러나 작가의 실향이 결혼이라는 제도로 인해 운명적으로 발생한 것이라는 점에서 합일점을 찾는다. "살면서 무슨 일이 있어도 친정집에는" 오지 말라는 아버지의 말에서는 딸에 대한 사랑과 더불어 가부장제적 의식의 일단이 엿보인다. 그만큼 남성에 비해 여성의 실향은 더 타의적이고 종속적이다. 한편 넓은 의미로 보면 잠시 왔다 머무는 이 세상에서 우리는 모두 유랑민이다. 그러므로 어머니의 자궁처럼 아늑한 고향에 대한 향수는 인간 누구나가 갖는 본원적 고독으로서 영원한 결핍과 그리움을 남긴다.

기행수필은 자칫하면 여행보고로 끝나기가 쉽지만 작가는 집시의 춤과 삶을 통해 인간의 시원적 고독과 유랑적 삶을 성찰함으로써 좋은 예를 보여준다. 동굴처럼 고독하고 깊은 집시의 눈과 춤추는 모습의 묘사가 강렬한 잔상을 남기며, "우주에는 영원한 주인이 없다"는 전언이 현재를 살아가는 우리의 실존적 위치를 돌아보게 한다. 다만, 글 후반부의 집시 춤이 서두의 집시 춤과 동일한 시공간에서 이루어진 것이라면 의식의 흐름과 연속성을 고려하여 단락을 재구성해 보는 것도 좋을 듯하다.

「프리셀」에서는 작가의 놀이정신이 확연히 드러난다. 한밤중에 잠에서 깬 작가는 프리셀 게임을 한다. 잠에서 깬 것은 근심과 걱정도 한 요인이지만 작가는 그 이유를 슬며시 '동짓날 기나긴 밤'에 둔다. 그러면서 자연스럽게 게임을 일상에 대비한다. 환언하면 인생은 게임인 것이다. 단순하고 반복적이면서도 헝클어지면 안 되는 게임, 드라마 같은 게임, 장편과 단편이 있는 게임, 희열과 쾌감이 있는 게임이다. 이렇듯 희화화와 풍자가 있는 게임을 통해 작가는 인생을 하나의 놀이로 접속함으로써 고단한 세상사로부터 탈주를 꿈꾼다.

이 글은 순기능보다 역기능이 더 많은 사이버문화를 돌아보게 한다. 사이버 공간에서는 익명의 사이버 자아들이 접속하고 실제현실이 아닌 시뮬레이션의 세계에서 꿈꾸고 소망한다. 육아와 결혼도 가상의 세계에서 하다보면 생명체는 완구화하고, 전자 자궁 안에서 인간생태는 점점 녹색으로부터 멀어진다. 또한 작가의 전망대로 순수문학은 게임과 결합할지도 모를 일이다. 이미 진행되는 게임의 서사화는 그런 점에서 주목된다. 작가와 독자의 경계가 해체되고 전자책이 파피루스의 자리를 넘보기도 한다. 그렇다면 급변하는 시대에 수필문학은 방향을 어떻게 설정해야 하는가.

작가는 '인조인간', '풀냄새/전자파' 등의 어휘로 위와 같은 문제의식을 표출한다. 그러나 언급은 하되 비판의식을 강력하게 드러내지 않는다. 다만 시대에 걸맞은 제재를 선택하여 인터넷게임을 하는 자신의 모습을 통해 독자를 놀이의 세계로 이끌면서 현대인의 초상과 탈주양상을 자조적으로 보여줌으로써 문제를 제기하는 것이다.

「벼룩시장」에서 작가는 카메라 기법으로 시장풍경을 몽타주한다. 상호 독립된 이미지들을 유기적으로 배열하면서 새로운 의미를 전달하는 것이다. 시장은 판매와 구매를 통한 소유를 주된 기능으로 한다. 그러나 작가에게 벼룩시장은 물질의 소유보다는 접속하면서 즐기는 공간이다. 작가는 삶의 때가 묻은 기물들을 보여주거나 유년의 추억 속에 있던 인물들을 불러낸다. 현대의 물신주의와는 거리가 먼 기물들이며, 인간미와 삶의 애환을 보여주는 인물들이다. 권력과 빈부의 무상함, 성의 상품화 현상을 감지할 수 있는 물건도 눈에 띈다. 간혹 감탄사를 섞어가면서 넉살좋게 익살을 부리는 작가의 안내를 따르다보면 우리는 어느새 과거와 현재, 동양과 서양을 아우르는 시공간을 통과하면서 인간사의 변화를 한눈에 보고 시장을 한 바퀴 돌아 나오게 된다. 위트 있는 어휘와 문장 구사가 시장구경의 맛을 더해주는 한편 시원을 알 수 없는 중고품과 중년사람의 등가적 비유는 벼룩시장의 의미를 되새기게 한다. 작가가 가락국수 국물로 속을 풀듯, 벼룩시장은 물신시대의 결핍과 허기를 달랠 수 있는 장소인 것이다.

　신명희는 주제를 유쾌하게 전한다. 자신이 직접 개입하여 독자에게 이데올로기를 주입하려 애쓰기보다는, 다만 보여줌으로써 사회의 현상들을 우회적으로 비판하면서 독자의 가치판단에 많은 몫을 남긴다. 세태의 흐름을 반영할 수 있는 소재를 다양하게 선택하면서, 무거운 주제를 가볍고 즐겁게 놀이정신으로 접속하되 결코 가볍지 않은 의미를 창출하는 신명희의 글쓰기 방식이 주목된다.

— 선정위원 | 민명자

**뿔난 감자**

**지퍼에 대한 단상**

**칼과 도마**

너의 품에 느껴졌던 다른 몸의 맨 처음 감촉

## 심선경

**창작 노트** _ 쓸데없이 남의 장단에 끼어들어 말을 많이 하고 들어온 날은 왠지 화가 치민다. 그렇지만 조용히 앉아 글을 많이 쓴 날은 먹은 것도 없이 배부르고 기분이 좋다. 진실로 내 속에서 꿈틀대는 것이 무엇인가를 글을 쓰며 깨닫게 된다. 조금은 남에게 어눌한 모습으로 보이더라도 가장 '나다운 짓'이라고 생각하는 것이 글쓰는 일이다. 미친 듯 몰두하고 한없이 빠져들고 싶은 것이 수필이다. 밤새워 어느 작가의 사상을 따라가서 집요하게 물고 늘어지며 폭식이라 할 정도로 많은 책을 탐독할 때가 가장 행복한 시간들이니. 삶이 아파 노래가 구성지고, 가락을 뽑아야 막힌 숨을 내어 쉬게 되는 것처럼 내 속에 맺혀 있는 응어리를 삭이고 글로 풀어내는 작업은 오래도록 끝나지 않을 것 같다.

**약력** _ 2002년 『수필과비평』으로 등단. 한국문인협회, 부산문인협회 회원. 영남여성문학회 회장 역임. 수필과비평작가회의 부산지부 부회장. 부경수필문학회 사무국장 역임. 수필집 『파로호에 잠긴 초록별을 낚다』. 2008년 부산시 문화예술과 문예진흥기금 수혜. 2010년 부산수필문인협회 제1회 수필문학상 본상 수상. 2011년 신곡문학상 본상 수상.
e-mail:sksim64@naver.com

## 뿔난 감자

 어두운 창고에 둔 나무상자에서 감자를 꺼낸다. 불을 켜지 않아도 나무상자가 어디쯤 있다는 걸 알기에 어림짐작으로 손을 더듬어 감자 몇 알을 쥔다. 하지만 곧바로 손에 잡힌 것을 놓고 만다. 내가 기억하던 그 감각이 아니다. 감자 한 상자를 사서 창고에 넣어둔 게 언제였나. 한없이 못생기고 어수룩하게만 보였던 감자의 몸 곳곳에는 성난 뿔이 불쑥불쑥 돋아 있다.
 생각해보니 감자를 통째로 들여놓고 창고 문을 연 적이 별로 없는 것 같다. 처음 얼마간은 씨알이 굵은 감자를 여남은 개 가량 골라내어 솥에 쪄 먹기도 했는데 언제부턴가 창고에 감자를 넣어두었다는 사실을 까맣게 잊고 있다 이제야 그 생각을 한 것이다.
 기도문처럼 긴 신음소리를 내며 제 몸에 푸른 독을 품어온 감자가 마침내 스스로 얽은 눈을 틔워 초록색 싹을 낼 때까지 나는 여전히 감자의 뭉툭한 몸과 허연 속살만을 기억하고 있었다. 어둠이 켜

심선경 215

켜이 쌓인 창고에 갇힌 감자는 몇 번쯤은 목청 높여 비명을 질러도 보았을 것이다. 무심하게 흘러버린 그 숱한 시간의 더께를 뒤집어 쓴 채 웅크리고 앉은 감자는 절망하고 또 절망하였으리라. 기다림의 마음도 너무 오래되면 맥이 풀리고 결국 시름시름 앓게 되지 않던가.

지난 겨울은 너무도 춥고 길어 더디 오는 봄을 원망하였다. 이 차갑고 답답한 공간 속에서 속히 벗어나고 싶다고, 이제 그만 나를 놓아달라고 감자들처럼 소리를 지를 수조차 없었던 나는 그저 구석에 웅크려 앉아 언젠가는 오고야 말 따뜻한 봄을 마냥 기다릴 수밖에. 그나마 기다림이 있어 앓기도 했었고 아프다는 사실만으로 살아있음을 확인하기도 했다.

썩어가는 감자의 몸에서 새로 싹이 돋아나는 이치를 설명할 수 없는 것처럼 삶은 내게 얼마나 부조리하고 난해한 공식을 던져 주었던가. 인생은 단 한 번도 나를 속이지 않았지만 언제부턴가 나는 인생을 믿지 않게 되었다. 창고 속 감자처럼 너무도 막막한 어둠에 갇혀 날 수 없는 날개를 겨드랑이에 품는 일이 과연 옳은 것인가에 대해 수없이 물음표를 던져 보기도 했었다.

어쩌면 창고 속 감자는 똬리를 틀고 동면에 들어갈 준비를 하는 갈색 뱀처럼 어둠의 발등을 힘겹게 넘으며 또 다른 수태를 꿈꾸었는지 모른다. 안으로 삭이지 못해 번뜩였을 저 서슬 푸른 독기는 급기야 감자의 온 몸을 녹슬게 하였으리라.

새가 알을 품듯이 감자도 제 스스로를 다독이고 품으며 그 긴 시간을 견뎌갔을 것이다. 하지만 오랜 기다림의 눈물 끝에 짓무른 눈언저리가 보라색 멍이 들고 마침내 성난 뿌리가 돋아날 즈음 그 몸인들 온전하였을까. 가장 얽은 눈에서부터 싹이 자라난 감자는 절망의 늪에서 빠져나가려는 희망의 어깨살처럼 속으로 품어온 독과 상한 마음을 이렇듯 단호하게 바깥으로 드러내 놓은 것이다.

그렇게 순하고 어질게만 보였던 감자에게도 이처럼 독한 구석이 있었다는 게 그저 신기할 뿐이었다. 독이 때로는 약이 되기도 한다. 사람이나 다른 동물들에게는 독이 해롭지만 감자의 입장에서 본다면 몸 속의 독성은 종자를 번식시키기 위한 유일한 보호책이 되었으리라. 만약 감자가 창고 속에 갇히지 않고 겨울 벌판에 묻혀 있었다면 아마도 야생 조류의 좋은 먹잇감이 되었을지도 모른다. 싹을 제때 틔우지 못한 녀석은 다른 동물의 먹이가 되고 눈치껏 빨리 틔운 녀석은 갓 자란 싹의 독성으로 생태계의 먹잇감이 되는 화를 면하게 되는 것이다. 보잘 것 없는 감자 한 알도 다음 세대를 잇기 위해 저토록 아픈 부활을 꿈꾸건만 나는 왜 아직도 몸을 사리고만 있는 것인가.

감자의 몸에도 뼈가 있다면 그건 아마 투명한 슬픔일 것이다. 서서히 죽어가는 몸과 동시에 자라나는 열망 사이의 여백이 겨울바람처럼 마음을 아리게 하였을 게다. 저렇듯 투명한 슬픔조차도 첨단의 엑스레이는 선명하게 촬영해낼 수 있을까. 나무상자 속에는 다른 감자에 짓눌리거나 창고의 습기로 인해 벌써 반쯤이나 썩어버린 불운한 감자도 있다. 빨리 골라내지 않으면 멀쩡한 감자까지 죄다 못쓰게 될 성싶다. 바구니 두 개를 놓고 감자 살생부(殺生簿)를 만든다. 제 앞가림도 못하는 주제에 염라대왕이라도 된 듯 의기양양하여 먹을 감자와 버릴 감자를 골라낸다. 아직 싹을 틔우지 않아 표면이 매끈하고 둥글둥글한 감자는 가까운 바구니에 살짝 놓고 뿌리

나서 못생긴 감자와 썩은 감자는 멀리 있는 감자 바구니에 마구 던져버린다. 가까운 벗이 보았다면, 허물 덩어리인 제 모습은 볼 줄 모르고 못난 감자는 잘도 골라낸다며 은근슬쩍 나를 비웃지 않았을까.

언젠가 소설가 이문열 선생의 글 속에서 발견한 구절처럼 나는 지금 내 자서전의 가장 힘든 부분을 쓰고 있는 것인지도 모른다. 이렇게 살 수도 없고 저렇게 죽을 수도 없을 때 서른이 가고, 마흔이 오더니 이제 머지않아 쉰을 바라보는 나이가 되었다. 뿌리가 나온 못생긴 감자를 골라 멀리 던져버렸던 내가 만약 감자로 태어났다면 지금 어떤 모양을 하고 있을까. 제대로 뜻 한 번 펴지도 못한 채 오늘이 가면 매번 어김없이 내일이 당도해 있을 것을 철저히 믿는 나는, 결국 푸른 독도 품지 못하고 성난 뿔 하나도 내어놓지 못해 썩어버리고 마는 불량감자가 되지 않을까 설핏 두려워지는 저녁을 품는다.

## 지퍼에 대한 단상

　간밤에 이런저런 생각으로 뒤척이다보니 새벽녘에야 겨우 잠이 들었다. 가까운 태권도장 아이들이 기합을 넣으며 발맞춰 뛰는 소리에 눈을 떠보니 출근시간이 임박하다.
　허겁지겁 서두르며 겉옷의 지퍼 고리를 급히 올렸다. 발이 쉰 개라 하여 쉰바리라고 불리기도 하는 노린재의 무수히 많은 발처럼, 지퍼의 걸쇠들은 고리가 제 앞에 도착하는 것을 신호로 곧 일사분란하게 움직여 줄 것 같은 자세였다. 그들은 더듬이가 없는 대신, 다른 신경을 한층 곤두세운 듯했다. 예상대로였다면 다음 순간에 분명히 보았어야 할, 쉰바리의 쾌속질주 장면을 나는 목격하지 못했다. 고리를 너무 힘껏 잡아당긴 탓인지, 옷감의 솔기가 고리의 틈으로 끼어들어 지퍼의 길을 막아버리고 만 것이다.
　잘못 끼어든 솔기를 빼내려고 안간힘을 쓰다보니 솔기가 빠지기는커녕 도리어 고리에 꽉 맞물려 이러지도 저러지도 못하는 형국이

심선경 219

되어버렸다. 다급한 마음에 고리를 잡고 한 번 더 힘을 주어 위로 당겼다. 이 같은 힘과 속도라면 옷감 솔기 정도의 장애쯤이야 단숨에 뛰어넘으리라 생각했다. 그러나 내 손아귀에 단단히 잡혀 있던 지퍼의 고리는, 그만 궤도 이탈을 하고 만다. 아직 달려갈 준비가 덜 된 말 잔등에 빨리 달리라고 채찍을 내리친 꼴이다. 지퍼가 나란히 선 걸쇠의 발을 맞추기도 전에 내 마음은 벌써 저만치 앞서 달리고 있었던 것이다.

자세히 보니 지퍼는 계단 같은 구조를 가지고 있었다. 위로 나란히 이어진 층계를 차근차근 하나씩 밟고 올라야 목적지에 닿도록 설계해 두었던 것이다. 성급하게 빨리 오르려고 수십 개의 계단을 훌쩍 건너 뛰려한 내게, 지퍼는 보란 듯이 일침을 놓았던 게다.

갈 길 바빠진 시간이 자꾸만 도끼눈을 뜬다. 생각지도 않았던 아주 사소한 것들의 반란에 적잖이 당황스럽다. 불편한 심기를 억누르며, 뻗대는 계단들을 화해시켜 보려 하지만 한번 뒤틀어진 심사가 쉽게 풀어지기는 힘든가 보다. 아래에서 위로 힘껏 잡아당기면 당길수록 지퍼의 문은 더 넓게 열리는 것이었다. 걸쇠의 순서가 뒤틀리자 더 이상의 추진이 어려워진 지퍼 고리는, 망연자실 저지선에 걸려 멈춰 서 있다.

무언가를 골똘히 생각하는 듯한 지퍼의 자세. 흡사 영어 알파벳 y를 떠올리게 한다. 참을 수 없는 거만한 포즈다. 그 거만함이 도를 지나쳐 이세는 바로 서기조차 거부하며 아예 비스듬히 드러누워 있다. 속으로 헛웃음이 난다. 믿었던 도끼에 발등 찍힌 격이랄까.

나는 그 짧은 순간에 지퍼의 속성을 이해해보려 무척이나 고심했다. 과학적 지식은 깊지 않지만 온갖 궁리를 끌어다 붙였다. 이건 초등학생도 아는 기초상식일 게다. 어떤 물체를 원래의 자리에서 다른 위치로 옮겨놓기 위해서는 일정한 양의 힘을 써야만 한다는 것. 직접 들어 올리는 방법, 도르래를 이용하는 법 등 여러 가지가 있지만 지퍼의 원리는 빗면을 이용하여 끌어올리는 방법으로 만들어지지 않았을까. 등산을 할 때 가파른 길을 올라가면 시간은 적게 들지만 무척 힘이 든다. 반대로 경사가 완만한 길을 걸어 올라가면 시간은 오래 걸려도 훨씬 힘이 적게 드는 이치처럼 여기에도 그런 원리가 적용된 듯하다. 살아오면서 완만한 경사지를 돌아가기보다는 시간이 적게 드는 가파른 길을 즐겨 올랐던 내가, 빗면의 원리를 이용한 지퍼의 속성을 체득하기엔 무리였을까.

  지퍼의 길을 다시 열기 위해, 잔뜩 골이 난 걸쇠들과 타협하기는 이미 늦었다는 생각이 든다. 길 옆 세탁소에 맡긴 다른 정장 바지는, 급할 것 하나도 없는 주인아저씨의 느긋함에 아직 그늘에서 꾸물꾸물 건조되고 있을 게 틀림없다.

  이제껏 내가 위로 힘껏 잡아당긴 것은 무엇이었을까. 가만히 생각해보니 그것은 지퍼의 고리가 아니라 바로 나였다. 성마르고 남과 타협하기 싫어하며, 누구보다 빨리 정상에 올라 깃발을 높이 쳐들기를 원했던 나의 또 다른 모습이었다. 그러고 보니 애초에 그런 불규칙적인 계단을 만들어놓은 사람 또한 나였다는 생각이 든다. 어느 한쪽에도 치우치지 않는 균등한 힘의 안배가 끝까지 이뤄져야 지퍼의 문을 제대로 닫을 수 있듯, 삶의 방식 또한 크게 다르지 않을 것이다. 그 단순한 이치도 깨닫지 못하고 걸쇠들을 무조건 억센 힘으로 다스리려 했던 나는 얼마나 거만하고 어리석은 존재였던가. 이쪽과 저쪽이 잘 맞물려 곧은 자세로 서 있기를 바라지만, 아직 나는 틀어진 지퍼 걸쇠의 발을 가지런히 놓는 방법에 대해 잘 알지 못한다. 마음을 다잡고 살살 달래보기라도 했다면 고분고분하게 길을 내어주었을지도 모른다. 고장이 난 지퍼를 보며 매사에 계획성 없고 정돈되지 못한 내 모습을 그 위에 겹쳐본다. 둘 다 서로의 못된 속성만 쏙 빼닮았다.

  그 날, 성급함이 만든 엉망진창이 된 계단을 어떻게든 딛고 올라가보려 했지만 걸쇠들은 단 한 걸음도 앞으로 나서주지 않았고, 지퍼가 열어놓은 넓은 문은 끝내 닫히지 않았다. ✷

## 칼과 도마

 악연이다. 너와 나 사이엔 오로지 끊임없는 전쟁만이 계속될 뿐이다. 그 뻔뻔한 낯짝이 이제 막 물오른 듯한 싱싱한 야채를 만나 어떻게 요리해볼까 깐죽대는 꼴이라 차마 두 눈 뜨고는 못 볼 만큼 아니꼽다. 너는 유달리 고깃덩이를 선호했다. 정육점에서 뭉텅이로 잘라온 아직 붉은 피가 뚝뚝 떨어지는 홍두깨살을 보는 네 얼굴에 화색이 돈다. 아무도 알지 못하지만 네 몸 위에 던져진 제물을 향해 너는 사악한 뱀처럼 혀를 내밀어 그 뜨거운 피를 빨아들인다.
 너의 몸과 더불어 뒹굴던 다른 매운 몸들이 질투로 활활 타오른 내 손에 의해 으깨어지고 짓이겨진다. 선창가의 비릿한 심장들이 파닥이며 너의 가슴팍에 안겨들 때 네 입가에 번지는 야릇한 미소가 부아를 치밀게 한다.
 너는 근본을 속일 수 없는 원초적 카사노바!
 인간 세상에서는 이렇게 앙숙인 우리를 왜 인연패로 짝 지워줬는

심선경 223

지 원망아닌 원망을 해보곤 하지만 쉽게 팔자를 고칠 수도, 운명을 바꿀 수도 없는 터이라 스스로 속을 달랠 수밖에 없다. 그러나 마냥 그 모습을 바라만 보고 있을 내가 아니다.

주인을 꼬드겨 몸을 숫돌로 단련시키고 시퍼런 날을 세워 네 등짝을 난도질한다.

그럴 때마다 형광등은 얼굴색이 하얗게 질렸다. 쾌락의 순간은 짧으나 고통의 시간은 길다는 말이 실감났을 게다. 너의 배 위에서 뒹굴다가 내 손에 처단되는 어줍잖은 속물들과 그것을 안타깝게 지켜보는 네 모습에 속으로 쾌재를 부른다.

머뭇거림도 거절도 없이 너는 누구에게나 네 몸뚱아리를 쉽게 내준다. 원하는 자라면 맘껏 너를 탐닉한다. 언제나 지극히 관대한 너의 태도가 내 눈에는 가시였다. 천하의 바람둥이인 너를 철저히 응징하고 처단하는 일이 나의 일과가 되었지만 아무리 혹독하게 단죄해본들 너의 타고난 바람기를 잡기 힘들다는 걸 나는 잘 안다.

끊임없는 공격에 두 손 들 법도 하건만 너는 단 한 번의 신음도 없이 용케도 그 순간들을 잘 참아낸다. 반격도 저항도 없다. 어쩌면 내가 독이 올라 날뛰는 모습을 너는 눈을 지긋이 감은 채 즐기고 있는 건 아닌지.

한 바탕 칼바람을 일으키고 나면 인간세계의 절대자가 나타나 측은지심에서인지 피투성이가 된 서로의 몸에 찬물을 확 끼얹는다. 그리고는 바깥 출입이 용이하지 않은 우리를 위해 가끔은 일광욕을 시키기도 한다.

어느 해맑은 날, 나는 보았다. 비스듬히 가스통에 기댄 벗은 몸을, 길게 혀를 빼 문 햇살이 다가와 핥아줄 때 움찔움찔 놀라는 듯한 너의 어깨를. 네 몸 깊디깊은 곳까지 파고든 무수한 상처의 냄새들을 지척에서 맡았다. 등짝에는 그동안 내가 무수히 내려찍은 상처로 이제는 어떤 것으로든 매꿔질 수 없을 만큼 견고한 무늬가 새겨져 있었다.

내 안에 도사린 너에 대한 미움의 벽이 사정없이 허물어지기 시작한 것은 그때부터였다. 무엇에 굶주린 듯 깊게 패인 너의 상흔. 토막난 죽은 몸들의 피거품을 물던 너는 죽지 않을 만큼의 상처를 보듬으며 그 암울한 시간들을 나와 곁돌았던가. 네가 지켜온 시간, 핍박의 순간에 의연하게 대처할 수 있었던 힘은 너의 품에 느껴졌던 다른 몸의 맨 처음 감촉을 언제나 기억하고 있었기 때문이었을까.

너의 상처가 깊을수록 이상하게도 나는 힘이 쭉 빠졌다. 잘게 다져지고 쉽게 토막나던 제물들이 예전처럼 단번에 절단되지 않는다. 움푹 패인 네 몸의 상처로 날이 부러지는 아픔까지 맛보아야 했다. 가끔은 그것에 화가 치밀어 서슬퍼런 얼굴로 너의 심장을 겨누지만 깊은 상처는 견고한 성벽처럼 도리어 나를 튕겨내곤 했다. 무수한 난도질로 어느 한 곳 성한 데가 없던 네 몸은 세월의 때에 절은 손금처럼 좌우로 무질서한 잔가지를 내다가 이제는 그 상처들이 모여 완벽한 하나의 조직을 이루어놓았다.

고통의 절정에서 느끼는 야릇한 카타르시스처럼 나른하고 편안한 잠을 청하는 너.

이런 악연인 줄을 아는지 모르는지 세상은 여전히 우리 사이를 떼어놓지 않는다. 달콤한 환상의 세계를 맛보기도 전에 질투의 화신인 내 손에 무차별 공격을 당하는 너는, 이미 오래전 낡은 코트

주머니 속에서 꾸깃꾸깃해진 연민의 정이 담긴 쪽지를 꺼내 펼쳐보도록 만든다.

문득 우리의 이런 엽기적인 행각이 인간세계의 사디스트나 마조키스트와 같다는 생각을 한다. 극한 아픔의 순간을 아무 소리없이 참아내고 상대방에게 말할 수 없는 고통을 주면서 그걸 지켜보며 쾌감을 느끼는 변태들이라며 혹자는 우리 커플을 비웃을지도 모르겠다.

허나 우리의 완벽한 궁합이 이뤄지지 않았던들 인간들에게 차려지는 진수성찬을 언감생심 꿈이라도 꿀 수 있었으랴. 남들이 뭐라 하든지 나는 우리 커플의 악연이 계속 이어지길 바랄 뿐이다.

신전에 제물이 오르면 짐짓 엄숙해진다. 숫돌에 갈아 시퍼렇게 날을 세운 내 몸이 이제 후끈 달아오른다.

내 앞에 있는 도마에게 묻는다.

"너, 지금 떨고 있니?" ✂

**| 작품 평설 | 허혜정 선정위원 「교환할 수 없는 꿈」(합평 361페이지)**

거기

엄마의 우산

말줄임표

그때 별똥별 하나가 하늘을 그었다

## 양미숙

**창작 노트** _ 잔잔한 수면 위에 바람 따라 그려지는 물비늘 같은 기억. 잊고 싶지 않지만 잊혀져 가는 어릴 적 편린들을 모아보고 싶었다. 퍼즐 조각을 끼워 넣듯 맞추다 보니 그려지는 그림이 있었다. 언제나 그곳에서 우리를 기다리는 어머니의 마음이었다.

**약력** _ 2008년 『계간수필』에 「엄마의 우산」으로 천료. 공저 『벽에게 묻다』, 『굽은 소나무』. 한국프레스플라워, 계수회 회원. 토방동인. 송프레스플라워 전문강사. 동시와 압화의 만남전(2008.8). e-mail:skaao7@hanmail.net

2011 젊은수필

# 거기

"저 새 좀 봐. 뜸부기인가 봐."

뜸부기의 생김새를 정확히 알지 못하는 나는 더듬더듬 말을 늘어놓았다. 포장되지 않은 들길 한가운데에 새 한 마리가 있었다. 비켜서지도 않고 날지도 않고 도망가지도 않았다. 차를 멈췄다. 비켜주기를 기다리기로 했다.

"어디 어디……."

궁금해서 아이들이 떠들어 댔다. '쉿' 하며 자동차의 시동을 끄고 기다렸다. 한참이 지나도 그 새는 움직이려고 하지 않았다. 누군가가 먼저 움직여야 할 것 같아 차에서 내려서려는데, 길옆 풀 속에서 부스럭거리는 소리가 났다. 서너 마리 되는 새끼들이었다. 아기새들은 아무것도 모른 채 길로 내려섰다. 어미새의 움직임이 빨라졌다. 어느새 아기새들을 몰 듯 풀숲 속으로 몸을 감추었다.

그곳은 유년시절, 뜸부기 소리의 이중창을 들었던 들녘이다. 원두막에 누워 듣자면 이중창을 하듯 박자를 맞추며 고음과 저음을 주고받았다. 어디서 우는지, 어떻게 생겼는지 궁금해서 논두렁 사이를 다니며 찾아보았지만, 숨바꼭질하듯 머리카락 하나 보여주지 않던 새였는데…….

'뜸부기는 천연기념물이다, 멸종위기다' 라는 신문기사를 읽었을 때도 거기 가면 뜸부기는 많은데 하며, 나만 거기를 알고 있다는 생각을 했다. 그곳의 시간은 정지하고 나에게만 시간이 흘렀다고 믿고 있는 것은 아닐까.

"할머니 빨리요."

아이들을 시켜 어머니를 불러낸다. 무슨 할 일이 그리 많은지, 뒷정리가 잘 되어 있는 부엌에서 혼자 무엇인가를 바삐 하고 계신다. 창밖에서 살며시 들여다보니 다음날 아침 찬거리를 준비하는 것 같다. 재료를 미리 준비해 놓아야 며느리들이 아침 준비를 수월하게 할 수 있을 것 같아서일 것이다. 가끔 오는 며느리가 손님 같은 것은 어느 시어머니에게나 마찬가지인가보다.

아이들을 시켜 친정어머니를 부엌에서 나오시게 하려는 내 생각이다. '딸이란 참' 하며 웃음이 나온다. 힘들다며 거절하는 할머니에게 아이들은 은하수를 보여 달라며 떼를 쓴다.

친정마을 입구에는 작은 네거리가 있다. 그곳은 어머니의 눈물을 처음 보았던 곳이다. 울적해지면 그곳에 앉아서 하늘을 본다고 한다. 어디로도 떠날 수 있는 길목이고, 아버지가 바라보이는 길목이라며 다음 말을 잇지 못하셨다. 아버지가 돌아가신 뒤, 잠이 오지 않는 밤이면 네거리에 나와 별을 본다던 말씀이 생각났다.

외손자들의 손을 잡고 구부정한 모습으로 앞서 걷는 어머니. 귀찮다 하면서도 손을 뿌리치지 않는다. 구부정한 엄마의 뒷모습을 보며, 무엇인가 나를 찌르는 것 같다. 울컥 올라오는 무엇을 삼켰다. 앞서 걷는 엄마를 안아보고 싶다. 뛰어가 엄마 손을 잡는다.

네거리에서 보는 별자리는 나 어릴 적이나 지금이나 변함이 없다. 내가 내 아이들만 했을 때는 어머니가 아닌 아버지의 손을 잡고 달마중을 했고, 별자리를 찾았던 곳이다. 아버지의 빈자리가 여기서도 시간이 흘렀음을 깨닫게 한다.

위험한 줄 알면서도 떠나지 못하고 기다리기만 하던, 낮에 본 뜸부기가 생각난다. 그날은 낮부터 뜸부기 소리를 한 번도 듣지 못했다. 들에는 땡볕만 쏟아지고 있었다. 내 아이들의 웃음소리에 뜸부기 소리를 듣지 못한 건 아닌지 다시 생각해 본다. 듣지 못했다. 한데 엄마의 뒷모습에서 뜸부기 소리를 들은 것 같다. 언제나 내가 안길 수 있을 곳이 거기였다.

네거리에 앉았다. 그림자 넷이 하늘만 쳐다보며 별자리를 찾고 있다. 그때 별똥별 하나가 하늘을 그었다. 아이들은 손을 모아 기도를 하고 어머니와 난 서로 마주보며 웃는다. ✼

## 엄마의 우산

　갑자기 먹구름이 몰려왔다. 빨래를 걷으며 지나가는 구름이려니 했다. 후둑후둑 비가 떨어졌다. 지나가는 비려니 하고 비가 그치기를 기다려보기로 했다. 시계를 보니 아이들이 학교에서 돌아올 시간이 되어 간다.
　가볍게 오는 비라면 요령을 피우며 오겠지 생각했다. 뛰든지, 기다리든지, 남매가 손을 맞잡고 빗속을 뛰어오는 경험도 그리 나쁘지는 않으리라는 생각도 했다. 살아가면서 어찌 맑은 날만 있으랴. 비도 맞고, 눈도 맞으며 굳은 날씨를 경험하는 것도 좋을 것 같다는 생각을 하며 기다려 보기로 했다.
　한데 번개가 번쩍이며 오금이 저리는 듯한 천둥소리가 머리 위에서 들렸다. 내리는 빗방울이 예사롭지가 않았다. 빗방울은 굵어지기 시작했다. 좀 전에 느긋함과는 달리 학교에서 돌아올 아이들이 걱정되기 시작했다. 집에서 가장 넓은 우산들을 주섬주섬 챙겨들고 빗속으로 뛰어들었다. 어른인 나도 천둥소리를 들으면 무서워 이불 속으로 숨고 싶은데 아이들이 얼마나 무서울까? 내가 너무 늦어 아이들이 길가 처마 밑에서 비를 피하고 있을지도 모를 일이었다. 발을 동동 구를 아이들이 눈앞에 선했다. 갑자기 퍼붓는 소나기에 뛰는 사람들도 보였다. 나도 뛰다시피 갔지만 마음은 더 앞서 갔다. 길에는 오가던 사람도 차도 뚝 끊겼다. 굵은 빗방울에 세찬 바람, 우산을 쓰나마나하게 했다. 앞을 분간할 수가 없었다. 혹시 이 비를 맞으며 지나가는 아이들을 놓칠세라 둘러보았지만 아무도 보이지 않았다.

중학교 일학년 때의 일이다. 학원을 가야 한다며 시외버스를 타러 갔다. 하얀 블라우스에 파란 스커트, 처음 입은 중학교 교복은 산뜻하고 예뻤다. 나는 중학생이라는 것을 뽐내고 싶어 교복을 반듯하게 잘 다려 입고 집을 나섰다. 먹구름이 몰려와 어둑어둑 했다. 많지 않은 우산 중에 제일 좋은 우산을 챙겨 들었다. 엄마와 아버지는 논에서 일을 하고 계셨다. 내 예쁜 모습을 봐 주길 바라며 '엄마' 하고 불렀다. 잠시 허리를 펴고 서둘러 가라는 손짓만 내게 보내셨다.

아무리 기다려도 버스가 오지 않았다. 한낮인데도 하늘은 먹구름으로 더 어두워졌다. 갑자기 천둥과 번개가 번갈아 가며 치기 시작했다. 굵은 빗방울이 떨어졌다. 번개가 한곳에서만 치는 것이 아니었다. 이쪽에서 번쩍이면 저쪽에서 뒤따라 번쩍이고 천둥소리가 채 나기도 전에 다른 쪽에서 또 번쩍였다. 동시에 세 곳에서 번개 치는 가운데 싸락눈이 쏟아지는 소리가 들리기 시작했다. 점점 가까이 다가오는 소리가 어디론가 피해야만 한다는 생각이 들게 했다. 비가 세차게 쏟아지기 시작했다. 비를 피할 곳도 지나가는 사람도 없었다. 너무 무서워 서서 버틸 힘이 없었다. 우산을 썼지만 아무런 소용이 없었다. 길가에 쪼그리고 앉았다. 포장되지 않은 도로에서 튕겨 올라오는 물방울에 교복은 흙투성이가 되었다. 도로에 차는 한 대도 보이지 않고 집으로 돌아갈 엄두도 나지 않았다. 혼자서는 움직일 수가 없었다. 바로 앞을 볼 수가 없이 비가 쏟아졌다. 너무 무서워서 울음이 터져 나왔다. 길가에 쪼그리고 앉아 울고 있는 내 앞에 검정 고무신이 다가왔다. 엄마였다. 엄마 품에서 한참을 울었다. 말없이 엄마가 안아주셨다. 내 무서움과 두려움을 다 아신다는 듯이. 엄마 우산 속에 들어가니 무섭지 않았다.

그날의 나처럼 아이들이 빗속에서 울고 있지 않을까 두리번거렸다. 그래도 둘이 함께 있을 거야. 같은 학교에 다니는 것이 다행이었다. 내가 학교 현관으로 뛰어들어 우산을 접기도 전에 두 아이는 내 품으로 와락 뛰어들었다.
"엄마, 너무 무서웠어."
아이들 옷이 젖는 줄도 모르고 나는 두 아이를 양팔로 꼭 껴안았다. 빗속을 아이들과 걸었다. 각자 우산을 쥐어주었다. 한참을 걷던 아들이 우산을 접고 내 우산 속으로 들어왔다. 천둥번개가 무서워서라고 했다. 딸아이도 우산을 접고 들어왔다. 여전히 비는 쏟아지고 번개는 쳤지만 아무 소리도 들리지 않았다. 집에 돌아오니 우산을 썼는지 안 썼는지 알 수 없을 만큼 우리 셋은 흠뻑 젖어 있었다. 우린 서로의 모습을 보며 웃었다. 나도 내 어머니처럼 내 아이들에게 우산이 되어주고 싶었다. 말없이 지켜보는데도 힘을 주는 내 어머니처럼.

## 말줄임표

아침에는 몰랐다. 아이들이 일찍 출발해야 한다며 호들갑을 떨 때만해도.

아이들이 현장학습을 떠나는 날이었다. 모처럼 집을 떠나, 자고 온다는 설렘 때문인지 아이들은 챙기는 준비물이 많았다. 나도 한 몫 거들고 있었다. 도시락도 챙겨야 하고 비상약도 챙겨야 하고 지켜야 하는 규칙들을 주저리주저리 펼쳐놓기도 했다. 부피가 크다며 챙기지 않으려는 두꺼운 옷도 억지로 좁은 가방 안에 구겨 넣었다. 그렇게 수선을 부리며 떠나보냈다.

일이 손에 잡히지 않았다. 잘 도착했다는 아이들의 문자 메시지를 받았는데도 무엇인가 마음이 놓이지 않았다. 아이들이 없는 긴 시간을 혼자 있게 되니, 홀가분할 것이라고 생각했다. 그동안 시간 없다며 하지 못했던 일들을 떠올렸다. 하지만 아무것도 할 수 없었다. '남편이 퇴근하여 돌아오면……, 연애할 때처럼……' 밤거리를 돌아다니며 군것질도 하고 심야영화도 봐야겠다는 계획을 세웠다.

오늘따라 남편 기다리는 시간이 유난히 길었다. 집에 돌아오면 언제나 즐거워하던 남편이었다. 그런 남편이 무슨 일인지 오늘은 말이 없다. 남편이 조용하니 나도 말을 걸 수가 없었다. 낮부터 계획했던 일도 꺼내보지 못한 채 시간이 흘렀다. 싸운 부부 같았다. 저녁상을 대할 때 '심야 영화나 보러갈까?' 하고 말을 꺼내려다 입을 다물었다. 남편도 아이들 생각에 빠져 있다는 생각이 들었다. 아이들이 없는 사이 여유로운 시간을 즐기자고 말하고 싶었다. 하지만 아이들 걱정에 그런 생각이 드느냐고 핀잔을 받을 것 같아 남편이 먼저 입을 열기를 기다렸다.

아이들이 각자의 길을 가고 둘만 남게 되는 그때를 상상해 보았다. 오늘 같은 날이 매일 이어질지도 모른다는 생각에 고개를 흔들었다. 난 책을 들고 딸아이 방으로 들어갔다. 딸아이의 체취가 풍기는 방을 둘러보면서 언젠가 딸이 커서 이 집을 떠날 거라는 생각을 했다. 좋아하는 한 남자를 만나 그와 평생을 같이 한다며 길러준 부모 곁을 미련 없이 떠나갈 것이다.

서로 다른 공간에 있다 보니 혼자 있던 낮 시간과 다를 바가 없었다. TV에서 흘러나오는 낯선 음성이 우리 집의 빈 공간을 차지했다. 아이들이 채워주던 그 자리는 멀지 않은 미래에 지금처럼 비워질 것이다. 어색한 침묵 속에 잠겨 있는 우리 두 사람의 모습이 곧 다가올 내일의 모습일지도 모른다는 생각이 들었다. 슬펐다.

언제나 남편의 마음속 이야기를 들어주라던 친정어머니 말씀이 생각났다. '아이들 다 결혼하여 제 갈길 가고 나니 둘만 남더라. 둘이 남아 다정하게 살아보려 했더니 아버지가 먼저 떠나시더라.' 원망인지 후회인지 당부인지 묘한 표정이 어머니 얼굴에 스쳤다. 남편이 조심스러워 늘 자신의 마음 한번 제대로 표현하지 못했다고 했다. 당신 닮은 딸에게 하고 싶은 말이 무엇인지 알 것 같았다.

거실로 나왔다. 뜨개질하던 아들의 조끼를 집어 들었다. 아이들 없는 하루가 참 길다는 생각이 들었다. 아침에는 하루가 이렇게 길게 느껴질 줄 정말 몰랐다. 살며시 남편을 바라보았다. 남편의 모습이 깊은 생각에 빠져 있는 듯하다. 그도 나와 같은 생각을 하고 있는 것은 아닌가 싶었다. 갑자기 나는 세월을 입고 할 일 없이 앉아 손자들 찾아오기를 기다리며 뜨개질하는 노인으로 앉아 있는 것 같았다.

남편이 내게로 고개를 돌리며

"맥주 한잔 하러 갈까?"

그 목소리엔 아직도 젊음이 실려 있었다. 그렇게 말하는 남편이 늪에 빠져 있는 나를 건져 올렸다. 반갑고 고마워,

"늦은 시간인데……?"

하면서 나갈 채비를 했다. 어두운 터널을 빠져나오듯 새삼 지금이 소중하게 생각되었다. 길에 나서자, 남편이 먼저 입을 열었다.

"아이들이 집 생각이 나서 전화하지 않을까?"

| 작품 평설 |

## 정서의 심층수맥, 정(情)

　한국인의 정서의 기저에는 정이 있다. 서구화된 사회에서 표면화된 정들이 범람하고 있지만 진정성을 느끼기에는 깊이가 부족하고 아직 어색하다. 한국인의 정은 직접적인 표현보다는 눈빛과 몸짓으로 느낄 수 있는 숨어 있는 수맥과 같은 것이다. 이 정의 출발점은 가족관계이고, 특히 모성으로부터 시작한다. 그러나 숨어 있는 모성을 주제로 쓰는 작가는 별로 없다. 그만큼 정보다 물질적 정표가 더 중요한 시대에 살고 있음일 것이다.
　양미숙은 일상에서는 있는 듯 없는 듯 의식화되지 않은 어머니의 정이 위기상황이나 자녀와 정을 나눌 때에 의식화 되면서 분출되는 모정을 주제로 하는 글을 쓰고 있다. 옛 어머니들이 표 나지 않게 보살펴주지만 자녀들의 삶 전체에 편재해 있는 모정의 속성을 잘 보여 주고 있다. 이 주제의 성격상 자녀들과 함께 있는 현재의 시점을 배경으로 어머니와의 일화를 전경으로 하는 구성은 효과적인 얽기이다. 그러나 이러한 구조의 빈번한 사용이 문제점이기도 하다. 간결한 문체 또한 기초의 탄탄함을 보여주고 있다.
　「거기」는 정(情)의 시원지(始原地)이다. 그곳에서 처음 분출되는 것은 모정으로, 줄기를 따라 흐르면서 세대를 이어가게 하는 끈이다. 화자가 '거기'에서 만난 뜸부기는 위험을 무릅쓰고 길 복판에 버티고 서서 새끼들의 이동을 돌본다. 이 장면에서 본능적인 모성의 원형을 본다. 병치되어 나오는 장면은 자손들을 위해 헌신적으로 일하는 어머니의 모습이다. 이상적인 한국 어머니의 모습으로 자식이 자신의 안락보다 우선인 모성본능을 보여주는 장면이다.

화자는 "구부정한 어머니의 뒷모습"에서 "울컥 올라오는 무엇"을 삼키면서, 모녀간의 정의 소통을 표현한다. 이러한 소통은 화자가 자녀를 위한 '거기'가 될 것이라는 믿음을 갖게 한다. 그래서 아이들과 함께 "거기 어머니가 언제나 우리를 기다리고 서 계시던 그 길가"로 어머니를 모시고 나가 함께 별자리를 찾는 정다운 모습을 보여준다.

천연기념물인 뜸부기가 본능적 모성을 보여주던 '거기'는 어머니가 화자에게 모정을 보여주던 장소이며, 또한 화자가 자녀들에게 정을 이어주는 곳이다. 그 장소는 추상적인 정서의 고향으로 변함없는 별자리처럼 항상 그곳에 있을 것이라는 화자의 믿음에서 대를 이어 갈 것이라는 기대를 갖게 한다. 가족의 해체가 염려되고, 가족 간에도 정의 단절의 위기가 느껴지는 핵가족 시대에 '거기'가 천연기념물이 되지 않기를 바라는 마음이다. 더욱이, '거기'가 항상 우리 사회의 핵심이 되기를 기대하며, 마음으로 읽어지는 이런 글이 있어서 안심이 된다.

「엄마의 우산」에서 의식 속에는 부재하지만 무의식 속에 실재하다가 위급한 상황에서 의식화 하는 모정을 그리고 있다. 모정이 나타나는 배경이 공포감을 자아내는 천둥번개치는 비오는 날로 대단히 상징적이다. 살아가면서 맞닥뜨릴 수밖에 없는 위기의 배경에 어울리는 피난처로서 엄마의 우산이 돌연 등장한다. 그 우산이 나타나는 시간이 극적이다. 무서움에 떨면서 "길가에 쪼그리고 앉아 울고 있는 내 앞에" 흑기사처럼 다가온 "검정고무신"이 받쳐준 우산은 위기 상황에서 잠재해 있던 모정이 의식화하는 순간이다. 모정의 끈으로 이어가는 삼대의 가족관계가 상징적인 배경설정과 우산으로 잘 형상화되어 있다. 치밀한 구성 또한 돋보이는 글이다.

「말줄임표」는 정으로 긴밀한 관계를 맺어온 가족구성원의 현존과 부재에 대한 부적응을 그리고 있다. 아이들이 현장 학습을 떠난 후에 화자는 심리적 공황 상태에 이른다. 화자 부부는 자녀를 매개로 맺어온 관계이고, 매개체가 빠져나간 후에 "어색한 침묵"으로 원만한 일상을 회복하지 못한다. 그들만의 관계는 재설정되어야 하고 아이들이 성장하여 곁을 떠나갈 미래에 닥쳐올 과제이기도 하다. 중요한 대상의 부재를 통해 그 존재의 가치를 부각시키면서 가족관계의 역학구도를 생각하게 하는 작품이다.

작가는 자녀들과의 일상의 삶에서 무의식에 잠재해 있는 어머니의 방식을 답습해 가면서 회상 형식으로 어머니를 전경화시킨다. 삼대는 어머니의 정을 매개로 관계를 맺어가는데, 이것은 전 현대에 한국에서 가족관계를 이어가던 방식이다. 그녀의 전 현대로의 회귀성은 사라져가는 농촌의 풍습들을 되살려, 어쩌면 어딘가에서 이 맥이 계속 이어지지 않을까하는 희망을 갖게 한다.

그러나 작품의 주제가 거의 모정에 한정되어 있는 것이 아쉽다. 이웃의 특정한 사건들과 사회의 문제들이 곧 내 가족의 문제가 되는 개방된 사회에서 이웃의 관심을 외면해서는 안 되는 것이 모든 문학인들에게 주어진 과제이다. 작가가 품은 모정이 가족 안에서만 맴돌지 말고 집밖으로 흘러나갈 때에 폭넓게 독자와 소통할 수 있을 것이다.

― 선정위원 | 오순자

우체국에 가면

손 잡고

11월은 빈 몸으로 서다

'사람'이 그리울 때면 나는 우체국에 간다

## 이혜연

**창작 노트** _ 손을 잡는다는 것, 이는 허방을 짚는 일이기도 하다. 잡아도 잡은 게 아니고, 놓아도 놓은 것이 아니기 때문이다. 천륜지간에야 더 말해 무엇하리. 빈손이 가벼워질 수 없는 이유다.

**약력** _ 숙대 약대 졸업. 1998년 『에세이문학』으로 등단. 제26회 현대수필문학상 수상. 국제펜클럽 이사. 송현수필문학회, 에세이문학작가회, 한국문인협회 회원. 현재 『에세이문학』 편집위원. 수필집 『숨은 길』. 공저로 『장강에 배 띄우고』 외 다수.
e-mail:etang52@hanmail.net

## 2011 젊은 수필

## 우체국에 가면

　동창생에게서 온 편지를 읽는다. 친정어머니 초상에 문상을 와주어 고맙다는 내용이다. 궁서체로 인쇄된 글은 깔끔하고 정중했지만 친필만큼 친근감은 들지 않는다. 그럼에도 이 편지가 각별한 느낌으로 와 닿는 것은 그것을 읽고 있는 장소가 우체국이기 때문이다.
　해외에 있는 문우에게 우편물을 보낼 일이 있어 집을 나서다가 우편함에 들어 있던 편지를 꺼내어 가방에 담은 채로 우체국에 왔다. 우편물의 무게를 달고, 수신국을 확인하고, 우송방법을 선택하는 간단한 절차를 거쳐 비용을 치르고는 문을 나서려다가 창문 쪽에 놓인 소파에 엉거주춤 걸터앉고 말았다. 우체국에 오면 늘 그랬다. 볼일을 끝낸 홀가분함보다는 뭔가 남겨두고 가는 듯, 아쉬움에 선뜻 발길을 돌리지 못하고 눌러앉고는 한다. 오늘 역시 그랬다. 그러다가 문득 가방 안에 넣어둔 그 편지가 생각난 것이다.
　무형의 마음들이 오가는 자리에서 읽어서일까. 답례 서신의 의례적인 문구도 오늘만큼은 살갑게 다가온다. 우체국 문을 들어서고, 창구 앞에 서서 차례를 기다리며 편지들을 헤아리고 있는 친구의 모습이 떠오르며 그의 체온이 그대로 전해오는 듯 마음이 훈훈해진다.

십여 년을 들락거려 낯익은 실내를 둘러본다. '낯익은'이라 했지만 그동안 이 안의 풍경도 꾸준히 작은 변화들을 겪어왔다. 집기들이나 인테리어도 심심찮게 바뀌었고, 디지털 시대에 걸맞게 우편물의 처리 과정도 간편해지고 인터넷 검색용 컴퓨터며 프린터도 한쪽 코너에 마련되었다. 우체국이 금융 업무를 겸하게 된 것은 이미 오래 전 일이다. 이제는 공과금을 납부하는 자동화기기까지 한 자리를 차지하고 있어 은행과 다를 바 없어졌다. 하지만 내가 세련되고 안락한 분위기의 은행을 마다하고 공과금 고지서를 들고 굳이 우체국을 찾는 것은 한 켠에서 오고가는 소박한 정(情)을 지켜보는 즐거움이 있기 때문이다. 집안에 앉아 손가락 한 번 까닥하면 편지도 물건도 전달되는 편리한 시대에 손품, 발품을 팔아야 하는 수고를 마다않는 아날로그적 풍경은 마음을 포근하고 여유롭게 해준다.

크기별로 피라미드처럼 쌓여 있는 견본용 소포상자들. 포장용 테이프며 노끈, 매직펜과 가위, 풀 등이 놓여 있는 널찍한 책상. 무인 판매대에 꽂힌 여러 종류의 봉투들. 비닐코팅 된 두툼한 우편번호책. 홍보용으로 전시되어 있는 우표며 축하카드들을 둘러보고 있노라면 문득 마음이 설렌다. 누군가에게 매직펜으로 굵직하게 주소를 적어 소포를 부치고 싶고, '잉크 냄새 나는 편지'를 쓰고 싶고, '눈부신 화살처럼 날아가' 기쁨을 안겨주는 축전을 보내고 싶어지는 것이다.

누군가 펼쳐놓고 간 우편번호책을 들여다본다. 낯선 지명들이 빼곡히 적혀 있다. 책장을 뒤적여 낯익은 동네 이름들을 찾아내고는 우편번호를 확인해본다. 여섯 자리의 숫자 위로 고향이 보이고 지인들의 얼굴이 어른거린다. 그리움이 밀물처럼 밀려온다.

눈을 돌려 창구 안쪽에 있는 우편물 분리함을 바라본다. 세분화되어 있는 함 속에서 떠날 시간을 기다리고 있을 편지들. 불현듯 낯선 거리의 우수와 자유로움이 나를 유혹한다. 시인 네루다에게 편지를 전하기 위해 바닷가를 달리는, 영화 「일 포스티노」의 젊은 우체부 마리오의 자전거 바퀴가 보이고, 안도현 시인이 노래한 '두 눈이 짓무르도록 수평선을 바라보았을, 그리하여 귓속에 파도소리가 모래처럼 쌓였을' 오래된 바닷가 우체국이 보인다. 사랑의 편지를, 때때로 그녀의 정원에 핀 아름다운 꽃들과 함께 전해주던 열일곱 살 우체부의 죽음을 기타로 노래하는, 그리스 출신 샹송가수 조르즈 무스타키의 수염 덥수룩한 얼굴과 담배 연기 자욱한 카페도 어른거린다.

발길 닿는 대로, 마음 내키는 대로 그렇게 불쑥 여행을 떠나고 싶은 적이 많았다. 그러나 건강이 허락할 때는 생활이 발목을 잡더니 이제는 건강이 발목을 잡는다. 그래서 내가 즐겨하게 된 것이 지도여행이다. 두툼한 지도책을 펼쳐놓고 꽃구경도 떠나고 피서도 하고 단풍놀이며 눈 구경도 즐긴다. 매스컴의 여행정보에 올랐던 장소나 지인들이 다녀온 곳을 더듬어가다가, 행간에 숨은 뜻을 찾듯 표지도 없는 숨은 길들을 따라 심산유곡에도 이르러보고 허름한 포구도 기웃거려 본다. 홀로, 더러는 마음 맞은 이와 동행도 해보며, 시공은 물론이요 금전과 체력의 제약도 받지 않으니 방랑시인 김삿갓이 부럽지 않은 여행이다.

　우체국에 오면 지도책을 앞에 한 듯 그렇게 가벼운 흥분이 인다. 이곳은 터미널이다. 자루에 실리고 배낭에 담기어 길을 떠나는 마음들. 그 크고 작은 꾸러미들에 내 마음을 얹어 여행을 떠나 본다.

　여행뿐이겠는가. 면전에서는 차마 표현하지 못했던 마음들, 작은 다툼으로 언짢아진 이에게는 미안한 마음을, 아픈 이에게는 위로의 마음을, 그리운 이에게는 그리움을 전하는 편지나 소포가 되어 그들의 품을 향해 길을 떠나 보기도 한다. 사이버 세계를 통해 눈 깜짝할 사이에 전해 놓고 후회하는 설익은 마음이 아니라, 굽이굽이 여정(旅程)을 거치면서 조금은 남루해졌지만 곰삭은 정을 전하고 싶은 것이다.

　낯선 거리를 밟고 싶을 때면 나는 우체국에 간다.

　'사람'이 그리울 때면 나는 우체국에 간다.

　그 '사람'에게서 상처를 입었을 때에도 나는 우체국에 간다.

## 손 잡고

예비 신랑신부를 좌청룡 우백호로 거느리고 금은방을 나섰다. 예물을 맞추고 나오는 길이었다. 다리에 힘이 붙고 목이 꼿꼿해졌다.
'시어머니 기세가 이런 것이로구나!'
몇 걸음이나 걸었을까, 좌청룡의 걸음이 느려지는가 싶더니 우백호가 슬그머니 뒤로 쳐졌다. 백화점 안이었다. 마음에 드는 물건이라도 눈에 띈 것일까? 걸음을 멈추고 뒤를 돌아보았다. 아뿔싸! 좌청룡 우백호가 꼭 붙어 나란히 걷고 있지 않은가.
'저런 철딱서니! 어른 앞에서……'
민망해 할까 보아 얼른 고개를 돌렸다. 오산이었나, 두 아이는 거리낌이 없었다. 아니, 아들아이가 그랬다는 것이 옳을 것이다.
이번엔 내가 슬그머니 뒤로 쳐졌다. 서로에게 머리를 기울이고 소곤대며 걸어가는 뒷모습을 바라보다가 깍지 낀 두 아이의 손에 눈이 머물렀다. 순간 목울대가 뜨거워져 왔다. 언제였던가, 내가 저 아이의 손을 놓은 것이.

눈물을 쏙 빼 놓은 산통 끝에 만난 아이. 내 손안에서 꼬물대던 손가락의 여린 감촉이 아슴푸레 떠올랐다. 아니, 우리가 처음 손을 잡은 것은 걸음마를 시작하면서부터였을 것이다. 비틀거리며 첫걸음을 떼던 아이가 나를 향해 내밀던 손. 대견함보다는, 그 믿음이 황홀하여 나는 눈물을 글썽였던 것 같다. 아이는 서슴없이 내게 손을 맡겼고 그 믿음을 지키기 위해 세상물정 모르던 엄마는 고군분투했다.

언제부터였을까, 손이 허전하다 느끼기 시작한 것이. 오늘처럼, 슬그머니 뒤로 쳐지던 걸음처럼, 아이의 손은 슬며시 내 손을 빠져나갔다. 그 손이, 이제 새로운 손을 찾아 잡은 것이다.


버스를 타고 돌아오면서 나는 비어 있는 손바닥을 가만히 내려다보았어. 텅 비어 있을 때에도 그것은 꽉 차 있곤 했지. 수없이 손을 쥐었다 폈다 하면서 그날 밤 참으로 많은 걸 놓아주었어. 허공 한 줌까지도 허공에 돌려주려는 듯 말이야.
— 나희덕 「허공 한 줌」


'그래……, 허공 한 줌 쥐었다 놓은 게지.'

슬금슬금 두 아이의 뒤를 따라가는 동안 점점 마음이 편안해졌다. 긴 여정에 잡을 손이 생겼다는 것은 얼마나 다행한 일인가.

어머니 약을 타러 병원에 갔다. 진료대기석에 앉아 있으려니 앞서 진료실에 들어갔던 이들이 나왔다. 간호사에게서 다음 진료에 대한 설명을 듣고 나자 아들인 듯싶은 이가 오른팔을 둥글게 만들어 환자에게 내밀었다. 안노인이 그 팔을 붙들었다. 그 모습이 낯이 익었다.

당뇨병을 앓고 계시는 어머니는 이런저런 합병증으로 병원 출입이 잦으셨다. 힘에 부친 어머니는 내 팔을 붙들었고, 그런 어머니에게 나는 무심히 팔을 내주었다. 어느 날부터인가 어머니는 내 팔마저 놓으셨고 대신 어머니의 팔을 내가 붙들기 시작했다. 그러더니 이제 빈 팔, 빈 손인 채로 나 홀로 병원을 찾는 날이 많아지게 되었다.

일찍이 허공 한 줌의 상실감을 주고받았던 모녀. 세월을 에둘러 모녀가 다시 잡은 것은 손이 아니었다. 그 시간의 길이는 우리가 손을 잡았던 날들의 몇 십, 몇 백분의 일에 불과할 것이다. 그런데도 배은망덕은 때때로, 아니 번번이 팔에 전해오는 어머니의 무게를 버거워하고는 했다. 그리고 이제 그 무게에 대한 기억마저 희미해가고 있다.

대기실 밖으로 사라져가는 모자의 뒷모습을 물끄러미 지켜보았다. 무심과 애원이 절뚝거리며 가는, 그 낯익은 모습은 장차 아들아이와 내가 연출할 광경이 될 터이다.

문상을 다녀오는 길, 운전을 하던 아들아이가 신호대기로 잠시 정차한 사이에 며늘아기의 손을 찾아 잡는다. 신호가 바뀌어 차가 움직이는데도 놓을 줄을 모른다.

'그래, 부디 그 손 놓지 말거라.'

아이들이 태어나면 한동안 손을 놓아야 하리. 허공 한 줌, 두 줌,

놓아 주고 나면 다시 서로의 손 꼭 붙잡거라. 서로가 서로의 무게를 감당할 수 있을 때 손은 잡을 수 있는 것이려니.

 가만히 손을 들어본다. 허공도 놓아주고 어머니의 무게도 놓아버린 손이, 천근만근이다. ✯

## 11월은 빈 몸으로 서다

물새 한 무리가 후드득 날아오른다.

몇 번의 날갯짓으로 산만했던 대열을 가지런히 가다듬은 새들은 저무는 강 위를 두어 번 선회하더니, 선홍빛 노을 속으로 유유히 멀어져 간다.

휘모리 가락처럼 사위를 온통 붉은 빛으로 휘몰아 넣던 노을이 스러지고 나자, 한지에 먹물 스미듯 시나브로 어둠이 밀려오기 시작한다. 빛과 어둠이 만나는 시각이다. 한낮의 거센 빛살에 숨을 죽이고 있던 사물들이 수런수런 제 기색을 찾는다. 산빛, 물빛이 깊어지고 불빛이 생기를 찾기 시작하는 시각. 낮이라기엔 어둡고 밤이라기엔 아직은 밝은, 빛과 어둠이 함께 하는 이 짧은 순간을 음미하며 나는 하루의 고단함을 벗고 평온함에 잠긴다.

모자란 게 많은 탓일까, 돌아보면 나는 늘 한 걸음 물러서서 세상을 살아온 것 같다. 여유가 있어서가 아니라, 매사에 있어 도전하기

보다는 체념하고 안도하기를 좋아하는, 게으르고 소심한 성격 때문일 것이다. 그런 삶의 태도는 은연중 기호(嗜好)에도 영향을 미친 것 같다. 화창한 날보다는 흐리거나 비 오는 날을, 장조의 쾌활함보다는 애조 띤 단음계 가락을, 화려한 원색보다는 채도 낮은 중간 색조를, 그리고 토요일 오후보다 금요일 저녁을 좋아하는, 말하자면 적극적 참여보다는 방관자적 안일을 즐기는 편이다.

여명(黎明)을 마다하고 굳이 어스름이 깔리기 시작하는 저녁 무렵에 산책을 나서는 것도 이런 나의 성향 때문이 아닌가 싶다. 저녁빛은 체념 속에 드리워진 화해와 수용, 그리고 다음 날에 대한 어렴풋한 기대가 담긴 부드러움으로 포근히 나를 감싸준다.

11월은 바로 이런 저녁 빛과 닮았다. 가을이라기엔 너무 늦고 겨울이라기엔 다소 이른, 가을과 겨울이 몸을 섞는 달이다. 욕망의 굴레를 막 벗어 던지고 난 후의 홀가분함이라고나 할까. 색의 잔치도 끝내고 떨구어버릴 것 다 떨구어버리고 빈 몸으로 선 나무들의 모습. 그래서 11월의 바람 끝에는 마지막 잎새의 냄새가 한 자락 묻어 있는 것 같다. 마른 잎의 냄새를 닮아서일까, 커피 향이 유난히 좋아지는 것도 이 때쯤이다. 해질 무렵, 스산한 바람을 맞으며 정처없이 걷다가, 낙엽이 두텁게 깔린 어느 산비탈에 앉아 별빛 같은 불빛들을 내려다보며 뜨거운 커피 한 잔을 마시는, 철없는 낭만을 꿈꾸어보게 하는 것도 이 달이다. 그러나 아쉽게도 그 꿈은 대부분 상상에 그치고 말았다.

11월은 가난하고 쓸쓸한 달이다. 풍경(風景)도, 소리도, 빛깔도 여위어 바람마저 적막해진다. 그러나 11월을 맞는 나의 마음은 그래서 오히려 어느 때보다 편안하고 넉넉하다. "빈들의 맑은 머리와/ 단식의 깨끗한 속으로/…외롭지 않게 차를 마신다."던 김현승 시인의 시구처럼, 가난하기에 맑아질 수 있고, 쓸쓸하기에 도리어 외롭지 않을 수 있는 것이다.

그 때문일까. 11월은 산문보다는 시가 한결 맛이 있어지는 달이다. 절제된 언어, 응축된 사유, 행간의 여백이, 군더더기 털어버리고 가뿐해진 11월의 모습을 닮았다고나 할까. 시의 날이 11월 1일인 것을 보면 이런 느낌은 나만의 것은 아니지 싶다.

겨울의 느낌은 무겁다. 오래된 침묵으로 지루하고, 새 생명을 잉태해야 하는 부담감으로 홀가분할 수가 없다. 소생을 준비하는 내밀한 움직임으로 은근히 부산하기까지 하다. 겨울을 일컬어 정중동(靜中動)의 계절이라 함도 그 때문일 것이다.

반면에 11월의 느낌은 가볍고 신선하다. 방금 비운 그릇에 남아 있는 온기처럼 지난 것에 대한 미련이 사뭇 없는 것은 아니지만, 체념의 편안함이 있으며 충만을 꿈꿀 수 있어 훨씬 자유롭다.

하지만 이런 여유는 그리 오래가지 못한다. 연말이라는 회오리를 등에 업은 12월이 이내 밀려오기 때문이다. 부화뇌동의 소란함과 초조함 속에서 12월은 후회할 겨를도 없이 순식간에 지나 가버린다. 두 번의 설을 치러야 하는 1월 또한 번잡하기는 마찬가지다. 금요일 밤을 사랑하듯이, 내가 한 해의 마무리와 시작을 11월에 하는 것도 그런 까닭에서다. 남은 한 달의 여유는 지나간 날들을 뒤돌아보고 새로운 날들을 계획할 수 있는 차분함을 준다.

그러나 내가 11월을 목마르게 기다리는 가장 큰 이유는 따로 있다. 작은 설렘이 있는 달. 운이 좋으면 첫눈을 만날 수도 있다는 것이다. 폭설이 아니라, 대개는 무서리처럼 살포시 대지를 덮고 상고대처럼 가볍게 빈 가지를 채우는, 떠나는 가을에 대한 겨울의 예우와도 같은 눈이다. 몇 해 전까지만 해도 내 수첩의 11월 난에는 첫눈 소식이 올라와 있고는 했다. 이 나이에도 '첫'이라는 글자가 가슴을 설레게 하는 유일한 것이 눈이 아닌가 한다.

간혹 이런 나의 기다림을 저버리고 11월이 가는 경우가 있다. 그럴 때면 무언가를 잃은 듯 아쉽고 허전해진다. 12월에 내리는 첫눈은 11월의 것만큼 내게 신선한 기쁨을 주지 못한다. 그저 겨울눈에 불과할 뿐이다. 그리고 때로는 폭설이 되어 고통을 주기도 한다.

그러나 첫 눈이 없으면 어떠랴. 추적추적 비 내리면 마른 가지 검게 물들고, 그 가지 사이로 잿빛 하늘과 둥근 까치집이 걸리는 11월의 풍경, 그 색채의 빈곤함마저 나는 사랑하는 것을.

| 작품 평설 |

# 서정의 풍경과 화해의 미학

　이혜연의 수필에서 서정성은 매우 기름진 문학적 자양이 된다. 모든 문학이 독자와의 정서적 유대를 근간으로 하지만 이혜연의 수필에서는 서사보다 서정적 체험이 큰 비중을 차지한다. 그 중심에는 그리움과 기다림이 있다. 그리움은 갈망이요, 기다림은 여유다. 이혜연은 내적 갈망을 여유로 다스리면서 세계와의 화해를 시도한다. 이렇듯 일상체험에 서성의 숨결을 불어넣고 정제된 언어를 잘 반죽하여 수필이라는 그릇을 빚어냄으로써 서정수필의 한 방향을 제시해주는 것이다.

　「우체국에 가면」에서 보여주는 작가의 행위는 다분히 아날로그적이다. 간편함과 속도를 추구하는 디지털시대, '자필 편지'라는 정감있는 단어는 이미 '전자메일'에 자리를 내준 지 오래다. 그럼에도 작가가 "굳이 우체국을 찾는" 이유는 마음이 오가는 '소박한 정'을 느낄 수 있어서다. 즉, 작가가 우체국을 찾는 행위의 이면에는 잃어가는 것들에 대한 그리움과 삭막하고 건조해지는 현대인의 정서에 대한 아쉬움이 있다. 그리하여 그리움이 깊어질 때면 지도를 펴놓고 상상여행을 하거나, 우체국에 가서 "자루에 실리고 담기어 길을 떠나는 마음들"에 자신의 마음을 실어 스스로 "편지나 소포"가 되곤 한다. 이는 몸과 마음의 길 찾기이며, 고독한 자아와 세계 간의 화해를 위한 여행이다. 작가는 "사람이 그리울 때"나 "사람에게서 상처를 입었을 때에도" 우체국엘 간다. 여기서 말하는 "사람"이라는 기표에는 사람뿐만 아니라 '진정성'이 있는 모든 것에 대한 기대와 소외가 있다. 우체국은 상흔을 치유하는 장소이기도 한 것이다.

이처럼 작가는 수필이라는 우편행랑을 통해 우체국의 새로운 의미를 전한다. 일상적 장소로서의 우체국이 작가의 섬세한 시선에 의해 토포필리아(場所愛, Topophilia)로 거듭남으로써 새롭게 정체성과 아우라를 부여받는 것이다. 이-푸 투안은 '인간존재가 모든 물리적 환경과 구체적 경험에 의해 특별하게 맺는 정서적 유대'를 토포필리아로 설명했다. 무의미한 일상공간이 이와 같은 개성적 의미화에 의해 문학성을 획득하는 것이다.

「손 잡고」에서 '손'은 신체의 일부이면서 관계를 형상화하는 기표로 자리한다. 이 글에서 '손'을 '잡다'와 '놓다'는 단순한 신체접촉의 의미를 넘어선다. 두 행위 간에는 충만과 상실, 채움과 비움이 있어 상징적 괴리가 크다. 어릴수록 아이의 손은 어머니의 손 안에서 충만하지만 커갈수록 그 손을 벗어난다. 더구나 결혼한 아들의 손은 며느리의 몫으로 남겨주어야 한다. 그러다가 늙고 병든 어머니는 이제 성장한 자식의 손에 의지해야 한다. 충만감과 상실감의 교차다.

작가는 이러한 인생순환의 법칙을 '손'이라는 기표를 통해 재치있게 풀어간다. "좌청룡 우백호"가 시어머니의 당당함을 나타내더니 어느새 '아들과 며느리가 잡은 손'이 슬며시 상실감을 전한다.

결혼을 앞둔 아들을 둔 어머니라면 한 번쯤 겪었을만한 일을 글감으로 택하고, 자신과 타인의 구체적인 에피소드를 통해 보편적인 정서를 끌어냄으로써 '나도 그랬는데……'라고 맞장구를 치게 만든다. 그 어조는 담담하되 기의는 깊다. "허공도 놓아주고 어머니의 무게도 놓아버린 손이, 천근만근"이라는 결구가 전하는 공허의 무게가 백미다.

「11월은 빈 몸으로 서다」에서 '저녁 빛-11월-작가'는 '빈 몸'이라는 키워드 안에서 동체가 된다. 저녁 빛은 낮과 밤의 경계에서 한낮의 열기를 식혀 밤의 적막으로 안내하고, 11월은 가을과 겨울의 경계에서 두 계절을 이어준다. 이처럼 비움과 채움이 공존하는 경계의 시간들을 작가는 '화해와 수용'으로 인식한다. 그리하여 어느 한쪽의 욕망에 침잠하지 않는 절제와 체념으로써 평안과 충일을 추구한다. 11월의 첫눈을 간절히 기다리지만, 그것을 볼 수 없다 해도 "그 색채의 빈곤함마저도" 사랑한다는, 작가가 보여주는 체념은 좌절이나 절망의 기표가 아니라 자신의 삶을 충만하게 하고 타자화된 세계와 동거를 하기 위한 자기극복의 한 방식이다. 궁극적으로 얻는 것은 자기 안의 자유다. '포기(체념)는 단순함의 지칠 줄 모르는 힘을 주고, 이것은 인간이 시원(始原)으로부터 지닌 자성(自性)을 회복하는 고향 길과 같다'는 하이데거의 견해를 상기할 만하다.

이 글은 주로 두괄식을 사용하여 주제를 비교적 명료하게 전달한다. 일정한 서사의 뼈대 없이 정서적 체험만으로 이만큼 글을 끌어가는 일이 쉽지 않음에도 '11월'이라는 서정적 제재를 깊이 있게 사유하여 맛깔스럽게 표현함으로써 초겨울 창가를 내다보게 한다.

이혜연은 극단적인 이분법을 지양하고 체념을 통한 순응과 화해의 미학을 보여준다. 많은 소재 중에서 그가 즐겨 택하는 제재들은 낯설지 않다. 보편적인 소재에서 개별적 제재와 정서를 끌어내고, 이를 다시 보편적 공감대로 환원하는 일이 어려움에도 이미 그러한 경지에서 큰 성취를 이루고 있다. 여기에 안주하지 않고, 보다 더 참신한 제재나 사회비판적인 제재 등으로 눈길을 돌려 예리한 통찰력과 특유의 서정성을 가미한다면 이혜연의 문학지도를 따라 상상여행을 하는 독자들에게 더욱 폭넓은 지평을 보여줄 수 있을 것이다.

— 선정위원 | 민명자

나의 질항아리

자두꽃 필 무렵

성(城)

나의 질항아리에 빗금을 하나씩 긋는 연습을 한다

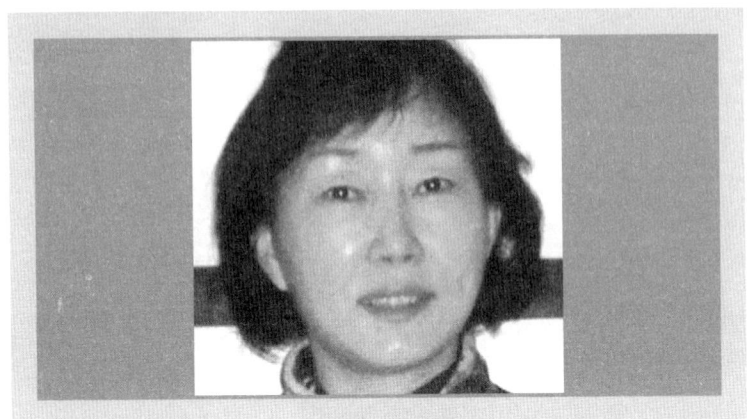

## 전용희

**창작 노트** _ 나의 수필은 화가가 꿈이었던 축구선수가 열을 올리는 축구이야기라든지 수녀가 되고 싶었던 할머니가 풀어놓는 손자이야기처럼 어딘가 조금 허전하고 평범한 내 삶의 기록이다.

**약력** _ 강원도 원주 출생. 2003년 『수필과비평』, 2006년 『계간수필』로 등단.
e-mail:benedicta1@hanmail.net

2 0 1 1 젊은수필

## 나의 질항아리

　모처럼 시간을 내서 용산 국립박물관에 갔다. 동선을 따라 먼저 들어간 곳이 선사시대 전시관이었다. 나는 전시관 입구 안쪽에 세워진 그림 앞에서 걸음을 멈췄다. 엉킨 철사 타래 같은 머리카락과 거칫하고 두터운 피부를 가진 사람들이 맨발로 둥글게 모여서 있는 그림이었다. 나는 마른 풀로 아랫도리만 가린, 무심한 표정인 그들을 바라보다가 사냥도구가 진열된 곳으로 갔다.
　돌을 깨뜨려 만든 것인지, 들이나 산에서 그런 돌을 고른 것인지, 뭉툭한 느낌이 드는 돌칼과 주먹도끼 등을 내려다보면서 나는 조금 전에 지나온 그림을 자연스럽게 떠올렸다. 그 순간 내 눈앞에는 돌칼과 주먹도끼를 움켜쥐고 짐승을 쫓아 달리는 선사시대 사람들의 모습이 그래픽 화면처럼 지나갔다. 저 사람들은 무슨 생각을 하며 살았을까. 허기가 가시고 나면 무얼 했을까. 먹고 배설하고 후손을 퍼뜨리는, 그런 본능적인 일들이 삶의 대부분을 차지했던 것은 아닐까? 나는 잔상으로 남아 있는 선사시대 사람들의 모습을 털어내며 토기가 진열된 쪽으로 몸을 돌렸다. 그쪽에서 만난 것은 좌우 대칭이 맞지 않는, 기술이나 기교의 흔적이 보이지 않는 소박한 모습의 토기들이었다.

그 토기들을 보면서 나는 단번에 알아차렸다. 선사시대 사람들에게도 본능의 충족이란 우리처럼 삶의 한 부분에 지나지 않았다는 사실을 말이다. 도구를 사용하기 시작한, 문명의 시원(始原)에 해당하는 시기에 그 사람들은 마음의 물레를 돌려 질박한 모습의 토기들을 만들었던 것을 보게 되어서였다. 그중에 빗살무늬토기 앞에 섰을 때는 나도 모르게 얼굴이 붉어졌다. 그 동안 나는 현대의 문명이 많은 문제를 안고 있음에도 지난 시절의 그것보다는 우월하지 않을까 하는 생각을 은연중에 가지고 있었던 것 같았다. 그래서 조금은 오만한 시선으로 선사시대 사람들을 바라보았던 게 아닐까. 그런 생각을 하며 나는 다시 빗살무늬토기를 내려다보았다.

마른 땅 위에 세심하게 비질을 한 듯 촘촘하게 쳐 있는 빗금, 그 빗금들 위에 새의 발자국이 그려져 있다……. 그려져 있다고 해도 될까. 나는 잠시 망설인다. 새 발자국을 보았을 때의 전율이 다시금 나를 훑고 있기 때문이었다. 빗살무늬토기를 처음 보았던 그때처럼 새가 방금 토기 위를 사뿐히 날아오른 듯한 느낌도 전해져왔다. 가녀린 날개의 떨림을, 미세하게 흔들리는 공기의 파장도 느낄 수 있었다.

토기 위에 빗금을 긋고 그 위에 새의 발자국을 새긴 사람. 그, 혹은 그녀가 보고 느낀 것은 무엇일까. 황홀하게 이우는 노을과, 노을 진 허공을 나는 아름다운 새의 모습이었을까. 끝없이 날개를 퍼덕이며 먹이를 찾아 헤매는 새의 지난한 일상이었나. 언제인가 자신의 손안에 들었던 새의 따뜻한 체온이었을까. 팔딱팔딱 뛰는 심장의 고동은 혹 아니었을까? 차디차게 식은 주검이었을 수도 있다. 살아 있는 모든 존재의 몸짓과 운명이었는지도 모른다. 그러한 것들을 그 또는 그녀는 새의 발자국에 새겨서 아주 먼 먼 미래를 향해 띄웠는지도 모를 일이다.

나는 박물관에 다녀온 그날부터 나의 질항아리에 빗금을 하나씩 긋는 연습을 한다. 어느 날은 기쁨의 줄을 긋고 어느 날은 슬픔의 줄을 그었다. 또 다른 날은 희망의 줄이 그 위에 그어졌다. 교만의 줄이 그어진 날도 있었다. 허영의 줄이 그어진 날인들 없었을까. 마음에 들지 않는 줄을 슬쩍 지우려다가 그만둔 날도 있었다. 그것 또한 내 모습이기에.

그 모든 나의 빗금들 위에 내 영혼의 발자국 하나 선명하게 찍히는 날이 있었으면 좋겠다. 비록 나의 눈에만 보이는 자국일 망정. ✯

## 자두꽃 필 무렵

    활처럼 휘고 덩굴처럼 꼬부라진 산길을 오를 때마다 먼지가 보얀 시골 버스는 해소를 앓는 늙은이처럼 그르렁거렸다. 아버지와 내가 그 버스에서 내린 곳은 강원도 이느 작은 장터 앞이었다. 장터 입구에는 산나물과 약초가 여름 한낮의 뙤약볕에 늘어져 누웠고, 장터 안쪽에서 새끼줄에 매인 염소가 발부리로 흙을 차내며 목줄을 풀려고 몸부림치고 있었다. 처음 보는 낯선 풍경에 서먹해 하는 내게 아버지는, 전에도 와보셨던 듯 개울 너머의 산을 손짓해 보였다.
    그 산은 초등학생인 내가 오르기엔 현기증이 날만큼 높고 험해 보였다. 산이 깊어서 힘들겠지만 여름방학 동안 여행 삼아 오빠 선생님한테 같이 가자던 아버지의 말씀을 쫓아 따라온 것이 은근히 후회되기 시작했다. 하지만 산속은 안으로 들어갈수록, 온통 불볕더위에 휘감겨버린 산 아래 마을과는 사뭇 달랐다. 하늘에 닿을 듯한 나무들이 뿜어내는 맑고 청량한 기운과 그늘 때문인지 별개의 세상인 양 여겨졌다. 화전민들이 한 집 두 집 들어와 사는 그 산을 반쯤 올라가고 나서야 조그만 분교가 보이기 시작했다.

"근데, 왜 아저씨 선생님은 이 산속에서 살아?"

"아저씨가 아니고 오빠라고 해라."

아버지는 내 물음에 그렇게 답했다. 아버지는 차에서도 몇 번이나 그 사람을 오빠라고 부르라고 했지만 나보다 스물 살도 더 넘게 나이가 많은 선생님을 오빠라고 부를 수 없다고 나는 아저씨 선생님이라고 고집을 부렸다.

우리를 발견하고 손에 들고 있던 삽을 내려놓고 달려나온 아저씨 선생님은 아버지와 얼굴을 마주하지 못한 채 나를 번쩍 안아 올리며 반가워했다. 그는 방학 때면 한 번씩 우리 집을 찾아왔다. 그가 온 날 아버지가 있는 큰방에서는 그의 울먹이는 듯한 음성이 나지막이 들려왔다. 그가 학교로 돌아가고 나면 아버지는 지병이라도 도진 양 시름시름 앓았다.

그날도 나는 일찌감치 불을 끄고 창가에 서서 밤하늘의 별을 쳐다보고 있었다. 그때 마루 건너 큰방에서 아버지의 목소리가 들려왔다. 언젠가도 잠결에 얼핏 들은 것 같은, 북쪽에 남기고 온 아버지의 가족과 자두꽃이 흐드러지게 피어난다는 고향의 이야기였다. 아버지는 어머니에게 북녘 땅의 가족을 못 잊어 하며 남쪽에서 겉도는 아저씨 선생님에 대한 이야기도 하시는 것 같았다. 나는 그 말의 행간에서 북녘의 고향에 남겨두고 왔다는, 그 또래의 오빠를 그리워하는 아버지의 마음을 읽을 수 있었다.

학생 수가 채 열 명이 되지 않는다는 분교는 여름장마로 한쪽이 기울어져 있었다. 다음날, 아침식사를 마치자마자 아버지와 아저씨 선생님은 기울어진 교사(校舍)를 고치고, 쓰러져 누운 나무를 일으켜 세우고 운동장까지 밀려온 돌들을 치웠다. 나도 같이 조그만 돌들을 나르다가 지루해지면 자두나무 아래에서 땅에다 그림을 그렸다가 지우고, 글씨를 썼다가 지우면서 혼자 놀았다. 그러면 그는 일하다 말고 자두나무 아래로 걸어왔다. 자두를 따서 내 손에 쥐어 주고 내 머리를 쓰다듬었다.

산속 마을은 산그늘이 어둠과 함께 내려왔고, 별들이 보석처럼 반짝였다. 평상에 아버지와 누워 그 찬란한 밤하늘을 바라보며 별똥별이 떨어지기를 기다리다가 깜빡 잠이 들었는데, 눈을 뜨니 별빛 아래 홀로 앉아 있는 그의 뒷모습이 눈에 들어왔다. 자두를 따줄 때의 그의 따스한 눈빛과 쓸쓸한 실루엣의 주인공이 같은 사람인 것 같지 않았다. 그때 나는 슬픔이 무엇인지 알지 못하는 어린 계집아이였지만 슬픔은 산처럼 사람의 마음에 그늘을 드리우는 것이라는 걸 어렴풋이 느낄 수 있었다.

그는 늦은 결혼을 할 때까지도 산속의 분교로만 다녔다. 나중에 아버지에게 들은 말로는 스스로 분교만을 자원했다고 한다. 무엇이 한창 나이의 젊은 남자를 산속 마을에 머물게 했는지, 그때 그를 붙들고 놓아주지 않는 것은 무엇이었는지 지금도 나는 알지 못한다. 어쩌면 그 높은 산들을 몇 개나 넘어야 나온다는 고향을 지울 수가 없어서 그렇게 머물렀던 것은 아니었을까. 다만 짐작할 뿐이다.

아버지는 어린 나를 남겨두고 고향땅도 밟아보지도, 애타게 기다리던 고향 소식도 듣지 못한 채 그를 눈으로 찾는 듯 하다가, 유언도 없이 이런 말씀을 중얼거리다 눈을 감았다.

"슬퍼하지 말 거라. 지금 나는 고향집으로 돌아가고 있단다."

어머니와 나는 북녘 땅이 보이는 곳에 아버지를 모셨다. 아버지를 잃은 슬픔 속에는 아버지가 우리를 버리고 고향으로 돌아갔다는 소외감도 들어 있었다. 그 뒤로 어머니와 나는 여러 번 이사를 다녔다. 아저씨 선생님은 늦은 결혼 이후로는 산 아래 마을의 학교로 옮겼다는 이야기를 들었을 뿐, 더는 만나본 적도 소식이 오간 적도 없었다.

아버지와 그는 서로의 모습에서 남겨두고 온 가족의 모습을 찾았던 것 같다. 어쩌면 그는 나를 통해 북쪽에 있을 누이동생에게 자두를 따 주었는지도 모른다. 마주치고 엇갈리고 다시 마주치는 시선들 사이엔 만나고 싶어도 만날 수 없고, 보고 싶어도 볼 수 없는, 잊으려 해도 잊히지 않는 얼굴들이 수없이 겹쳐졌으리라.

나는 자두꽃이 필 무렵이면, 자두꽃이 흐드러지게 피어난다는 아버지 고향을 생각한다. 그리고 자두를 따서 내 손에 쥐어 주던, 아버지 가슴에 멍에처럼 얹혀 있던 그 사람도.

# 성(城)

　강과 모래밭을 건넌 전동차가 동작역사 안으로 들어가자 창밖으로 향한 시선을 거두고 눈을 감았다. 전동차 문이 열리는 소리와 사람들의 발소리 사이로 들고나는 바람의 기척이 느껴졌다. 모래의 입자가 묻어난 듯 눅눅하고 사뿟한 바람이었다. 강에서 불어와 강으로 돌아가는 바람. 내가 쌓았던 모래성들과 강물 위로 띄워 보낸 종이배가 그 바람결에 밀려왔다.
　어린 시절 친구들과 강가에서 놀다보면 어느새 모래 위에 붉은 빛이 스며들었다. 그러면 친구들과 나는 손에 묻은 모래를 툭툭 털고 강 쪽을 향해 나란히 앉았다. 홀릴 만큼 황홀한 강물 위에는 알 수 없는 미지의 시간들이 물결을 따라 흘렀다. 그 시각쯤이면 근처 공장에서 나온 남녀가 어울려 강줄기를 따라 걷는 모습이 눈에 뜨였다. 강가를 같이 걷는 젊은 남녀들의 표정은 밝고 행복해 보였다. 남녀가 함께 걷는 것도 곱지 않은 시선을 보내는 시절이었지만 나는 그들에게서 불순한 분위기를 느낀 적은 한 번도 없었다. 오히려 그들이 남기고 간 나른한 피로감이 강바람을 타고 멀리 날아가는 것 같아 보기 좋았다.

  친언니처럼 여기고 따르던 옆집의 순미언니는 사거리에 있는 은행에 다니고 있었다. 나는 순미언니에게 강변에 같이 가자고 몇 번이나 졸랐다. 그때마다 언니는 옆방에 있는 언니의 부모님 귀에라도 들릴까봐 입술에 손가락을 가져다 댔다. 그러던 어느 날 나는 강가에서 순미언니를 보았다. 언니는 키가 큰 청년과 모래밭을 걷고 있었다. 나를 발견하자 언니는 쑥스러운 듯 고개를 숙이더니 빠른 걸음으로 내 옆을 지나갔다. 나는 눈길 둘 곳을 찾다가 애써 쌓아놓은 모래성만 무너뜨렸다.

  언니 방의 창문과 내 방의 창문은 담 하나를 사이에 두고 마주 보고 있었다. 강가에서 만난 이후로 언니는 창가에서 나와 눈길이 마주쳐도 전처럼 내게 손짓을 하지 않았다. 내가 반갑게 손을 흔들면 미소 짓는 것이 고작이었다. 언제부터였을까, 밤이 이슥해도 언니의 방은 불이 켜지지 않는 날이 드문드문 생겨났다. 그러다가 언니의 방은 깊은 어둠 속으로 가라앉아버렸다.

  나는 불빛 한 줌 새어나오지 않는 언니 방의 창문을 바라보며 창문 옆에 걸린 그림을 떠올려보곤 했다. 그 그림에는 아침안개에 혼곤히 젖은 숲에 둘러싸인 채 파란 하늘 아래 우뚝 선 성이 한 채 그려져 있었다. 성의 벽면은 크고 작은 돌들로 쌓여 있었다. 오랜 시간 습기와 이끼에 침식당한 듯 어두운 빛깔의 돌과 비와 바람과 흙먼지에 부대끼어 색이 바래버린 돌, 귀퉁이가 깨어져 나간 돌, 그리고 사금파리처럼 빛나는 돌이 서로 기대고 고여주는 성채는 견고하고 아름다웠다. 나는 순미언니도, 그 성도 간절하게 보고 싶었다.

"저렇게 아름다운 성 안에서 공주처럼 살고 싶어" 하며 웃던 언니 모습을 기억해 냈던 날, 나는 그 성에 사는 꿈을 꾸었다. 잠에서 깨어난 뒤에도 성탑에 걸린 깃발이 바람에 펄럭거리는 소리가 내 귀에 들리는 듯했다.

그러던 어느 날 밤이었다. 창문을 닫는데 가느다랗게 아기울음 소리가 들려왔다. 나는 창문 밖으로 고개를 내밀고 아기울음 소리가 나는 쪽을 바라보았다. 갓난아기를 업은 젊은 여자가 순미언니 집의 담장에 기대어 서 있었다. 손등으로 눈물을 훔치고 어둠 속에 있던 그 여자의 옆모습이 순미언니와 닮았다고 느끼는 순간 나는 황급히 밖으로 뛰어나갔다. 그러나 담장 곁에는 아무도 남아 있지 않았다.

나는 그날, 그리고 그 다음날, 그 뒤로도 많은 날을 담장에 기대어 눈물을 훔치던 아기엄마가 그림 속 성의 주인으로 우뚝 설 수 있기를 기원했다. 그리고 조금씩, 조금씩 깨달아갔다. 순미언니는 내가 걱정하지 않아도 이미 자신의 성을 아름답고 견고하게 쌓지 않았을까?

순미언니의 집이 있던 자리에 새로 이층집이 들어섰다. 언니 방 창문이 있던 자리는 밋밋한 벽이 되었고 그 집 이층에 커다란 창이 생겼다. 이층 창가에서 내 또래의 아이가 가끔 내 창을 내려다보았다. 그 아이와 눈이 마주칠 때마다 나는 고개를 돌렸다.

그 뒤로 오래지 않아서 우리 집은 강 건너 마을로 이사했다. 나는 이사하기 전날, 종이배를 접어 강물 위에 띄웠다. 종이배는 방향을 잡으려는 듯 잠시 기우뚱거리다 어디론가 흘러갔다.

는 그들에게서 불순한 분위기를 느낀 적은 한 번도 없었다. 오히려 그들이 남기고 간 나른한 피로감이 강바람을 타고 멀리 날아가는 것 같아 보기 좋았다.

친언니처럼 여기고 따르던 옆집의 순미언니는 사거리에 있는 은행에 다니고 있었다. 나는 순미언니에게 강변에 같이 가자고 몇 번이나 졸랐다. 그때마다 언니는 옆방에 있는 언니의 부모님 귀에라도 들릴까봐 입술에 손가락을 가져다 댔다. 그러던 어느 날 나는 강가에서 순미언니를 보았다. 언니는 키가 큰 청년과 모래밭을 걷고 있었다. 나를 발견하자 언니는 쑥스러운 듯 고개를 숙이더니 빠른 걸음으로 내 옆을 지나갔다. 나는 눈길 둘 곳을 찾다가 애써 쌓아놓은 모래성만 무너뜨렸다.

언니 방의 창문과 내 방의 창문은 담 하나를 사이에 두고 마주 보고 있었다. 강가에서 만난 이후로 언니는 창가에서 나와 눈길이 마주쳐도 전처럼 내게 손짓을 하지 않았다. 내가 반갑게 손을 흔들면 미소 짓는 것이 고작이었다. 언제부터였을까, 밤이 이슥해도 언니의 방은 불이 켜지지 않는 날이 드문드문 생겨났다. 그러다가 언니의 방은 깊은 어둠 속으로 가라앉아버렸다.

나는 불빛 한 줌 새어나오지 않는 언니 방의 창문을 바라보며 창문 옆에 걸린 그림을 떠올려보곤 했다. 그 그림에는 아침안개에 혼곤히 젖은 숲에 둘러싸인 채 파란 하늘 아래 우뚝 선 성이 한 채 그려져 있었다. 성의 벽면은 크고 작은 돌들로 쌓여 있었다. 오랜 시간 습기와 이끼에 침식당한 듯 어두운 빛깔의 돌과 비와 바람과 흙먼지에 부대끼어 색이 바래버린 돌, 귀퉁이가 깨어져 나간 돌, 그리고 사금파리처럼 빛나는 돌이 서로 기대고 고여주는 성채는 견고하고 아름다웠다. 나는 순미언니도, 그 성도 간절하게 보고 싶었다.

"저렇게 아름다운 성 안에서 공주처럼 살고 싶어" 하며 웃던 언니 모습을 기억해 냈던 날, 나는 그 성에 사는 꿈을 꾸었다. 잠에서 깨어난 뒤에도 성탑에 걸린 깃발이 바람에 펄럭거리는 소리가 내 귀에 들리는 듯했다.

그러던 어느 날 밤이었다. 창문을 닫는데 가느다랗게 아기울음 소리가 들려왔다. 나는 창문 밖으로 고개를 내밀고 아기울음 소리가 나는 쪽을 바라보았다. 갓난아기를 업은 젊은 여자가 순미언니 집의 담장에 기대어 서 있었다. 손등으로 눈물을 훔치고 어둠 속에 서 있던 그 여자의 옆모습이 순미언니와 닮았다고 느끼는 순간 나는 황급히 밖으로 뛰어나갔다. 그러나 담장 곁에는 아무도 남아 있지 않았다.

나는 그날, 그리고 그 다음날, 그 뒤로도 많은 날을 담장에 기대어 눈물을 훔치던 아기엄마가 그림 속 성의 주인으로 우뚝 설 수 있기를 기원했다. 그리고 조금씩, 조금씩 깨달아갔다. 순미언니는 내가 걱정하지 않아도 이미 자신의 성을 아름답고 견고하게 쌓지 않았을까?

순미언니의 집이 있던 자리에 새로 이층집이 들어섰다. 언니 방 창문이 있던 자리는 밋밋한 벽이 되었고 그 집 이층에 커다란 창이 생겼다. 이층 창가에서 내 또래의 아이가 가끔 내 창을 내려다보았다. 그 아이와 눈이 마주칠 때마다 나는 고개를 돌렸다.

그 뒤로 오래지 않아서 우리 집은 강 건너 마을로 이사했다. 나는 이사하기 전날, 종이배를 접어 강물 위에 띄웠다. 종이배는 방향을 잡으려는 듯 잠시 기우뚱거리다 어디론가 흘러갔다.

나는 순미언니 방에 걸려 있던 그림 속의 성을 떠올려 보곤 한다. 그림 속의 성은 내가 보았던 그 어느 성보다 멋지고 아름답다. 전동차에서 내려 2호선으로 갈아타는 곳임을 알리는 화살표를 따라 걸을 때에도 나는 이사하기 전날 강물에 띄워 보낸 종이배의 행방이 문득 궁금했다. 내 성을 벗어나고 싶어 강물에 띄운 종이배, 그 배는 지금 어디쯤을 흐르고 있을까? 그림 속의 성처럼 멋지고 아름다운 성에 당도했을까. 아니면 모래성을 맴돌고 있을까.

| 작품 평설 | 허혜정 선정위원 「교환할 수 없는 꿈」 (합평 361페이지)

동생을 업고

돼지고기 반 근

못

먼 산을 보면, 산이 산을 업고 있는 것처럼 보인다

## 정성화

**창작 노트** _ 인생이란 '자동점멸등'과도 같은 것. 기다렸다는 듯 반짝 불이 들어왔다가도 몇 발자국 옮기는 사이에 이내 불빛이 사라지고 만다. 그러나 다행이다. 그 한정된 시간에 가장 인간적인 문학, 수필을 만났으니. 수필은 나에게 따뜻한 등을 내주었다.

**약력** _ 경북대학교 사범대학 영어교육학과 졸업. 2000년 『에세이문학』으로 등단. 2003년 『부산일보』 신춘문예 수필 「풍로초」 당선. 2006년 제24회 현대수필문학상 수상. 2005년 수필집 『소금쟁이 연가』. 중학교 1학년 국어교과서에 수필 「동생을 업고」가 수록(대교출판사). 부산문인협회, 에세이문학회 회원.
e-mail:jsh9517@hanmail.net

2011 젊은 수필

# 동생을 업고

박수근의 그림 '아기 보는 소녀'를 보고 있다. 이마를 일직선으로 가로지른 단발머리에다 까맣게 그을린 얼굴의 소녀는 동생을 업은 채 해맑게 웃고 있다. 코가 둥그스름한 까만 고무신이 소녀가 입고 있는 무명치마와 어우러져 더욱 소박한 모습이다. 소녀는 어린 시절의 내 모습이기도 하다.

어머니는 내가 학교에 들어가기 전부터 동생을 연이어 낳아주셨다. 내가 초등학교를 졸업할 즈음, 나의 동생은 넷으로 불어났다. 동생이 자꾸 생긴다는 것은

한창 놀고 싶어 하는 내 또래의 아이들에게 그리 신나는 일이 아니다. 밖에 나가 놀 수 있는 자유가 이분의 일에서 사분의 일로, 다시 팔분의 일로 줄어든다는 의미이다.

우리 집은 아기를 길러내는 협동조합이었다. 언니는 어머니와 함께 기저귀 빨래를 했으며, 나는 아기가 목을 가눌 수 있을 때부터 아기를 업어 재우는 일을, 바로 밑의 동생은 기저귀를 개는 일이나 방 청소를 도왔다. 아기도 어른처럼 가만히 누워서 이 생각 저 생각에 잠겨 있다가 조용히 잠이 든다면 얼마나 좋을까 싶었다. 꼭 등에 업혀서 바깥나들이를 저 하고 싶은 만큼 한 다음에야 동생은 잠이 들었다.

업힌 자세를 투시도로 그리면 거의 앉은 자세에 가깝다. 그런데도 동생이 방바닥에 눕기보다 굳이 등에 업히기를 좋아하는 이유는 뭘까? 어른이 되면 아무리 잠이 온다해도 눕지 못하고 앉은 채로 선잠을 자야 할 때가 많다는 사실을, 아기가 미리 알고서 일찌감치 연습을 해 두려는 것은 아닐 텐데 말이다. 등에는 방바닥과는 다른 무언가가 있음을 아기도 본능적으로 느끼는 모양이다. 등 너머로 전해져오는 숨결과 체온에서, 어머니의 배 속에 있을 때의 편안함을 다시 느껴 보려는 것은 아닐까?

동생을 업고 집을 나서면 갈 데가 별로 없었다. 동생의 잠을 탁발(托鉢)하러 나서는 그 일이 나에게는 꽤 힘들게 느껴졌다. 집 주위를 빙빙 돌다가 골목에 피어 있는 분꽃의 개수를 헤아려보기도 하고, 옆집 옥상에 널린 빨래가 몇 개인지 세어 볼 때도 있었다. 이따금 들려오는 엿장수의 가위질 소리가 우리 집 골목의 정적을 더욱 깊게 하고 있었다.

좀 너른 공터로 나오면 친구들이 모여서 놀고 있었다.

"이 강산 침노하는 왜적의 무리를, 거북선 앞세우고 무찌르시니……."

노래를 부르며 나풀나풀 고무줄을 넘거나, 바닥에 석필(石筆)로 하얀 금을 그어 놓고 사방차기를 하고 있었으며, 때로는 시원한 그늘에 모여 앉아 공기놀이나 소꿉놀이를 하기도 했다. 그럴 때는 동생을 재우는 것보다, 뛰어놀고 싶은 내 마음을 재우는 것이 더 힘들었다. 내게 있어 '자유'란 등에 아무것도 업지 않은 홀가분함을 의미했고, 그 때 만큼 자유가 부럽고 빛나 보인 적도 없었다.

친구들이 어울려 노는 모습을 물끄러미 쳐다보고 있으면, 등에 업힌 동생이 이내 포대기 속에서 몸을 뒤틀었다. 한자리에 오래 서 있다는 것을 눈치챈 것이다. 언젠가 고무줄놀이를 무척 하고 싶어서, 옆에 있던 빈 사과 상자에다 어린 동생을 담아놓고 아이들이랑 고무줄놀이를 했다가, 누군가 어머니에게 일러 주는 바람에 단단히 혼이 난 적도 있다.

동생을 업어 재우는 것 못지않게 잠든 동생을 내려놓는 것도 힘들었다. 잠이 깊게 들었다 싶어서 집에 돌아와 동생을 방바닥에 살포시 내려놓는 순간, "으앙!" 하고 울음을 터뜨리며 다시 깨는 수가 많았기 때문이다. 애프터서비스는 전자제품에만 있는 게 아니다. 나는 다시 동생을 업고 밖으로 나와야 했다. 그때, 지나가던 이웃집 아주머니가 "아이고, 덩치도 작은 게 제 동생을 잘도 업어주네." 라고 한 말에 공연히 서러움이 북받쳐와 나도 모르게 눈물이 핑 돌았던 기억도 있다.

먼 산을 보면, 산이 산을 업고 있는 것처럼 보인다. 산의 등 뒤에

정성화 277

납작이 엎드린 산은 설핏 잠이 들었는지 아슴푸레 보인다. 산등성이가 아름다워 보이는 것도 그 때문이 아닌가 싶다. 그림 속 아기 보는 소녀의 어깨선 또한 부드러운 산의 능선을 닮은 듯하다. 그래서인지 소녀는 모든 생명체를 넉넉히 품어내는 산의 마음을 가지고 있을 것 같은 느낌을 준다.

동생을 업고 있으면 동생의 살 냄새, 새근거리는 숨소리, 꼼지락거림, 그리고 통통한 두 다리의 감촉 등 그 모든 것이 나의 등에 그대로 전해져 왔다. 등에 느껴지는 체온이 여느 날 같지 않다거나 심하게 보챈다 싶으면, 대개 그 뒷날 병원에 데려갈 일이 생겼다. 바로 밑의 동생을 빼고는 다들 내 등 뒤에서 옹알이를 했고, 내 등에 오줌을 싸기도 했으며, 잠투정을 하느라고 내 뒷머리를 쥐어뜯으면서 손아귀의 힘이 세어져 갔다. 막냇동생이 저 혼자 잘 걷게 되어 더 이상 업히지 않으려고 내 등을 밀쳐내었을 때, 나는 웬일인지 해방의 기쁨보다는 서운한 마음이 먼저 들었다.

동생을 업었을 때의 느낌은 나의 등에 그대로 내장(內藏)되어 있었던 모양이다. 내 아이를 낳아 처음으로 등에 업었을 때, 그 느낌은 한결 증폭되어서 내게 되돌아왔다. 아이의 숨과 나의 숨이 포개지면서 살과 살이 함께 호흡하는 느낌이 들었다. 그래서 나는 어딜 가든지 아이를 업고 다녔다.

서양에는 우리와는 달리 업고 업히는 문화가 없다고 한다. 그래서인지 외국의 전쟁 영화를 보면, 부상자라 해도 업어 나르는 게 아니라 들것에 싣든가 아니면 겨드랑이를 부축하여 질질 끌고 가는 수가 많다. 업는다는 것은 한 생명체의 무게를 고스란히 내가 감당하겠다는 의미이며, 한 사람의 걸음으로 둘이 나아가겠다는 뜻이다. 부모가 아이를 업어주고, 형이 아우를 업어주고, 다 큰 자식이 노모(老母)를 업는 풍습은 우리 문화에 있어 하나의 아름다운 결을 이루고 있다는 생각이 든다.

아이들의 날개에 이젠 제법 힘이 올라 나의 등을 찾지 않게 되면서, 나는 자꾸만 등 언저리가 허전해져 왔다. 그때 누군가 내게 문학을 공부해 보라고 권했다. 봄바람처럼 부드럽게 감겨오는 지금의 자유를 굳이 마다할 이유가 있겠느냐고 가슴이 속삭였을 때, 뒤쪽의 등은 애써 담담한 표정을 짓고 있는 듯했다. 문학이란 등짐을 질 때는 스스로 그만한 무게를 감당할 수 있어야 한다고 등은 내게 말하고 싶었을 것이다.

나는 오늘도 글 한 편을 업고 대열에 끼여서 가고 있다. 지금 업고 있는 이 글을 푹 재울 수 있을지, 그리고 방바닥에 제대로 내려놓을 수 있을지 잔뜩 걱정을 하면서. ✱

## 돼지고기 반 근

대학교 입학시험에 떨어진 날 밤이었다. 어두운 얼굴로 나가신 아버지는 밤늦도록 돌아오지 않았다. 많은 발자국 소리가 우리 집 대문을 그냥 지나쳐버렸다. 소금이 물에 녹아내리듯 내 몸도 슬픔에 조금씩 녹아내려 이제 남은 것이라곤 아버지를 기다리는 두 귀뿐인 듯했다.

분명히 있으리라 생각했던 내 이름이 합격자 명단에 없었다. 눈이 먼저 보고 머리로 연락을 취한 그 순간, '아' 하는 소리도 나오지 않았다. 게시판에 한 발 더 가까이 다가갔다. 어디에도 내 이름은 없었다. 누군가 뒤에서 밀며 머리를 좀 치우라고 했다. 시험에 떨어진 사람의 머리는 뒤에서 봐도 눈에 영 거슬리는 모양이었다.

골목으로 접어든 모든 바람이 우리 집 대문을 흔들어댔다. 섣달 바람이 지루한 겨울밤을 보내는 한 가지 방법이려니 생각하자 다소 마음이 누그러졌다. 대문에 걸어둔 우편함도 덜컹대고 있었다. 자랑스러운 대학 합격 통지서를 담게 되리라는 제 예상이 빗나가서 제 딴에도 꽤 속이 상한 모양이었다. 이젠 낡아서 틈새가 벌어진 대문 두 짝이 계속 삐거덕대는 소리를 내고 있었다. 쇠로 된 문고리가 철판에 부딪히는 소리도 간간이 들려왔다. 내 속에서 나오는 소리 같기도 했다.

바람에 채이고 멱살을 잡히면서도 대문은 그대로 서 있었다. 맨 앞에 서서 고스란히 비바람을 맞고 있는 대문, 자신이 보듬고 있는 것들을 지키기 위해 끝없이 참고 있는 대문을 보면, 나는 늘 아버지가 연상되었다.

아버지의 발자국 소리는 두 가지였다. 술을 드시지 않았을 때는 군인 출신답게 무게가 느껴지고 규칙적인 소리인데 비해, 술을 드시고 오는 날의 발자국 소리는 구두 밑창이 바닥에 조금 끌리면서 장단이 좀처럼 맞지 않았다. 간간이 발자국 소리가 끊어지기도 했다. 아버지는 그 때 골목 중간쯤의 담벼락이나 전봇대를 붙잡고 밤하늘을 올려다보았을지도 모른다. 희망이라는 것들은 죄다 하늘로 올라가서 이제는 따오지도 못할 별이 되고 말았다고 푸념하면서.

밤이 깊어갈수록 내 귀는 더 밝아졌다. 옆에서 잠든 동생들은 내 낙방 사실을 잊었는지 편안한 숨소리를 내고 있었고, 안방에 계신 어머니도 아무 기척이 없었다. 차라리 고마운 일이었다. 그런데 아버지는 이 밤 어디에서 이 못난 딸의 아픔을 되새기고 계신지.

잠깐 잠이 들었던 모양이다. 철커덕, 대문 흔들리는 소리가 났다. 벌떡 일어나 달려 나갔다. 내복 바람의 어머니도 부스스한 머리칼을 손가락으로 훑어 내리며 마루로 나오셨다.

대문에 들어서는 아버지에게서 술 냄새가 확 풍겨왔다.

"아버지……."

"어이구, 이 가서나야."

아버지도 목이 메는 듯 목소리가 갈라져 있었다. 부축하는 나에게 아버지는 잠깐 있어 보라고 했다. 그리고 잠바 안주머니에 손을 넣어 뭔가 꺼내려고 애를 쓰셨다.

휘청거리는 아버지의 손끝에 겨우 딸려 나온 것은 신문지에 둘둘 말린 무엇이었다. 마루 끝에 서 있던 어머니가 그게 뭐냐고 물었다.

"돼지고기 반 근이다."

내게 그 뭉치를 건네주시며 아버지는 내 어깨를 한번 짚으셨다.

그 순간 속이 다 녹아내리는 것 같았다. 아버지 품속의 온기가 아직 남아있는 돼지고기 반 근을 손에 들고 나는 그대로 마당에 서 있었다. 너거 아버지는 돈이 없어서 너거들 소고기도 못 사 먹인다는 혼잣말을 하며, 아버지는 어머니의 팔을 잡고 힘겹게 마루를 오르셨.

바람 부는 거리에서 식육점 문을 두드리는 아버지, 지갑을 펴 보며 '돼지고기 한 근'에서 '반 근'으로 다시 고쳐 말하는 아버지, 집으로 돌아오는 길에 비틀거리면서도 간간이 안주머니께를 더듬어 보는 아버지의 모습이 떠올랐다.

마당에 서서 밤하늘을 올려다보았다. 그 때 나는 마음 속 활시위를 한껏 당겨 아버지를 위한 별 하나를 쏘아 올리고 싶다는 생각을 했다. 아버지의 낡은 구두를 비춰줄 별, 아버지가 올려다보면 어느새 어깨쯤까지 다정히 내려와 주는 별 하나를.

슬픔의 무게는 얼마나 되는 걸까. 그것은 고작 반 근의 무게밖에 되지 않는 것 같다. 신문지가 엉겨 붙은 돼지고기 반 근과 맞바꿀 수 있었던 그 날의 슬픔을 돌이켜보면.

아버지의 사랑은 한 손으로 들 수 없는 무게였다. 온전한 한 근이었기 때문이다. ✻

# 못

 이삿짐을 싸놓고 집을 둘러보았다. 살다가는 흔적이 여기저기에 남아있다. 액자를 떼어낸 곳의 벽은 당황스럽다는 듯이 창백해 보이고, 소파가 놓여있던 자리에는 네 발의 자국이 선명하다. 또 형광등에 붙여놓은 별 스티커는 아직 이사 소식을 모르는지 여전히 반짝거리고 있다.
 군데군데 먼지가 솜사탕처럼 뭉쳐 있다. 가볍게 공중을 날아다니는 것으로만 알았는데 어느새 먼지도 집을 짓고 있었다. 집이란 사람만 쉬는 곳이 아니라, 먼지 또한 조용히 내려앉아 쉬는 곳이었던가 보다.
 이 집에 이사를 왔을 때 비어 있는 벽은 왠지 무뚝뚝해 보였다. 그래서 환하게 웃는 우리 가족사진 액자와 추가 귀엽게 흔들리는 벽시계를 걸어주며 처음으로 말을 텄다. 또 다른 벽에는 풍경화 한 점을 걸어주었다. 그것은 벽에게 바깥세상의 정경을 보여주는 일이

정성화

었다. 그러자 벽은 잊었던 기억을 되살리는 듯한 표정을 지었다.

걸었던 것을 다 떼어낸 지금, 벽은 생기를 잃은 듯하다. 간간이 남은 못자국이 쓸쓸해 보인다. 어깨에 남은 우두자국 같다. 찢겨진 벽지와 떨어져 나간 시멘트 조각, 움푹 팬 구멍으로 인해, 못자국은 마치 옛날의 영화와 권세가 사라진 빈집처럼 느껴진다. 또 회복되지 않을 상실감과 보낸 것에 대한 회한(悔恨)을 품고 있는 듯이 보인다. 못자국이란 벽 속에 자리잡고 있는 그 집의 추억들이 조용히 숨을 고르고 있는 숨구멍 같은 것인지도 모르겠다.

어쩌면 나 역시도 신(神)이 이 세상에 박아놓은 못이 아닐까 하는 생각이 든다. 이 못에 신은 무엇을 걸어두고 싶었을까. 나는 지금 튼실한 못으로 살아가고 있는 걸까. 그러나 더 이상 걸어둘 게 없어진다면 신은 미련 없이 내 정수리에 장도리의 날을 들이대겠지. 그리고 가뿐히 뽑아내버리겠지. 이런 생각을 하는 순간 발바닥에 힘이 쥐인다. 내 발은 뽑히지 않으려고 안간힘을 쓰는 질경이 뿌리가 된다.

뽑는 자와 뽑히는 자의 경계선상에 신과 인간이, 장도리와 못이 있다. 그렇게 갈라지는 기준이라는 게 정말 '필요와 불필요'뿐일까 생각하니 이내 쓸쓸한 기분이 된다. 신은 내 목에 뭔가 걸어두고 싶었을 텐데, 나는 본분에 충실치 못하고 못의 형상을 이용해 다른 이의 가슴을 찌르고 다니기가 일쑤였다. 나의 가족뿐 아니라 친구, 친척, 시댁 식구 등 그 대상을 가리지 않았던 것 같다. 더 부끄러운 일은 나보다 더 힘들게 사는 이의 가슴팍까지도 찌르고 다녔다는 것이다.

개구즉착(開口卽錯)이라고 했던가. 입을 여는 순간에 어긋난다는 뜻이다. 내 입 안의 혀를 제대로 단속하지 못해 얼마나 많은 낭패를 겪었는지 모른다. 또 게릴라처럼 치고 빠지는 날카로운 말투 때문에 오해를 산 적도 많다. 내 혀가 또 하나의 못이었던 것이다.

나라고 해서 못에 찔리지 않은 것은 아니다. 결혼한 지 얼마 되지 않았을 때다. 방안에 둘러앉아 얘기를 나누던 시누이들이 갑자기 목소리를 낮추는 게 심상치 않았다. 시집을 오면서 그렇게 맨몸으로 오다니 얼굴도 참 두껍다고 했다. 부엌에서 일하고 있던 나를 두고 한 말이었다. 조금의 굴절도 없이 그 말은 수평으로 날아와 내 가슴에 단단히 박혀버렸다. 그때 박힌 못 때문에 나는 결혼한 지 이십 년이 넘도록 공밥을 먹고 있지 않으며, 그 못에다 책과 분필 지우개 보따리를 걸어두고 있다. 못이란 꼭꼭 다진 마음 보따리를 걸어두기에 딱 알맞은 곳이었다.

나는 우리 집 남자들에게, 남자란 모름지기 미스터 에너자이저(Mr. Energizer)가 되어야 한다고 못을 박는다. 오래 가는 힘 고통을 견디는 힘이 없으면 남자가 아니라고, 불을 밝힐 수 없는 건전지의 운명을 생각해 보라면서 한 번 더 장도리로 내려친다. 그러나 못을 내려치는 머리와 못을 빼내주는 날이 나란히 붙어 있는 장도리의 모양을 생각하면, 그들의 가슴에 쓸데없이 박혀 있는 못을 찾아내어 빼내는 일 또한 나의 몫인 듯하다.

무슨 얘기를 해도 다 받아주는 사람이 있다. 나만이 이런 아픔을 겪는구나, 이 일을 어찌 감당하랴 싶을 때 나는 그녀를 찾는다. 그런 아픔쯤은 아무 것도 아니라고 하며 이 세상에 견뎌내지 못할 고통이란 없는 거라고 그녀는 말한다. 아무리 진한 슬픔을 들이대어도 그녀는 내가 견딜 수 있는 슬픔으로 단번에 희석시켜버린다. 그리고 자신의 슬픔인양 받아들인다. 그녀의 그런 능력은 어디서 나오는 걸까. 그녀의 가슴에 나 있는 무수한 못자국들이 세월이 흐르는 동안 서서히 마멸(磨滅)되어 부드러운 스펀지로 변한 건 아닐까. 그래서 다른 이의 아픔이나 슬픔, 갈등까지도 단번에 받아들일 수 있는 게 아닐까. 그래서 그녀를 보면, 못 속에는 위기 극복 유전자나 고통 예방 백신 같은 게 분명 들어있을 것 같은 생각이 절로 든다.

사람을 힘들게도 하지만 강하게 하는 못, 나는 이제 더 이상 못을 두려워하지 않을 것이다. 못이 빠져 네 귀가 맞지 않는 상자가 되었을 때, 누구라도 서슴지 말고 내게 다가와 단단히 못질을 해주었으면 싶다.

내 스스로 나에게 쳐야 할 못은 어떤 것일까. 헐렁해진 못 하나가 손에 잡힌다.

| 작품 평설 |

# 내성적 통찰로서의 글쓰기

　수필 쓰기가 소설 쓰기보다 어렵다는 원로 소설가의 말씀이 떠오른다. 수필에서는 소설에서처럼 허구가 용납되지 않기 때문이다. 수필은 숨길 수 없는 작가 그 자신이다. 그래서 수필집 한 권을 읽으면 그 작가의 내밀한 부분까지도 알게 된다. 좋은 수필 쓰기가 어려운 이유도 바로 사람의 가치가 곧바로 작품의 가치로 환산되기 때문이다. 또 한 가지는 수필은 짧은 형식의 글이기 때문에 효과적 전달을 위한 글쓰기의 기교가 요구되고 있다는 사실이다.
　정성화의 문학은 깊이를 가늠하기 어려운 우물처럼 웅숭깊다. 사소한 '못' 하나에서조차 길어내는 삶에 대한 통찰도 그렇거니와 글 전편에 흐르는 해학과 기지는 그녀만의 글쓰기 방식으로서 작품 전체에 탄력을 보태고 있다. 여유가 아니고서는 기대하기 어려운 장난스러운 익살, 능청스러운 그의 유머 뒤에는 왠지 안쓰러운 작가의 뒷모습이 보인다.

「동생을 업고」
　덩치도 작은 게 제 동생을 업고 있는 단발머리 소녀는 이런 생각을 한다. '아기도 어른처럼 가만히 누워서 이 생각 저 생각에 잠겨 있다가 조용히 잠이 든다면 얼마나 좋을까?' 그러나 동생은 등에 업혀서 바깥나들이를 저 하고 싶은 만큼 한 다음에야 잠이 들었다. 동생을 재우는 것보다 뛰어놀고 싶은 내 마음을 재우는 것이 더 힘들었다며 동생을 누이려고 내려놓는 순간 으앙! '애프터서비스는 전자제품에만 있는 게 아니라는' 익살.

'등에 업힌 투시도를 그리면 거의 앉은 자세에 가깝다. 그런데도 동생이 방바닥에 눕기보다 굳이 등에 업히기를 좋아하는 이유는 뭘까? 어른이 되면 아무리 잠이 온다해도 눕지 못하고 앉은 채로 선잠을 자야 하는 때가 많다는 사실을 아기가 미리 알고서 일찌감치 연습을 해 두려는 것은 아닐 텐데 말이다'

일침(一針)의 블랙유머. 편안히 등에 업힌 아기에서 고통스러운 노인의 불면으로 이어진다. 잠깐 포물선을 그으며 지나가는 인생행로.

세월이 흘러 동생들이 업히지 않으려고 등을 밀쳐낼 때, 해방의 기쁨보다는 서운한 마음이 먼저 들었다는 작가는 그 시절을 회고한다.

'내 등 뒤에서 옹알이를 했고, 내 등에 오줌을 싸기도 했으며, 잠투정을 하느라고 내 뒷머리를 쥐어뜯으면서 손아귀의 힘이 세어졌던 동생들.' 작가의 시선은 '산'에 머문다.

'먼 산을 보면 산이 산을 업고 있는 것처럼 보인다. 산의 등 뒤에 납작이 엎드린 산은 설핏 잠이 들었는지 아슴푸레 보인다. 산등성이가 아름다워 보이는 것도 그 때문이 아닌가 싶다'

산이 산을 업고 있다는 신선한 비유, 등 뒤에 납작이 엎드린 산에서 동생들의 체온을 더듬으며 박수근 화백의 그림 '아기 보는 소녀'의 어깨선도 부드러운 산의 능선과 닮아 있음을 느낀다.
 '소녀는 모든 생명체를 넉넉히 품어내는 산의 마음을 가지고 있을 것 같다'는 진술은 산과 소녀와 작가를 하나로 연결시킨다. 작품에 대한 감동은 곧 작가에 대한 감동이다. 자신을 드러내되 비유를 통한 간접화법의 사용도 효과적이었다.

「돼지고기 반 근」으로 아버지의 사랑을 온전한 '한 근'으로 그려내고 있다.
 대학 입시에 낙방한 날 밤, 아버지의 귀가는 다른 날보다 늦었다.
 '대문에 들어서는 아버지에게서 술 냄새가 확 풍겨왔다.
 "아버지……."
 "어이구, 이 가서나야."
 아버지도 목이 메는 듯 목소리가 갈라져 있었다.
 잠바 안주머니에서 나온 건 신문지에 둘둘 말린 무엇이었다.
 "돼지고기 반 근이다."
 내게 그 뭉치를 건네주시며 아버지는 내 어깨를 한 번 짚으셨다. 그 순간 속이 다 녹아내리는 것 같았다.'
 이 글의 완결은 상상력에서 힘을 얻는다. 바람 부는 거리에서 식육점 문을 두드리는 아버지. 지갑을 펴 보며 '돼지고기 한 근'에서 '반 근'으로 고쳐 말하는 아버지의 모습을 떠올린다. 작가는 밤하늘을 올려다보며 마음 속 활시위를 한껏 당겨 아버지를 위한 별 하나를 쏘아 올리고 싶다고 다짐한다.
 보여주기 식의 액자수필이다. 짧은 글의 여운이 멀리 퍼진다.

「못」은 이삿짐을 싸놓고 집을 둘러보는 데서 글이 시작된다. 액자를 떼어낸 벽은 왠지 무뚝뚝해 보인다. 간간이 남은 못자국은 어깨에 남은 우두자국 같다. 그리고 권세가 사라진 빈집처럼 느껴진다. '못자국이란 벽 속에 자리잡고 있는 그 집의 추억들이 조용히 숨을 고르고 있는 숨구멍 같은 것인지도 모른다.'는 것이다.

카메라로 벽을 훑던 시선은 이내 안으로 향한다. 어쩌면 나도 신(神)이 이 세상에 박아놓은 못이 아닐까? 그렇다면 이 못에 신은 무엇을 걸어놓고 싶었을까? 나는 지금 튼실한 못으로 살아가고 있는가? 그러나 더 이상 걸어둘 게 없다면 신은 미련 없이 내 정수리에 장도리의 날을 들이대겠지. 그리고 가뿐히 뽑아내버리겠지. 이런 생각을 하는 순간 '내 발은 뽑히지 않으려고 안간힘을 쓰는 질경이 뿌리가 된다.'고. 어느새 못과 장도리는 신과 인간의 관계로, 뽑는 자와 뽑히는 자로 나뉜다.

'신은 내 목에 뭔가 걸어두고 싶었을 텐데, 나는 본분에 충실하지 못하고 못의 형상을 이용해 다른 이의 가슴을 찌르고 다니기 일쑤였다.' 자신의 '혀'가 또 하나의 '못'이었다. 시집 올 때 맨몸으로 온 '두꺼운 얼굴'이라는 아픈 못이 가슴에 박혔다. 어느 날, 못을 내리치는 머리와 그 못을 빼내주는 날이 함께 붙어 있음을, '장도리'의 그 기능과 의미를 반추한다. 박혀 있는 못을 찾아내서 빼내는 것 또한 나의 몫이라는 각성. 더 이상 못을 두려워하지 않겠다는 선언. 이러한 내성적 통찰로서의 수필은 우리에게 고양된 영혼과 만나게 하며 읽는 기쁨을 선사한다.

— **선정위원 | 맹난자**

소릿골 가을

5·18 저녁에

비밀과 거짓말

이 남자는 아직도 내 속에서 자라고 있다

## 정아경

**창작 노트** _ 그냥, 쉼표였다. 끌어안고 절절히 사랑하거나 아파해 본 적도 없다. 지난한 삶에 휴식처럼, 잠시 내려앉는 산들바람처럼, 시원하게 시작했던 글이다. 켜켜이 쌓아두었던 낱말들이 체온을 가진 글이 되어 내 앞에 설 때마다 온몸을 휘도는 뜨거운 바람이 싫지 않다. 그것은 놓쳐버린 인연을 불러 세우고, 그리운 이를 찾아내고, 상처를 치유한다. 마냥 시원했던 글이 뜨거워지고 있다. 결국에는 온몸으로 받아내야 할 불덩이가 될 것을 숙명처럼 감지한다. 서서히 익어가고 있는 나의 글. 그래도 지금은 초보. 하여 '아직 내게 글은 살짝 피우고픈 바람이다. 잠시 한눈파는 외도다 그래서 마냥 설레고 그립다'고 말하고 싶다.

**약력** _ 고령 출생. 대구대학교 문헌정보학과. 경일대학교 산업대학원 독서학과 재학중. 2007년 『에세이스트』 14호 「5.18 저녁에」로 신인상 수상. 대구광역시 젊은 작가 창작 지원금 받아 수필집 『나에게 묻다』 펴냄(2008년). 에세이스트 동인. 대구문인협회, 고령문인협회 회원.
e-mail:twomin-v@hanmail.net

2011 젊은수필

# 소릿골 가을

　소릿골은 예천군 개포면 삼거리를 지나 야트막한 산등성이를 끼고 돌면 나오는 작은 시골마을이다. 곡예하듯 비스듬히 돌면 사과밭이 좌측에 있고, 한때는 온 마을의 식수였던 우물이 초라하게 있다. 열어본 지 까마득한 뚜껑 위에는 잡풀들이 무성하다. 손바닥 만한 논 몇 뙈기 지나면 첫 번째 집이다. 담도 없다. 대문도 없다. 갈라진 살갗을 드러낸 늙은 감나무 한 그루 우뚝 솟아 있다. 오랜만에 오지만 주인이라고 짖지 않는 영리한 개 '깜돌이'와 허리 굽은 노모가 서 있다. 아름다운 소리, 청아한 소리만이 울릴 것 같은 소릿골은 소리조차 숨죽인 듯 적막한 동네다.
　손이 닿으면 금방 바스러질 것 같은 껍질의 감나무는 속조차 검은빛이 도는 고목이다. 한때는 의기양양 그 기상을 누렸을 법한 굵은 몸통만이 지난 세월의 풍미(風靡)함을 보증한다. 반은 죽고, 반은 살아 있다. 살아 있는 나무줄기는 새로운 싹을 틔우고, 감꽃을 피우

정아경 293

고 열매를 맺는다. 손바닥보다 넓었던 감잎도 단풍잎마냥 작아졌다. 탐스럽던 감도 개불알처럼 작고 둥글다. 15년 전, 막 결혼한 나의 눈에 비친 감나무는 위풍당당했다. 감나무의 그림자는 시댁의 좁은 마당을 덮을 정도였다. 나무도 나이를 먹고, 나무도 죽는가 보다. 단지, 나보다 먼저 나서 더 나중까지 살기에 나무에게서 영원함을 찾으려 했다. 서서히 죽어가는 나무 아래서, 서서히 사그라드는 어머니를 만난다. 닮았다. 함께 지켜 본 세월만큼 꼭 닮았다.

이목구비 뚜렷하고 고왔던 어머니의 모습은 사진 속에서만 볼 수 있다. 아니, 사진 속에서만 존재하는 모습 같다. 우아한 한복 입고, 서 있는 모습에서 풋풋함이 묻어난다. 그 옆에 이미 중년이 된 아버님이 서 있다. 처녀의 몸으로 가난한 홀아비에게 시집와서 몇 십 평 남짓한 밭으로 예닐곱 식구 건사해야 하는 삶이 힘겨웠을 것이다. 일본으로 만주로 다니셨던 아버님은 집안일은 뒷전이라 했다. 현실이 된 고생 앞에 앳된 처녀는 중년이 되고 노년이 되었다. 처음 어머님을 뵈었을 때 어머님은 육십이었다. 가난을 등짐처럼 지고 살아오셔서 그런가, 천성이 그런가, 어머님은 재바르지 않고 말수가 적었다. 기본적으로 표현해야 할 말조차 하지 않으셨다. 칭찬을 아끼지 않고, 감정표현이 많은 어머니 밑에서 자라서일까. 명절을 고스란히 내 힘으로 치렀는데도 수고했노라 한마디 않으시면, 서운해서 너무 서운해서 눈물을 훔치곤 했다. 나는 그런 어머니를 이해할 수 없었고, 마음을 열지 않았다.

해마다 가을이면 어머니는 감을 깎으셨다. 곶감 좋아하는 며느리를 위해 무명실에 감을 엮어 처마 밑에 걸어두었다가 반쯤 말려지면 보내주셨다. 거실 한쪽에 걸어놓고 하나씩 따 먹다보면 어머니의 사랑이 가슴에 닿는다. 느려진 손놀림으로 감을 깎아 실로 엮으며 말로 못한 마음을 엮었으리라. 가난한 부모라 마음이 더 고됐을 터인데, 나 역시 뚱하게 있다오곤 했다. 곶감은 어머니가 보낸 사랑의 징표였다. 나에게만 보내는 애정의 손짓이었다. 그러나 지금은 곶감을 먹을 수 없다. 어머니는 파킨스 병을 앓고 계신다. 내 가을 풍경에는 주홍빛 선명한 곶감이 있다. 말랑한 그 촉감과 입안에 감도는 달짝지끈한 맛은 잊을 수 없다. 거실에 곶감이 더 이상 걸리지 않고, 그 맛을 느낄 수 없고서야 깨닫는다. 곶감은 어머니의 마음임을.

 눈에 넣어도 아프지 않을 아들이 와도 무엇 하나 내 놓을 것이 없고, 밑천 한 푼 쥐어 줄 수 없는 현실에 노모의 가슴은 가뭄의 논바닥처럼 쩍쩍 갈라졌을 것이다. 자동차 트렁크 가득 봐오는 장이며, 풀어놓는 음식에 마냥 흡족하시지만은 않을 것이다. 두 아이의 재잘거림과 젊은 아들내외의 두런거림에 텅 빈 집안에는 생기가 돈다. 빛 잃은 어머니의 눈빛이 되살아난다. 며느리가 지어주는 따뜻한 밥과 기름진 찬에 돌아오지 않을 것 같았던 입맛이 돌아온다. 삶의 희망이 일렁인다. 새벽부터 오고가는 어머니의 발걸음이 분주하고 말문이 트인다. '이렇게 살았으면~' 하실 것이다.
 도시 생활이 무엇인지, 돈이 무엇인지. 하룻밤 자고나면 다시 짐 챙겨 떠날 준비하는 모습에 노모의 가슴은 미어진다. '또 오겠다'는 인사에 답이 없다. 일그러진 눈자위에 그렁그렁 눈물이 고인다. 돌아가야 하는 발걸음을 멈추게 하는 것은, 자식을 향해 쏟아지는 그리움을 주체할 수 없는 어머니의 모습이다.

정아경

"도착하면 전화해래이~"
목 밑까지 올라온 울음을 참고 던진 한마디는, 차라리 절규다. 남편의 목이 잠기고, 큰딸의 훌쩍임이 마을 모퉁이를 돌고 소릿골이 멀어지도록 계속된다. 고요 속에 파문이 인다. 어두운 자동차 실내가 오히려 위안이 된다. 각자 무슨 생각을 했는지 묻지 않는다. 침묵이 답이다. 수만 마디 말보다 가슴 울리는 공감이 더 큰 의미를 내포한다. 슬픔은 슬퍼서 가슴이 아리고, 눈물이 화산처럼 터져 나온다. 슬픔은 가슴 저 밑에 꼬깃꼬깃 감춰 둔 '사람다움'을 일깨운다.

꿈속처럼 다녀간 자식들 흔적에 또 다른 날이 밝는다.

삶의 응어리가 곪아터진 어머니 가슴마냥 무르익은 홍시 하나 툭 떨어진다. 주울 생각도, 주워야 할 이유도 잃은 어머니가 멍하니 서 있다. 늙은 감나무 아래, 늙은 어머니가 엉거주춤 서 있다. 한 폭의 그림이 되어 가슴에 새겨진다. 감나무 아래 개집에서 깜돌이가 떨어진 홍시를 핥는다.
"깜돌아, 먹지 마. 밥 줄겨"
한동안 계속될 소릿골 가을, 적막한 어머니의 모습에서 인생의 황혼을 본다.

# 5·18 저녁에

아직도 눈에 선하다. 녹음이 우거진 벚나무 숲이, 연하고 보드라운 새순들의 느낌이 손끝에 남아 촉각을 자극한다. 기억만으로도 감각을 느낄 수 있음이 신기할 뿐이다. 기억이란 참으로 묘하다. '추억'이란 단어와 어우러져 잊고 싶지 않은 느낌을 그대로 저장해 둔다. 가끔씩 꺼내면 그 순간을 고스란히 전달해 준다. 첫 키스의 느낌도, 첫 아이 낳을 때의 느낌도 항상 그대로다. 기억이라는 신비한 뇌세포는 어디에 이 많은 추억을 저장해 두었을까. 삶이 버거울 때 추억은 새로운 설레임이 되어 전율을 느끼게 한다. 기억은 인간이 누리는 최고의 특권은 아닐까.

나의 시댁은 예천이다. 어머님께서 연로하셔서 농사를 지을 수 없어 논을 묵혀야 했다. 이태가 지나니 잡초가 우거져 야산처럼 변했다. 시골에서 흙 내음 맡고 자란 탓인가. 땅에 애착이 많은 나는 그 논을 묵히기 아까웠다. 마침 고향친구가 노는 땅에 벚나무를 심고 있었다. 선뜻 투자를 자청하며 묘목을 지원하였다. 나머지는 남편 몫이었다. 천 그루의 벚나무를 심어놓고는 주말마다 시골에 갔다. 뽑아도 뽑아도 나는 잡초와 묘목잡아주기, 약치기 등 남편은 농군의 모습을 닮아갔다. 꽤 많은 비가 오면 자다가도 일어나 시골에 다녀왔다. 대구와 예천간의 짧지 않은 거리를 불이 나도록 다녔다. 그렇게 이 년을 정성들여 놓으니, 올해는 제법 우거진 폼이 숲의 모양새를 하고 이었다. 튼실한 나무를 잡고,

"이 년 동안 사 오월은 여기에 미쳤었지."

하며 뿌듯해 하는 남편에게

"당신은 오월이면 어디에 미치나 보네."

우스갯소리로 말했다.

취중진심이라더니, 때론 흘러버리듯 내뱉는 말에도 진심이 담겨 있나 보다. 내가 아는 이 남자의 오월은 열정의 오월이다. 자신의 전부를 내던지는 희생의 오월이다. 목이 터져라 외치는 절규의 오월이다. 87년 오월에는 '독재타도 호헌철폐'를 외치며 거리를 누볐고, 89년 오월에는 감방 간 친구 옥바라지와 그 빈자리 메우느라 학생회에서 살다시피했다. 편안한 잠자리는 친구에 대한 배신인 듯 학생회 쇼파에서 선잠을 고집했던 사람, 의리를 목숨처럼 소중히 여겼던 사람. 그 열정에 마비된 듯 그 곁에서 함께 타올랐던 내 모습이 파릇파릇 되살아난다.

현실은 냉정했다. 순수나 열정은 공허한 이상에 불과했다. 졸업 후, 모두들 자신의 자리를 찾아 떠났다. '부모가 자식 반 팔자'라더니 빨간 딱지를 달고도 제자리가 정해져 있었다. 가야 할 곳을 잃은

나그네마냥 뒤늦게 자신의 상황을 파악한 그는 이를 악물고 현실에 적응하려 노력했다. 그러나 제도권 속의 안락한 일자리를 박찬 그에게는 모든 것이 넘어야 할 벽이었다. 쌩쌩 달려만 가는 이들 뒤에서 장애물 경기하듯 고난 하나를 넘으면 또 하나가 나오고, 그 하나를 넘으면 또 하나가 기다렸다. 사랑에 빠진 나는 그런 그에게 힘이 되어 주리라 말없이 다짐하곤 했다.

5·18묘역에 내노라는 정치권 인사들이 줄지어 참배를 했다. 많은 이들의 노력으로 왜곡되었던 1980년 5·18광주는 진상규명되어 명예를 회복했다. 5·18기념행사도 행정자치부가 주관한다. 참으로 반가운 일이다. 역사는 흐르고 진실은 밝혀지는 법이다. 5·18민주화 진상규명을 위해 팔이 빠지도록 대자보 쓰고, 메가폰 들고 교문 앞에서 외치던 그는, 작은 음식점에서 손님바라기를 하고 있다. 아이러니한 현실이다. 삶의 수레바퀴를 돌리느라 5·18임을 다 된 저녁에야 알았다 한다. 씁쓸하게 웃는 그 모습이 아프다. 너무 아프다. 대가를 바라고 바친 열정이 아니지만, 밀려난 듯한 그의 현실이 안쓰럽다. 가여운 이 남자를 꼭 안아준다. 좋다. 질리지 않는 이 남자의 품이. 껴안고 있으면 나무가 되는 이 남자는 아직도 내 속에서 자라고 있다. 벚나무 보다 더 울창한 숲이 되고 있다.

착하게 살면 복이 온다. 착하게 살아라. 이런 식의 선에 대한 맹목적인 믿음은 이분법적 사고를 조장하여 총체적 무비판의 사회로 몰아갈 위험이 있다. 세분화되고 전문화되어 가는 사회에서 선과 악은 서로 다른 공간에 존재하지 않는다. 비판은 우리 사회의 건강성을 말해준다. 옳지 않은 것을 말하고, 바꾸려고 노력하는 이들로 인해 사회는 발전해 간다. 착하게 산다고 올바르게 산다고 해서 반드시 복을 받는 것은 아니다. 신령님이 나타나 금도끼, 은도끼를 주지는 않는다. 하나밖에 없는 나무도끼를 잃었다면, 굶든지 다시 사든지 해야 한다. 준비성 있는 나무꾼이라면 모아놓은 돈으로 쇠도끼를 사겠지.

어느 기자가 5·18 주범인 전두환 전 대통령의 동태를 종일 살폈다 한다. 자신을 향한 눈들을 의식해서일까. 그는 종일 집안에서 칩거했다 한다. 무슨 생각을 했을까. 권력의 최고 자리까지 누린 그가 몇 십 평 공간에 갇힌 신세. 양심이란 창살 없는 감옥이 그의 행동을 제어했으리라.

"만약에 다시 그 시절로 돌아간다면 당신은 어떤 선택을 할 것인가" 남편은 잠깐의 주저함도 없이 같은 길을 걷겠노라 한다. 스스로의 양심에 떳떳한 삶을 선택하겠단다. 하늘 아래 당당할 수 있는 그의 삶의 철학은 지금도 진행 중이다.

어딘가에 미쳐 있을 때 자신은 자신을 모른다. 누가 무슨 말을 해도 들리지 않는다.

이념을 위해 미쳐 있던 이십대의 이 남자도, 꿈을 위해 미쳐 있던 삼십대의 이 남자도,

재기(再起)를 위해 미쳐 있는 사십대의 이 남자도 아름답다. 오월이면 어딘가에 미쳐 있는 남자, 내가 사랑하는 남자다. 아, 그렇게 세월이 흘러 오십에는 자신감에 찬 약간은 거만한 이 남자를 만나고 싶다. 육십에는 전원에 푹 빠진 넉넉한 웃음을 자아내는 이 남자를 만나고 싶다.

# 비밀과 거짓말

"어디 가세요?"

또, 또…… 뱉어놓고 나서 입을 막는다. 나는 입버릇처럼 이 말을 자주 한다. 같은 아파트에 사는 그럭저럭 안면만 있는 사람을 만나도, 엘레베이터 안에서 누군가 만나도 이 말을 한다. 그러면 상대는 상황에 따라 대답이 달라진다. '시장가요.' 라고 말하는 이도 있지만, 멋쩍어 얼버무리다 1층에 닿아 황급히 내리는 이도 있다. 내 취향이 특이해서 남의 사생활을 파고자하는 것은 절대 아니다. 단지 오래된 습관일 뿐이다. 나름대로는 더 가깝다는 친근함의 표시이기도 하다.

며칠 전이다. 술 한 잔 하자는 친구의 전화에 신이 났다. 9시 30분, 저녁 챙겨주고 들뜬 마음으로 엘레베이터를 탔다. 친구들 만나 늦은 밤까지 수다 떨 생각에 마음이 더 서둘렀다. "어디가세요?"라는 15층 아저씨의 질문에 나는 당황했다. '장보러 간다.' 하려니 거짓말이고 '친구 만나러 간다.'고 하려니 왠지 정숙하지 않은 인상을 줄 것 같았다. 그러면서 '저 아저씨 이상하네. 남이야 어디를 가든?' 하며 그의 인격까지 의심하며 난처해하던 나는, 그 말이 누굴 만나면 나도 모르게 튀어나오던 나의 말임을 알고서는 둔기로 뒷통수를 맞은 듯 얼얼했다.

"어디 가세요?"
 말하고 싶지 않은데 누군가 묻는다면 참 난감하다. 그렇다고 거짓말을 하고 싶지 않을 때는 더 그러하다. 내 친근함의 표시가 타인에게 불쾌감을 주었을 것이라는 생각. 그 잘못을 깨닫지 못하고 무수히 내뱉은 나의 무지함을 느끼자 당황했을 그네들에 대한 미안함이 마음을 무겁게 했다. 이런저런 반성들이 밀물처럼 밀려와 바닥으로 가라앉았다.

숨기어 남에게 드러내거나 알리지 않는 '비밀'과 사실이 아닌 것을 사실인 것처럼 꾸며대는 '거짓말' 모순인 두 단어에서 묘한 동질감을 느낀다. 친구들과의 만남도 그렇다. 더 가까운 친구 몇이서 만날 때는 굳이 다른 친구에게 말하지 않는다. '비밀'이 되는 것이다. 그러다 공식적인 만남에서 보면 오랜만인 것처럼 너스레를 떤다. 거짓이다. 이렇듯 하루에도 몇 번씩 야누스 같은 두 얼굴로 오늘을 살아간다.

누가 내게 감명 깊게 읽은 책이 뭐냐고 물으면 나는 『어린왕자』나 『데미안』을 이야기 한다. 내면의 성장에 지침 같은 책이다. 하지만 전율을 느끼며 본 또 다른 책은 『메디슨 카운티의 다리』다. 스물 다섯에 누군가의 아내가 된 난, 그 책을 비밀스럽게 읽었다. 마치 나의 이야기인양 들키고 싶지 않은 마음에 혼자 있을 때만 읽었다. 여주인공 프란체스카의 사랑에 감동하고, 가정을 지킨 그녀의 선택에 무언의 동조를 보냈다. 그러면서도 평생을 간직할 수밖에 없었던 그녀의 비밀이 부럽기도 했다. 결혼했다고 해서, 나이가 들었다고 해서, 목석(木石)은 아니지 않은가. 가슴 뜨거워지는 상대를 만나 화산처럼 터지는 사랑 한번 꿈꾸지 않은 이가 있을까.

누구에게나 비밀은 있다. 말하지 않으므로 비밀은 더욱 비밀다워진다. 학창시절 그 많았던 비밀이 다 어디로 간 것인지, 아직도 비밀인지 묻는다. 기억나지 않는 비밀도 있고, 지금은 모임의 단골안주가 되버린 비밀도 있다. 세월 지나 웃어넘길 일일지라도 근사한 비밀하나 간직하고 싶다. 비밀을 간직해 본 이는 알 것이다. 그 두근거림을. 비밀은 현실의 또 다른 에너지가 된다는 것을, 굳이 '그날' '어디서' '뭘 했냐?'고 묻는다면 밉지 않을 거짓말이라도 하며 비밀과 해후할 날을 기다리고 싶다. 그 비밀이 거창하든 소소하든 상관없다. 너와 나. 우리 둘만이 가졌던 일을, 우리 둘만이 안다는 사실이 우리를 더욱 그립게 하듯이. 그렇게 비밀 하나쯤 간직하고 싶다. 비밀은 그 특별함만으로도 당분간 화창할 것이다. 가끔 혼자 웃기도 하겠지. 비밀은 나만의 작은 섬이니까. 그렇게 비밀을 담근다. 공간이란 옹기에 시간이란 유산균을 첨가하여 밀봉해 두면 맛깔스럽게 익어서 세월 앞에 감칠맛을 내놓을 그 무엇이다. 지금 나의 비밀은 숙성되고 있는 중이다.

"어머, 오늘 참 멋지네요."
"서울은 비 온다는데 여긴 후덥지근하죠?"

사생활 침해 소지가 있는 인사말을 바꾸기 위해 의식적으로 내가 하는 말들이다. 찰라 같은 만남 속의 짧은 한마디는 긴 시간 여운이 되어 행복하기도 우울하기도 할 것이다. 출근길 처음 만난 사람이 '오늘 멋지다'고 하면 종일 멋진 삶을 살지 않을까? 마음은 물질로만 전하는 것이 아닐 것이다. 한울타리에 사는 이들에게 내 한마디가 유쾌할 수 있다면 나는 그렇게 하고 싶다. 그것이 거짓이 가미된 찬사라 할지라도. 어차피 우리는 비밀 한 움큼씩 품고 사는 동반자가 아닌가.

| 작품 평설 |

## 수필은 정(情)의 미학이다

　정아경의 작품을 읽으면서 휘트맨의 말이 떠오른 것은 이것 때문이었다.
　"누구든지 책에 손을 대는 사람은 다만 책에 손을 대는 것이 아니라 곧 한 인간과 접촉하는 것"이라고. 그녀의 작품 속에서 작가는 사랑스럽고 귀여운 여인으로 살아 숨 쉬고 있었다. 시린 마음의 남편을 보듬고, 시댁 노모를 감싸 안는 따뜻한 마음, 그런가 하면 때론 가슴 두근거리는 비밀을 꿈꾸기도 하는 도발적인 젊음이 밉지 않은 것은 발랄한 생기와 가슴 밑바닥에 흐르는 따뜻한 체온 때문이었다. 정아경의 글 세 편에 일관된 주제는 사랑이다.
　「비밀과 거짓말」에서 조차 한 울타리에 사는 이들에게 내 한마디가 유쾌할 수 있다면 거짓이 가미된 찬사라 할지라도 그렇게 하고 싶다는 작가를 만난다.
　한마디로 수필은 정(情)의 미학이다. 그러나 그 정을 놓을 자리에 놓을 줄 알아야 한다. 시(詩)가 말을 놓을 자리에 놓듯이, 소설이 인물을 놓을 자리에 놓듯이, 수필은 마음을 놓을 자리에 놓아야 하는 문학이다. 글 속에 마음을 옮겨 놓되 대상과의 심리적 거리도 알맞아야 하고 감정표현의 수위도 고려되어야 한다. 어떻게 수필 쓰기가 쉽다고 하겠는가.

「소릿골 가을」

소릿골은 시댁 노모가 계시는 예천군의 작은 마을이다. 그곳의 가을을 늙은 감나무와 허리 굽은 노모에게 포커스를 맞춰 한 폭의 풍경화로 담아내고 있다. 한때는 온 마을의 식수였던 우물, 열어본 지 까마득한 뚜껑 위에는 잡풀이 무성하고 담도 없고 대문도 없는 집에 들어서니 갈라진 살갗을 드러낸 늙은 감나무 한 그루와 짖지 않는 영리한 개, 그리고 허리 굽은 노모가 서 있다. 15년 전, 새댁의 눈에 비친 감나무는 위풍당당했었다. 그러나 반은 죽고 반은 살아있는 그 감나무를 바라보며 서서히 사그라드는 어머니를 만난다. 어머니의 이미지는 감나무로 암시되며 감나무 또한 어머니의 사랑의 징표로 나타낸다. 보조관념과 원관념이 새끼줄처럼 한 덩어리로 꼬여 직조되고 있다.

"해마다 가을이면 어머니는 감을 깎으셨다. 곶감 좋아하는 며느리를 위해 무명실에 감을 엮어 처마 밑에 걸어두었다가 반쯤 말려지면 보내주셨다."

그러나 이젠 곶감을 다시 먹을 수 없다. 어머니가 파킨슨병을 앓고 있기 때문이다. 말랑한 촉감, 입안에 감도는 달착지근한 그 맛을 느낄 수 없게 되고서야 깨닫는다. 곶감은 어머니가 보낸 사랑의 징표였다는 것을. 산뜻한 마무리로 제1단락이 끝났다.

그런데 2단락에서 '……노모의 가슴은 가뭄의 논바닥처럼 쩍쩍 갈라졌을 것이다.', '……풀어놓은 음식에 마냥 흡족하시지만은 않을 것이다.' 등 어머니의 심정을 추측으로 풀어내는 작가의 설명은 잘 이끌어 오던 글의 긴장감을 떨어뜨리고 말았다. 절제된 감정을 유지하면서 좀 더 차분했더라면 여운이 긴 글이 되지 않았을까 한다.

「5·18 저녁에」

녹음이 우거진 벚나무 숲, 손끝에 남아 있는 그 연하고 보드라운 새순들의 감촉. 삶이 버거울 때, 꺼내든 추억은 다시 설렘으로 다가온다.

묵혀둔 시골 땅에 천 그루의 벚나무를 심자 제법 우거져 숲의 모양새를 이루었다.

"이 년 동안 사 오월에 여기에 미쳤었지." 뿌듯해 하는 남편에게 그녀가 말한다.

"당신은 오월이면 어디에 미치나 보네."

열정의 5월, 희생의 5월, '독재타도 호헌철폐'를 외치며 거리를 누볐던 87년 5월, 친구의 옥바라지를 위해 학생회 소파에서 선잠을 자청했던 89년 5월, 의리를 소중히 여겼던 그 사람 곁에서 함께 타올랐던 자신의 모습을 떠올린다. 친구들은 제 갈 길로 가고 제도권 속의 안락한 일자리를 박찬 그에게는 갈 곳이 없었다. 5·18 민주화 진상규명을 위해 팔이 빠지도록 대자보 쓰고 메가폰을 들고 교문 앞에서 외치던 그는 작은 음식점에서 지금 손님바라기를 하고 있다. 1980년 진상이 규명되어 5·18묘역에 참배객이 줄을 잇고 해마다 기념행사가 있건만 삶의 수레바퀴를 돌리느라 5·18임을 다 저녁에야 알았다는 남편을 그녀는 달려가 안아준다.

"껴안고 있으면 나무가 되는 이 남자는 아직도 내 속에서 자라고 있다. 벚나무보다 더 울창한 숲이 되고 있다." 아내가 남편에게 쓴

헌화가다. 그녀는 왜 이 글을 썼을까? 남편을 위로하기 위해, 아니면 자기 마음을 다짐하기 위해서? 어쨌든 이 글은 이들 부부의 아름답고 시린 삶의 역사다. 두 팔을 뻗어 더 큰 숲을 이뤄낸 연리지의 아름다운 사랑을 보는 듯하다.

"아. 그렇게 세월이 흘러 오십에는 자신감에 찬 약간은 거만한 이 남자를 만나고 싶다."는 결미는 압권이었다. 약간은 거만한 이 남자를.

「비밀과 거짓말」
"어디가세요?"

늘 입버릇처럼 해오던 그녀의 인사법이다. 그런데 15층 아저씨의 "어디가세요?"라는 질문에는 막상 당황한다. 시간은 밤 9시 30분, 장보러 간다면 거짓말일 테고 친구 만나러 간다고 하면 왠지 정숙하지 않을 것 같아서다. 이렇게 별 일도 아닌 것을 숨기고 나면 비밀이 되고 마는 야릇한 쾌감. 거짓말과 비밀의 행간 사이에서 묘한 동질감을 느낀다.

'그날 어디서 무얼 했느냐?'고 묻는다면 밉지 않은 거짓말이라도 하며 '비밀'과 해후할 날을 기다리겠노라고 말한다. '메디슨 카운티의 다리'에서처럼 가슴 뜨거운 상대를 만나, 한번 사랑하고 평생 그 비밀을 가슴에 봉인하는 여주인공을 부러워한다. 왜냐하면 비밀은 삶의 또 다른 에너지가 되기 때문이다.

그러나 거짓말과 비밀은 악의가 없을 때, 우리에게 설렘으로 다가오고, 작은 미소의 화답을 불러온다. 야누스 같은 이중심리를 산뜻하게 대비시킨 좋은 작품이었다.

— **선정위원** | 맹난자

**달력의 동그라미**

**손빨래하기**

**회피하기와 마주하기**

내게 아주 조금, 새로운 세상이 열렸다

## 정해경

**창작 노트** _ 요즈음,
사막이 아름다운 것은 어딘가에 우물이 있기 때문이라고
그렇게 말한 어린왕자가 자꾸 생각난다.
정말 사막에 우물이 있는 걸까? 누가 그걸 발견했을까?
그러나
사막 같은 내 삶에도 우물 같은 수필이 있다는 것은 알 것 같다.
그 우물에서 물을 길어 올릴 수 있는 두레박은 어디 있을까.
내가 바로 두레박이라고
세상에 외치고 싶다. 아니 속삭이고 싶다.

**약력** _ 1961년 생. 2007년 『에세이문학』 여름호로 등단. 2008년 『허공에서 길을 찾아』 공저. e-mail:jhk2018@hanmail.net

2011 젊은 수필

# 달력의 동그라미

  세월은 두루마리다. 새 달력을 받아들고 얼핏 스친 생각이다. 아니다 세월은 네모다. 도르르 말려 있던 달력을 펼치니 세월은 금방 네모로 변해버린다. 그 안에 들어 있는 수많은 시간까지 내 손안에 쥔 것처럼 뒤집어 말아 휘적휘적 흔들어 본다.

  온전한 달력 하나, 일 년 열두 달. 지구가 태양을 한 바퀴 돌고 다시 그 자리로 돌아오기까지의 시간. 달력 안에는 그 너머의 시간이 없다. 단지 열두 달, 달이 지구를 공전하는 음력에서도 윤달은 있을지언정 십삼 월은 없다. 그리고 한 달은 삼십일일보다 작거나 같을 것. 그것이 달력이 지닌 절대 불변의 규칙이다. 그렇게 단순하기에 끝없이 반복이 가능한 것일까. 이런 오래된 사실이 마치 무슨 커다란 비밀이었던 것처럼 새삼 기이해진다.

  지난 달력을 떼어내어 한 장씩 넘겨본다. 숫자로 된 큰 글씨 밑에 작은 글씨로 쓰여 있는 날들이 더러 눈에 뜨인다. 경칩, 춘분 같은

정해경 311

지구 공전에 따른 농사 기준일이 적혀 있고 삼일절, 상공의 날 같은 나라의 기념일도 표시되어 있다. 빨간 글씨로 된 삼일절 날, 창문 너머로 들여다보듯 그 날을 기웃거린다. 실제의 그 날은 간곳없고 어느 해인가 학년을 갓 올라와 낯선 교실에서 '기미년 삼월일일 저 엉오'라고 노래를 부르던 내가 보인다. 책상 위에 펼쳐져 있는 교과서에는 머리를 뒤로 땋아 내린 소녀가 태극기를 치켜든 채 대한 독립만세를 외치는 그림이 그려져 있다. 만세 소리가 들렸던 삼월 일일은 그보다 한 단계 더 아래의 시간에 우물처럼 고여 있을 것이다. 시간은 깊고 깊은 동굴 같은 것이기도 하나보다.

무심히 지나다 눈길이 머무는 어느 날, 동그라미가 쳐져 있다. 누군가가 세상이란 열차에 올라탄 날이다. 주인공에게 꽃다발을 안겨 주는 것처럼 꼬불꼬불 꽃무늬가 그려져 있다. 무궁한 시간 속에서 지극히 유한의 순간에 제한된 인연으로 만난다는 것. 그건 얼마나 신기하고 감격스러운 일인가. 충분히 서로 축하하고 축하받을 일인 것이다.

손가락에 침을 묻혀 또 한 달을 넘긴다. 마음속으로 동그라미를 그려 넣고 싶은 날이 따로 있다. 무심히 길을 가다가 스치는 눈빛에 걸음을 멈추던 날. 그 날에 그려진 동그라미는 비밀의 문으로 들어가는 열쇠 구멍이다. 그 문 안에는 얼마나 많은 환희와 주체할 수 없는 감정이 폭포처럼 흐르던지. 그 동그라미를 통해 들여다본 세상은 사랑이라는 이름으로 그려진 한 폭의 그림이었다.

더러는 달력 안의 동그라미를 어미닭이 달걀을 품듯 가슴에 담고 살기도 한다. 아들의 제대일. 아이는 아직도 한참이나 남아 있는 제대 날짜에 동그라미를 겹겹이 그려 넣고 그날을 손으로 꼽고 또 꼽았다. 그리고 하루가 지날 때마다 가위표로 지웠다고 했다. 아이에게 더디게만 다가오던 그 날은 누구에게나 느리지도 빠르지도 않게 다가왔고 또 그렇게 무심히 지나갔다. 넘기 힘든 산 너머에는 눈을 뜰 수 없을 만큼 눈부신 무엇이 있으리라 기대하지만 넘어 보면 그저 평범한 들판이기만 해도 감사하다는 사실을 아이는 살아가면서 알게 되리라.

 달력을 넘기다 뚜렷이 그려져 있는 검은색 동그라미에 눈이 머문다. 동그라미 밑에 '아버지 기일'이라고 쓰여 있다. 벌써 여러 번째, 해마다 같은 날에 동그라미가 그려져 있지만 아직도 동그라미는 끝을 알 수 없는 구멍처럼 느껴지고 나는 자꾸만 그 속으로 빨려 들어간다. 블랙홀이다. 일 년 중의 그날, 지구가 태양의 직각 위치에 가까워지던 날, 메마른 바람이 불고 흙먼지가 햇빛을 가리던 그 때, 아버지는 끊임없이 순환하던 기차에서 내리듯, 흐르던 시간의 궤도에서 불현듯 이탈하셨다. 그리고 내가 잡고 있던 끈 하나가 끊어져 버렸다. 지구가 돌다 바로 그 위치에 오면 끊어진 끈이 나를 스친다. 나도 언젠가는 레일처럼 이어져 있는 시간 밖으로 내려서고 달력에는 동그라미 하나로 남을 것이다. 내가 자른 끈도 그렇게 아쉽게 나풀거리겠지…….

 달력을 연이어 넘긴다. 세월이 흐르는 것이 아니라 내가 세월을 지나간다. 산다는 것은 세월이라는 터널을 지나며 끊임없이 동그라미를 그려 넣는 것일지도 모르겠다. 마음을 비추는 현미경을 가지고 더 자세히 들여다보면 수없이 많은 동그라미가 잔잔한 호수 위에 빗방울이 떨어지듯 그려져 있는 것은 아닐는지.

 한참을 훑어 본 후, 지난 달력을 떼어낸 자리에 새 달력을 걸었다. 예전에 달력을 떼어내면 꼭 하던 일이 있었다. 달력이 바뀔 때쯤이면 학년이 올라갔고 학교에서는 새 교과서를 나누어주었다. 그러면 달력을 알맞게 잘라 흰 부분이 겉으로 나오게 하여 책 표지를 쌌다. 모서리는 가위집을 내어 안으로 접어 넣고 시접은 손톱으로 눌러 매끄럽게 꺾었다. 다 싼 다음 차곡차곡 포개어서 아버지께 가져가면, 큰 글씨로 '국어' '산수'라고 적고, 내 이름을 써 넣어 주셨다. 비로소 새 학기 준비가 끝난 것이다.

지금도 그 기억이 남아 있어서인지 해가 지난 달력을 떼어내어 버리려면 자투리 천을 그냥 버리는 것처럼 아까운 생각이 든다. 지난 달력의 뒷면은 왜 그렇게 뽀얀 광택이 나는지 내가 헛되이 보낸 시간이 거기 고스란히 담겨 있기라도 하듯 그 깨끗함에 쉽게 눈길을 거두지 못한다. 이제는 손때 묻힐 교과서도 없으니 오래 손에 든 채 버리지 못한다.

벽면 한 쪽에 걸려 있는 작은 달력. 가만히 들여다보면 동그라미 하나하나가 새로운 세계로 들어가는 열린 문 같다. 그 통로를 따라 들어가면 내 것과 함께 찍혀 있는 누군가의 발자국들이 보이고 그렇게 걸어 들어간 시간의 동굴 안에 나에게만 보이는 또 하나의 세계가 펼쳐져 있을 것 같다.

내 축약된 삶의 역사가 모두 그 속에 들어 있다. ✦

## 손빨래하기

빨래거리가 욕실 앞에 쌓여 있다. 세탁기에 넣을까 손세탁을 할까. 바라보는 심정이 복잡하다. 세탁기로 빨려면 같은 색깔끼리 분리해야 하고 양이 웬만큼 찰 때까지 기다려야 한다. 그러나 손으로 빨면 귀찮고 물 낭비가 심할 텐데. 어떻게 할까.

세탁물들은 현장에서 잡힌 죄인처럼 잔뜩 웅크리고 있다. 여기저기를 떠돌며 묻혀 들인 더러움이 어찌 눈에 뵈는 것뿐이랴. 죄인을 닦달하여 자백을 직접 받아내는 것도 짜릿하지 않을까. 힘 됐다 뭐 하나. 그래, 손으로 한 번 빨아보자.

피의자들의 행태도 가지가지다. 본격적인 취조가 시작되기도 전에 후줄근해져 기가 꺾이는 놈들이 있는가 하면 청바지처럼 뻣뻣하게 오히려 심이 박히는 놈들도 있다. 더러는 아예 풀이 죽어버려 한 손안에 쥘 정도로 존재감이 작아지는 것도 있다.

일단 물에 흠뻑 젖은 놈 하나를 건져든다. 점퍼로 얼굴을 가린 죄인처럼 멱살을 잡힌 채 축 늘어져 있는 꼴이 조금은 볼썽사납다. 그것을 빨래판에 인정사정없이 패대기를 친다. 철퍼덕 떨어지는 소리는 죄수 하나를 심문하기 위해 취조실로 불러들인 다음 힘껏 문을 닫는 소리처럼 들린다.

널브러진 빨랫감을 이리 뒤집고 저리 뒤집어가며 속속들이 비누칠을 한다. 악명이 드러난 고문 기술자처럼 어떻게든 자백을 받아내고야 말겠다는 듯, 치대는 손길이 비장하다. 비눗물이 스민다. 노련한 수사관은 죄질이 고약할수록 매끄럽고 부드럽게 다룰 줄을 안다.

"불어 봐. 불면 다 용서해줄게."

드디어 본격적인 심문이 시작된다. 조금씩 자신을 녹여가며 달콤하게 다가가는 비누거품 속에서 더러운 때는 더는 숨을 곳이 없다. 한 손으로는 빨랫감이 움직이지 못하도록 한쪽 끝을 붙잡고 다른 한 손으로는 반대편 끝을 움켜쥐고 치대기 시작한다. 숨어 있는 때를 향한 집중공격이다. 그 어디쯤에 내 안의 스트레스도 덤으로 넣어 팍팍 치댄다.

거품이 인다. 거품이야말로 빨래의 자백이다. 한숨이고 눈물이다. 크고 작은 거품이 일면서 옷감 속의 찌든 때가 줄줄이 불려 나온다. 거품에 묻어나오는 거무죽죽한 땟물. 더욱 다그치듯이 옷가지를 비빈다. 줄때가 묻어 있는 칼라나 소매 깃 따위는 양손에 모아 쥐고 손톱까지 세워가며 총력전을 펼친다. 이런 취조에 어지간한 죄수는 맥을 못 추고 투항한다.

헹궈내는 일은 한층 격을 높인 여죄 추궁이다. 이제 더러움은 조금의 남김도 없이 옷에서 떨어져 나와야 한다. 흔들고 비비고 두드려가며 비누든 때든 찌꺼기도 남지 말고 어서 나오라고 채근한다. 받아놓은 맑은 물과 헹궈 낸 물이 별반 다르지 않을 때까지 취조는 계속된다. 연이은 시달림에 지칠 대로 지친 옷가지들이 널려져 있다. 헹궈내는 일이 어지간히 끝났다 싶으면 양손에 나누어 쥐고 힘을 다해 비틀어 짠다. 남아 있는 물기까지 털어내는 마지막 순서다. 이제부터는 건조다. 때가 찌들기 전, 결백한 몸으로의 회복이 시작되는 것이다.

  욕실에서 물기를 뺀 후 건조대에 줄을 세울 때마다 마당이 있는 집으로 이사 가고 싶은 마음이 굴뚝같다. 하루 종일 햇볕이 드는 넓은 집에서 마당을 가로질러 든든한 빨랫줄을 매고 꺽다리 바지랑대 하나 세웠으면 더없이 흡족할 텐데. 그리고 양쪽 어깨를 집게로 집어 투명인간에게 옷을 입혀 놓은 것처럼 빨래를 널고 싶다. 바람 부는 대로 몸을 흔들며, 팔을 휘저어 물기를 날려버릴 수 있다면 얼마나 신이 날까. 빨랫줄로 허리띠를 맨 채 건들거리는 다리들. 쏟아지는 햇볕 아래 맘껏 춤을 추며 심신을 위로받는다면 옷가지인들 어찌 좋아하지 않을까. 빛이 겨우 스며드는 베란다에서 좁아터진 건조대에 매달려 얼차려 자세로 사열 받듯 말라가는 것과 어찌 비교할 수 있으리.

  옥문이 열리듯, 이제 빨래는 집게에서 풀려난다. 고된 일을 마치고 난 후처럼 뻣뻣하게 굳은 빨래가 두서없이 쌓여진다. 다소 흐트러진 모양을 바로잡고 접힌 채로 마른 부분을 반듯하게 펴서 차곡차곡 갠다. 하나하나 옷 모양이 정돈되고 자잘한 솜털까지도 한 방향으로 줄지어 눕는다. 세탁 전의 헐렁했던 올과 올 사이가 좁혀져서인지 다소 줄어든 듯 조이는 느낌이 좋다.

물 냄새가 날듯 말듯 한 깨끗하고 단정한 옷. 세탁 후 새로워진 옷에 팔을 밀어 넣고 풀어진 단추를 채우면 몸에 착 붙는 착용감. 그리고 잠시라도 산뜻한 긴장감이 돈다. 이제껏 내가 기다린 것은 이런 기분 아니었을까.

살다보면, 알게 모르게 세상에 오염되고 속속들이 때가 찌든다.

나도 가끔은 빨래가 되고 싶다.

## 회피하기와 마주하기

일본과 한국이 또 맞붙었다. L.A.에서 월드베이스볼 클래식 야구 결승전이 벌어지고 있는 중이다. 6회 초, 일본의 공격이다. 점수는 1대 1. 주자는 1루와 3루. 투수가 볼을 던지려 오른팔을 한껏 뒤로 젖힌다. 아차, 하는 순간 승패가 갈릴지도 모른다. 나는 더 이상 볼 수가 없어 공연히 베란다로 나가 물건을 이리저리 옮겨 본다. 속으로는 어서 이 순간이 지나갔으면 하고 바라면서.

나는 야구에 은근히 관심이 많다. 봉중근도 알고 추신수도 안다. 그리고 김태균의 해맑게 웃는 모습이 괜히 좋아서 '아기곰'이라고 별명까지 지었다. 시원스레 홈런을 치고 마운드를 돌아 나오며 한 손을 번쩍 치켜들고 환호에 답하는 그의 모습은 몇 번을 보아도 싫증나지 않는다. 박찬호의 강등을 보면서도 얼마나 마음이 무거웠는지.

그러면서도 자꾸 자리를 뜨며 피하고 싶어지는 건 감당할 수 없

정해경 319

는 긴장감, 바로 그것이다. 내가 어찌할 수 없는 상황의 전개, 점수를 내줘야 하는 우리 선수들의 얼굴에 드리우는 실망감, 그것과 맞닥뜨리고 싶지 않아서다. 피할 수 있다면 피하고 싶은 것이 솔직한 심정이다. 그러나 오늘은 피할 길이 없다. 휴가 나온 아들이 거실에서 볼륨을 크게 높인 채 보고 있기 때문이다. 나 혼자라면 텔레비전을 끄거나 채널을 돌려가며 이 숨 막히는 순간을 모면할 수 있을 텐데, 지금은 그럴 수 없다. 버거운 대로 겪어내는 수밖에.

나의 이 소심함에 가끔 화가 나곤 한다. 이기고 지는 것이 내 뜻과는 아무 상관없고 설혹 진다해도 누구의 잘못도 아닌데, 나는 왜 있는 그대로의 현실을 직시하지 못하는 걸까. 십여 년 전에, 이 때문에 겪은 가장 가슴 아픈 일이 있다.

늘 건강을 자신하던 아버지가 속 아픈 것이 오래 간다며 병원을 다닌다고 하셨다. 급기야는 정밀 검진을 해 봐야겠다는 말씀에 조금씩 불안감이 쌓여갔다. 검진 결과 결국 위암이라는 진단을 받았다. 서둘러 수술을 진행했지만 결과는 절망이었다. 암은 손을 댈 수 없을 만큼 번진 상태였고 남은 시한이 육 개월 정도라는 의사의 통고에 우리 모두는 할 말을 잃었다. 나를 포함한 자식 넷은 누구도 나서서 사실대로 말씀드리지 못했다. 아버지는 그저 수술이 잘 된 줄로만 아셨다.

그 날부터 나는 아버지를 똑바로 쳐다볼 수 없었다. 자주 찾아가서 아버지를 뵈어야 한다는 절박감과 차마 보고 싶지 않다는 두려움이 날마다 팽팽하게 맞섰다. 아니, 차라리 깊은 잠을 자다가 모든 상황이 종료된 후에 깨어나고 싶었다. 그저 아침에 눈을 뜨니 세상이 바뀌어 있더라는 말처럼 눈비비고 일어나서 슬피 우는 것으로 내 역할을 마치고 싶었다. 나는 이 핑계 저 핑계를 대며 아버지를 자주 뵈러 가지 않았다.

야구는 점점 흥미진진하게 펼쳐진다. 점심을 준비하는 동안 2대 1, 3대 1로 기울어 가더니 8회 말과 9회 말에 1점씩을 만회해서 3대 3 동점까지 따라붙는다. 연장으로까지 가게 된 것이다.

역전 또는 기적. 말할 수 없이 가슴 설레는 말. 달리는 말에 채찍질하듯이 기를 불어 넣는다. 상대를 지나치고 그리고도 계속해서 더. 더…….

아버지한테도 전혀 기적을 바라지 않았다면 그건 거짓말일 것이다. 어쩌면 혹시라도 일어나 줄지 모르는 기적. 다 포기했지만 민간요법이라도 효험을 봐서 실낱같이 남아 있는 기적이 불씨처럼 번져가기를 얼마나 바랐던가. 그러나 애끓는 갈망 뿐, 조금이나마 진심어린 믿음이 있었다면 나는 피하지 않았을 텐데. 다소 불안한 마음을 애써 누르고 더 자주 아버지를 뵈러 갔을 텐데.

아버지는 육 개월마저도 다 채우지 못하고 오 개월을 사셨다. 돌아가시던 날, 연락을 받고 그제야 급히 서둘러 가는 나를 기다려주지 않고 아버지는 저세상으로 가셨다. 아니다. 아버지가 돌아가실 때까지 안가고 버티었다는 것이 맞을 것 같다.

장례를 치르면서 나는 고개를 숙이고 죄인처럼 섧게 울었다. 아버지가 돌아가셨다는 이유 말고 목이 메도록 울어야 하는 또 다른 이유가 있다는 것을 다른 사람들은 알지 못했을 것이다. 내가 아버지의 운명을 받아들였든, 기필코 피해보려 요리조리 도망을 쳤든 아버지는 정해진 시간에 돌아가셨을 것이다. 그 때 세상을 좀 더 멀리, 객관적으로 보고 아버지의 운명도, 또한 그런 아버지를 가진 나

정해경

의 운명도 담담히 받아들였다면 적어도 나의 나머지 삶은 그렇게 후회스럽지는 않았을 것이다. 그러나 기어이 마주치지 않으려고 발버둥쳤던 그 시간은 사는 날 동안 고스란히 후회로 남게 되었다.

야구는 10회 연장 끝에 5대 3으로 결국 우리가 지고 말았다. 그러나 처음부터 끝까지 선수들은 최선을 다했고 관중과 국민들은 한마음이 되어 열렬히 응원했다. 나도 주먹을 불끈 쥐었다 놓기를 몇 번, 날아가는 공이 훌쩍 담장을 넘어가기를 바라며 얼마나 소리질렀는지 모른다. 회피하지 않았다. 처음에는 마주하기를 주저주저 했지만, 피하고 싶은 마음을 몇 번이나 물리치고 화면 바로 앞에서 힘껏 응원했다.

인생의 절반을 넘게 살다보면 무서움도 두려움도 점점 없어진다더니, 이렇게 할 수 있는 것은 그만큼 연륜이 쌓였기 때문일까. 아니 직시하지 못하는 것은 욕심 때문일지도 모르겠다. 이기고 싶은 욕심. 어떻게든 지는 것을 피하고 싶은 욕심. 흐르는 세월은 욕심도 조금씩 덜어 가나 보다.

결과는 아쉬웠지만 마음은 개운하다. 세상에 아쉬운 일이 하나둘일까. 말로 할 수 없을 만큼 아쉬운 것이라 할지라도 정면으로 마주하고 깨끗하게 승복하는 것. 그것이야말로 진정 아쉬움을 없애는 것이라는 걸 알겠다.

내게 아주 조금, 새로운 세상이 열렸다.

| 작품 평설 |

## 감각세계에 투사된 형이상학적 삶 읽기

　정해경이 보는 감각세계는 단순하지가 않다. 그곳에서 의식과 무의식이 교차하는 형이상학적 삶의 틀을 가동한다. 마치 한 면을 통해서 뒷면과 옆면을 동시에 보고, 그것들을 입체적으로 표현하는 추상 화가들의 시각처럼. 그녀가 경험한 감각세계는 시각적 평면 구도가 아니고 그 속에서 인간의 삶과 연결되는 통로를 찾아내어 독자들이 예측하지 않았던 뜻밖의 세계를 펼쳐 보인다.
　이러한 수필 쓰기는 보이는 것에서 의미를 찾으려고 하는 구상적 글 쓰기에 새로운 방법을 제시했다고 할 수 있다. 이것은 들뢰즈가 말한 작가의 집짓기라고 할 수 있는데, 감각세계가 작가의 내면에 들어와서 자료들을 고유의 방식으로 구축하여 자신의 집을 짓고, 독자들은 작가의 눈에 비친 풍경을 보고 그들의 세계를 확장시킨다고 했다. 이 이론처럼 작가는 독특한 방식으로 자신의 집을 짓는 중이다.
　「달력의 동그라미」에서 화자는 시간의 무한성과 인간의 유한성을 감지한다. 인간의 유한성은 달력이라는 틀 속에 무한을 가두어 놓은 시점에서 출발한다. 태양력이라는 틀 속에 변칙은 허용되지 않는다. 그것은 무한으로의 이탈을 의미하기 때문일 것이다. 그녀는 그 틀을 받아들이면서, 일률적인 사각형 틀 속에 갇힌 시간 안에 다시 동그라미를 그려 넣어 의미를 부여하고, 극히 내밀한 시간 읽기를 시작한다.

그 속에서 퇴적바위의 단층을 들여다보듯, 지난 세월의 층을 불러내기 시작한다. 그곳에서 같은 길이로 나누어진 시간이 상황에 따라 늘어나거나 짧아지는 기이함을 본다. 군대에 간 아들. 꿈과 기대로 부풀어 있는 아들의 시간은 신축성이 있다. 그는 의무로 치러내야 하는 긴 하루를 살고 있는 것이다. 그가 살고 싶은 시간은 성취하고 싶은 일을 위해 자유롭게 도전하는 것이다. 반면 그 시점을 지나온 작가는 꿈에 부푼 아들이 미래의 시간에서 겪게 될 좌절과 절망을 예측하면서 안타까워한다.

자신보다 먼저 시간의 궤도를 지나간 아버지가 레일을 이탈한 날, '블랙홀'에서 인간의 유한성과 마주치며, 자신의 유한성을 실감한다. "그 통로 [동그라미]를 따라 들어가면 내 것과 함께 찍혀 있는 누군가의 발자국들"을 보면서, 인간관계의 의미를 되새기고, 가족관계를 통한 유한성의 극복 가능성을 발견한다. 과거를 통해서 추억만 남기고 정지된 아버지의 시간과 도전을 향해 출발하는 아들의 미래, 중간지점에 서있는 화자가 두 유한한 존재의 다리가 되면서 시간의 지속이 생겨나게 된다.

「손빨래하기」에서 빨래의 더러운 감각적 속성과 죄의 형이상학적 더러움의 연상작용으로 인해 상호 대체작용이 일어난다. 빨래를 "현장에서 잡힌 죄인처럼"이라는 직유와 "여기저기 떠돌며 묻혀 들인 더러움"이라는 죄의 속성과 일치하게 묘사하므로 빨래하는 과정에 대한 흥미로 독자를 끌어들인다.

연이어 일어나는 빨래의 전 과정을 범죄자가 법 테두리 안에서 겪게 되는 취조, 처벌, 사면과 일대 일로 정확하게 대비시킨다. 화자는 수사관처럼 "손톱을 세워가며 총력전"을 펼치는 의지로 빨래를 다루면서 그녀 안의 스트레스를 쳐 낸다. 이러한 폭력적 행위는 쌓여 있는 자신의 스트레스에 대한 적대감으로, 빨래가 어느덧 자기 정화의 과정으로 바뀐다.

세탁 후에 빨래가 마르는 과정에서 정화 의식의 절정에 이른다. 음지에서 불안에 떨던 죄인이 양지에서 햇빛과 마주하면서 갱생의 기쁨을 빨래가 "맘껏 춤을 추며 심신을 위로받는" 모습으로 표현한다. 그러나 결미에서 "나도 가끔은 빨래가 되고 싶다"는 말로 반전이 일어난다. 화자는 수사관에서 죄인으로 도치되고 정화의 갈망을 통해서 빨래, 죄인, 화자의 동일시가 이루어진다. 이 작품은 적절한 비유를 통해 수필의 수사학적 방법을 모색했고, 복합적인 구성을 통해 읽는 묘미를 느끼게 한다.

「회피하기와 마주하기」에서 불안에 대한 회피를 작가의 의식화를 통해서 정면돌파 하려는 극복심리를 그려내고 있다. 인간이 자신이 감당하기 어려운 불안 상황에 직면했을 때 정면돌파 대신에 무의식적 방어기제인 회피행동을 하는 것은 보편적이다. 그녀는 평소에 아군과 적군이 있는 야구경기를 잘 보지 못한다. 아군이 질 수 있다는 "감당할 수 없는 긴장감" 때문이다. 그러나 아들이 켜 놓은 텔레비전 때문에 회피하지 못하고, 마주할 수밖에 없는 상황이 되었다.

이 상황에서 십여 년 전 아버지의 죽음과 연상작용이 일어난다. 그때 위암으로 수술하신 아버지의 병세 악화로 죽음을 예감한 작가는 적극적으로 대면하여 찾아가는 대신에 "깊은 잠을 자다가 모든 것이 종료된 후에 깨어나고 싶은" 회피심리에 젖어 아버지를 자주 찾지 못했다. 장례식장에서부터 죄책감과 후회로 고통이 시작되었다.

일본팀과 한국팀의 결승경기는 계속되었고, "처음에는 마주하기를 주저주저했지만, 피하고 싶은 마음을 몇 번이나 물리치고 화면 바로 앞에서 힘껏 응원했"으나 한국팀이 졌다. 그러나 마주하기를 통해서 선수들이 최선을 다했고, 한마음으로 응원하는 관중들의 모습에서 자신의 회피심리가 지기 싫어하는 욕심에서 왔다는 자각에 이른다. 그녀는 불안감을 대하는 회피심리 대신에 마주하기를 통해서 새로운 세상이 열리는 것을 느낀다.

이 작가의 글쓰기는 감각세계의 세밀한 관찰과 상상력의 접합 점에서 시작된다. 잘 대비되는 두 상황을 적절히 조합하는 자기만의 방식을 모색하여, 상상력의 중요성을 일깨웠다고 할 수 있다. 자기의 방식을 확고히 다지면서 더 나아가, 들뢰즈의 말대로 "새로운 세계로의 무한한 확장"이 있을 때에 작가로서 독자들에게 새로운 풍경을 보여 줄 수 있을 것이다. 이 작가는 자아의 우물 안을 맴돌고 있는 주제와 소재의 극복을 통해서 우물 밖의 세계를 관찰함으로 인간의 보편적인 관심과 작가의 독특한 인생문제에 대한 해석을 내놓을 수 있을 것이다.

— **선정위원 | 오순자**

뱀

바람

비누

수많은 바람을 만났고 다양한 바람의 표정을 읽었다

## 정희승

**창작 노트** _ 날개를 거둘 거야. 그리고 네가 아닌 나에게로 갈 거야. 껍데기를 둘러쓰고 나는 노른자로 남을 거야. 꿈꿀 거야. 난다는 것은 더 이상 꿈이 없다는 것, 꿈은 난생이 거든. 나는 가능성으로 남을 거야.

**약력** _ 무안 출생. 2006년 『한국수필』로 등단. 작품집 『별자리못 전설』 『꿈꾸는 사물들』. 원종린 문학상(수필), 한국수필 제1회 올해의작가상, 제1회 김만중문학상(소설) 수상.
e-mail:dukechung@hanmail.net

2 0 1 1 젊 은 수 필

# 뱀

뱀은 난해하고 불가사의한 동물이다. 한마디로 미끌미끌하다. 내가 파악하려고 하면, 교묘하게 빠져나가버린다.

자만심에 빠진 나는 한때 뱀을 잡을 수 있다고 믿었다. 그까짓 것쯤이야 마음만 먹으면 누워서 떡먹기라고 거들먹거렸다.

그러나 뱀은 어설픈 내 손아귀에 결코 들어오지 않았다. 완력이나 우격다짐을 물론, 사탕발림, 은근한 유혹 그 어떤 것도 통하지 않았다.

물론 잡았다고 득의에 찬 미소를 지었던 적도 있었다. 정말 그때 나는 영물인 뱀을 잡았다고 생각했다. 그런데 그 순간 온몸이 꼭 째는 느낌이 들어 정신을 차려보면 오히려 내가 옴짝달싹할 수 없을 정도로 뱀에게 칭칭 감겨 있었다.

보리가 패는 화창한 늦봄이었다고 기억한다. 산소에서 내려오는 길에 풀숲에서 몸을 길게 늘어뜨리고 볕을 쬐는 꽃뱀과 맞닥뜨렸

정희승

다. 알록달록한 꽃무늬가 더없이 매혹적이어, 나는 가던 걸음을 멈추고 탄성을 질렀다.

고와라! 여기에 봄을 찬미한 한 줄의 아름다운 하이쿠(俳句)가 있구나!

그러자 게으른 꽃뱀은 내 말을 알아듣기라도 한 듯 몸을 한 굽이 느리게 접더니 자신은 한 줄이 아니라 두 줄이라고 능청스럽게 딴청을 부리는 것이었다. 실없이 터져 나오는 웃음을 참으며, 그래 너는 하이쿠가 아니라 대련(對聯)이란 말이지? 하고 얼른 방금 전에 한 말을 수정하였다.

그 말이 끝나기가 무섭게 능글맞은 뱀은 낭창낭창한 버들가지처럼 몸을 두 굽이 더 접으면서 나는 네 줄인데? 하고 나를 빤히 쳐다보며 비릿하게 웃었다. 나도 질세라 오, 이제 보니 절구(絕句)로구나 하고 맞대응하였다.

뱀은 그렇게 나오리란 걸 이미 예상하고 있었다는 듯, 이번에는 네 굽이를 더 접어 여덟 줄로 몸을 변형시켰다. 나는 이번에는 율시(律詩)로군! 하고 천자문 암송하듯 목청을 한껏 높였다.

그러자 반들반들한 뱀은 몸으로 수많은 행을 만들며 구불구불 밑으로 내려가는 것이었다. 이집트 신전에 쓰인 신성한 문자처럼 쟁기질하듯 왼쪽에서 오른쪽으로 그 오른쪽에서 다시 왼쪽으로 그렇게 현란하게 행갈이를 하면서.

굽이치며 유연하게 도주하는 점액질 텍스트!

이미 자존심이 상할 대로 상한 터라 순순히 도망가도록 내버려둘 수는 없었다. 그래, 약을 바짝 올려놓고 줄행랑 놓겠다는 심산이야? 단단히 심통이 나서 막대기 알구지로 몸통을 짓누르며 엄지와 검지로 꽃뱀의 대가리를 움켜쥐었다. 이제 보니 너의 진면목은 자유시로구나. 지금까지 나를 완전히 기만했어.

내 말에 동의라도 하듯 수많은 행들이 내 팔을 휘감으며 꿈틀꿈틀 요동쳤다. 이것 좀 봐. 너는 틀림없이 꿈틀거리는 자유시야!

정말 그때 나는 뱀을 잡았다고 생각했다. 그러나 그것은 크나큰 오산이었다. 내가 잠깐 방심하는 사이 미끌미끌한 뱀은 허물만 남기고 감쪽같이 내 손아귀를 벗어나버렸다. 그리고 아무 일 없었다는 듯 아까보다 조금 밑쪽 찔레덩굴 옆에서 몸을 일자로 곧게 편 채 지그시 나를 쳐다보며 빙그레 웃는 것이었다. 그 모습이, 나는 이제 다시 한 줄인데? 하고 말하는 것 같았다. 막 허물을 벗은 터라 문장에 떨어진 복사꽃 세 송이가 유난히 붉게 빛났다. 화색을 되찾은 뱀은 가소롭다는 듯 혀를 널름거리며 다시 감미로운 박하 향을 뿜었다.

너는 기껏 헛물을 켠 거야. 내 허물만 움켜쥔 거라고. 자, 그럼 이제 슬슬 두 번째 연으로 미끄러져 가볼까? 이제 막 한 연을 끝낸 참이니까.

그제야 나는 뱀을 잡는 게 결코 쉽지 않다는 것을 깨달았다. 어쩌면 영원히 잡을 수 없을지도 모른다는 생각마저 들었다. 그래서 나는 정색하고 진지한 태도로 물었다.

너는 누구야? 아니, 너는 무엇이야?

정체를 파악하려는 불온한 나의 질문에도 뱀은 대수롭지 않다는 듯 아주 태연하게 대답했다.

자못 궁금한 모양이로군. 글쎄, 알기 쉽게 설명을 해주어도 그 아둔한 머리로 이해할지 모르겠어. 그래도 알고 싶어 하니까 일단 가르쳐주지.

　나는 한마디로 결코 하나의 기표로 고정할 수 없는 그 무엇이야. 그러니까 끝없이 미끄러지며 변용하는 기표지. 의미를 생성하려는 연쇄적 미끄러짐과는 근본적으로 달라. 고유한 안면을 획득하지 못하는 데서 오는 어쩔 수 없는 변신이니까. 발이 없는 자의 원죄라고나 할까? 그러므로 나는 무엇이든 될 수 있어. 그리고 그 무엇도 될 수 없고. 이제 나의 정체를 파악할 수 있을 것 같아? 후후. 그런데 떨떠름하고 얼떨떨한 표정을 보니 전혀 이해하지 못한 것 같군. 얼굴에 긴 의문표가 되똑하게 드리워져 있어. 이럴 때는 비유가 좋은 처방이야. 성가시겠지만 어쩔 수 없이 발을 달고 다녀야겠군. 시를 비유로 설명해주는 게 좋겠어. 그러니까 나는 무한한 행, 무한한 연을 끌고 가는 단 한 줄의 시야. 아니, 헤아릴 수 없는 수많은 담론과 흥미진진한 영웅담, 신비로운 전설, 두서없고 부질없는 잡담을 갈무리한 단 하나의 글자지.

　단 하나의 글자라니? 너는 지금까지 최소한 한 줄의 언표였잖아? 그런데 갑자기 그것이 어떻게 다시 한 글자로 요약될 수 있단 말이야?

　그래서 나를 잡을 수 없는 거야. 잘 보라고. 내가 어떻게 한 글자가 될 수 있는지.

　뱀은 보란 듯이 천천히 긴 몸을 사려 똬리를 틀었다. 그리고 중심에 머리를 얹고 혀를 널름거렸다.

　그제야 무슨 말을 하려는 것인지 조금은 알 것 같았다. 나는 고개를 끄덕이며 말했다.

　그러니까 중심을 휘감고 도는, 엄청난 잠재력을 지닌 토네이도란 말이군. 태풍의 눈은 시안(詩眼)을 의미하는 것이겠고?

많이 발전했군. 진실에 꽤 가까이 접근했어. 그러나 아직도 영감이 턱없이 부족해. 그런 세속적인 언어로는 결코 나를 다 표현할 수 없지. 시안은 한마디로 너무 오염되고 닳아서 주술적인 힘을 이미 오래 전에 상실해버렸어. 신성한 힘을 지닌 다른 말이 필요해. 그런데 인간의 언어에는 그런 마땅한 단어가 없어. 의미의 손실이 있겠지만, 어쩔 수 없이 풀어서 설명해주어야겠군. 그러니까 나는 모든 사태를 깜박이지 않는 눈으로 관망하면서, 이브를 유혹할 수 있고 심지어 천일야화를 들려 줄 수 있는 달콤한 혀를 가진, 신경이 살아서 끝없이 꿈틀거리는, 오직 신성한 한 글자야!

나는 어안이 벙벙해서 뱀을 멍한 눈으로 쳐다보았다. 사악한 뱀의 눈과 마주쳤다. 나의 의중을 빤히 꿰뚫어보는 것 같았다.

꽤 감명 받은 것 같군. 그런데 안 좋은 버릇이 있는 것 같아. 하긴 교육은 언제나 고분고분하고 착한 아이로 만드는 경향이 있지. 방금 가르쳐준 그 한 글자에 다시 골몰하기 시작했다는 말이야. 후후, 그것만 제대로 파악하면 나를 잡을 수 있다고 생각하겠지. 그러나 재삼 강조하지만 그것만으로는 아니, 그런 태도로는 나를 결코 잡을 수가 없어. 잡히지 않으려고 간교한 꾀를 부리는 게 아니야. 제발 누군가가 나를 잡아줬음 좋겠어. 정말이지 나에게는 안식이 필요해. 쉬고 싶어. 부탁이야. 더 많은 정보를 알려줄 테니까 나를 꼭 붙들어줘.

뱀은 스르르 똬리를 풀었다. 그리고 입으로 꼬리를 물어 둥근 고리형태를 취했다. 에우보로스 뱀이 된 것이다. 그것만으로는 미흡했던지 꼬리를 삼키면서 몸을 배배 꼬아 비틀었다. 그러자 뫼비우스 띠로 변했다.

　보다시피 나는 또 이렇게 겉(형식)이면서 속(내용)이야. 그리고 끝이면서 시작이기도 하지. 이제 어느 정도 감이 잡히나?

　시간을 갖고 어떻게 하면 나를 잡을 수 있을지 잘 궁리해봐. 미안하지만 지금은 어림없어. 그 능력으로는 결코 나를 완전히 포획할 수 없다는 말이야. 그렇다고 지레 포기하지 마. 알구지로 짓누르는 솜씨도 좋았고 손아귀의 힘도 센 편이었어. 끝까지 희망을 잃으면 안 돼. 힘을 내라고. 기다릴게.

　굴욕적인 참패였다. 어떻게 그렇게 무참하게 당할 수 있다는 말인가. 내 자신이 한없이 작게만 느껴졌다. 너무나 비참해서 돌아와 이불을 둘러쓰고 소리 없이 울었다. 그리고 오랫동안 끙끙 앓았.

　그 후 나는 늘 뱀을 의식하며 살아왔다. 어떻게 하면 뱀을 잡을 수 있을까 고심하였다. 하지만 결과는 언제나 신통찮았다. 아니, 참담했다. 여태껏 겨우 뱀에 붙은 먼지나 덧없는 뱀의 뿔만 움켜쥐었을 뿐이니까. 거칠고 질박한 석 새 무명이 어느 날 갑자기 결 고운 비단으로 변하는 것은 아니었다. 시간이 흐를수록 내 자신의 초라한 능력에 절망했다. 차라리 뱀을 외면해버리는 게 낫겠다는 생각도 했다. 그러나 외면할 수 없었다. 외면하려고 해도 어디에서든 시도 때도 없이 나타났으므로. 단지 대부분 일상생활에서는 그 그림자에 의지해서 살기 때문에 보지 못할 뿐이었다. 내가 읽는 모든 텍스트, 그 그림자인 기능에 순응하지 않고 텍스트 그 자체를 의심하고 몰입하면, 뱀은 거기에 어김없이 똬리를 틀고 있었다.

　그런데 그런 힘겨운 노력을 하는 사람은 나뿐 아니었다. 어떤 이는 그림으로 어떤 이는 음악으로 또 어떤 이는 춤으로 뱀을 잡으려고 노심초사하였다. 저마다 그물은 달랐지만 목표는 같았다. 뱀을 잡겠다는 일념으로 모두 고심하고 있었다.

궁금했다. 그렇게 많은 사람들이 노력하는데도 왜 뱀을 잡을 수 없는 것일까? 뱀은 잡아달라고 어디든 모습을 드러내고 모두 잡으려고 끊임없이 다가가는데도 왜 늘 어긋나는 것일까? 왜 잡히지도 않고 잡을 수도 없는 것일까? 도대체 잡음과 잡힘 사이에는 어떤 척력, 어떤 심연이 있는 것일까? 어떻게 생각하면 그물이나 힘에, 더 나아가 지혜에 문제가 있는 것 같기도 했다. 모르겠다. 넓이와 깊이 그리고 자성(磁性)을 거느리는 애정에 문제가 있는 것인지도.

뱀을 누가 어떻게 잡든 통째로 잡을 수만 있다면 시샘, 질시, 우열, 불평등, 차이, 전망 그 모든 것들이 일시에 종식될 것이다. 예술가는 꿈을 꾸지 않고 그저 삶을 향유하기만 하면 될 것이다. 아니, 더 이상 새로운 예술도 없으니 예술가도 사라질 것이다. 모두 예술을 살게 되리라. 예술이 결국 뱀을 통째로 포획한 전능한 땅꾼, 불사의 비밀을 알고 있는 아스클레오피스에 의해 완성되었다는 의미이므로. 그때야 삶이 궁극의 예술이고 궁극의 예술이 곧 삶인 세계, 그 둘을 더 이상 분리할 수 없는 지복의 세계, 그러니까 모든 악이 소멸된 무하유향(無何有鄕)이 도래하리라.

사실 우리는 너무나 오랫동안 잊고 살아왔다. 아니, 외면해왔다. 에덴동산에서 우리의 선조들이 추방될 때 그들 발뒤꿈치에 바짝 붙어서 따라왔던 그 뱀을. 이제는 직시해야 한다. 여전히 그 뱀이 우리와 함께하고 있다는 사실을, 그것을 잡지 않고는 시원으로 회귀할 수 없다는 냉엄한 사실을. 그러고 보면 모든 예술가는 영원으로의 회귀를 꿈꾸는 몽상가다.

정희승 335

나는 비장한 마음으로 다시 어설프고 무모한 시도를 하려 한다. 지금까지 전의를 불태우며 호시탐탐 그 기회를 노려왔다. 이 글이 바로 그 증거다. 나는 뱀을 잡기 위해 오로지 뱀에만 몰입했다. 뱀이 꼼짝 못하도록 단도직입으로 뱀 자체를 거침없이 해독하고 폭로하였다. 뱀도 뜨끔했으리라. 시시포스는 실패하더라도 결코 비난받지 않는다. 포기하지 않는 한 실패도 숭고한 것이므로. 뱀아, 결과를 두려워하지 않고 다시 너를 포획해보마.

나는 원고지 그물을 넓게 펼쳐 뱀을 향해 힘차게 던진다. ✯

# 바람

나는 어쩔 수 없는 보행자다. 그럴 수밖에. 빈손으로 왔다가 빈손으로 떠나는 나그네로 태어났으니.

언제나 바람이 동행했다.

예까지 오면서 수많은 바람을 만났고 다양한 바람의 표정을 읽었다. 그러나 아직도 바람의 진면목을 파악하지 못했다. 바람은 종잡을 수 없는 변덕과 심술을 지니고 있었다.

평소 바람은 지극히 너그럽고 자비로웠다. 니코스 카잔차키스 말마따나 바람은 젖가슴이 달렸고 손이 있어 나를 쓰다듬었다. 요컨대 천수관음과 같이 눈이 달린 천 개의 자애로운 손을 지녔다는 말이다. 그 품은 한없이 넓고 따뜻했다. 산이나 들, 구름까지도 포용했다. 팔도 길었다. 아무리 먼 곳에서 외따로이 피는 꽃이라도 그 외로움에 가 닿았다. 눈도 밝았다. 칠흑 같은 어둠 속에서 막 움튼 싹이라도 금방 찾아내 젖을 물렸다. 손길 또한 비단결처럼 야들야

들 부드러웠다. 연약하고 가녀린 풀잎이라도 그 손길에는 꺾이는 법이 없었다. 그뿐 아니었다. 모두 나에게로 와서 기대라. 나는 홀로 우뚝한 고독이다. 절벽처럼 오만하고 돌올하게 서 있는 화강암 고독도 다정한 손길로 어루만져주었다. 하염없이 흐르는 눈물을 훔쳐 주고 닦아주기도 했다.

훌륭한 연주자이기도 했다. 어디에서건 나에게 다양한 음악을 들려주었다. 그래서 같은 길도 주변 사물과 교감하면서 언제나 새롭게 다닐 수 있었다. 바람은 늘 단조로운 내 삶에 다채로운 배경음을 깔아주었다. 나는 걸으면서 새롭게 창조되었다. 나는 아직도 한겨울에 바람이 들려준 '들의 노래'를 잊지 못한다. 어린 시절에 넓은 들을 가로지르는 고향 철둑길에서 그 노래를 자주 들었다. 철로 변에는 어디나 전신주가 오선의 악보를 지탱하며 일정한 간격으로 서 있게 마련이었다. 그곳 역시 그랬다. 학교나 교회에 오갈 때면 가끔 그 길로 들을 질러 다녔는데 겨울이 되면 유난히 바람이 드세게 불었다. 내가 지날 때마다 기다렸다는 듯이 차갑고 창백한 손으로 허공에 걸린 현을 뜯었다. 음울하고 귀기 서린 소리가 머리 위로 흘러갔다. 나는 불안과 무거운 침묵을 그러안고 끔찍한 소리를 들으며 철둑길을 걸어갔다. 들 가운데에 이르면 그 음악은 절정으로 치달았다. 더불어 나의 공포도 점점 고조되었다. 겨울바람은 자신의 음률에 도취되어 격정을 스스로 다스리지 못하고 전신주 애자 속에 들어 있는 노란 황을 허공에 풀어 비탄에 찬 광시곡을 연주했다. 그런 날에는 으레 빛바랜 검은 코트를 입은 겨울 나그네가 기울어가는 쓸쓸한 등을 내보이며 저만치 앞서갔다. 무겁게 내려앉은 납빛 하늘에는 마왕의 탄식이 흐르는데, 시대의 모든 슬픔을 안고 가는 사람처럼 여윈 뒷모습이 한없이 외로워보였다. 나는 옷깃을 두 손으로 꼭 여미며 바람만바람만 그 나그네를 따라갔다.

알알하도록 차갑고 매서운 바람도 만났다. 해토머리에 불던 칼끝 같은 바람이 생각난다. 봄바람에 여우 눈물 흘리고 봄바람에 김칫독 금이 간다는 말은 거짓이 아니었다. 그 바람 속에 살다보면 볼이 얼고 살갗이 텄다. 가을바람도 빼놓을 수 없다. 체로금풍(體露金風)이라 했다. 가을 숲길을 걷다보면 숙살지기를 품은 금풍(金風, 가을바람)에 모두 본연의 모습을 드러냈다.

머리로 잘 받는 버릇이 있는 황소를 부사리라고 하던가. 그처럼 사납고 저돌적인 바람도 대면하였다. 사라 호 태풍이었다고 기억한다. 나는 동구 밖에 나가 있었다. 격노하는 바람이 너무나 두렵고 무서웠다. 그 태풍에 휘둘린, 동구에 늘어선 소나무와 시냇가 미루나무가 미친 듯이 울부짖었다. 생솔가지가 뚝뚝 부러지고 미루나무 우듬지에서 푸른 잎들이 살점처럼 뜯겨나갔다. 숨을 제대로 내쉴 수가 없었다. 쫓기듯 황망히 집으로 돌아와 서둘러 대문을 닫았다. 그러나 빗장을 지르는 일이 결코 쉽지 않았다. 성난 황소가 콧김을 씩씩거리며 쫓아와 대문을 치받기 때문이었다. 가까스로 문을 걸어 잠그고 나서야 가슴을 쓸어내리며 안도의 한숨을 내쉬었다. 나는 그때 광분하는 저쪽 세계를 태극으로 봉해버렸다고 생각했다. 그러나 그것은 오산이었다. 바람은 결코 순순히 물러나지 않았다. 용서할 수 없다는 듯 곧추선 뿔로 난폭하게 대문을 들이받았다. 그때마다 태극이 반쪽으로 삐끗 어긋나며 그 틈으로 세찬 바람이 줄기차게 흘러들어왔다.

그 외에도 다양한 바람을 만났다. 곡절은 있었지만 바람은 늘 나의 친구가 되어주었다.

그런데 이상했다. 바람과 더불어 왔건만 어디에서도 바람의 존재를 직접 확인할 수는 없었다. 바람은 늘 물(物)에 기대어 자신의 모습을 드러냈다. 그러나 그 물을 살펴보면 거기에 바람이 없었다. 흔들리는 꽃에서 바람을 확인할 수 있으나 그 꽃에는 바람이 없듯. 분명 존재함에도 그 형상을 그릴 수도 언어로 표현할 수도 없었다. 꼭 종잡을 수 없는 내 마음 같았다.

이제 와 곰곰 생각해보니 나는 바람과 어깨를 맞대고 동행하지 않았다는 생각이 든다. 바람을 품고 예까지 왔다. 아니, 나도 바람이었다. 그래, 팔할을 바람으로 살았다.

# 비누

요즈음은 거의 쓰이지 않지만, '살로 간다'는 말이 있다. 책을 읽다가 어쩌다 이 말을 발견하게 되는데, 그때마다 초등학교 동창생을 만난 것만큼이나 반갑다. 내 기억으로 이 말은 정성이 담긴 음식을 꼭 필요한 순간에 대접받았을 때 썼다. 그러니까 진수성찬과는 아무런 상관이 없었다는 말이다. 가령 추운 날 눈을 탈탈 털며 막 들어서는 시아버지에게 며느리가 따뜻한 숭늉 한 대접을 올렸다고 치자. 시아버지는 그것을 단숨에 들이켜고 나서 며느리에게 빈 대접을 건네주며 으레 이렇게 말했다.

"살로 가는구나. 이제야 좀 살 것 같다. 얼었던 속이 개운하게 풀리는구나."

하지만 이렇게 고운 말도 더 이상 현대인에게 환영받지 못하는 것 같다. 어디를 가든 맛있는 음식이 넘쳐나는 데다, 대부분 살로 가는 것을 원치 않기 때문이다.

정희승 341

같은 어법으로 '죄로 간다'는 말도 자주 썼다. 아쉽게도 나는 70년대에 들어서면서부터는 이 말을 들어본 적이 없다. 놀다가 한 아이가 아무런 이유 없이 개미나 지렁이를 죽이면, 옆에서 지켜보던 아이가 "너 그러면 죄로 간다" 하고 주의를 주었다. 약자를 못살게 굴거나 나쁜 짓을 할 때도 그냥 지나치지 않고 이 말로 계도했다.

죄로 간다는 말이 쓰이지 않게 된 데는 시대환경변화와 무관하지 않은 것 같다. 알다시피 70년대에 들어서면서 도시화, 핵가족화가 가속화되었다. 이에 발을 맞추어 사회전반에 걸쳐 분업화가 이루어지고 개인주의가 자리를 잡았다. 이웃에 냉담해졌고 조직, 제도, 시스템 내에서 개인은 하나의 부품으로 전락했다. 남의 일에 관여하는 것은 미덕이 아닐 뿐더러 그럴 기회마저 크게 줄어들었다. 다시 말해 이 말을 쓸 일이 없어졌다는 말이다.

『육식의 종말』에서 저자 제레미 리프킨은 악을 뜨거운 악(Hot Evil)과 차가운 악(Cold Evil)으로 구분한다. 공공연하게 드러나는 절도, 방화, 강간 등과 같은 뜨거운 악과 달리, 차가운 악은 제도나 문화 속에서 객관성, 합리성, 효율성, 실용주의 등의 가면을 내세워 은밀히 작동하므로 그 심각성을 깨닫지 못하고 간과하기 쉽다는 점을 힘주어 강조한다. 그는 쇠고기가 우리 식탁에 오르기까지 그 과정에서 얼마 많은 악들이 합법적으로 자행되는지 낱낱이 고발한다. 그에 따르면 죄로 간다는 말은 주로 뜨거운 악에 사용되었음을 알 수 있다.

착하고 평범한 사람이라도 제도 내에서 행위의 결과를 진지하게 사유하지 않을 때 악인이 될 수 있다. 이 점을 주목한 책이 '악의 평범성'이라는 부제가 붙은 한나 아렌트의 『예루살렘의 아이히만』이다. 나치 친위대 고급 장교를 지낸 아돌프 아이히만은 1939년부터 국가안전국의 유대인 부서 책임자로 일하면서 유대인들의 재산을 몰수하고 그들을 게토와 강제수용소로 추방하는 일을 담당했다. 그는 직접 살인을 저지르지는 않았지만, 수많은 살해지시를 내렸고, 강제수용소를 관리 감독했으며, 치밀한 이송계획을 세워 수백만 유대인들을 죽음의 수용소로 몰아넣은 장본인이었다. 그의 재판과정을 지켜본 저자는 그가 악마의 화신이 아니라, 조직 내에서 맡은 임무를 충실히 수행하는 그저 평범한 이웃집 아저씨 같은 사람이었다고 말한다. 악이 평범한 사람에게도 나타날 수 있음을 폭로한 것이다. 한나 아렌트는 아이히만이란 아이콘으로 악한 사람뿐 아니라 자신의 행위가 어떤 결과를 부를지 생각할 수 없는 사람도 악인이 될 수 있다는 새로운 차원을 열었다.

세수를 할 때면 가끔 나는 비누가 제조되기까지 행해진 악을 생각하고, 비누를 사용함으로써 내가 저지르는 악을 생각한다. 둘 모두 하나로 귀결되지만 굳이 구분하자면, 전자는 차가운 악과 관련이 있고, 후자는 아이히만과 관련이 있다. 사실, 비누를 사용하면서까지 죄를 의식하는 사람은 별로 없을 것이다. 청결을 목적으로 비누를 만들고 청결을 목적으로 비누를 사용하므로. 하지만 의도와 관계없이 환경에는 나쁜 영향을 주는 것만은 사실이다. (물론 지금 예로 든 비누는 하나의 은유다.)

필요해서 제품을 만드는 거고, 쓰고 나면 기준에 맞게 처리하는 사람이 있으니까 그만이라고 생각하는 사람은 아이히만과 크게 다르지 않다. 아이히만도 명령이 내려오니까 받았으며, 그 명령대로 빈틈없이 시행했을 따름이다. 그러고 보면 정도 차이는 있지만 우

정희승 343

리 모두는 차가운 악에 관여하면서 내 안에 아이히만을 키우고 있는 셈이다.

　문제는 차가운 악이나 아이히만이 저지르는 악을 지속적으로 일깨워 줄 마땅한 방법이 없다는 데 있다. 종교도 개인의 구원이나 자기완성에 치우쳐 있어 우리가 공동으로 저지르는 차가운 악을 계도하는 데는 한계가 있다. 비누로 깨끗이 씻은 티 없이 맑은 얼굴을 한 여인에게 회개하라고 말하지 않는다. 오디오로 아름다운 음악을 듣는 사람에게 죄를 뉘우치라고 말하지 않는다. 게다가 종교인도 이에 완전히 자유로울 수 없다. 그들도 우리이기 때문이다. 나는 결코 우리를 초월하지 못한다. 그 결과 안타깝게도 지구 환경은 점점 악화되고 있다.

　물론 문명을 거부할 수는 없을 것이다. 자연으로 돌아가기에는 너무 멀리 와버렸다.

　지금은 나의 문제보다 우리의 문세가 훨씬 중요한 때인 것 같다. 우리가 잘못할 때면 인종과 종교 국적을 초월하여 "너희 그러면 죄로 간다" 하고 제때 우리를 지적해주는 그 손가락이 있었으면 좋겠다. 비누로 몸을 정결하게 씻으면서 우리 모두를 구원해줄 새로운 사상, 새로운 종교를 꿈꾼다.

| 작품 평설 | 허혜정 선정위원 「교환할 수 없는 꿈」 (합평 361페이지)

진땀

하느님의 손도장

나비

배꼽은 햇빛을 좋아하지 않는다

## 최민자

**창작 노트** _ 내 안 어디에 바람귀신이 산다.
후미진 가슴 어디쯤에 은밀하게 똬리를 틀고, 바람은 끊임없이 나를 부추긴다. 떠나라. 휘돌아라. 솟구쳐 올라라. 그대 안에 갇힌 바람을 풀어놓아라. 그래서 그대 또한 자유로워져라.
얼레에 매인 연에게 모호한 꿈을 유포시키고 달아나는 바람. 바람은 대체 어디서 오는가. 사람에 따라서는 오장육부 말고 정체불명의 물혹과 같은 바람주머니 하나를 더 달고 태어나는 사람도 있는 것 같다. 일상의 대지에 발붙이지 못하고 뜬구름 잡기를 즐기는 사람들에게는 물고기의 부레와 비슷한 유령기관 하나가 태생적으로 장착되어 있는지도 모른다.
마음 한 구석에 나비 문신을 새겨 넣고, 만 가닥 바람을 허공에 흩뿌리며 영혼의 정토를 찾아 헤매던 날들. 중력과 부력이 평형을 이루지 못해 일쑤 넘어지고 고꾸라져도 일상의 층위를 벗고 희박한 공기 사이로 애써 존재를 끌어올리려하는, 그 유랑과 서성거림이야말로 우리 삶의 동력이 아닐까.

**약력** _ 전주 출생. 서울대학교 가정대학 졸업. 1998년 『에세이문학』으로 등단. 2003년 현대수필문학상, 2008년 구름카페문학상 수상. e-mail:cmj1208@hanmail.net

2011 젊은수필

# 진땀

    습하고 뜨거운 기운이 등줄기에 훅, 끼친다. 갑자기 덥다. 정수리가 홧홧하고 잔등에 눅눅한 진땀이 밴다. 요즘 가끔 이런 증상이 스친다. 우울하고 불쾌하고, 자고나면 아픈 데가 생겨나기도 한다.

    병은 아니라고, 늙느라 그런다고, 그러다 저러다 지나간다고, 선배들이 이야기한다. 칼슘제와 혈액순환 개선제, 몇 가지 비타민을 복용하는 친구도 늘어났다. 건강 이야기가 어느 모임에서건 빠지는 법이 없듯, 운동을 안 하는 나는 야만인 취급을 받는다.

    야만을 벗어보려 저물녘 가을 천변을 걷는다. 머리 젖은 억새들이 은빛으로 일렁인다. 바람이 불적마다 휘청 쓰러졌다 주섬주섬 다시 일어서는 풀들. 푸른빛이 막 사위기 시작한 초가을 풀들을 바

최민자

라보고 있으려니 눈가가 핑그르, 실없이 젖어든다.

아, 이것들도 따가운 가을햇살에 제 몸을 말리고 있구나. 삽상한 듯 냉혹한, 생기를 거두어가는 바람 앞에서 하릴없이 누웠다 일어났다 하면서 몸 안의 진액을 증발시키는 중이구나. 축축한 물기 다 발산하고, 촉촉한 감성 모두 반납하고, 그렇게 메마르고 가벼워져서 아득하고 아찔한 고요의 깊이에 당도하는 일, 그것이 목숨이 치러내야 할 준열한 절차요 생명의 궁극적 귀착점인 거구나.

삶은 농담 같은 진담, 목숨은 예외 없는 필패(必敗). 그보다 더 쓸쓸한 일은 무심한 척, 쾌활한 척 살아야 한다는 것이다. 아무 것도 모르는 척, 아무렇지 않은 척, 속으로만 진땀을 흘려야 한다는 것이다. 사는 일의 시름과 덧없음마저 춤으로 환치할 줄 아는 저 가을억새들처럼. ✶

# 하느님의 손도장

동네 미용실에 새 아가씨가 왔다. 배꼽 티에 아슬아슬한 미니스커트, 검은 롱부츠차림으로 좁은 미용실 안을 종횡무진 누빈다. 거기까지는 괜찮다. 피어싱을 한 배꼽 언저리에 달랑거리는 반짝이 액세서리가 자꾸 신경을 건드린다. 손님의 대부분이 여자인데다 나 또한 같은 여자인데도 공연히 민망하고 곤혹스러워 의자에 앉자마자 질끈 눈을 감아버렸다.

눈을 감고 생각하니 좀 우습다. 배꼽이 어쨌다고, 왜 민망해 하는가. 부끄러워 꼭꼭 숨겨두어야 할 만큼 무슨 죄라도 졌더란 말인가. 생각해 보니 인간의 신체에서 배꼽처럼 점잖은 구석도 없다. 웃지도 않고 소리내지도 않고, 눈물을 흘리거나 게걸스레 음식을 삼키지도 않는다. 아프다고 칭얼대지도, 무엇이 그립다고 보채는 법도 없다. 옛 우물처럼, 분화구처럼, 배꼽은 그저 고요히 있다.

배꼽은 시원(始原)의 흉터, 임무가 종료된 과거완료의 매듭이다.

최민자

우리 생애 최초로 치러 낸, 서럽지도 않은 이별의 흔적이다. 빛바랜 유공훈장같이, 잊혀진 먼 나라의 기념뱃지같이, 꾀죄죄한 행색으로 물러있긴 하지만 그렇다 해서 배꼽을 그저 과거의 업적이나 우려먹는 퇴역장군 정도로 치부하는 건 결례다. 배꼽 없는 배란 눈금 없는 저울과 같아서 상상만으로도 매가리가 없고, 배꼽을 중심으로 상반신 하반신을 구분하기도 하니 배꼽이야말로 사대육신의 복판에 찍힌 화룡점정의 방점이 아닌가. 배꼽이 해부학적으로 신체의 무게중심에 해당되는지 아닌지는 알 수 없지만, 심신의 정기가 모이고 흩어지는 단전(丹田)의 랜드마크로서 배꼽은 아직도 어엿한 현역이다.

배꼽은 살아있는 전설이다. 그것은 어느 한 시절, 한 생명체가 다른 생명체의 내부에 온전히 의존적으로 착생하여 존립하였음을 입증하는 유일무이한 증표다. 신체의 다른 어떤 기관도 한 개체와 다른 개체가 한 줄의 끈으로 긴밀하게 연결되어 있었음을 명쾌하게 설득하지 못한다. '신은 가시면서 배꼽 위에 어머니를 조금 남겨두고 가시었으니' 라는 김승희 시인의 시구대로, 배꼽은 우리가 어느 날 하늘에서 뚝 떨어진 목숨이거나 컨베이어벨트를 타고 줄줄이 생산된 물건이 아니라는 사실을 성스럽게 각인시킨다. 내 배꼽에서 어머니의 배꼽으로, 어머니의 배꼽에서 할머니의 배꼽으로……. 홀맺힌 끄트머리를 조심조심 풀어 인연의 탯줄을 거슬러 오르면 생명의 원류에 도달할 수 있을까. 저 하늘 너머 우주의 배꼽까지 당도할 수 있을까. 최초의 어머니 이브에게도 배꼽이 있었는지 알 수는 없지만 배꼽은 어쩌면 생명 탄생과 성주괴공의 이치까지를 함구하고 있는 비밀스런 입술일지도 모른다.

배꼽은 혐광성이다. 지갑 속 고액수표처럼, 화분 속 쥐며느리처럼, 배꼽은 햇빛을 좋아하지 않는다. 우리가 애써 숨기기도 전에 그것은 스스로 부끄럼을 타서 뱃살 깊숙이 숨어버렸다. 인간이 아닌 다른 포유류의 배꼽은 더 깊이 숨는다. 태어나 얼마 지나지 않아 피부 안으로 말려들어가버리는데다 직립 보행이 아니다보니 눈에 얼른 띄지도 않는다. 과일의 배꼽도 마찬가지다. 사과나 배 같은 과일의 배꼽은 꼭지의 반대편, 꽃받침이 붙어있던 자리를 일컫는데 이 또한 블랙홀처럼 중심축 안으로 빨려들어가 있다. 어느 봄날 꽃이 피었고, 암술과 수술이 가려운 데를 부벼댔고, 그리하여 닿은 자리가 부풀어 올랐음을, 시든 꽃자리가 수줍게 증언한다. 지나버린 사랑의 흔적이, 들키고 싶지 않은 지난 봄날의 정사(情事)가 부끄러워 배꼽은 그렇게 필사적으로 숨고 싶어하는지도 모른다.

프랑스의 디자이너 루이 레아가 비키니를 처음 선보였던 2차 대전 이후까지, 배꼽을 노출시킨다는 것은 서구사회에서조차 상상할 수 없는 외설이었다. 전후의 미국영화에서조차 배꼽 노출은 가슴 노출보다 더 큰 이슈였다. 배꼽이 빛을 쏘이게 된 것이 생각보다 오랜 일은 아니라는 이야기다. 하지만 이제 배꼽은 저 능청스런 인도 철학자 오쇼라즈니쉬가 유쾌하게 능멸한 대로, 누워서 감자 먹을 때 찍어먹을 소금이나 덜어두기 위한 곳은 아니다. 배꼽 티에 배꼽 찌에 배꼽 성형까지, 젊은 여성들의 섹시 아이템으로 당당하게 등극해 버렸다. 배꼽의 반란, 아니 배꼽의 도발이다.

어깨에 내려앉은 내 머리카락을 미용사가 탁탁 소리 내며 털어낸다. 나는 가늘게 실눈을 뜨고 시들어 떨어진 꼭다리 같은 그네의 배꼽을 곁눈질한다. 한 때 꽃이 피었다네, 한 때 사랑이 있었다네 라고, 배꼽이 가만히 고백성사를 한다. 그 꽃의 이름은 남녀상열지화

(男女相悅之花), 그러한즉 사람이란 남녀상열지과(男女相悅之果)런가.

　미용실 창밖으로 무심히 오가는 사람들이 보인다. 몸 한가운데 해독불능의 상형문자를 화인처럼 깊이 새겨두고도 아무렇지않게 활보하는 사람들. 배꼽은 어쩌면 삼신할미가 볼기를 찰싹 쳐 세상 밖으로 내치는 순간, 간절한 마음으로 눌러찍은 신의 마지막 무인(拇印) 같은 게 아닐까. 불신과 편견이 가득한 지상을 향해 떨어져내리는, 털도 없고 비늘도 없고 사나운 뿔도, 날카로운 이빨도 갖추지 못한 천둥벌거숭이가 걱정스러워, 신은 그렇듯 복부 한가운데에 '㊙'자나 '㊚'자와 같은 보증의 손도장을 마침표 삼아 꾸욱, 누르셨을 것이다. '메이드 인 헤븐'에 불량품은 없을 터, 그대 이제 아시려는가. 꼭지 떨어진 낙과처럼 땅위를 구르는 우리 모두, 까다로운 검품과정을 너끈히 통과해 낸 천상의 특제품들이라는 사실을. ✻

# 나비

신 새벽 꿈속에서 제비나비를 보았다. 깊은 밤을 지나온 듯, 먼 바다를 적시고 온 듯, 푸르게 일렁이는 물결냄새를 풍기며 나비들이 하늘 가득 날아다녔다. 내 머리카락이 꽃술처럼 나풀댔다. 몽롱한 꿈이었다. 황홀한 멀미였다. 나비들은 다 어디로 갔을까.

지상의 곤충 가운데 가장 사치스런 날개를 가진 나비는 살아있는 추상화다. 신비스런 영감으로 가득 찬 천상의 화가가 섬세한 붓질로 그려 보낸 엽서다. 선명한 칼라, 화사한 프린트, 세련된 디자인— 비단처럼 우아하고 비로드처럼 부드러운 날개는 비에 젖지도, 구겨지지도 않는다. 생존을 위한 비상(飛翔)의 도구로는 다소 연약하고 거추장스럽지만, 아지랑이보다 여린 파문으로 허공이야 실컷 유린하며 산다.

나비는 자유혼, 날아다니는 꿈이다. 정착을 거부하는 보헤미안이다. 집을 짓거나 살림을 꾸리지 않고 사랑을 해도 소유를 꿈꾸지 않

최민자 353

는다. 아름다움에 마음을 빼앗겨도 잠시 뿐, 미련을 두거나 집착을 하지 않는다. 발그레한 꽃의 귓불을 건드리며 'Shall we dance?'라고 유혹을 해보다가, 웃으며 도리질하는 순정한 꽃들과는 가벼운 키스로 작별할 줄을 안다. 나비는 바쁠 것 없는 한량, 우울을 모르는 신사다. 먹잇감과 집 사이를 최단거리로 비행하는 벌들의 경제성도 유유자적한 이 풍류객에게는 그다지 부러운 덕목이 아니다.

조직과 서열에 충성하며 질서와 협동을 사랑하는 벌과는 달리 나비는 고독한 아나키스트다. 누구의 명령을 받들거나 어떤 의무에 구속당하지 않는다. 편을 묻고 여왕을 모시는 상명하복의 체제나, 지배와 피지배의 메커니즘에는 아예 처음부터 관심이 없다. 무리지어 날면서 파벌싸움을 벌이고, 공동주택 같은 데서 와글거리는 번다함도 애초 나비의 취향이 아니다. 금모래 빛 햇살로 샤워를 하고, 향기에 묻혀 꿀잠을 자는 이 태생적 유미주의자는 꿀을 모으는 일보다 춤을 추는 일에, 건실하고 지속적인 가치보다는 소멸하는 것들의 아름다움에 더 자주 매혹을 느낀다. 그리하여 꽃과 이슬과 무지개 같은, 향기와 바람과 저녁놀 같은, 오직 순간에만 머무는 무상한 것들을 따라 방랑하고 또 배회한다.

나비는 온건한 평화주의자이다. 침도 없고 독도 없다. 더듬이를 부러뜨리며 날개옷을 뜯거나 먹을 것을 사이에 두고 앙칼지게 맞서는 법이 없다. 영역을 가르고 울타리를 친다든가 보초를 세워서 침입자를 몰아내는 비정한 짓거리는 아예 어디서고 배운 바가 없다. 풍요로운 꽃밭을 만나도 한 끼 식사에 감사할 뿐, 다음 끼니를 위해 도시락을 싸거나 냉장고 같은 데에 저장할 줄을 모른다. 어석어석 풀을 씹으며 배밀이를 하고, 어둡고 긴 우화(羽化)의 터널을 묵언수행으로 참아내는 동안, 사는 일의 진수란 다툼이 아닌 나눔, 소유가 아닌 향유에 있음을 깨우치게 된 것일까. 무소유를 신조로 하나 애써 무소유를 설파하지 않음으로 해탈의 경지를 가볍게 넘어선다.

 타고난 춤꾼이요 시인 묵객인 나비는 자연의 음계를 밟고 우주의 오선지를 오르내리며 보이는 음악으로 노래하고 출렁이는 가락으로 시를 쓴다. 수다스러운 일년초 꽃밭을 경쾌한 스타카토로 튕겨 넘다가, 폭설처럼 쏟아져 내리는 연분홍꽃잎을 휘감고 비엔나 왈츠를 추기도 한다. 녹차 밭을 스치는 바람을 만나면 지빠귀나 밭종다리 흉내를 내며 어설픈 공중발레를 선뵈기도 하지만, 춤이란 기실 덧없는 환(幻)일 뿐, 그 사소한 파닥임으로 존재의 심연에까지 이르지는 못한다.

 무한 허공을 아무리 팔락거려도 자취조차 남지 않는 나비들의 춤. 추는 순간 사라지는 나비의 춤은 춤이라기보다는 구도의 몸짓이다. 꽃은 왜 슬프도록 빨리 지고 사랑은 왜 속절없이 변해버리는지, 왜 오래지 않아 밤이 오고 날개는 초췌해져 너덜거리게 되는지, 묵묵부답의 하늘을 첨벙거리며 언뜻번뜻 자맥질이라도 해보자는 것이다.

 세상에는 두 부류의 사람이 있다. 벌 같은 사람과 나비 같은 사람이다. 맹수라는 이유만으로 시베리아 수호랑이와 사하라 암사자를 한 족속이라 우길 수 없듯, 사는 곳이 같다하여 하마와 악어를 이종사촌쯤으로 뭉뚱그려 헤아릴 수는 없는 일이다. 벌들의 근면함과 협동심에 늘 고개가 숙여지는 나는 벌집에 잘못 들어온 굴뚝나비인 양, 때 없이 방향을 잃고 파드득거리곤 한다. 속도와 효율에 서툴고 계산과 실리에 밝지 못한 나비족들은 가슴팍 어디 겨드랑이쯤에 날

최민자

깃날깃한 조각보 하나를 접어 넣고서 은밀하게 허공을 탐하며 가벼움에 대한 열망을 앓는다. 중력을 거슬러 자주 땅을 헛디디고, 허방을 더듬다 곤두박질을 치기도 한다. 때로 침에 쏘이고 까칠한 다리털에 긁히기도 하지만, 날렵하게 날개를 바꿔달고 벌들의 왕국에 귀화할 생각들은 하지 않는 것 같다.

　별빛에 닿을 만큼 높이 날지도, 바다를 건널 만큼 멀리 날지 못해도, 나비 없는 봄이 봄이겠는가. 나비 없는 꽃밭이 꽃밭이겠는가. 베짱이의 노래가 개미의 생산성을 향상시킨다. 육중한 지구가 이만치라도 가볍게 떠 있는 것은 세상에 온갖 풍각쟁이와 짝퉁 예술가, 낭만적 허무주의자와 어수룩한 꽃들이 꾸는 아름답고 황당한 나비 꿈 덕분이 아닐까. ✸

| 작품 평설 |

## 이미지 창출과 바리에이션

　수필은 현실 자체로서의 우리들의 삶의 이야기이다. 삶의 이야기가 어떻게 문학이 되고 그것이 예술이 되는가? 선택된 생활의 경험만으로는 작품이 될 수 없다. 그것은 문학적 경로를 거쳐서 한 편의 작품으로 다시 태어나야 한다.
　문학이란 언어로 표시된 예술이며, 글을 쓴다는 것은 언어를 탐구하는 일과 다르지 않다. 여기에 표현의 문제가 대두되는 것은 표현의 방법이 그 작품의 무게와 가치를 결정하기 때문이다. 수필을 구태여 좋은 수필, 잘 쓴 수필, 아름다운 수필로 나누자면 그 가운데서 최민자의 수필은 세 번째에 해당될 것이다.
　'좋은 수필'이 심리적 스파크 현상을 불러일으키는 잔잔한 감동을 제공한다면 '잘 쓴 수필'은 형식미가 갖추어진 어법에 비교적 나무랄 데가 없는 글이 될 것이다. 그러나 '아름다운 수필'이란 미적 예술성이 담긴, 문학적 성취도가 높은 글을 말한다.
　최민자는 생활체험의 소재주의를 극복하고 「진땀」, 「하느님의 손도장」, 「나비」 등 대상수필에서 그 본질을 읽어내고 그것을 설명이 아닌 상징과 은유로써 이미지 형상화에 성공을 거두고 있다. 은유

최민자 357

를 사용하는 능력은 대상의 본질을 파악하는 능력이며 유사성을 포착해내는 탁월한 직관이다. 우리는 그녀가 제시한 은유 속에서 어떤 낱말의 유사성과 공감할 때, 말할 수 없는 쾌감을 느끼게 된다. 문학적 교감이다.「진땀」이 머리 젖은 억새로,「하느님의 손도장」이 신의 무인(拇印)으로 환유될 때, 이 비유언어는 이미지로 귀착된다.

「진땀」은 보편적인 현상을 사유한다. 나이 먹어 잔등에 눅눅하게 밴 '진땀'은 갱년기 여성에게 일어나는 보편적 현상이다. 이 보편적 현상에서 그녀는 생명의 귀착점을 짚어낸다.
  머리 젖은 억새들은 은빛으로 일렁인다. 바람이 불적마다 휘청 쓰러졌다 주섬주섬 다시 일어나는 풀들을 바라보다가 왜 눈가가 핑그르르 젖어드는가?
  설명 없이 행간을 건너뛴다.
  '아, 그것들도 따기운 가을햇살에 제 몸을 말리고 있었구나.'
  그랬구나 하릴없이 누웠다 일어났다 하면서 몸 안의 진액을 증발시키는 중이었구나. 반복되는 삶의 일상성, 그 무의미 속에서 의미를 찾아낸다.
  '축축한 물기 다 발산하고
  촉촉한 감성 모두 반납하고
  그렇게 메마르고 가벼워져서
  아득하고 아찔한 고요의 깊이에 당도하는 일.
  그것이 목숨이 치러내야 할 준열한 절차요,
  생명의 궁극적 귀착점인 거구나'

줄 바꿔 행간 처리하고 나니 한 편의 시(詩)처럼 읽힌다. 하릴없이 누었다 일어났다 하면서 우리가 기필코 당도해야 할 곳은 다름 아닌 저 '아찔한 고요의 깊이'이다. 어떻게 하면 그 원적(圓寂)에 이르를 수 있는가? 거기에 포함된 물음이 뒤따라온다.

「하느님의 손도장」역시 최민자만의 독특한 스타카토식의 비유가 반짝거린다.

하느님이 우리 몸에 눌러 찍은 손도장, 그 '배꼽'을 ①옛 우물, 분화구, ②시원(始原)의 흉터, 빛바랜 유공훈장, 잊혀진 먼 날의 기념뱃지, ③몸의 중심부에 찍힌 화룡점정의 방점, ④생명의 탄생과 성주괴공의 이치를 함구하고 있는 '비밀스런 입술'일지도 모른다고 한다. ⑤몸 한가운데 해독불능의 상형문자. ⑥신의 마지막 무인(拇印), 그것을 복부 한가운데에 눌러 찍은 '⊚'자나 '⊞'자. 배꼽에 대한 무한 상상력이 펼치는 경이로운 표현은 우리를 아찔하게 한다. 이 병렬식 비유는 조금씩 변주되면서 음계를 높여나간다. 문학의 모든 조건을 바리에이션(變奏)으로 설명한 롤랑 바르트의 글쓰기가 생각난다.

'글을 쓴다는 욕망은 여러 가지 집요한 글의 무늬와 날줄 씨줄을 성좌(星座)처럼 뿌려 놓는 일'이라고 한 그의 말대로 최민자의 글은 밤하늘을 배경으로 성좌처럼 빛난다. 그녀의 이미지 창출과 바리에이션 능력에 주목하게 된다.

「나비」는 비상으로 비비상을 말한다. 꿈속에서 본 제비나비는 ①살아있는 추상화, ②자유로운 영혼, 보헤미안, ③바쁠 것 없는 한

량, 우울을 모르는 신사, ④벌과는 다른 고독한 아나키스트, ⑤태생적 유미주의자, 이렇게 음계를 높여가면서 변주된다.

'금모래 빛 햇살로 샤워를 하고, 향기에 묻혀 꿀잠을 자는 이 태생적 유미주의자는 꿀을 모으는 일보다 춤을 추는 일에, 건실하고 지속적인 가치보다는 소멸하는 것들의 아름다움에 더 자주 매혹을 느낀다. 그리하여 꽃과 이슬과 무지개 같은, 향기와 바람과 저녁놀 같은, 오직 순간에만 머무는 무상한 것들을 따라 방랑하고 또 배회한다.'

위에서 언급된 나비의 이미지들은 잘 통합되었다. 그러나 그 이후의 문장은 이미지로 구축된 앞의 문장과 결을 달리하면서 부연설명으로 비쳐진다. 그리고 타고난 춤꾼, 나비의 춤이 왜 '기실 덧없는 환(幻)'인가? '순간 사라지는 나비의 춤은 왜 춤이라기보다는 구도의 몸짓'인가? 하는 의표가 좀 더 선명했으면 하는 아쉬움이 남는다. '어둡고 긴 우화(羽化)의 터널을 묵언 수행으로 참아내는 동안 해탈의 경지를 가볍게 넘어선' 나비가 추는 춤. '사소한 파닥임으로 존재의 심연에까지 이르지는 못한다.'니 상반된 두 개의 지점이 납득되지 않는다. 차라리 '발그레한 꽃의 귓불을 건드리며 Shall we dance?' 하고 유혹하다가 도리질하는 꽃들과 가벼운 키스로 작별할줄 아는 멋쟁이 나비, 바쁠 것 없는 한량의 이미지로 가볍게 끝났어도 좋은 작품이 되었을 것 같다. 황홀한 멀미, 그 나비의 꿈이 자칫 무거워질 수 있기 때문이다.

— **선정위원** | 맹난자

| 작품 평설 | 김병기 남태희 심선경 전용희 정희승

# 교환할 수 없는 꿈

**허혜정** 시인, 문학평론가, 한국사이버대 방송문예창작학과 교수

## 1. 창조자의 독

 물질적 이익과 부를 위한 충동을 사회시스템의 근본으로 설정한 자본주의는 자본으로 인간의 영혼을 재현할 뿐 아니라 자본을 통해 존재의 의미를 규정한다. 현대인의 직업과 사회적 지위, 축재의 정도는 자본주의 사회를 관통하는 일정한 논리와 합리성에 기반해 있다. 그래서 우리 사회에서 돈으로 쉽사리 환원되기 어려운 문학을 선택하려 하면 당장 "쓸모없음"이라는 물질의 논리로 그 선택을 말리는 경우가 적지 않다. 많은 사람들은 값을 치르지 않은 노동을 부인하며 이윤 없는 투자를 고려하지 않는다. 하지만 문학을 위해 삶의 많은 부분을 포기해버리는 어떤 이들은 돈으로 환산되는 시간을 기꺼이 써버릴 수 있다. 그들은 자신의 에너지와 시간을 생산적으로 소비해 자본주의의 상품을 만들어내고, 그것을 통해 뽑아낸 이윤으

로 황금의 낙원으로 들어가는 길을 꿈꾸지는 않는다. 도리어 힘겨운 노동으로 쌓아올린 부는 문학을 위해 소비되기 일쑤다. 왜일까? 문학작품은 결코 대중에게 팔려가길 원하는 자본주의의 해묵은 재고품이 아니기 때문이다. 하지만 어쩔 수 없이 어느 특별한 독자를 기다리며 세상의 서랍 속에 고요히 웅크렸던 언어들을 세상에 내놓는다면 자본가들은 말할 것이다. "당신에겐 미안하오만 물건을 판매할 데가 없으니 그 쓸모 없는 노동을 집어치우시오."라고 말이다.

현대의 자본시장에서 외면받고 있는 문학이 더욱 필요한 이유는 바로 이러한 자본주의의 논리 자체를 의심하고, 자본의 부품으로 변해가는 존재를 거부할 수 있는 가능성을 보여주기 때문이 아닐까. 적어도 문학을 추구한다는 것은 오늘날 인간사회를 지배하는 자본주의의 타자로서 존재하겠다는 일정한 결의를 전제로 하고 있다. 문학은 절대로 황금의 절대율법을 고분고분 수납하지 않는다. 도리어 세계의 논리에 폭동을 일으키고 우리 모두를 길들이고 있는 일상의 문법을 교란시키길 원한다. 그것을 통해 인간의 영혼에 대한 일말의 고려도 없는 세계의 비정함과 자본의 인격화를 거부하고자 한다. 우리가 어쩔 수 없이 살아가고 또 간혹 자족해왔던 현실을 의심하는 개인들에게 어쩌면 문학은 낙원의 풍요에 길들여진 인간에게 '왜?'라는 질문을 던지는 대단히 불길하면서도 매혹적인 '뱀' 같은 것인지도 모른다.

"뱀은 난해하고 불가사의한 동물이다. 한마디로 미끌미끌하다. 내가 파악하려고 하면, 교묘하게 빠져나가버린다. // 자만심에 빠진 나는 한때 뱀을 잡을 수 있다고 믿었다. 그까짓 것쯤이야 마음만 먹으면 누워서 떡먹기라고 거들먹거렸다. //(중략)// 뱀을 누가 어떻게 잡든 통째로 잡을 수만 있다면 시샘, 질시, 우열, 불평등, 차이, 전망 그 모든 것들이 일시에 종식될 것이다. 예술가는 꿈을 꾸지 않고 그저 삶을 향유하기만 하면 될 것이다. 아니, 더 이상 새로운 예술도 없으니 예술가도 사라질 것이다. 모두 예술을 살게 되리라. 예술이 결국 뱀을 통째로 포획한 전능한 땅꾼, 불사의 비밀을 알고 있는 아스클레오피스에 의해 완성되었다는 의미이므로. 그때야 삶이 궁극의 예술이고 궁극의 예술이 곧 삶인 세계, 그 둘을 더 이상 분리할 수 없는 지복의 세계, 그러니까 모든 악이 소멸된 무하유향(無何有鄕)이 도래하리라. // 사실 우리는 너무나 오랫동안 잊고 살아왔다. 아니, 외면해왔다. 에덴동산에서 우리의 선조들이 추방될 때 그들 발뒤꿈치에 바짝 붙어서 따라왔던 그 뱀을. 이제는 직시해야 한다. 여전히 그 뱀이 우리와 함께하고 있다는 사실을, 그것을 잡지 않고는 시원으로 회귀할 수 없다는 냉엄한 사실을. 그러고 보면 모든 예술가는 영원으로의 회귀를 꿈꾸는 몽상가다.

― 정희승「뱀」부분

정희승은「뱀」에서 부자와 빈자, 선과 악같은 완강한 이분법에 기초한 세계의 질서와는 다른 시원의 세계를 이야기하고 있다. 화자가 움켜쥐길 원하는 '뱀'은 세속의 세계가 원하는 욕망의 동전들이 아니다. 뱀과의 만남이 인간에게 낙원에 대한 의문을 유발했듯이 뱀을 움켜쥐고자 하는 땅꾼인 화자는 에덴 동산에서 추방된 자로서 자신을 정체화한다. 그는 여느 현대인들처럼 황금의 유토피아에 자족하는 개인이 아니다. 존재의 발꿈치를 물어뜯고 보행을 방해하는 뱀은 "꿈을 꾸지 않고 그저 삶을 향유하기만 하면 될" 세계의 교란자이다. "예술이 결국 뱀을 통제로 포획한 전능한 땅꾼, 불사의 비밀을 알고 있는 아스클레오피스에 의해 완성되었다는 의미이므로" 그 뱀을 직접 자신의 손으로 움켜쥐어보고 싶어하는 화자는 율법의 세계가 완성되기 이전의 '시원'으로 회귀하고자 하는 반항자이다. 즉 그는 세상의 논리가 규정하는 자아와는 다른, 존재의 근원을 응시하고 있는 것이다.

뱀의 신중하면서도 무자비한 공격성은 바로, 모든 것이 완성된 낙원을 전복하기 위한 창조자의 무의식을 상징한다. 사탄의 유혹이라는 성서적 모티프가 암시하듯, 바보같이 주인의 말을 그대로 믿느냐는 뱀의 빈정거림은 낙원의 논리를 웃기는 우화로 만들어버린다. 이는 풍요와 안락에 길들여진 일상의 논리를 교란하는 문학의 상징일 수 있다. 그렇게 뱀은 늘 존재의 발꿈치를 따라왔다. 성서 이전의 신화를 통해 보면 뱀의 의미는 일반적으로 지혜와의 대화였다. 뱀의 상싱은 역사 속에서 단순히 아담과 이브를 매혹한 또다른 '선택'과 관계된 것만이 아니라 반항자의 영적인 권력, 새로운 현실을 열어젖히는 비판적 사고에 대한 상징이기도 하다. 간단히 말해 그것은 신의 질서를 위협하는 아나키즘의 상징이다. 이런 신성과 악마성의 두 가지 문맥을 이해하는 것은 정희승의 작품에 접근해가기 위한 중요한 통로이다.

"사실 우리는 너무나 오랫동안 잊고 살아왔다. 아니, 외면해왔다. 에덴동산에서 우리의 선조들이 추방될 때 그들 발뒤꿈치에 바짝 붙어서 따라왔던 그 뱀을. 이제는 직시해야 한다."고 화자는 말한다. 정희승의 글은 바로 사회적 신성이 대리하는 국가라는 시스템과 중심화된 권력에 대한 항변임과 동시에 결정화된 현실을 분쇄하고 원초적 상상의 대지로 돌아가려는 창조에의 의지를 표현하고 있다. 그의 글에서 더욱 깊이 주목해볼 부분은 "누가 어떻게 잡든 통째로 잡을 수만 있다면 시샘, 질시, 우열, 불평등, 차이, 전망 그 모든 것들이 일시에 종식될 것이다."라는 구절이다. 늘 낙원에서 부정적으로 재현되었던 뱀은 그의 글에서 인간사회를 비판적으로 사유하는 존재의 상징으로 다시 쓰여진다. 뱀은 물질적 욕망으로 인간을 획일화하고, 차이를 산출하며, 서로를 질시하고 구분하는 자본주의의 낙원을 교란하는 존재로도 읽을 수 있다. 그렇지 않은가. 신의 율법같이 주어진 사회논리에 맞춰 건전한 시민이자 충실한 가족의 일원으로서, 간혹 빈자들에게 기부도 할 수 있는 부유한 자선가로서 살아가는 존재는 황금의 낙원에 소속된 현대인들의 꿈일 것이다. 자본은 인격을 규정하고 매개하며 존재를 표현하는 통로이다. 하지만 인간의 복잡한 속성을 감히 물질의 논리로만 환원하는 사회는 얼마나 끔찍한가. 사실 인간이란 맹목적으로 주어진 황금의 절대율법에 복종할 수 없는 얼마나 섬세하고 다양한 주체들인가. 뱀을 움켜쥐고자 하는 땅꾼은 현대사회를 관통하는 흑백논리, 즉 부자와 빈자, 선과 악을 구분짓는 이분법을 청산하고 시원의 세계로의 회귀를 꿈꾸는 몽상가이기도 하다. 그 몽상가는 오늘도 세계가 강요한 문법에 따라 살기 위해 골머리를 앓으면서도 이 세계를 교란하고 시원의 대지로 돌아가고자 하는 뱀의 몸살을 앓고 있다. 그는 세계의 매끈한 표면 뒤에 숨어 있는 반항자이다.

뱀은 자본의 율법 속에 괴물처럼 변해버린 인간을 거부한다. 세상의 율법은 뱀을 탐욕과 쾌락의 상징으로 악마화하고 고립시켰지만 정말로 괴물 같은 것은 세계의 시스템 자체가 해방시킨 탐욕에 지배받는 현대인의 욕망이다. 자본주의는 인간에게 풍요와 행복의 환상을 선사하지만 진정한 행복과 자유를 가져다주는 것이 아니다. 자본주의는 온갖 투기와 신용제도의 형태로 부를 만들고 존재를 과시할 수 있는 숱한 통로를 열어놓지만 자신만의 삶의 방식을 선택하도록 놓아두지 않는다. 세계는 오로지 자본의 통로를 걸어가길 강요할 뿐이다. 그러한 길의 끝에 도달하면 무엇이 보일까. 자신을 사회적으로 설득력 있고 위엄 있고 매력적인 존재로 과시하기 위하여 인간은 자본의 자기증식만을 기계적으로 대변한다. 자본이란 짐을 지고 분주히 돈벌이에 매진하는 꼭두각시의 역할에서 벗어나 이곳이 진정 낙원인지를 의심해보는 화자는 바로, 자본의 논리가 선사해준 세계가 아닌 또다른 우주를 꿈꾸는 창조자의 모습을 닮아 있는 것이다. 그렇게 인간이 아닌 물질에게 존재의 자리를 내준 현대인의 영혼은 분노를 느낀다. 때로 그 분노는 어두운 창고에 처박혀 있으면서도 자신의 생명력을 다해 분노의 싹을 내밀어 보여주는 감자를 닮아 있다.

"썩어가는 감자의 몸에서 새로 싹이 돋아나는 이치를 설명할 수 없는 것처럼 삶은 내게 얼마나 부조리하고 난해한 공식을 던져 주었던가. 인생은 단 한 번도 나를 속이지 않았지만 언제부턴가 나는 인생을 믿지 않게 되었다. 창고 속 감자처럼 너무도 막막한 어둠에 갇혀 날 수 없는 날개를 겨드랑이에 품는 일이 과연 옳은 것인가에 대해 수없이 물음표를 던져보기도 했었다. // 어쩌면 창고 속 감자는 똬리를 틀고 동면에 들어갈 준비를 하는 갈색 뱀처럼 어둠의 발등을 힘겹게 넘으며 또 다른 수태를 꿈꾸었는지 모른다. 안으로 삭이지 못해 번뜩였을 저 서슬 푸른 독기는 급기야 감자의 온 몸을 녹슬게 하였으리라. // 새가 알을 품듯이 감자도 제 스스로를 다독이고 품으며 그 긴 시간을 견뎌갔을 것이다. 하지만 오랜 기다림의 눈물 끝에 짓무른 눈언저리가 보라색 멍이 들고 마침내 성난 뿔이 돋아날 즈음 그 몸인들 온전하였을까. 가장 얇은 눈에서부터 싹이 자라난 감자는 절망의 늪에서 빠져나가려는 희망의 어깨살처럼 속으로 품어온 독과 상한 마음을 이렇듯 단호하게 바깥으로 드러내 놓은 것이다."

— 심선경 「뿔난 감자」 부분

화자는 어두운 창고에서 "안으로 삭이지 못해 번뜩였을 저 서슬 푸른 독기"를 내뿜고 있는 감자를 통해 "똬리를 틀고 동면에 들어갈 준비를 하는 갈색 뱀"을 본다. 화자가 감자를 통해 응시하고 있는 것은 세상이 무어라 하든 어둠 속에 숨어 "제 스스로를 다독이고 품으며 그 긴 시간을 견뎌갔을" 감자의 인내였다. "오랜 기다림의 눈물 끝에 짓무른 눈언저리가 보라색 멍이 들고 마침내 성난 뿔이 돋아"나도록 그는 절망하고 분노했다. 아니 "절망의 늪에서 빠져나가려는 희망"을 꿈꾸었다. 음습한 지하로 숨어든 뱀 혹은 감자처럼 남들에겐 그저 나태한 잠으로만 보였을지 모를 기나긴 침묵은 결국 "속으로 품어온 독과 상한 마음을 이렇듯 단호하게 바깥으로 드러내"기 위함이었던 것이다. 그렇게 이 세상이 비수 같은 말을 내밀어 보여주기 위해 많은 저자들은 존재 속에 상처의 문양을 새기며 인내의 시간을 견뎌왔다.

"나는 박물관에 다녀온 그날부터 나의 질항아리에 빗금을 하나씩 긋는 연습을 한다. 어느 날은 기쁨의 줄을 긋고 어느 날은 슬픔의 줄을 그었다. 또 다른 날은 희망의 줄이 그 위에 그어졌다. 교만의 줄이 그어진 날도 있었다. 허영의 줄이 그어진 날인들 없었을까. 마음에 들지 않는 줄을 슬쩍 지우려다가 그만둔 날도 있었다. 그것 또한 내 모습이기에. // 그 모든 나의 빗금들 위에 내 영혼의 발자국 하나 선명하게 찍히는 날이 있었으면 좋겠다. 비록 나의 눈에만 보이는 자국일 망정."
― 전용희「질항아리」부분

"악연이다. 너와 나 사이엔 오로지 끊임없는 전쟁만이 계속될 뿐이다. 그 뻔뻔한 낯짝이 이제 막 물오른 듯한 싱싱한 야채를 만나 어떻게 요리해볼까 깐죽대는 꼴이란 차마 두 눈 뜨고는 못 볼 만큼 아니꼽다. 너는 유달리 고깃덩이를 선호했다. 정육점에서 뭉텅이로 잘라온 아직 붉은 피가 뚝뚝 떨어지는 홍두깨살을 보는 네 얼굴에 화색이 돈다. 아무도 알지 못하지만 네 몸 위에 던져진 제물을 향해 너는 사악한 뱀처럼 혀를 내밀어 그 뜨거운 피를 빨아들인다. // 너의 몸과 더불어 뒹굴던 다른 매운 몸들이 질투로 활활 타오른 내 손에 의해 으깨어지고 짓이겨진다. 선창가의 비릿한 심장들이 파닥이며 너의 가슴팍에 안겨들 때 네 입가에 번지는 야릇한 미소가 부아를 치밀게 한다. // 너는 근본을 속일 수 없는 원초적 카사노바! // 인간 세상에서는 이렇게 앙숙인 우리를 왜 인연패로 짝지워줬는지 원망아닌 원망을 해보곤 하지만 쉽게 팔자를 고칠 수도, 운명을 바꿀 수도 없는 터이라 스스로 속을 달랠 수밖에 없다. 그러나 마냥 그 모습을 바라만 보고 있을 내가 아니다. // 주인을 꼬드겨 몸을 숫돌로 단련시키고 시퍼런 날을 세워 네 등짝을 난도질한다. // 그럴 때마다 형광등은 얼굴색이 하얗게 질렸다. 쾌락의 순간은 짧으나 고통의 시간은 길다는 말이 실감났을 게다. 너의 배 위에서 뒹굴다가 내 손에 처단되는 어줍잖은 속물들과 그것을 안타깝게 지켜보는 네 모습에 속으로 쾌재를 부른다."
― 심선경 「칼과 도마」 부분

전용희의 글은 존재를 박물관의 질항아리에 비유하고 있다. 마치 박물관에서 무한한 시간을 견뎌온 질항아리처럼 존재에 새겨진 영혼의 빗금을 통해 세월의 상처와 꿈들을 독자에게 들려주고 있다. 심선경의 글 또한 칼과 도마의 관계를 통해 '악연'의 관계로 얽힌 존재의 갈등과 고통을 이야기한다. 그 상처의 시간들을 스스로 안아들인다는 것은 치열하게 일상의 의미를 성찰하고 존재를 조롱하는 세계와 대결하려는 결연한 의지를 보여준다. 그들의 소망은 세상에 화려하게 '전시'되는 존재의 외피가 아니라 자신만의 상처와 영혼을 들여다보는 일이다. 제도화되고 습관화된 삶 속에서 자신의 존재를 처절하게 감각하는 일은, "어줍잖은 속물들"의 시선, 혹은 세상이 일방적으로 부여한 존재의 의미를 순순히 수납하길 거부하는 행위가 될 수 있다.


2. 상처의 레일과 자유에의 꿈

세상은 늘 타인의 시선과 주어진 역할을 통해 존재의 환상을 만들어낸다. 대다수의 현대인들은 강철 같은 자본주의의 규율에 얽매여 묵묵히 제자리에서 일하며 월급을 받고 보너스를 기다리며 일상의 비누처럼 닳아간다. "세수를 할 때면 가끔 나는 비누가 제조되기까지 행해진 악을 생각하고, 비누를 사용함으로써 내가 저지르는 악을 생각한다. 둘 모두 하나로 귀결되지만 굳이 구분하자면, 전자는 차가운 악과 관련이 있고, 후자는 아이히만과 관련이 있다. 사실, 비누를 사용하면서까지 죄를 의식하는 사람은 별로 없을 것이다. 청결을 목적으로 비누를 만들고 청결을 목적으로 비누를 사용하므로. 하지만 의도와 관계없이 환경에는 나쁜 영향을 주는 것만은 사실이다."(정희승 「비누」)라는 화자의 말처럼 존재는 결코 그 존재를 만들어낸 환경으로부터 자유롭지 못하다. 그럼에도 불구하고 존재는 세계의 악으로부터 자신이 구별되어 있고 자신은 늘 자유롭다는 환상에 사로잡힌다. 하지만 우리는 세계의 논리에 의해 자신을 드러내며 환경의 논리에 의해 가동될 뿐 아니라 세계의 질서를 강화시키는 한 부분으로 존재한다. 따지고 보면 세계라는 거대한 조직체 안에서 개인의 자유라는 것도, 조직의 일원이라는 자의식과 개인성의 영역을 고집하는 데서 비롯된다. 하지만 모든 개인은 자신이 자유롭다고 여기는 세계에 끊임없이 호출당하고 사역당하며 마침내 존재를 시스템 속으로 분해시켜버려야 하는 운명으로부터 자유롭지 못하다. 우리는 "보이지 않는 손"에 움켜쥐어진 채 닳아가는 비누와 닮아 있는 것이다.

많은 사람들은 사회의 한 부품으로 만족하며 살기도 하고 자유로운 영혼을 가졌다는 환상에 자족하지만 분명한 것은 누구도 그 속에서 진정으로 자유롭지 않다는 점이다. 우리는 절대로 자유의지를 지닌 독립된 온전한 개인으로 존재할 수 없다. 왜냐하면 우리가 살아가는 세상의 문법을 한 마디로 요약한다면 보편화된 상품생산과 교환체제이기 때문이다. 세계는 개인들을 자유로운 삶을 선택하도록 놓아두었다고 주장하지만 실제로 우리에게 자유란 없다. 물론 이 세상은 표면적으로 철저한 자유의 논리가 지배한다. 세계는 이렇게 주장한다. "누가 강제로 일을 시킨 게 아니잖아. 합의에 의해 도장을 찍고 자유의지에 의해서 너는 합리적 선택을 한 거야"라고. 그렇게 우리가 날마다 수행하는 노동의 모든 생산물은 교환을 목표로 한 상품들이고, 그것은 자신의 욕망이 아니라 타인의 욕망에 맞춰져야만 쓸모를 가진다. 우리가 내던져져 있는 물질의 낙원은 우리에게 철저히 세상의 요구에 걸맞는 상품이 되라고 가르친다. 그래야만 우리가 원하는 것을 세계로부터 교환하고 획득할 수 있는 것이다.

하지만 세상의 문법 속에 동전처럼 소통되는 욕망이 아니라 진정한 내면의 목소리를 따르고자 하는 갈망은 다섯 명의 저자들의 글을 관통하고 있다. 욕망의 매매만이 진행되는 자본주의는 그야말로 인간의 천부적 권리의 에덴동산이다. 자유는 재산의 축적을 통해 가능해지고, 존재의 위엄은 황금빛으로 빛난다. 하지만 그러한 세계를 살아가는 일상인의 내면으로 들어가보면 하염없이 가난하고 누추한 황막함을 엿볼 수 있다. 생존을 위해 영혼을 물질에 팔아넘기고, 부자유의 댓가로 획득하는 황금으로 존재를 현시해야 하는 것은 모든 주체들의 운명이다. 그 속에서 문학을 선택한다는 것은 어떤 의미를 가질까. 한 편의 작품은 타인의 욕망의 대상으로 매매되기 위해 창조되는 것이 아니다. 아마도 그것은 무언가를 표현하지 않으면 안되는 막강한 갈망으로부터 탄생한다. 빵 한 조각 물 한 모금도 돈과 바꾸어야만 생존할 수 있는 세상에서 문학은 좋건 싫건 현대인이 열광하는 쇼핑품목에 해당되지 않는다. 하지만 그것은 기계같이 가동되던 부자유한 시간을 말끔히 보상하고 잊어버릴 수 있는 내면의 자유를 선사한다.

세상은 늘 우리가 자유로운 개인이라고 선전하지만 모든 자유들의 진정한 전제조건이 되는 것은 바로 그 자유의 환상으로부터 벗어날 수 있는 자유는 아닐까? 진정한 자유는 자유라는 논리가 지배하는 환상의 구속으로부터의 자유이다. 그것은 세상의 매물로 타락한 존재가 아니라 진정한 자아를 발견하고 자신의 영혼을 들여다보는 행위이기도 하다. 물질의 허상에 견고하게 묶여있는 우리는, 벗어나고 싶은, 떠나고 싶은, '바람'처럼 자유로와지고 싶다는 갈망에 시달린다. 정희승은 말한다. "이제 와 곰곰 생각해보니 나는 바람과 어깨를 맞대고 동행하지 않았다는 생각이 든다. 바람을 품고 예까지 왔다. 아니, 나도 바람이었다. 그래, 팔할을 바람으로 살았다." (정희승 「바람」 부분) 그 바람같은 자유는 진정한 존재를 발견하기 위한 전제조건일 수밖에 없지 않을까?

"잘못 끼어든 솔기를 빼내려고 안간힘을 쓰다보니 솔기가 빠지기는커녕 도리어 고리에 꽉 맞물려 이러지도 저러지도 못하는 형국이 되어버렸다. 다급한 마음에 고리를 잡고 한 번 더 힘을 주어 위로 당겼다. 이같은 힘과 속도라면 옷감 솔기 정도의 장애쯤이야 단숨에 뛰어넘으리라 생각했다. 그러나 내 손아귀에 단단히 잡혀 있던 지퍼의 고리는, 그만 궤도 이탈을 하고 만다. 아직 달려갈 준비가 덜 된 말 잔등에 빨리 달리라고 채찍을 내리친 꼴이다. 지퍼가 나란히 선 걸쇠의 발을 맞추기도 전에 내 마음은 벌써 저만치 앞서 달리고 있었던 것이다. // 자세히 보니 지퍼는 계단 같은 구조를 가지고 있었다. 위로 나란히 이어진 층계를 차근차근 하나씩 밟고 올라야 목적지에 닿도록 설계해 두었던 것이다. 성급하게 빨리 오르려고 수십 개의 계단을 훌쩍 건너 뛰려한 내게, 지퍼는 보란 듯이 일침을 놓았던 게다.
　— 심선경「지퍼에 대한 단상」부분


"너는 어쩌자고 이렇게 예민한 촉수를 가졌냐고 묻고 싶다. 짧은 열 개의 촉수를 꼼지락거리며 내 전부를 읽고 있는 발은 이제 꿈속까지 거닐고 있다. 가슴 가장 멀리서 나를 제일 먼저 느끼는 녀석이 영악하게도 신호를 보낸다. 서서히 배인 생활의 군내도, 덧없는 욕심도, 토해내지 못한 열정도 그에게는 들켜버린다. 녀석은 어렵게 삼켜 가라앉힌 침전물들을 분석한다. 쓰레기통 속의 찢어버린 메모지를 맞추듯 기어이 알아내어 보란 듯이 불쑥 들추어낸다. // 꿈길을 헤매다 온 발을 보니 겸연쩍어진다. 끝나지 않는 바람의 무게를 고스란히 이고서 밤낮으로 걷고 있는 쉬지 못하는 두 발바닥에는 굳은살이 박이었다. 가장 낮은 자세로 자신을 비우지 않고는 출구는 없다고, 튼튼한 사다리 하나도 준비하지 못한 채 날기만을 바라는 심보는 또 무어냐고 묻는 듯하다. 언제나 속을 들킨다는 건 썩 내키지 않는 일이어서 두 손으로 눈을 가리듯 발을 감싸 본다. // 더운 열기를 찬 손으로 식힌다. 갖추지 못하고 웃자라고 있는 꿈은 날선 욕심일 뿐이라고 이 밤 발이 내게 말하고 있다. // 발이 아직 뜨겁다."
　— 남태희「꿈꾸는 발바닥」부분


심선경의 글은 "나란히 이어진 층계를 차근차근 하나씩 밟고 올라야 목적지에 닿도록 설계"된 지퍼를 통해 자신의 지난한 행로를 사유하고 있다. 남태희의 글 또한 "끝나지 않는 바람의 무게를 고스란히 이고서 밤낮으로 걷고 있는 쉬지 못하는 두 발바닥"을 통해 끝내 포기하지 못하는 '꿈길'을 응시하고 있다. "궤도 이탈"을 경고하는 지퍼나 "짧은 열 개의 촉수를 꼼지락거리며 내 전부를 읽고 있는 발"은 문학의 길을 인내롭게 걸어가고 있는 화자들의 내면에 대한 알레고리이기도 하다. 자신의 내면을 좇고자 하는 길은 세상에서 어긋난 틀린 길일지라도 화자들에게 가장 중요하고 절실한 것이다. 문학의 도덕은 사회적인 도덕과는 다른 것이다. 사회적인 도덕은 타인과의 관계에서 만들어지는 것이지만 문학의 도덕적인 근거는 인간의 내적 진실에서 출발하기 때문이다. 그러한 의미에서 문학은 세상을 살아가는 한 개인의 세계에 대한 비평이다. 하지만 세상이 오래 전에 잊어버린 인간의 영혼을 돌아보는 일은 세상과 엇박자를 이루는 길이며 잊히지 않는 '상처'를 되새겨보게 하는 길이기도 하다.

"피아노의 검은 건반처럼 끝없이 펼쳐진 침목은 점점 나의 보폭과 엇박자를 이룬다. 한 칸씩 걷는 것도 다리에 힘을 주고 힘차게 뻗어야 했던 발걸음이 어느새 두 칸 간격으로 걸어야 할지 종종걸음으로 한 칸씩 가야 할지를 몰라 아예 레일 위를 걷는다. 검은 연기를 뿜으며 힘찬 기적을 울리던 증기기관차의 자취가 슬그머니 사라졌다. //(중략)// 둑 아래에 무허가 판잣집을 짓고 살던 사람들은 모두 떠나갔다. //(중략)// 며칠 후 아이는 헐렁대는 바지자락 한쪽을 바지 포켓에 접어 넣고 목발을 짚고 있었다. 그 아이와 마주칠 때면 착잡한 마음에 외면하곤 했다. 수개월 후, 아이는 의족을 달았고, 어느 날, 아이의 가족은 이사를 갔다. 모두 잘 되어 새집으로 이사했던 사람들과 마찬가지로, 그들도 그랬으리라 했다. 철로 위에서 패닉 상태가 되어, 비명 한번 지르지 못하고 자신의 다리가 수십 톤의 열차바퀴 아래에 짓눌려 퀭한 눈으로 보고 있던 아이의 모습이 오랫동안 나를 가위 눌렀다. //(중략)// 따지고 보면 철길과 철둑이 잘못한 것은 아무것도 없다. 사람들이 필요로 해서 언덕을 세워 올렸고 수십 년을 잘도 이용해 먹었다. //(중략)// 그 철길은 그렇게 명을 다했다. 오랜 기간 묵묵히 역할을 다 했지만, 안타깝게도 명예로운 퇴장을 하지는 못했다. 나의 놀이터가, 친구가, 사색의 장소가 되어 주었던 철길은 그렇듯 허망하게 사라졌다. // 가끔은, 조용히 눈을 감고 내 마음속에 가로 놓인 철길에 오른다. 레일 위에 걸터앉아 잠시 휴식을 취한다. 고개를 들어 내가 걸어왔던 철로를 돌아본다. 그리고 다시 고개를 돌려 신기루처럼 아른거리는 반대편을 바라본다. 이윽고, 자리를 털고 일어나, 내 인생의 종착역을 향해 놓여 있는 침목 위를 걸어간다. 철길과 도란도란 이야기 나누며.

― 김병기 「철길을 가다」 부분

김병기의 글에서 화자는 아득한 기억 속에 묻혀 있던 레일에서 영혼의 상처와 꿈을 본다. 한때 아이들이 스스럼 없이 뛰놀았던 레일에서 한 아이가 끔찍한 사고를 당한 이후 그 레일은 두려운 길이 되었다. 하지만 "따지고 보면 철길과 철둑이 잘못한 것은 아무것도 없다." 인간이 편리를 위해 만들어놓은 길, 마침내 모든 이가 버리고 떠난 그 길은 화자에게 "사색의 장소"가 되었다. 화자는 마을과 도시, 산업의 발전으로 인해 버려지고 황막해져간 철길에서 "가고 싶었던 길"에 대한 향수를 느낀다. 자유롭게 놀이하고 사색하며 거닐었던 그 길목은 어디로 사라져버린 걸까. 유년의 철길은 '필요'에 따라 무엇이든 짓고 부수고 파괴하고 버리기도 하는 인간 역사의 유물이다. 화자는 그러한 역사의 흔적처럼 기억 속에 남겨진 길을 되돌아본다. 어느새 그 레일은 "마음 속에 가로 놓인 철길"이 되었고, "내 인생의 종착역을 향해 놓여 있는 침목"이 되었다. 끝없이 앞으로만 진보하는 세상이 기억의 뒤안에 버려놓은 길, 유년의 행복과 상처가 동시에 포개져 있는 그 길은 화자가 묵묵히 걸어왔던 인생의 행로와도 닮아 있다. 모두가 떠나간 철길을 걷는다는 것, 그 아릿한 향수와 영혼의 고향으로 향하는 길은 문학의 길에 대한 은유가 아니었을까.

하지만 이 세계는, 세상이 아니라 존재의 내면으로 열리는 이러한 목소리에 귀기울이지 않는다. 문학을 모독하고 멸시하며 쓸모 없는 생산으로 매도해버린다. 하지만 우리는 이 세계가 그렇게 많은 상품을 생산했음에도 불구하고 인간의 영혼을 돌보는 일이나 문학의 생산에는 부적절했다는 사실을 알고 있다. 사실 우리는 새로운 텍스트가 안나올까 걱정하는 시대를 살고 있다. 최고의 인쇄기술과 무한한 정보, 인터넷이라는 편리한 도구까지 갖춘 21세기에 말이다. 이 시대에 진정으로 필요한 것은 상처의 레일처럼 허망한 황금의 논리만 좇아가는 이기적인 개인들의 목소리가 아니다. 진정으로 필요한 것은, 너무도 황막하고 거칠어진 삶 속에 어떤 가치를 가져올까를 고민하는 목소리가 아닐까. 우리는 이제 존재를 매물로 전락시킨 무가치한 담론들을 거부할 권리가 있다. 자유로운 영혼으로 존재의 의미를 재규정할 필요가 있다. 문학은 너무도 막강하고 거대하게 존재하는 세상을 바라보는 눈이다. 문학은 지식의 횃불이며 심장의 폐허에 바쳐진 인간들의 말없는 묘비다. 야비하고 탐욕스런 물질의 세계에서 문학은 다시 아기걸음을 시작할 때가 왔다. 금강석의 용기와 세상의 소음 속에 사라지는 허무함을 함께 배우면서. ✯